新编21世纪
高等职业教育精品教材

市场营销系列

"十三五"江苏省高等学校重点教材

2020-2-062

市场营销

Marketing

主　编 / 崔　平
副主编 / 冯　臻　郁小芳　陈　律
主　审 / 徐汉文

中国人民大学出版社
· 北京 ·

前言

习近平总书记在党的二十大报告中指出："着力扩大内需，增强消费对经济发展的基础性作用和投资对优化供给结构的关键作用"。本书依据全国职业教育大会和全国教材工作会议精神和教育部《"十四五"职业教育规划教材建设实施方案》精神，引入中美市场营销经理助理证书的考核内容，吸收澳大利亚职业技术教育学院（TAFE）的"Marketing Principle""Target Marketing""Buying Behavior""Marketing Mix"等课程的内容设计，校企合作开发，由国家"双高"一类A档的无锡职业技术学院的市场营销专业（全国高职骨干专业）核心教学团队"市场营销"课程组组织编写，是"十三五"江苏省高等学校重点教材。

本书的能力培养目标为：具备分析市场、分析消费者购买行为的能力；具备进行目标市场定位的能力；具备制定市场营销组合策略的能力。知识教学目标为：基本掌握市场营销原理；掌握市场细分、目标市场与市场定位的方法；理解市场环境分析、消费者购买行为分析；掌握市场营销组合策略。职业素养目标为：培养从事营销岗位的职业兴趣，树立远大的职业理想；规范从事营销岗位的职业言行，提升综合职业道德；强化从事营销岗位的职业技能，积累职业经验；加强从事营销岗位的职业意识，塑造爱岗敬业的职业精神。

本书在编写过程中以营销活动过程为导向、以职业能力培养为本位，具体内容包括：项目一培养市场意识，主要要求认识市场、市场营销，树立正确的市场营销观念；项目二分析市场环境，主要培养分析企业内外部环境、分析消费者市场和购买行为、分析组织市场和购买行为的基本能力；项目三调查与预测市场，主要要求明确调查问题与目标，培养制定调查方案、选择调查方法、设计调查问卷、实施市场调查、整理和分析调查资料、预测市场发展趋势、撰写市场调查报告的基本能力；项目四确定目标市场，主要培养细分市场、评估细分市场、选择目标市场、准确定位目标市场的初步能力；项目五制定市场营销战略，主要培养分析竞争对手、制定市场营销战略的初步能力；项目六实施市场营销组合，主要培养确定产品策略、选择定价策略、整合营销渠道、选择促销工具的基本能力；项目七开展市场营销活动，主要培养编制市场营销计划、成立市场营销行动组织、执行和控制市场营销活动的初步能力；项目八市场营销新方法，主要培养网络营销、新媒体营销、大数据营销、绿色营销等新营销的初步能力。每一项目最后安排了案例分析、想一想、做一做、测一测等环节，帮助学生巩固所学知识，提升职业能力。本书教学资源丰富，配套的“市场营销（网络版)”课件在“第十四届全国多媒体课件大赛”中荣获高职文科组一等奖。

本书的项目一由无锡职业技术学院崔平编写，项目二、项目四由无锡职业技术学院郁小芳编写，项目三由无锡职业技术学院郁小芳、无锡旭野科技有限公司总经理胡晓军编写，项目五、项目六由无锡职业技术学院陈律编写，项目七由无锡职业技术学院陈律、江苏创扬机电设备股份有限公司总经理/无锡市机电五金行业协会常务副会长强学东编写，项目八由无锡职业技术学院冯臻编写。全书由中国市场学会理事、教育部高职市场营销专业教学指导委员会副主任崔平教授进行统撰。

本书既可作为高等职业教育营销类专业的规划教材，也可作为企业营销人员的岗位培训教材和自学成才参考用书。

教育部高职市场营销专业教学指导委员会副主任、无锡商业职业技术学院院长徐汉文教授是本书的主审，对本书提出了许多宝贵意见。本书在编写过程中，参考了兄弟院校的相关教材和有关专家的论著，并得到了无锡职业技术学院、无锡市机电五金行业协会和中国人民大学出版社的大力支持和帮助，在此一并表示感谢。

由于编者水平有限，书中缺点、错误在所难免，敬请广大读者批评指正。

编　者

目录

项目一　培养市场意识

能力点

- 能够分析企业营销观念
- 培养从事营销岗位的职业兴趣，树立远大的职业理想

知识点

- 认识市场、市场营销
- 树立以顾客为中心的市场营销观念
- 掌握市场营销的基本原理
- 加强从事营销岗位的职业意识，塑造爱岗敬业的职业精神

素质点

- 培养学生的营销职业理想和信念，树立职业自豪感
- 培养学生爱岗敬业的精神，为走上营销管理岗位打下坚实的基础
- 培养学生严谨、认真的工作作风

中美市场营销经理助理考点

- 市场的内涵、类型及其特征
- 市场营销的核心概念
- 需求管理、需求的种类、企业创造需求的途径
- 市场营销管理哲学
- 4P、6P、4C
- 产品分类

案例导入

2021年十大全球消费趋势

全球市场调研公司欧睿国际（Euromonitor）发布了2021年全球十大消费趋势报告，通过对过去一年全球消费者行为和动机的解读，分析了疫情下全球商业环境的变化对消费者的影响，总结出2021年十大影响商业策略的新兴消费趋势，为营销决策提供值得参考的战略建议。

这十大消费趋势是：(1) 重建更美好的家园：企业不仅是利益驱动的实体，更应以可持续的方式重塑世界；(2) 渴望便捷性：消费者期待回归疫情前方便快捷的消费模式；(3) 户外绿洲：开放的户外成为消费者的向往之地；(4) 数字化物理实现：虚拟互动崛起让物理隔绝不再是问题；(5) 玩转时间：寻求优化时间安排的"灵活性"方案；(6) 焦躁和反抗："自我至上"驱动面向社交媒体和游戏渠道的精准营销；(7) 注重安全：安全和健康成为消费者行为的首要考虑因素；(8) 惊恐和不安：短暂动荡过后是长期的心理健康重建；(9) 精打细算的节俭者：经济不确定性驱动节俭之风兴起；(10) 全新的工作空间：远程办公重新定义工作和生活的平衡。

整体来看，欧睿国际总结的十大趋势，在中国发展较为明显的包括渴望便捷性、数字化物理实现、注重安全等。另外，新消费趋势下更注重体验与心理需求的满足，这一趋势也将在2021年对市场营销产生较大的影响。

资料来源：2021年十大全球消费趋势．(2021-03-04). https://www.sohu.com/a/453905180_120067661.

任务一 认识市场、市场营销

一、市场的构成

市场是生产力发展到一定阶段的产物。哪里有社会分工和商品生产，哪里就有市场，市场始终是与社会分工和商品生产紧密联系的。随着人类商品生产和商品交换的进一步发展，市场的内涵也在不断变化。在不同时期和不同场合，对市场含义的表述不同。当今，人们对于市场含义的理解大致有以下几个方面：

（一）市场是指聚集买卖双方以交换货物的实际场所

市场是指一定的时间、一定的地点，进行商品买卖的场所。这是最早的，也是传统的市场概念。这里强调的是交易的场所或地点，例如，遍布于大小城镇的农贸市场、蔬菜市场、集市、庙会、店铺等。在商品生产和商品交换存在的任何一个社会形态中，商品生产者之间为了实现各自商品的价值，并取得相应的使用价值，必须借助于一定的场所进行商品的转让。这种专供人们进行商品交换的场所就是市场。随着商品生产和商品交换的发展，市场已从某个场所发展为商店林立的街道和街道交错的商业区，市场作为交易场所的含义也已大大扩大了。

（二）市场是商品交换关系的总和

市场是指一定经济范围内商品交换所反映的各种经济关系和经济现象的总和，这种交换关系主要表现为供给和需求的关系。这是从经济学角度对市场的广义理解。

这里强调的是商品交换的这种行为和活动，包括买卖双方在内。所谓交换关系，就是买方让出货币买回所需要的商品，同时卖方让出商品换回货币的关系。随着商品经济的不断发展，商品交换的范围越来越大，参加交换的当事人越来越多，交换的商品越来越复杂，为商品交换提供的服务手段越来越先进，市场的内涵也就越来越丰富，超出了“商品交换场所”的空间范畴，远非商品交换的场所所能包容，例如房地产市场、金融市场等。因此，所谓交换关系的总和，泛指某种特定商品的所有买方和卖方的总和。市场是“商品所有者的全部相互关系的总和”。

（三）市场是指某项产品或劳务的现实的或潜在的购买者的总和

这是从市场营销角度对市场的解释，或者说是从企业（卖方）的角度对市场的解释。

市场营销学对市场的理解，可以概括地用简单公式来表示：市场＝人口＋购买力＋购买动机。也就是说，市场是某种商品所有现实的和潜在的购买者的总和，通常由三个因素组成，即人口、购买力、购买动机。对于市场来说，人口、购买力和购买动机这三个因素，互相制约，缺一不可。

二、市场经济规律

所谓市场经济规律，是指市场有机体内部各方面在交换过程中建立的相互制约和影响的内在有机联系形式。具体来说，市场主体在市场上进行相互联系和相互作用的经济活动所形成的价格、利率、供求、风险等方面联系和制约方式，就是市场的经济规律。

（一）价格规律

价格规律是市场的经济规律的核心规律。市场的导向作用主要是通过价格的经济规律来实现的，而价格的经济规律又是通过价格与供求之间相互依赖、相互制约的联系而发挥作用的。

价格规律的作用是在市场上通过价格围绕价值或生产价格的上下波动而表现出来的。

（二）竞争规律

竞争规律是市场经济规律发挥作用的条件。它反映着竞争同供求变动、价格波动、资金和劳动力流动等市场经济运行中的有机联系。竞争主要有两种形式。一种是行业内部的竞争，即生产同种商品的各个企业为了获得有利的产销条件和超额利润而进行的竞争。主要表现在以下各个方面：争夺有利的销售市场、以低价战胜竞争对手、改进技术以降低成本、提高劳动生产率等。另一种是行业之间的竞争，即生产不同商品的各个企业之间为了争夺更有利的投资场所而进行的竞争。这种竞争一般是通过资金的转移而实现的。总之，竞争是价值规律借以发生作用，从而形成合理的价格的重要条件，是市场经济规律的重要组成部分。

（三）供求规律

供求规律是市场经济的保证。没有供给与需求的关系，就没有市场。供求平衡是偶然的，供求不平衡是经常的。供求规律实际上是供求双方矛盾运动平衡的经济规律，通过供求关系而影响各市场要素的变化，最终调节整个市场运行。

三、市场营销

市场营销是一种有序地和深思熟虑地研究市场及策划的过程，是创造社会财富的生产力。认为"市场营销是生产力"主要基于以下事实：市场营销人员是具有一定技能的劳动者；市场营销人员用各种手段和工具创造顾客满意；市场营销人员的劳动对象是把产品转化为商品，从而成为社会财富。

市场营销是联结社会需要与企业生产经营的一个纽带，许多学者从不同的角度解释市场营销。目前营销业内普遍认同并接受的是美国市场学权威菲利普·科特勒（Philip Kotler）博士在《营销管理》（第15版）中所作的如下定义：最简洁地定义"有利可图地满足需求"，把私人或者社会化的需求转变成可盈利的商业机会。

因此，市场营销最重要的内容并不是推销，推销只是市场营销冰山上的顶点。著名管理学大师彼得·德鲁克（Peter F. Drucker）曾说过："市场营销的目的就是要使推销成为多余。营销的目的在于深刻认识和了解顾客，从而使产品或服务完全适合他的需要而形成产品自我销售。理想的营销会产生一个已经准备来购买的顾客，剩下的事就是如何便于顾客得到这些产品或服务。"

当前较被大家接受的定义是："市场营销是与市场有关的人类活动，它以满足人类各种需要和欲望为目的，通过市场变潜在交换为现实交换的活动。”可把市场营销作为一种计划及执行活动，其过程包括对一个产品、一项服务或一种思想的开发制作、定价、促销和流通等活动，其目的是经由交换及交易的过程达到满足组织或个人的需求目标。

四、市场营销学的形成与发展

市场营销理论发展有以下四个阶段：

第一阶段：初创阶段。市场营销学于 19 世纪末到 20 世纪 20 年代在美国创立，这时的市场营销学所研究的范围很窄，只是研究广告和商业网点的设置。伊利诺伊州等州的大学开设相关课程，并将“美国广告协会”改为“全美广告学与市场营销学教员协会”，给市场营销学的研究提供了组织保证。这时市场营销学的研究特点是：着重推销术和广告术，至于现代市场营销学的理论、概念、原则还没有出现；研究活动基本上局限于大学的课堂和教授的书房，还没有得到社会和企业界的重视。

第二阶段：应用阶段。20 世纪 20 年代至第二次世界大战结束为应用阶段，此时初具规模，美国国内企业开始大规模运用市场营销学来运营企业，打开海外市场，欧洲国家也纷纷效仿。1931 年“美国市场营销协会”成立，1937 年“全美广告学与市场营销学教员协会”并入“美国市场营销协会”，广泛吸收学术界与企业界人士参加，市场营销学开始从大学讲台走向社会。此阶段市场营销的发展表现在应用上。1929 年资本主义世界爆发了空前的经济危机，经济出现大萧条、大萎缩，社会购买力急剧下降，市场问题空前尖锐。危机对整个资本主义经济打击很大。这个阶段，市场营销学的研究特点是：没有脱离产品推销这一狭窄的概念；在更深、更广的基础上研究推销术和广告术；研究有利于推销的企业组织机构设置；市场营销理论研究开始走向社会，被广大企业界所重视。

第三阶段：形成发展时期。20 世纪 50 年代至 80 年代为市场营销学的发展阶段，美国军工经济开始转向民用经济，社会商品急剧增加，社会生产力大幅度提升，市场开始出现供过于求的状态。此时，美国市场营销学专家奥尔德森（W. Alderson）和考克斯（R. Cox）提出“广义的市场营销学，是促进生产者与消费者进行潜在商品或劳务交易的任何活动”。此观点使营销开始步入全新的阶段。原先认为市场是生产过程的终点，现在认为是生产过程的起点；原先认为市场营销就是推销产品，现在认为市场营销是通过调查了解消费者的需求和欲望，生产符合消费者的需求和欲望的商品或服务，进而满足消费者的需求和欲望，从而使市场营销学摆脱企业框架而进入社会视野，并有明显的管理导向。

第四阶段：成熟阶段。20 世纪 80 年代至今为市场营销学的成熟阶段，表现在：开始形成自身的理论体系；开始进入现代营销领域。

五、市场营销管理哲学

市场营销管理哲学的核心问题是如何正确处理企业利益、顾客利益和社会利益，以什么为中心来开展企业的生产经营活动。现代企业的市场营销管理哲学可归纳为七种，即生产观念、产品观念、推销观念、市场营销观念、社会市场营销观念、整体市场营销观念和创造市场营销观念。

（一）生产观念

生产观念是指导销售者行为的最古老的观念之一。生产观念认为，消费者喜欢那些可以随处买得到而且价格低廉的产品，企业应致力于提高生产效率和分销效率，扩大生产，降低成本以扩展市场。显然，生产观念是一种重生产、轻市场营销的商业哲学。生产观念是在卖方市场条件下产生的。

（二）产品观念

产品观念认为，消费者最喜欢高质量、多功能和具有某种特色的产品。企业应致力于生产高值产品，并不断加以改进。它产生于市场产品供不应求的“卖方市场”形势下。最容易滋生产品观念的场合，莫过于当企业发明一项新产品时。此时，企业最容易导致“市场营销近视”，即不适当地把注意力放在产品上，而不是放在市场需要上，在市场营销管理中缺乏远见。

（三）推销观念

自 20 世纪 30 年代以来，由于科学技术的进步，加之科学管理和在“生产观念”驱动下形成的大规模生产形势，商品产量迅速增加，产品质量不断提高，买方市场逐渐形成。在激烈的市场竞争中，许多企业的管理思想开始从生产观念或产品观念转移到了推销观念。这些企业认为要想在竞争中取胜，就必须卖掉自己生产的每一个产品，要想卖掉自己的产品，就必须引起消费者购买自己产品的兴趣和欲望，要想引起这种兴趣和欲望，公司就必须进行大量的推销活动。他们认为，消费者通常表现出一种购买惰性或抗衡心理，如果顺其自然的话，消费者一般不会足量购买某一企业的产品，因此，企业必须积极推销和大力促销，以刺激消费者大量购买本企业产品。企业产品的销售量总是和企业所做的促销努力成正比，于是推销观念开始在当时的企业中大量流行。推销观念在现代市场经济条件下被大量用于推销那些非渴求物品。许多企业在产品过剩时，也常常奉行推销观念。

（四）市场营销观念

第二次世界大战以后，欧美各国的军工工业很快地转向民用工业，工业品和消费品的生产总量剧增，造成了生产相对过剩，随之导致了市场上的激烈竞争。在这一竞争过程中，许多企业开始认识到传统的推销观念已不再适应市场的发展，它们开始注意消费者的需求和欲望，并研究其购买行为。这一观念上的转变是市场营销学理论上的一次重大变革，企业开始从以生产者为重心转向以消费者为重心，从此结束了以产定销的局面。市场营销观念认为，实现企业各项目标的关键，在于正确确定目标市场的需要和欲望，并且比竞争者更有效地传送目标市场所期望的物品或服务，进而比竞争者更有效地满足目标市场的需要和欲望。从本质上说，市场营销观念是一种以顾客需要和欲望为导向的哲学，是消费者主权论在企业市场营销管理中的体现。这种观念与推销观念有着极大的不同，美国市场营销学家西奥多·李维特（Theodore Levitt）曾就这两种观念的区别作了简要的说明：推销观念以卖方需求为中心，市场营销观念以买方需求为中心。

（五）社会市场营销观念

20 世纪 70 年代，西方资本主义国家出现能源短缺、通货膨胀、失业增加、环境污染严重、消费者保护运动盛行等新情况，1971 年，杰拉尔德·蔡尔曼（Gerald Zaltman）和菲利普·科特勒最早提出了“社会市场营销”的概念，促使人们将市场营销原理运用于保护环境、计划生育、改善营养、使用安全等具有重大推广意义的社会目标方面。社会市场营销观念是对市场营销观念的修改和补充。社会市场营销观念认为，企业的任务是确定各个目标市场的需要、欲望和利益，并以保护或提高消费者和社会福利的方式，比竞争者更有效、更有利地向目标市场提供能够满足其需要、欲望和利益的物品或服务。社会市场营销观念要求市场营销者在制定市场营销政策时，统筹兼顾三方面的利益，即企业利润、消费者需要的满足和社会利益。

（六）整体市场营销观念

1992 年，菲利普·科特勒提出了跨世纪的市场营销新观念——整体市场营销（Total Marketing）。他认为，从长远利益出发，公司的市场营销活动应囊括构成其内、外部环境的所有重要行为者，他们是：供应商、分销商、最终顾客、职员、财务公司、政府、同盟者、竞争者、传媒、一般大众等，本书只论述其中的几种。

1. 供应商市场营销

供应商市场营销主要包括两方面的内容。其一，确定严格的资格标准以选择优秀的供应商，这些标准可以包括技术水平、财务状况、创新能力、质量观念等；其二，积极争取那些成绩卓越的供应商，使其成为自己的合作者。因这种市场营销活动与产品流动方向是相反的，故也称为“反市场营销”。

2. 分销商市场营销

一是“正面市场营销”，即与分销商展开直接交流与合作；二是“侧面市场营销”，即公司设法绕开分销商的主观偏好，而以密集广告、质量改进等手段建立并维持巩固的顾客偏好，从而迫使分销商购买该品牌产品。

3. 最终顾客市场营销

这是传统意义上的市场营销，指公司通过市场营销研究，确认并服务于某一特定的目标顾客群的活动过程。最终顾客市场营销还可采用“牵动顾客”策略。公司推出顾客意想不到的新产品之后，应通过积极有效的市场营销活动使人们逐渐了解它、喜爱它、接受它。

4. 职员市场营销

职员市场营销由于面对内部职员，因而也称为“内部市场营销”。一方面，它要求通过培训提高职员的服务水平，增强敏感性及与顾客融洽相处的技巧；另一方面，它要求强化与职员的沟通、理解并满足他们的需求，激励他们在工作中发挥最大的潜能。

5. 政府市场营销

美国的大公司一般都开展政府市场营销。他们聘用那些能对立法机关施加重要影响的社会活动家，四处游说，以促使制定于己有利的立法，消除不利的立法。

（七）创造市场营销观念

有新的观点认为：完全按照消费者的需求来组织生产，可能会抑制产品的创新。譬如发明家、科学家、工程师等给世界带来了电话、电灯、复印机、晶体管等，靠的是对科学知识的追求，而不是来自市场观念的启迪，它们并不是根据市场的需求创造出来的。因此，企业除了顺应市场、发现需求以外，更重要的还在于“创造市场”，以生产诱导消费。日本著名企业家盛田昭夫在《索尼与我》一书中提出了这样一个观点：“我们的政策是以新产品去引导消费，而不是先调查消费者喜欢什么产品，然后投其所好。”在这样观念的指导下，索尼也获得了巨大的成功。

因此，在市场营销实践中，企业不仅可以适应需求，而且可以创造需求，即改变人们的价值观念和生活方式。日本龟甲万公司采取免费赠送等方法，改变了美国人的消费习惯，成功地开拓了原来不知酱油为何物的美国市场；瑞士雀巢公司经过漫长的努力，使崇尚茶文化的中国、日本等国家的青年一代以喝咖啡为时髦。这种东西方文化的互相渗透，是现代企业创造需求的过程。

知识拓展

企业创造需求的途径

1. 设计生活方式

企业可主动参与新生活方式的设计。长期以来，人们习惯于听音乐、欣赏音乐的生活方式；而日本生意人突发奇想，绞尽脑汁设计出卡拉OK的娱乐形式，使消费者从被动参与变为主动参与，从听音乐变为“大家一齐唱”，让普通人也有了一展歌喉，过把“歌星”瘾的机会。这就是企业主动设计新生活方式的结果，它为企业带来了创新产品、开拓市场的新机遇。

2. 把握全新机会

市场具有表面机会，即实际存在但由于供不应求等原因而未被满足的现实需求；市场也有潜在机会，即实际存在但未被利用和尚未实现的潜在需求。这是传统观点对市场机会的认识和理解。现代企业在营销实践中发现，市场还有全新机会，它是指目前不存在的潜在需求，即通过企业的营销努力，开发出新的产品后才形成的需求。例如，计算机、手机等技术产品在尚未进入市场之前，因消费者并未意识到需求这种产品，不可能对其预先就有潜在需求，更谈不上有现实需求，只是在这些产品开发出来以后，消费者才产生了需求，这就是索尼公司所说的“生产需要”的实际含义。

3. 营造市场空间

企业推广产品，有时可通过有预期目标的营销活动，人为地使市场形成供不应求或大量需求的局面。这种营销计划的制订与实施，不但是一种战术技巧，而且可以起到创造需求的作用。吉列公司为了大量推广刮胡刀片，采用免费赠送刀架的办法，有效地营造了一个市场空间，促使顾客购买配套的刀片，实现扩大销售、占领市场的预期目标。

资料来源：中国就业培训技术指导中心．营销师：高级营销员（国家职业资格四级）．北京：中央广播电视大学出版社，2006.

六、市场营销组合

市场营销组合（Marketing Mix）是现代营销学中的主要概念之一，其定义为：市场营销组合是指企业可控制的一组营销变量，企业可混合运用这些变量以实现其营销目标。市场营销组合包括企业为影响产品需求所能做的所有事情，它可分为四类变量，称为“4P”：产品（Product）、价格（Price）、渠道（Place）和促销（Promotion）。

进入20世纪80年代以后，由于市场竞争日趋激烈，许多国家和地区政府加强干预，贸易保护主义抬头。企业的市场营销组合从“4P”发展到“6P”，即增加了权力（Power）和公共关系（Public Relations）。菲利普·科特勒认为，企业能够而且应当影响自己所在的营销环境，而不应单纯地顺从和适应环境。在国际、国内市场竞争都日趋激烈，各种形式的政府干预和贸易保护主义再度兴起的新形势下，要运用政治力量和公共关系，打破国际或国内市场上的贸易壁垒，为企业的市场营销开辟道路。同时，菲利普·科特勒还发明了一个新的术语——Mega Marketing（大市场营销），来表示这种新的营销视角和战略思想。

七、市场营销的核心概念

市场营销的核心概念是“多赢”，主要指营销过程在满足企业的需求的同时，还要满足顾客多方面的需求。围绕这一核心概念，就需要对顾客的需求与需求规律进行研究，并要求营销人员有千方百计地满足顾客需求的心理准备。

营销的过程可以理解为是寻找多方需求都能得到满足的方式、内容、时间和地点等的过程。这也是市场营销实施的最终目的。为实现这一目的，市场营销要求：

（一）市场营销的基础是满足顾客的需求

寻找与确定顾客已经客观存在而又没有被满足的需求是市场营销的前提与基础。因此，市场营销要求营销人员了解与掌握顾客需求的产生规律。

（二）市场营销要满足顾客的主要需求

顾客总是存在许多需求，但由于各种条件的约束，许多需求常常并不受到人们的重视。对顾客而言，只有极少数需求是重要的，只有满足顾客的主要需求，市场营销才可能获得成功。

（三）市场营销还要满足顾客的潜在需求

市场营销除了满足顾客存在的现实需求外，还必须满足顾客的潜在需求。顾客因种种原因没有认识需求的例子是很多的，市场营销人员必须不断地发现这种没有被顾客认识的需求，引导顾客的消费。这种成功的例子是很多的，譬如日本的索尼公司通过对人们崇拜歌星现象的研究，发现人们内心普遍存在明星情结，开发了卡拉 OK 唱机，获得了巨大成功。

任务二 树立正确的市场营销观念

一、核心营销观念

现代市场营销活动不仅涉及商业活动，也涉及非商业活动；不仅涉及个人，也涉及团体；不仅涉及实物产品，也涉及无形服务及思想观念。市场营销的这一定义是建立在一系列的核心观念之上的，那么，市场营销的核心观念到底包括什么呢？人类的需要是营销的基石，满足顾客客观存在的或者潜在存在的需要是现代市场营销的核心观念。

视频：需求管理案例

（一）需要

现代心理学认为：需要是个体缺乏某种东西时的一种主观状态，它是客观需求的反映，这种客观需求既包括人体内的生理需求，也包括外部的、社会的需求，它们在演化为心理现象之后，表现为需要。当某种生理或心理因素缺乏时，就导致生理或心理上的匮乏状态。当这种匮乏状态达到一定程度而必须进行调节时，个体就感到需要的存在，进而产生恢复平衡的要求。首先是生理平衡，其次是心理平衡。

视频：
潜在需求营销对策

（二）需求的层次

人的需求层次是有一定规律的，需求层次理论对该问题的解释作出了一定的贡献。需求层次理论是由美国社会心理学家亚伯拉罕·马斯洛（Abraham Maslow）提出来的，因而也称为马斯洛需求层次理论。他认为人类的需求多种多样，但其基本的需求只有那么几种，并在这几种基本需求的基础上衍生出了其他需求。马斯洛在他著名的《动机与人格》一书中，把人类的需求按其上下之间的依赖程度分成五个基本层次，它们由下往上依次是：生理的需求、安全的需求、社交或情感的需求、尊重的需求、自我实现的需求。

马斯洛认为，一般的人都是按照这个层次从低级到高级，一层一层地去追求并使自己的需求得到满足的。在某一特定的时期内，总有某一层次的需求在起着主导的激励作用。一旦这一层次的需求得到满足，那么这一层次的需求就不再是人们需求的主要动力和激励因素，人们就会追求更高一层次的需求。

（三）商品

在市场经济社会里，商品是指用于交换的产品。人们靠商品满足自己的各种需要和欲望。产品通常可分为四类：硬件（如机械产品）、软件（如计算机程序）、流程性材料（如润滑油）和服务（如导游）。更广泛的产品定义还包括经验、个人、地点、组织、信息等，例如把一些服务和产品组合起来，企业就可以创造并销售一种经历。譬如现在越来越多的各类体验店。因此，产品一次在营销中所涵盖的远不止实物产品和服务。许多营销人员过多注重实物产品本身而忽视了产品所提供的利益，这往往会导致错误。

当购买者购买某一商品时，实际上是购买他们所需的该商品所提供的价值和利益。譬如瑞士雷达表，人们购买的不仅是一种计时的工具，更是为了表现一种事业成功的象征；一位姑娘在购买口红时，她购买的是对美的愿望；人们在生活中需要手机，事实上，人们在生活中真正需要的是信息和娱乐。

（四）交换

交换是市场营销的核心观念之一，交换并非是一次性的活动，而是一个过程。交换的双方都要经历一个寻找合适的产品和服务、谈判价格和其他交换条件以及达成交换协议的过程。一旦达成交换协议，交易也就产生。因此，如果双方正在协商并逐步达成一项协议，则称双方将要进行交换。如果达成了一项协议，我们称发生了交易。交易是交换的基本组成单位。交换能否真正产生，取决于买卖双方能否找到让双方相对满意的条件。为了促使交换的成功，营销人员必须分析参与交换的双方希望拿出什么和得到什么。

二、整合营销

1960 年，杰罗姆·麦卡锡（E. Jerome McCarthy）在其《基础营销》一书中第一次将企业的营销要素归结为四个基本策略的组合，即著名的 4P 理论：产品（Product）、价格（Price）、渠道（Place）、促销（Promotion）。由于这四个词的英文单词开头都是 P，因此简称为 4P。

1990 年，美国学者罗伯特·劳特朋（Robert Lauterborn）教授提出了与传统营销的 4P 理论相对应的 4C 理论。4C 是以挑战者的角色出现的：

（一）Customer（顾客）

Customer（顾客）主要指顾客的需求。企业必须首先了解和研究顾客，根据顾客的需求来提供产品。同时，企业提供的不仅仅是产品和服务，更重要的是由此产生的顾客价值（Customer Value）。

（二）Cost（成本）

Cost（成本）不单是指企业的生产成本，或者说 4P 中的 Price（价格），它还包括顾客的购买成本，同时也意味着产品定价的理想情况，应该是既低于顾客的心理价格，亦能够让企业有所盈利。此外，这中间的顾客购买成本不仅包括其货币支出，还包括其为此耗费的时间、体力和精力消耗，以及购买风险。

（三）Convenience（便利）

Convenience（便利）即为顾客提供最大的购物和使用便利。4C 理论强调企业在制定分销策略时，要更多地考虑顾客的方便，而不是企业自己方便。要通过好的售前、售中和售后服务来让顾客在购物的同时，也享受到便利。便利是客户价值不可或缺的一部分。

（四）Communication（沟通）

Communication（沟通）则被用以取代 4P 中对应的 Promotion（促销）。4C 认为，企业应通过同顾客进行积极有效的双向沟通，建立基于共同利益的新型企业/顾客关系。这不再是企业单向的促销和劝导顾客，而是在双方的沟通中找到能同时实现各自目标的途径。

4C 理论的提出引起了营销传播界及工商界的极大反响，从而也成为整合营销理论的核心。但 4C 中的每个 C 涉及的范围都很广，每一个 C 的顺利应用都牵涉到不止一个营销职能和企业的其他职能部门。依照 4C 制定营销组合难度很大，实施就几近于不可能了。

4P 是一个简洁优美的操作框架，或许正因如此，4P 获得了最为广泛的认可和应用。相比之下，4C 虽然也在一定范围内为人所接受，但其应用却寥寥无几。人们可能会以 4C 的观念来思考问题，但却很难据以制定营销组合。

因此，4P 与 4C 是互补的而非替代关系。例如：Customer，是指用“顾客”取代“产品”，要先研究顾客的需求与欲望，然后再去生产、销售顾客确定想要买的服务产品；Cost，是指用“成本”取代“价格”，了解顾客要满足其需求与欲望所愿意付出的成本，再去制定定价策略；Convenience，是指用“便利”取代“渠道”，意味着制定分销策略时要尽可能让顾客方便；Communication，是指用“沟通”取代“促销”，“沟通”是双向的，“促销”无论是推动策略还是拉动战略，都是线性传播方式。

三、知识营销

人类已经进入知识经济时代，知识经济时代对人类社会历史进程产生了划时代的影响，在此背景下，知识营销也成为一种新的营销方式。知识营销指的是向大众传播新的科学技术以及它们对人们生活的影响，通过科普宣传，让消费者不仅知其然，而且知其所以然，重新建立新的产品概念，进而使消费者萌发对新产品的需要，达到拓宽市场的目的。随着知识经济时代的到来，知识成为发展经济的资本，知识的积累和创新成为促进经济增长的主要动力源，因此，作为一个企业，在搞科研开发的同时，就要想到知识的推广，使一项新产品研制成功的市场风险降到最小，而要做到这一点，就必须运作知识营销。与传统的营销方式相比，知识营销具有以下特征：

（一）营销环境发生了质变

知识经济时代企业的营销环境将发生巨大变化。首先是竞争日益激烈。随着信息网络技术的飞速发展及世界经济一体化的不断演进，“国内市场国际化，国际竞争国内化”将逐步成为现实，竞争将愈演愈烈。其次，竞争的方式也将发生变化。大家共有信息技术，共享知识资源，共同开发市场，在合作中竞争，在竞争中合作，形成良性循环的竞争环境。

（二）营销产品发生了质变，传统营销产品逐步被知识型产品所替代

所谓知识型产品即为高科技产品的升华，产品科技含量高，如数字电视等。对于这些知识型产品的营销必须要求营销者具有高素质，不仅要深谙营销技巧，还要掌握产品的知识含量，能够把这些知识推销给消费者。如果营销者对产品本身的技术含量、使用功能、维修知识一知半解，对消费者的询问含糊其词，产品售出发生故障时也不能迅捷提供售后服务的话，那么消费者将疑云重重，营销也就很难成功。

（三）营销方式发生质变

发端于 20 世纪的计算机和网络技术正一日千里地迅猛发展，如今，互联网已将世界

联为一体。与此同时，国际互联网使得营销信息系统更加完善与迅速。传统的营销方式是靠媒体、广告等向消费者传达产品信息的。这种传递是单向的，往往是营销者比较主动而消费者处于被动，信息反馈速度慢并有限，而且成本较高，因而往往不能制定适宜的营销战略。而在知识经济的代，网络化的实现使营销渠道四通八达，不仅营销部门可以通过网络将产品信息迅速传达给消费者，大大减少了营销环节，从而降低了成本，而且消费者可以通过网络与营销部门进行对话，提出自己的愿望与要求，促使厂家生产出更适合市场需求的产品。

四、4S营销

4S分别是：满意（Satisfaction），服务（Service），速度（Speed），诚意（Sincerity）。4S的营销战略强调从消费者需求出发，打破企业传统的市场占有率推销模式，建立起一种全新的"消费者占有"的行销导向。要求企业对产品、服务、品牌不断进行定期、定量以及综合性消费者满意指数和消费者满意级度的测评与改进，以服务品质最优化，使消费者满意度最大化，进而达到消费者忠诚的"知名度"，同时强化了企业抵御市场风险、经营管理创新和持续稳定增效的"三大能力"。

（一）Satisfaction（满意）

Satisfaction（满意）是指顾客满意，强调企业以顾客需求为导向，以顾客满意为中心，企业要站在顾客立场上考虑和解决问题，要把顾客的需要和满意放在一切考虑因素之首，要有以他人利益为重的真诚。古人云："感人心者，莫先乎情。"要想赢得顾客的人，必先投之以情，用真情服务感化顾客，以有情服务赢得无情的竞争。

（二）Service（服务）

Service（服务）是指对待顾客随时以笑脸相迎，因为微笑是诚意最好的象征。Service（服务）包括以下几个内容：

S——为顾客提供更多的商品信息，经常与顾客联络，询问他们是否需要次日送货或更紧急的要求，此举会使顾客感谢营销人员的提醒所带来的便利。

E——精通业务上的工作，为顾客提供更多的商品信息，经常与顾客联络，询问他们是否需要次日送货或更紧急的要求，此举会使顾客感谢营销人员的提醒所带来的便利。

R——对顾客态度亲切友善，实行"温馨人情"的用户管理策略，用体贴入微的服务来感动用户。

V——将每位顾客都视为特殊和重要的人物，顾客是我们的主人，不是我们的佣人，顾客是上帝，我们只有与之友好相处，才能生存发展。

I——要邀请每一位顾客下次再度光临，要以最好的服务、优质的产品、适中的价格来吸引顾客多次光临。

C——要为顾客营造一个温馨的服务环境，要求企业在文化建设方面加大力度，从厂容厂貌到大型商场的环境氛围上更要建成现代化的超一流的环保市场，达到舒适、温馨、超时代水平。

E——行销人员用眼神表达对顾客的关心，用眼睛去观察，用头脑去分析，真正做到对顾客体贴入微、关怀备至。

（三）Speed（速度）

Speed（速度）是指不让顾客久等，而能迅速地接待、办理。

（四）Sincerity（诚意）

Sincerity（诚意）是指以具体化的微笑与速度行动来服务顾客。

总之，4S要求企业营销人员实行“温馨人情”的顾客管理策略，用体贴入微的服务来感动顾客，向顾客提供“售前服务”敬献诚心，向顾客提供“售中服务”表示爱心，向顾客提供“售后服务”以送谢心。

五、新经济对营销带来的影响

文本：
迪士尼的经营理念

我们知道，现在的企业都是在同一个全球经济的环境中运行，事物瞬息万变，市场被形容为过度竞争机制，破坏性的技术正在各种业务中发起挑战，以及企业必须适应消费者的要求。这就是所谓的新经济。

传统经济的运作是在工业革命和管理制造业的基础之上的。制造商为成功管理工厂，运用一定的原则并加以实践。为降低成本，他们对产品实行标准化，持续地扩大市场份额以取得规模经济。他们倾向于在不同的地理市场上复制相同程序和政策，目标是高效率，采用金字塔式的管理机构。

与之相比，新经济是建立在数字革命和信息管理基础之上的。信息可以被无限地分割、定制和个性化，它可以被同时发送给大量的人们，并以很快的速度到达。信息公众化和可获性使人们能够更好地获得信息，从而能作出更好的选择。数字革命赋予消费者和企业一系列全新的能力。

（一）消费者购买行为的变化

（1）购买力的巨大提高。今天的购买者通过点击网站就能比较竞争者的价格和产品的属性。

（2）更多种类的商品和服务。今天，一个人几乎可以在互联网上订购到任何东西，包括家具、计算机、书籍、咨询，等等。

（3）轻松的互动订购和接受订单。今天的消费者可以每天 24 小时从住宅或办公室用手机订购物品，并且会很快收到所订购的商品。

（4）比较商品和服务。消费者可以进入位于中心区的聊天室，交换信息和意见。

（5）获得现实世界的大量信息。人们可以在世界的任何地方阅读任何语言的任何报纸。他们可以得到在线百科全书、词典、消费报道以及其他无数的信息来源。

（二）企业的新能力

（1）企业能够在更远的距离运作大量的信息和销售渠道，以促进它们的生意和产品。通过建立网站，企业可以列出它的产品和服务、历史、企业文化和其他使浏览者感兴趣的信息。每一个企业都可以选择将它的网站既变成一个信息渠道，又变成一个销售渠道。同时，由于互联网的无国界性，全球任何地方的人都能了解企业和订购商品。

（2）企业可以收集关于市场、顾客和竞争者的更完备的信息。企业利用互联网可以随时进行调查，得到关于市场、顾客和竞争者的更完备的信息。

（3）企业可以为员工提供便利而快速的内部交流。通过局域网，员工可以相互解决问题，下载或上传所需信息。

（4）企业与顾客可以进行双向交流。互联网使得个人发给企业电子邮件和收到回复的过程更加便利。现在很多企业发展广域网以便与供应商和销售商发送和接收信息、发订单及付款。

（5）企业可以更好地实施个性化服务。

（6）企业可以改进采购、招聘、培训和内外部交流方式，从而节约大量成本。

一个企业最大的风险来自失败地观察了它的顾客、竞争者和没有持续改进它的产品价值。太多的企业没有仔细地定义它们的目标市场或价值问题和它们的补偿物，在获取新顾客上花费巨大。它们在业务上采用短期行为，最终失去了股东、员工、供应商及其渠道合作者。

（三）新经济对企业的影响

今天的经济是由旧的和新的要素组成的一个混合体，新经济对企业的影响越来越大，具体表现为：

（1）企业正越来越多地与外部企业签订转包合同。企业发现：外包部分业务给比自己更加经济和有效的企业去做，效益更好。

（2）企业正在加深与供应商和中间商的合作。

（3）企业不断地创造新的优势而不是依赖已经存在的优势，越来越强调通过部门之间的合作来管理关键环节而不是依靠传统的部门体系。

（4）企业已认识到，许多市场价值来自无形资产，尤其是它们的品牌、客户基础、员工、与中间商和供应商的关系以及知识资本。

（5）企业对信息系统的投资越来越大，并以此作为降低成本和获得竞争优势的关键。

（6）企业业务越来越多地以客户为导向，而不是围绕产品工作。

（四）新经济对市场营销活动的影响——电子商务

电子商务主要在以下几个领域中开展：

（1）B2B（企业对企业）。目前美国通用汽车公司、福特汽车公司等大型跨国公司都建立了网上采购平台，开展B2B业务，大大降低了采购成本。通用电气公司现在要求所有的合作伙伴加入其网络购买系统——交易处理网络。

（2）B2C（企业对消费者）。美国戴尔电脑公司通过网络建立直销系统，开展B2C业务，取得了巨大成功。与普通消费者相比，网络顾客更加年轻、富有和受过更良好的教育。现在越来越多的人开始上网，网络一族更加繁荣和多样化。

（3）C2B（消费者对企业）。德国奔驰汽车公司通过网络平台开展C2B业务，提供个性化产品，更好地满足客户的需要。

六、4E理论

（一）4E是什么

“互联网＋”打破了一切。传统的产品细分定位策略不再有效，免费流行，渠道消失，促销不再依赖广告。大量的互联网故事和新名词开始流行，旧的规则不断被打破，4E（Experience、Expense、E-shop、Exhibition）理论开始替代4P理论。

1. 体验（Experience）

“互联网＋产品”是什么？如果要调研的话，最有发言权的消费者估计答不上来。其实，在这个产品极度过剩的商业世界，人类早已迷失在物质的包围中，不知道真正需要什么。也就是说不存在什么好与坏的客观标准，你能成功地取悦于顾客的感官，让他体验到好那就是好（这也是诸多理性大师预言落空的一个重要原因）。互联网时代，时空限制消失，让面对面取悦每个顾客成为可能，商品竞争即由以往的品牌形象之争迅速升格为切身体验的比拼。

现在可以这样说：我们卖的不是产品，而是体验。诺基亚败于苹果有很多解读，单从产品层面上解读，显然是功能败给了感觉——换个词，就是体验。如果一定要将体验进一步说明的话，就消费者的感觉而言，体验就是四个核心要素：先进而好用、质优而价廉。“参与感、痛点”这样一些概念，其实就是体验。特别强调下，移动互联本身就是一种更优化的体验，所以必须考虑。

2. 花费（Expense）

4P时代，低价、打折、买赠几乎是被运用最多的竞争策略，但今天这个规则被重写，越来越多的产品开始玩免费。支持免费的理由是“羊毛出在猪身上”，虽然不找你收钱，但商家们得到了另外一个东西——流量。

其实“流量”这个词并不新鲜，电视台、电台一直以来干的就是这个事，只不过叫“收视/听率”而已。它们和今天的互联网公司一样都是靠流量赚钱。流量是什么？流量是点击人数、滞留时间——对顾客而言，就是时间。这么看来，其实顾客支出的不仅仅是价钱，还有时间。也就是：顾客的支出＝价格＋时间，我们称之为花费；与之对应的，企业的收入＝销售额＋客流额。

3. 电铺（E-shop）

传统 4P 时代，渠道＝经销商＋终端；现在，销售管道＝物流＋电铺。所谓电铺，一是指利用电子虚拟技术将商品信息放在网络上进行销售；二是指在实体终端中引入电子信息以优化销售；三是指人成为移动销售终端。具体而言，电铺有四种形式：

（1）电子店铺。即网络销售终端，主要有两种形式：官网平台（PC 端、移动端）和第三方网络交易平台（网店、微店、公众号等）。

（2）实体店“带电入网”。对于经营吃喝玩乐之类的实体店来说，借助大众点评、微博、微信等实现线上引流、线下消费（O2O），必将成为未来绝大多数实体店的标配。

（3）货品“带电入网”。通过二维码，货品无论身处何处，都成为一个流量的入口。基于这个入口，供应商、渠道商可以在销售、积分、售后等方面大做文章。

（4）人成为“移动终端”。借助滴滴打车、河狸家这样的软件平台，出租车司机、美甲师已经成为一个个移动销售终端。

4. 展现（Exhibition）

传统 4P 中，促销手法主要有三大招：做广告、搞促销、玩客情。但在新的选秀时代，这些已远远不够，顾客绝不会轻易动心，企业需要有效整合网络、媒体、终端、户外等资源来制定传播策略，将自己的独特优势精心地展现在顾客面前，吸引其点击或询盘。展现的目的有两个：获得流量（收视/听率、到达率、点击率、有效滞留时间等）和获得咨询（电话咨询、在线询盘、柜台咨询）。

网络展现尤其不可忽视，所有企业必须做的两大功课是官网的展现（PC 端官网、移动端官网、App）和网络的展现（门户网站、论坛、博客、朋友圈等），有的企业还要加上网店的展现（淘宝、京东、微店、公众平台、大众点评等）。

（二）新的营销组合

前面对 4E 做了简单介绍，有了这个理论框架，企业便能极为容易而全面地重新检视自身的商业模式、营销战略和策略组合。制定战略方案前，我们先来盘点下体验、花费、电铺、展现这 4 个武器库里的新装备。这些变化，基本都源于互联网的三个改造手法：

1. 减法

许多人听说过“降维打击”这个词，其实所谓降维打击，就是利用互联网可以消除时空限制的优点，以传统行业为对手，设计一个做减法的互联网商业模式，以此来大幅降低成本、提升效率，和传统模式做不对称竞争，实施掠夺式攻击。

2. 变法

互联网的本质不是媒体、不是渠道，而是在四维世界基础上增加的第五个维度。站在五维空间看世界，一定会发现大量用互联网对现有商业世界进行变革的创新机会。

3. 加法

我们常听到“跨界”这个词，有意思的是深究其理，发现居间的联络员竟是流量。我们发觉，一直以来，市场就是流量，所有的营销努力其实都是为了换来终端前、柜台前、货架前、电话前的客流量。这个流量可以用来卖自家货，也可以卖给别人去卖货。大卖场之所以收供应商进场费、店庆费等名目繁多的费用，本质上就是在卖流量。流量还有一个特性，就是可以无缝转移、转卖。正是因为这个特性，给跨界提供了无穷可能。

把以上这三个改造手法分别用到4E中，会发现大量的创新机会和商业手法，我们尝试着用一个表（表1-1）来简单试试，你会发觉目前已经实践出来的几乎所有互联网新玩法无不可以被囊括其中；当然，你一定还可以发现更多的化学反应，重要的是，你能按照这些发现来重新设计新的商业模式、制定新的营销战略。

表1-1　4E的新组合

	体验 Experience	花费 Expense	电铺 E-shop	展现 Exhibition
减法	减产品规格 减功能按钮 减走路说话	降价 免费 倒贴 减时间	经销环节 减销售人员 减销售程序	砍宣传物料 砍硬广投入 砍网络硬广
变法	技术升级法 技术替代法 技术覆盖法 新的操作流程 透明的生产体验 新的售后体验	改变支付方式 改变排队时间 改善时间体验	电子电铺的运营 带电入网的实践 透明的销售体验 改变地面销售方式	变沟通方式 变展现组合
加法	跨品类融合 横向融合 纵向融合 情景模式融合		引入长尾产品 引入代理产品	合作引流 买流量 卖流量

（三）制定“互联网＋”营销战略

1. 重新检视你的竞争对手

商业世界的能力来自你和竞争对手的相对坐标。所以，制定战略的第一步是首先检视你的竞争对手。这个竞争对手是指：你的直接竞争对手（市场前1～3家，允许包括自己，其余的基本不考虑）；你的潜在竞争对手（你心中的1～3家标杆企业，当然，不要太高远，除非有充足的预算）；替代品；新的研发成果及动向。其中，研究的对象不需要太复杂，主要是：

（1）他们今天是怎么做的；

（2）按照4E理论逐一列出他们的漏洞和弊端；

（3）按照4E理论逐一提出新体验的解决方案。

2. 发现自己的优势

这些新的解决方案一定有效吗？非也，基本上你能想到的，你的竞争对手也想到了，所以重要的是在这些方案中发现一种或多种自己独有的或可先发的优势，即发现体现竞争优势的核心体验。互联网化、移动化、智能化不是一种独特优势，但却是一种先发优势。以下这些方面的优势要重点考虑：

（1）技术优势（技术研发、独家专利、工业设计）；

（2）制造优势（规模效应、高端制造、制造工艺）；

（3）市场优势（大量的用户和高的好评率）；

（4）原产地优势（一种难以模仿的独特优势）；

（5）牛人优势（意味着更好的融资、免费的新闻，以及人格担保的品质承诺）。

3. 重新规划你的客户

确定核心体验后，再来进行市场规划的匹配，界定核心市场。互联网时代，规划市场的4种方法如下：

（1）聚焦一个核心人群（与之对应的产品策略一般是打造爆款）；

（2）新建一个部落（如之前的电视、微波炉，以及今日的淘宝、微信等）；

（3）融合几个旧部落（与之对应的一个词叫“跨界打劫”）；

（4）个性化定制等。

不是所有的市场都适合爆款策略，一般只有市场容量巨大的成熟市场才适于使用此招，打个比方说，只有在别人家漫山遍野的麦子成熟了准备动镰刀时，你开着机械化收割机进场才有效。聚焦过度，往往意味着小众高端市场。打造新部落的新型市场最好采用侧翼战原则，规避大鲨鱼，悄悄地测试，全神贯注地持续优化，机会闪现时则快速放大抢占市场。

4. 确立商业模式

核心功能、核心市场确定后，需要提炼成一个形象化的核心概念，并最终确立如何赢利的商业模式。这几步完成之后，再根据市场目标、资源及预算，来制定4E策略和战术组合实施方案。

最后再强调一下体验原则，体验没有绝对的标准，永远是相对的，所以好的体验意味着：能省的环节及花费尽量省——减法；能优化的环节尽量优化——变法；一举两得或多得需要考虑——加法（不能削弱核心体验）；还要好玩。这一切，都是互联网这个魔法棒带来的。

知识拓展

制胜的市场营销秘诀

1. 以更高的品质取胜

买到品质差的产品而怒火满腔的顾客，不但不会再次惠顾，而且会对企业大肆批评。企业需要对产品品质作详细的定义，品质的说法并无多大意义。人们常常无法从外表来判断产品的品质。有些企业一直以拥有最高品质著称，例如“劳斯莱斯”。

2. 以优质的服务取胜

大家都希望得到较好的服务，但顾客对“好的服务”的看法因人而异。有的希望速度快，有的希望态度好。每个人在不同的时间、不同的场景下，会对每种服务的特质有不同的要求。因此，仅仅宣称拥有较佳的服务是不够的。

3. 以较低的价格取胜

低价策略对许多企业而言都有效，包括世界上最大的企业沃尔玛和最大的家具零售商宜家都不例外。然而以低价而执市场牛耳者得小心了，其他的厂商可能会突然以低价进入市场，而将市场的水搅混。仅有低价是不够的，品质与服务必须同时并存，才会让顾客觉得物有所值。

4. 以高市场占有率取胜

一般来说，市场占有率领导者的获利能力都比较高，他们享有规模经济与较高的品牌认知度，市场上有所谓的“花车效应”（指消费者会一窝蜂地选择大多数选择的品牌）。但有不少市场占有率高的领导者却未必那么赚钱，如业界巨人IBM、通用汽车公司，由于市场占有率高而雄踞一方，但效益远不如一些规模较小的竞争对手。

5. 以量身打造和定制取胜

许多客户希望厂商能为自己量身定做所需的产品或服务。然而，对许多厂商而言，为顾客量身打造的成本过高，大量定做，对某些企业也许可行。

6. 以不断的产品改良取胜

持续的产品改良是一种稳扎稳打的策略，特别是处于领先地位时。但并非所有的产品改良都值得做，譬如：刮胡刀片是不是需要越来越锋利？

7. 以创新取胜

有个大家都知道的告诫：“不创新，就灭亡。”这句话一点也不错，索尼公司和3M公司都由导入绝佳的新产品而获得实质的利益，但一般的企业却不敢对新产品导入放手一搏。有品牌的工业品在市场上失败的比例约有三成。让企业进退两难的是：假如它不导入新产品，就得面临从市场上消失；但若导入新产品，也许会造成巨大亏损。

8. 以进入高成长市场取胜

电子工业、计算机工业、智能制造和通信业都是前景看好的高成长市场，有些市场领导者已在上述这些市场大赚了一笔，但有一半进入高成长市场的企业却黯然失败。微软的Microsoft Office已经成为业界标准，导致其他类似的优秀替代软件只能徒呼奈何。随之而来的问题是，在这些成长迅速的产业中，产品淘汰的速度非常快，每家企业都必须不断地投资研发，以追上市场的脚步。他们常常必须在上一次提供的产品或服务获得利润回报前，就先行投资发展其替代品。

9. 以超出客户期望而取胜

在营销上有一句格言："成功的企业是那些永远超出客户期望的企业。"符合客户期望只能满足客户而已，超出他们的期望才能让他们眉开眼笑。眉开眼笑的客户就有很高的机会再度惠顾。但问题出在，当企业的表现超过了客户的期望之后，客户下次的期望就会更高。超越更高期望的任务就会越来越难达到，而且花费会越来越多，最后企业只好以符合客户的期望为己任。另外，现在有许多客户都希望享受最高的品质、额外的服务、高度的便利性、少量多样、老客户特别优惠，而且要付最低的价格。很显然，各企业都必须作出哪些客户需求是在利润许可的情况下能够达成的决定。

10. 注重营销道德

"三鹿"奶粉和"双汇"事件后，一般公众对广告和销售方式中的歪曲和误导开始警惕，市场上的欺诈行为和损人利己行为开始受到人们的抵制。营销者在追求企业利益最大化的同时必须坚守营销道德。所谓营销道德，是指营销活动中所应遵循的道德规范的总和。遵循营销道德的营销行为，使营销人员个人、企业和顾客利益保持一致，从而有利于企业的经济效益和社会效益。违背营销道德的营销行为，使企业的利益与顾客的利益相悖，虽使企业一时受益，但不利于企业的长远发展，更有损社会公众的利益。因此，使营销行为沿着营销道德的轨道进行，对企业和社会双方都是大有裨益的。营销道德的基本原则包括守信、负责和公平。现代企业应有长远眼光，提升营销道德水平，加强社会责任感。

资料来源：作者根据相关内容改编。

案例分析

家电行业案例分析

项目训练

☞ 想一想

1. 什么是市场？市场由哪些部分构成？

2. 如何辨别买（卖）方市场？

3. 企业营销观念演变的原因是什么？当前我国企业特别需要树立哪些观念？

4. 最近涌现了哪些新的营销模式？

5. 如何赢得市场？

6. 为什么网络营销越来越流行？

7. 人们的需要、欲望与需求有什么区别？

8. 各类营销观念的最大区别是什么？从短期看，哪种观念最容易采用？从长期看，哪种观念最可能成功？

9. 4P 和 4C 有何区别？

10. 在新形势下如何在市场营销中取得胜利？

☞ 做一做

1. 从最近的报刊上找一篇描述企业改变营销观念提升企业竞争力的案例，做一个简要的报告。

2. 调查十个人，要求他们在年龄、性别、职业等方面有较大差异，问以下三个问题，认真记录：

（1）你认为营销是什么意思？

（2）你认为营销员是干什么的？他们的目的是什么？

（3）你认为“营销”这个词是贬义的、褒义的还是中性的？

做一个汇报 PPT。

☞ 测一测

一、单项选择题

1. 按照商品流通的顺序可将市场划分为（　　）。

A. 一般商品市场和特殊商品市场　　B. 现货市场和期货市场

C. 批发市场和零售市场　　D. 消费者市场和组织市场

2. A 把 x 给 B 同时获取了 y，此时，在 A 与 B 之间所发生的行为属于（　　）。

A. 交换活动　　B. 交易活动　　C. 买卖活动　　D. 协商活动

3. 需求管理是市场营销管理的（　　）。

A. 实质　　B. 内容　　C. 过程　　D. 方法

4. 瑞士雀巢公司经过漫长的努力，使几千年来都崇尚茶文化的日本等国的青年一代以喝咖啡为时髦，该公司的这种行为属于（　　）。

A. 适应需求　　B. 满足需求　　C. 创造需求　　D. 管理需求

二、多项选择题

1. 在市场营销学中，市场的大小取决于那些（　　）的人的数量。

A. 有某种需要

B. 拥有使别人感兴趣的资源

C. 愿意以这种资源来换取其需要的东西

D. 处于一定的市场环境

2. 市场由一切具有特定的欲望和需求并且愿意和能够以交换来满足此欲望和需求的潜在顾客构成，由此可知，市场的构成要素包括（　　）。

A. 有某种需要和欲望的人　　B. 拥有别人感兴趣的资源

C. 为满足需要的购买能力　　D. 购买欲望

3. 下列各类市场中，属于按商品属性来划分的是（　　）。

A. 消费品市场　　B. 批发市场　　C. 劳动力市场　　D. 金融市场

项目二 分析市场环境

能力点

- 能够辨别影响企业营销活动的因素及作用
- 能分析市场环境对于企业的机会和威胁
- 能识别消费者和组织市场的购买模式

知识点

- 认识企业营销环境的基础理论知识
- 了解分析营销环境的方法
- 掌握市场购买行为的分类、特点、模式等

素质点

- 培养学生的营销职业理想和信念
- 培养学生爱岗敬业的精神
- 培养学生严谨、认真的工作作风

中美市场营销经理助理考点

- 购买者购买行为的特点
- 商品属性
- 营销环境分析方法
- 影响消费者购买行为的因素
- 消费者购买行为的过程
- 消费者购买行为类型
- 消费者购买行为类型的特征分析
- 产业购买行为类型

案例导入

洗碗机释放消费潜力　新生代消费者青睐线上渠道

2019 年 9 月 11 日，由国家信息中心新兴产业处指导、中国五金制品协会主办的"把洗碗留给洗碗机"2019 中国洗碗机行业高峰论坛在北京举行。

国家信息中心资深产业专家蔡莹表示，随着"90 后"等新生代成为主流消费群体，其消费和生活习惯更趋个性化和现代化，驱动洗碗机等新生代产品走入家庭，成为未来家电市场的主要增长点。值得一提的是，新生代的消费习惯源自线上渠道，销售平台的影响力、服务的确定性是其选择购物渠道的关键，以 22.7%的份额位居我国家电市场全渠道单体零售商之首的京东（数据来源：中国电子信息产业发展研究院《2019 上半年家电市场报告》），早已经通过多年耕耘获得新生代的青睐和信任，成为洗碗机最主要的销售渠道。

以京东为代表的电商平台对洗碗机市场的推动作用，得到了行业统计数据的印证。据奥维云网总经理郭梅德介绍，2019 年 1—7 月洗碗机零售额达 34.6 亿元，同比增长 24.9%。其中，相比平静的线下渠道，线上市场显得尤为火爆，入场的品牌和机型越来越多，仅 1—7 月就进入 15 个品牌，发售 124 个新机型。在他看来，随着新生代消费群体的崛起，洗碗机将会逐步走上普及之路，预计 2019 年销售额将达到 68 亿元，到 2022 年将达到 107 亿元，年平均增长率超过 15%。

可以预料的是，解放双手、带来健康生活的洗碗机，将成为越来越多的新生代家庭厨房的必需品。中国五金制品协会理事长石僧兰指出，洗碗机市场处于从量变走向质变的临界点，在各大品牌的共同努力下，洗碗机行业将插上腾飞的翅膀，驶入高增长的快车道。

资料来源：洗碗机释放消费潜力　新生代消费者青睐线上渠道．(2019－09－12). http://www.ce.cn/cysc/zgjd/kx/201909/12/t20190912_33140618.shtml.

任务一　扫描企业营销环境

任何企业的营销活动都不会在真空中进行，而总是在一定的环境下进行。市场营销环境通常是指影响企业市场营销活动及其目标实现的各种因素的总和。美国著名市场学家菲利普·科特勒的解释是：市场营销环境是指那些影响企业的市场和营销活动的不可控制的参与者和影响力。具体地说，市场环境就是那些影响企业的市场营销管理能力，使其能够卓有成效地发展和维持与其目标顾客交易及关系的外在参与者和影响力。

现代市场营销观念认为，企业的决策者必须采取适当的措施，经常监视和预测其周围的市场环境的发展变化，并善于分析和鉴别由于环境变化而造成的主要机会和威胁，及时调整市场营销中的各种控制因素，使其经营管理与市场营销环境的发展变化相适应。

一般来说，市场营销环境主要包括宏观营销环境要素和微观营销环境要素，如图 2-1 所示。微观营销环境直接影响和制约企业的市场营销活动，而宏观营销环境主要以微观营销环境为媒介间接影响和制约企业的市场营销活动。前者可称为直接营销环境，后者可称为间接营销环境。企业加强市场营销环境的分析工作，对不断提高企业营销效果有着直接的重要作用。

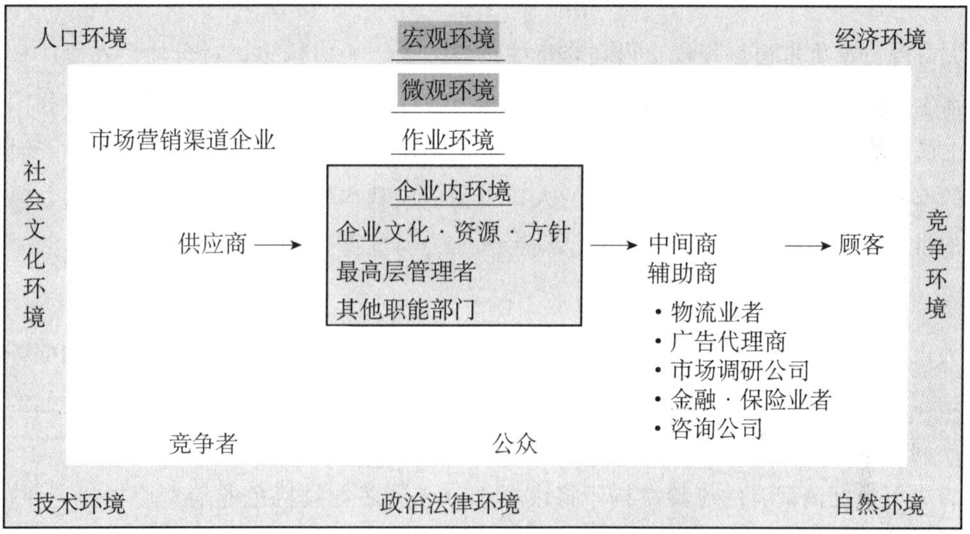

图 2-1 企业市场营销环境扫描

一、识别企业宏观营销环境因素

宏观营销环境是指那些能够对企业所处的微观营销环境以及企业经营活动产生重要影响的几大社会自然力量。这些因素反映一个国家和社会发展变化状况，包括人口、政治法律、经济、社会文化、自然、技术等环境。

（一）人口环境

市场是由有购买欲望同时又有支付能力的人构成的，人口是市场的第一要素，人口环境因素对市场格局具有整体性和长远性的影响。人口环境因素一般包括以下具体的内容：

1. 人口总量

世界人口以爆炸性的速度增长。截至 2020 年 4 月 7 日，全球 230 个国家和地区人口总数为 7 585 204 179 人，其中中国以 1 400 050 000 人位居第一，成为世界上人口最多的国家。迅猛增长的世界人口对营销有着重要的意义。不断增长的人口意味着有更多的需求需要得到满足，从购买力角度考虑，它意味着不断增长的市场机遇。

世界人口数量高度的差异性既带来了机会也带来了威胁。截至 2018 年年底，全球 65 岁以上人口约为 7.05 亿，而 0～4 岁人口约为 6.8 亿，人类 65 岁以上人口数量有史以来第一次超过 5 岁以下人口数量。据联合国人口基金会数据，2019 年全球约有一半的国家/地区 65 岁以上人口占比在 7%及以上。在过去十年，全球性别差距呈现缓慢扩大趋势，女性人口占比由 2006 年的 49.61%下滑至 2017 年的 49.56%，全球男女平等状况出现倒退。与此同时，冰岛成为全球性别最平等的国家。在“新生人口性别比例”方面，印度等国家长期处于严重失衡状态。因此，营销人员应当密切注意国内外的人口发展趋势和市场变化。

人口总量是决定市场规模、潜在容量的重要因素。人口越多，对食物、衣着、日用品等基本生活资料的需要量也越多，市场也就越大。庞大的人口数量及增长速度使我国成为世界上最大的潜在市场，吸引着众多国外企业。沃尔玛、家乐福选择进入我国市场时首先考虑的都是人口数量。但同时，众多的人口也会造成基本生活资料、基本原材料、运输能源等的供应紧张，给企业的市场营销活动带来压力与危害。

2. 年龄结构

人口的年龄结构直接影响市场需求。由于消费者的年龄差别，他们对商品和服务产生不同的需要，并且这也在一定程度上意味着收入的多少、家庭规模的大小和对商品的价值观念不同。

首先可根据消费者的年龄结构，将市场细分成许多各具特色的消费市场：老年市场、青少年市场、儿童市场等。各个市场的消费者对于消费品均有不同的需要。儿童市场畅销食品、玩具、服装，青少年市场注重手机、计算机、服装等，而老年市场则更多喜欢营养品、保健品、旅游等。

其次，随着经济发展和科学技术进步，人口的年龄结构也在发生变化：一是人的平均年龄增加，这意味着人口趋于老龄化，由于老龄化趋势的加剧，使老年市场成为一个具有很大潜力的市场，保健品、眼镜、助听器、旅游等市场的需求会迅速增长；二是人口出生率下降，目前在经济较发达的国家，不愿生育的妇女越来越多，都使得人口出生率下降、儿童减少，从而使得儿童市场的潜力越来越小，同时由于儿童的减少，又使得人们对儿童用品的要求越来越高，这些正在使儿童市场发生深刻变化。

知识拓展

我国的老年产品市场

根据联合国教科文组织的规定，60 岁以上的人口占一个国家总人口的 10%以上，或者65岁以上的人口占7%以上，这个国家就进入了老龄化社会。国家统计局发布的数据显示，2019年我国老年人口比重持续上升。数据显示，0～15岁人口为24 977万人，占总人口的17.8%；16～59岁的劳动年龄人口为89 640万人，占总人口的比重为64.0%；60周岁及以上人口为25 388万人，占总人口的18.1%，其中65周岁及以上人口为17 603万人，占总人口的12.6%。2018年，中国60周岁及以上人口首次超过了0～15岁的人口，中国已进入老龄化国家行列。据统计，目前全球老年用品有6万多种，而我国仅有2 000多种。“银发经济”既是“夕阳事业”，也是“朝阳产业”，涉及老年用品、老年服务、老年医疗、老年娱乐等多个产业。

资料来源：作者根据相关内容改编。

3. 人口性别

比较男性和女性的市场需求，可以看到他们对于产品的需求以及购买行为都有明显的差别。由于家庭中大多数日用消费品是由女性采购的，因此，很多家庭用品及儿童用品也可纳入女性市场，这就使得女性市场的容量比男性市场大得多。

近二三十年来，各国女性就业人数剧增，这使得市场发生深刻变化：一是由于家庭收入增加为市场提供了新的容量；二是对市场上较好的服装、汽车、托儿服务等物品和劳务的需求增加；三是由于双职工家庭的增加，时间显得越来越宝贵，市场上任何能节省家务劳动时间的产品和服务都具有很大的吸引力。

4. 地理分布

人口的地理分布因素是进一步分析市场潜力的重要依据，是人们形成不同区域消费偏好的重要原因。

居住在不同地区的人有着不同的需求。由于地理位置、气候条件、传统文化、生活习惯和经济发展水平不同，人们会表现出消费习惯和购买行为的差异。2019年第六次全国人口普查数据显示，到2019年年末，我国城镇常住人口为84 843万人，常住人口城镇化率达到60.60%；乡村常住人口持续下滑，为55 162万人，相对于2018年减少了1 239万人。在农村，由于农民普遍存在求廉心理，产品辨别能力较低，加上地方监管能力的局限，假冒伪劣产品更多地在农村市场泛滥。大中城市居民健康意识、防伪意识较强，三无产品在城市生存空间很小。

5. 人口迁移

从世界经济发展看，人口迁移的规律是由农村到城市，再由城市到郊区。当前，我国有一个突出的现象就是农村人口向城市或工矿地区流动，内地人口向沿海经济开放地区流动，使这些地区的消费需求不仅在量上增加了，而且在消费结构上也发生了一定的变化。企业应该提供更多的适销对路产品满足这些流动人口的需求，这是潜力很大的市场。例如，在“北、上、广、深”等一线城市，外来人口众多，给当地的旅馆、饭店和个人房屋出租等带来大量市场空间。

6. 家庭结构

家庭是社会的细胞，也是商品采购的基本单位。家庭单位的数量和家庭平均人口的多少都会引起市场需求量及购买习惯的变化。例如，家庭数目多，对家电、家具等生活必需品的需求量就大，否则，需求量就小。在我国，家庭结构在不断地缩小，丁克、单亲、独身家庭的比重不断增加，使得家庭的数量不断地增多，因此对住房、家庭用品的需求也在不断地增加。

知识拓展

家庭生命周期

家庭生命周期状况对企业的市场营销也有重大影响。家庭生命周期一般由七个阶段构成：

(1) 未婚期。单身一人，空闲时间多，可以进行广泛的社交活动。无经济负担，对书籍、娱乐用品和名牌服装等需求较大。

(2) 新婚期。夫妇二人，无子女，在家具、电器等耐用消费品、度假和时装等方面花费较大。

(3)“满巢”Ⅰ期。年轻夫妇和 6 岁以下孩子。婴幼儿的食品、玩具、婴幼儿常用药品、幼儿书籍、服装、保育费、教育支出等较大。

(4)“满巢”Ⅱ期。年轻夫妇和 6 岁以上儿童，需要大量的文教用品、书籍、日常用品、教育支出等。

(5)“满巢”Ⅲ期。年龄较大的夫妇和已经自立的子女，经济上比较宽裕。

(6)“空巢”期。子女已婚独居，家中只剩夫妇二人，主要需要医药用品和保健品、娱乐和社会服务等。数据显示，2016 年我国空巢老人数量为 1.1 亿人，2020 年我国空巢老人数量近 1.2 亿人，预计到 2030 年空巢老人数量将达到 2 亿人左右。

(7) 孤独期。丧偶独居，需求与空巢期基本相同。

资料来源：作者根据有关理论（最早由希尔和汉森提出的家庭生命周期理论）归纳修改而成。

7. 我国现阶段人口发展状况的动向

(1) 人民平均寿命延长，人口呈继续增长态势。意味着整体消费品市场将继续增长。

(2) 人口出生率下降，儿童减少。意味着成年人会增加闲暇消费时间，成年消费市场也会扩大。

(3) 人口趋于老龄化，且老龄化速度高于西方。意味着消费品生产和市场服务要更多地考虑老年人群的需要。

(4) 家庭规模趋于小型化，家庭结构日益松散。意味着人们的生活方式和购物方式在发生着变化。

(5) 人口流动性大，大量农村人口流入城市。意味着城市市场保持快速增长态势。同时随着交通运输的大大改善和城市人口迁居郊区的增加，城市周边住宅区的现代消费需求会大大增加。

（6）人口由多民族构成。企业开发新的产品和市场也需要重视不同民族的特殊需要。

8. 人口环境的新特点

（1）世界人口迅速增长；

（2）发达国家的人口出生率下降；

（3）许多国家人口趋于老龄化；

（4）家庭结构发生变化；

（5）非家庭住户在迅速增加；

（6）许多国家的人口流动性大：人口从农村流向城市，又从城市流向郊区。

（二）政治法律环境

文本：
政治法律环境对
企业影响的案例

政治法律环境是影响企业营销的重要宏观环境因素。政治法律环境是由政治、法律机构和在社会上对各种组织及个人有影响和制约的环境因素构成的。政治环境引导着企业营销活动的方向，法律环境则为企业规定经营活动的行为准则。政治与法律相互联系，共同对企业的市场营销活动产生影响和发挥作用。

企业的一切市场营销活动都必须遵守党和国家的方针、政策和法令，不允许有丝毫的背离。当国家在一定时期内调整或改变某项政策法令时，企业要相应地调整经营目标和策略。这就要求企业经营管理人员对政策法令的内容、含义及其对市场营销的影响有明确的了解。

1. 政治形势

政治形势包括政治稳定性、社会治安、政府更迭、政策衔接、政府机构作风、政治透明度等。国家政局稳定，经济就能顺利地发展，人民就能安居乐业，企业就有了良好的营销环境。

2. 政府的方针政策

国家所制定的方针政策，如人口政策、能源政策、物价政策、财政政策、货币政策等，都会对企业营销活动带来直接或间接的影响。例如，国家通过降低存款利率来刺激消费的增长，通过征收个人收入所得税调节消费者收入的差异，通过对香烟、酒等商品征收增值税来抑制人们的消费需求。

作为营销者，其不仅要了解国家现行的方针政策，还要有敏锐的政治头脑，能预测出国家未来可能出台的政策，提前做好准备，抢占市场先机。

3. 政治团体和公众团体

政治团体如工会、共青团、妇联组织等。公众团体如中国消费者协会、企业家协会、个体劳动者协会、残疾人协会等。这些团体通过影响国家立法、方针政策、社会舆论等，对企业营销活动产生影响。

4. 法律环境

法律环境是指国家或地方政府颁布的各项法规、法令和条例等。为了建立和维护经济秩序，保障企业、消费者利益，保护社会长远利益，国家颁布了许多法律法规。

与市场营销有关的法律主要是针对消费者和企业的。为了保护消费者权益、净化营销环境，我国出台了《中华人民共和国消费者权益保护法》《中华人民共和国反不正当竞争法》《中华人民共和国知识产权法》《中华人民共和国民法典》等。

企业要研究并熟悉法律环境，依法进行管理和经营，运用法律手段保障自身和消费者的合法权益。

5. 国际关系

从事国际营销活动的企业，在营销活动中会受到国际关系的影响。例如，国际上的重大事件与突发性事件，会给企业的市场营销工作带来或大或小的影响，有时带来的是机会，有时带来的是威胁。各国也会制定一些相应的政策来干预外国企业在本国的营销活动，如进口限制、税收政策、价格管制、外汇管制、劳工限制和绿色壁垒等。例如，欧洲国家规定禁止销售不带安全保护装置的打火机，无疑限制了中国低价打火机的出口市场。日本政府也曾规定，任何外国公司进入日本市场，必须找一个日本公司同它合伙，以此来限制外国资本的进入。

企业应了解和遵守国外的法律制度和有关的国际法规、惯例和准则等。只有如此，才能制定有效的营销对策，在国际营销中争取主动。

（三）经济环境

经济环境是指企业市场营销活动所面临的社会经济条件及其运行状况和发展趋势，其中最主要的指标是社会购买力，而社会购买力又与居民的收入、储蓄、信贷及物价等因素密切相关。所以企业不仅要研究消费者的收入状况、支出模式、储蓄和信贷的变化，还要研究经济的宏观指标，譬如 GDP 的增长、货币流通、就业、资源等问题。从某种程度上来说，经济因素比人口因素更重要，因为市场规模的大小归根到底取决于消费者购买力的大小。

1. 消费者的收入水平

收入是一个非常重要的经济概念。国家的收入标志着国家的经济实力和水平。个人收入则构成了消费的基础。一些重要的收入概念有：国民生产总值（GNP）、人均国民收入、个人收入、个人可支配收入、个人可任意支配收入、家庭收入、绝对收入、相对收入、实际收入、名义收入等。从不同的角度所取得的收入指标，对于企业制定市场营销战略和估计需求量有着十分重要的意义。

消费者个人收入的变化，是影响消费者收入的直接因素，而社会上产品的消费数量、质量、结构以及消费方式的变化，往往与消费者的收入变化有直接的关系。消费者的收入可分为：

（1）个人收入。消费者个人从各种来源所得到的货币收入，包括消费者个人的工资、红利、租金、馈赠等收入。它主要形成消费资料购买力，这是社会购买力的重要组成部分。而生产资料的需求是由消费资料的需求派生出来的，因而对机电企业的市场营销活动也会产生重大影响。消费者收入的多少还影响着消费者支出行为模式。

（2）个人可支配收入。即从个人收入中扣除税款和非税性负担后所剩下的余额，即个人能够用于消费支出或储蓄的部分。

（3）个人可任意支配的收入。即从个人可支配收入中再减去维持生活所必需的费用（吃、穿、住等）和其他固定支出（分期付款等）后剩余的部分，这是个人可任意投向的收入。由于需求弹性大，因此个人可任意支配的收入是影响消费者需求构成最活跃的经济因素。这部分的收入越高，人们的消费水平就越强，企业的市场营销机会也就越多。

（4）货币收入和实际收入。在通货膨胀、税收等因素的影响下，有时货币收入虽然增加，但实际收入却可能下降，譬如物价上涨率超过货币收入增长率。

2. 消费者支出模式

消费者收入变化直接影响消费者支出模式的变化。德国著名统计学家恩斯特·恩格尔（Ernst Engel）根据他对德国、法国、比利时等国许多家庭收支预算的调查研究，发现了家庭收入与各方面支出变化之间的规律性，通常用恩格尔系数表示：

恩格尔系数＝食物支出金额/家庭消费支出总额

根据恩格尔的观点以及一些西方经济学家的修正，表述如下：

（1）随着家庭收入增加，恩格尔系数会下降；

（2）随着家庭收入增加，用于住房建设和家庭其他方面消费支出占家庭收入的比重大体不变；

（3）随着家庭收入增加，用于服装、交通、娱乐、保健、教育等方面的支出和储蓄占家庭的比重上升。

企业通过恩格尔系数可以了解目前市场的消费水平，也可以推测今后消费变化的趋势及对企业营销活动的影响。

知识拓展

我国的恩格尔系数

国际上常常用恩格尔系数来衡量一个国家和地区人民生活水平的状况。根据联合国粮食及农业组织提出的标准：59%以上绝对贫困，50%～59%勉强度日，40%～50%小康水平，20%～40%富裕，20%以下最富裕。发达国家大都低于20%，我国处于由小康向富裕的过渡阶段。国家统计局发布的公告显示，2019 年，我国居民恩格尔系数为 28.2%，连续8年下降，已达到联合国20％～30％的富足标准，比上年下降0.2个百分点，其中城镇为27.6％，农村为30.0％。

资料来源：中国恩格尔系数持续下降．(2020－11－23)．https://baijiahao.baidu.com/s?id=1684108187216213929&wfr=spider&for=pc.

3．消费者的储蓄与信贷

储蓄来源于消费者的货币收入，其最终目的还是消费。在一定时期内货币收入水平不变的情况下，如果储蓄增加，投资的机会也多，购买力和消费支出便减少；反之，如果储蓄减少，投资机会也少，购买力和消费支出便增加。所以储蓄的增减变动会引起市场需求规模和结构的变动，会对企业的市场营销活动产生一定的影响，同时企业还要深入了解消费者储蓄的目的，因为储蓄的目的不同，往往会影响潜在需求量、消费内容、消费的发展方向以及消费模式。只有掌握了消费者的储蓄动机，才能为消费者提供满意和需要的产品和服务，从而激发消费者的购买动机。

消费信贷也成为影响消费者购买力和支出的一个重要因素。所谓消费信贷，就是消费者凭信用先取得产品使用权，然后按期归还贷款以购买产品。消费信贷在西方国家广泛存在，对购买力的影响很大。美国消费信贷在全世界最高，各种形式的赊销、分期付款业务十分发达，增长迅速，而且越是富人越容易得到贷款，欠债也就越多。我国为促进经济的发展正逐步扩大消费信贷的规模和范围，消费信贷水平也在逐步提高，这些新动向对企业市场营销活动产生了十分重大的影响。

4．经济发展水平

一个国家或地区的经济发展水平制约着企业的营销活动。在不同的经济发展阶段，消费者的需求不同，企业的营销策略也不相同。

美国学者华尔特·罗斯托（Walt Rostow）的经济成长阶段理论，把世界各国的经济发展归纳为五种类型：传统经济社会、经济起飞前的准备阶段、经济起飞阶段、迈向经济成熟阶段和大量消费阶段。处于前三个阶段的国家称为发展中国家，消费者注重产品的基本功能和实用性，企业之间以价格竞争为主要的竞争方式。处于后两个阶段的国家称为发达国家，消费者在注重产品功能的同时，强调款式、特性和品质。企业进行着大量的促销活动，非价格竞争占主导地位。当然，不是每个国家的经济发展都必须依次经过这五个阶段，有的会跳过一两个发展阶段，并且各个国家每一发展阶段持续的时间长短也不尽相同。

5．经济形势

经济形势是企业能否顺利发展的条件。经济形势好，消费者消费意愿强，企业投资欲望就高；相反，经济形势差，则消费者消费意愿下滑，企业投资欲望就低。

（四）社会文化环境

文化是指人类在社会发展的过程中所创造的物质财富和精神财富的总和。社会文化主要是指一个国家、地区或民族的传统文化，它体现着一个国家或地区的社会文明程度，通常由价值观念、信仰、生活方式、风俗习惯、行为方式、伦理道德、教育水平、语言文字、社会群体及相互关系等内容构成。

任何企业都处于一定的社会文化环境中，企业营销活动必然受到社会文化环境的影响和制约。为此，企业应了解和分析社会文化环境，针对不同的文化环境制定不同的营销策略。企业营销对社会文化环境的研究一般从以下几个方面入手：

1. 社会阶层

社会阶层是指按一定社会标准将社会成员划分为若干社会等级。这里的社会标准主要是收入、财产、文化教育水平、职业和社会名望等。同一社会阶层通常有相似的生活方式和购买行为。

任何一个社会阶层都有其购买商品的种类和档次。收入水平相对低的人群往往追求商品的实用性。而高收入、高身份的消费阶层，购买产品除享受其产品的自身功能外，还需要得到品牌的社会文化效用。企业生产和营销工作的关键是要找准和经营好自己的目标市场，有的放矢地去设计产品，使自己的产品真正被目标市场的顾客所赏识、接受，使企业真正占领属于自己的市场。

2. 相关群体

一个人的购买行为要受许多群体的影响，有些影响是直接的，有些影响是间接的。首要的群体是与某人直接接触的人们，如家庭成员、亲戚朋友、工作同事、同学、邻居等，他们对消费者的购买行为影响很大。

次要群体是指与某人有关的各种团体或组织，如党派、学会、宗教组织、职业协会等。他们与消费者个体接触不太频繁，对其影响不太经常，但可以影响消费模式，如体育明星、电影明星们的消费行为对他们的崇拜者们影响很大。

对于企业来讲，其充分认识到相关群体对营销活动的影响和作用，不仅可以努力寻找目标市场上的相关群体，而且可以研究如何利用这些相关群体对消费者施加影响。企业可以考虑聘请专家、影星、歌星为企业做形象宣传，借此影响崇拜者和大众，提高企业知名度，扩大产品销售。

3. 价值观念

价值观念是指人们对社会生活中各种事情的态度和看法。在不同的国家或民族之间，甚至是同一国家或民族的不同群体之间，人们的价值观念差异很大。不同的价值观念，影响着人们的消费需求和消费行为，对于具有不同的价值观念的消费者，企业要采取不同的市场营销策略。例如，中国传统的福禄寿星或古装仕女的产品装饰适合在一些亚洲国家和地区行销，而出口欧美国家则不感兴趣。欧美市场上，给产品加上复活节、圣诞节、狂欢节的装饰，则可能打开销路。

4. 宗教信仰

不同的宗教有不同的思想观念、生活方式、禁忌和消费习惯，对人们的生产、生活有着较大的影响。企业产品在进入一国或地区之前，必须认真了解目标市场的宗教信仰，避免与当地消费者发生冲突。

5. 教育水平

教育水平不仅影响消费者的收入水平，而且影响消费者对商品的鉴别力，影响消费者心理、购买的理性程度和消费结构，对企业的市场营销调研、目标市场选择、产品定价、促销方式和产品形式等均有重大影响。例如，在教育水平低的地区，适合采用操作使用与维修保养都较简单的产品，采用电视、广播和当场示范表演的形式进行宣传。而教育水平高的地区，则需要先进、精密、功能多、品质好的产品。因此，在设计产品和制定产品策略时，应考虑当地的教育水平，使产品的复杂程度、技术性能与之相适应。

6. 风俗习惯

风俗习惯是人们在长期经济与社会活动中历代传递下来的一种生活方式。它在饮食、服饰、居住、婚丧、信仰、节日、人际关系等方面，都表现出独特的心理特征。不同的风俗习惯，具有不同的商品需求，在我国每年的春节前夕形成生活用品的购买高峰；此外，在中秋节、国庆节、元旦等节日前夕，人们对商品的需求也明显增长。近几年来，西方文化对我国正在产生越来越大的影响，特别在年轻人身上表现尤为突出，譬如圣诞节、情人节等在我国大中城市中悄然升起。因此，企业市场营销人员在了解传统风俗习惯的同时要注意这种变化，抓住机遇，引导消费，开拓新的市场。

知识拓展

风俗习惯

在饮食方面，我国的云贵川地区喜辣，江浙地区喜甜，山西喜酸，广东喜鲜，各具特色。再如在我国，人们在新年前夕，要购买各种食品、礼品、烟花爆竹，以及贴春联进行庆祝；而在西方国家，人们每逢12月25日圣诞节前，就购买圣诞树、礼品、食品，欢度圣诞节。

“入境而问禁，入国而问俗，入门而问讳。”例如，对港台商人忌送梅花、茉莉花；日本人忌讳数字4、9，因此我国的传统工艺品紫砂壶虽然在日本很受欢迎，但如果是4件组合包装的紫砂壶，却在日本市场上无人问津。

资料来源：作者根据相关内容改编。

7. 消费习惯

由于社会文化多方面的影响，消费者产生共同的审美观念、生活方式和情趣爱好，从而导致社会需求的一致性，这就是消费习惯。消费习惯是人类各种习俗中重要的习俗之一，是人们历代传递下来的一种消费方式，也可以说是人们在长期的经济与社会活动中所形成的一种消费风俗习惯，它表现出独特的心理特征、道德伦理、行为方式和生活习惯。

知识拓展

各国的消费习惯

爱尔兰人不食咸牛肉和土豆，意大利人忌讳菊花，日本人忌用茶花，等等。根据消费心理研究，西方消费者对于价格的数字的反应是不同的，按照接受程度排序，依次为5、8、0、3、6、9、2、4、7、1。将这一结果理论化，可以发现带有弧线的数字，对消费者似乎不带刺激感，而不带弧线的数字，如4、7、1，就不是那么容易被客户接受了。从事市场营销必须研究了解目标市场消费者的禁忌、习俗、避讳、信仰、伦理等，这是企业进行市场营销的重要前提。

资料来源：作者根据相关内容改编。

8. 审美观念

审美观念通常指人们对商品的好坏、美丑、善恶的评价。不同的国家、民族、宗教、阶层和个人，往往有不同的审美标准。人们的消费行为归根到底不外乎维护每个社会成员的身心健康和不断追求生活的日趋完善。人们在市场上挑选购买商品的过程，实际上也是一次审美活动。消费者个人的审美活动表面上看起来属于个人行为，实质上反映了一个时代、一个社会人们的审美观念和审美趋势。

（五）自然环境

自然环境主要指营销者所需要或受营销活动所影响的自然资源。自然环境的优劣不仅影响企业的生产经营活动，而且影响一个国家或地区的经济结构和发展水平。因此，企业必须密切注视自然环境的发展变化趋势，并从中发现企业所面临的营销机会和环境威胁，制定出相应的对策。同时，企业的营销活动也会对自然环境造成影响。

1. 自然资源日益短缺

自然资源包括三类：一类是取之不尽、用之不竭的资源，如空气、阳光和水，但由于现代工业的无限扩张带来的污染，空气的质量和水质都大不如从前了，许多国家还面临着严重的缺水问题；一类是有限但可再生资源，如森林、农产品，这类资源是有限的，可以被再次生产出来，但必须防止过度采伐森林和侵占耕地；还有一类是不可再生资源，如石油、煤炭、银、锡、铀等各种矿产，这种资源蕴藏量有限，随着人类的大量开采，有的矿产已经处于枯竭的边缘。

自然资源短缺使很多企业将面临原材料价格大涨、生产成本大幅度上升的威胁，但另一方面又为企业提供了营销机会，迫使企业去研究更合理地利用资源的方法，开发新的资源或代用品。例如，木材短缺对家具生产商、建筑业造成威胁，但为新型建筑材料的开发带来了机会。面对煤、石油短缺，各国加强了可再生资源的开发，使太阳能、风能、水能、生物能、核能等行业有了突飞猛进的发展。

2. 生态问题日趋严重

随着人类社会进步和科学技术发展，世界各国都加速了工业化进程，一方面创造了丰富的物质财富，满足了人们日益增长的需求，另一方面对自然环境造成了很大的影响，许多地区的污染已经严重影响人们的身体健康和自然生态平衡。例如，森林遭大面积砍伐，工业废气、废液、废渣大范围污染大地、海洋和空气，水土流失，土地沙漠化，产生酸雨等。全球600名顶尖科学家经过长期观察研究得出结论：气候确实在变化，变化的原因90%来自人为因素。冰川融化、海平面升高，地球上各种极端灾害性气候发生的频率在升高。

3. 政府干预不断加强

资源短缺和环境污染问题已引起各国政府和公众的密切关注。为实现社会长远利益和可持续发展，各国政府制定了许多措施以加强对自然资源的战略控制，强化对达不到环保标准企业的管制。这使传统企业面临强大的约束和威胁，但同时也为企业提供了新的营销机会。企业必须以大局为重，在营销过程中自觉遵守环保法令，担负起环境保护的社会责任，研究控制污染的技术与设备、兴建绿色工程、生产绿色产品、开发环保包装。

对于自然环境的关心掀起了一场绿色运动。现在一些开明的企业所做的远远超过了政府的规定，它们采用可持续发展战略，致力于创造一个地球可无限期支持的世界经济系统。它们响应社会需求，提供生态型安全产品，使用可回收或可降解的包装材料，更好地控制污染和节约能源。

（六）技术环境

科学技术是社会生产力中最活跃的因素。作为营销环境的一部分，技术环境不仅直接影响企业内部生产和经营，而且与其他环境因素互相依赖、相互作用。尤其是新技术革命给企业市场营销既造就了机会，又带来了威胁。企业的机会在于寻找和利用新技术，而它面临的威胁可能有两方面：新技术的突然出现，使企业的现有产品变得陈旧；新技术改变了企业人员原有的价值观。新技术给企业带来巨大压力，如果企业不及时跟上新技术革命的发展，其产品很有可能被很快淘汰出局。正因为如此，西方“创新理论”的代表人物熊彼特认为“技术是一种创造性的毁灭”。

文本：
技术环境对企业影响的资料

1. 新技术引起企业市场营销策略发生变化

新技术革命改变了企业经营的内部因素和外部环境，给企业带来巨大压力，给企业产品和目标市场的确定带来了前所未有的困难，从而促使企业不断调整营销策略，以适应变化了的市场条件。

（1）产品策略变化。由于科学技术的迅速发展，新技术应用于新产品开发的周期大大缩短，产品的更新换代加快。开发新产品成为企业开拓新市场和赖以生存发展的根本条件，因此，企业营销人员需要不断寻找新市场、预测新技术，时刻注意新技术在产品开发中的作用，从而促进企业开发出给消费者带来更多收益的新产品。

（2）分销策略变化。由于新技术的不断应用，技术环境的变化使人们的工作及生活方式发生了重大变化。广大消费者的兴趣、思想等差异性很大，自我意识的观念增强，从而引起分销机构的不断变化。大量的特色商店和自我服务商店不断出现，特别是网络营销快速发展，使得分销出现了革命性变化。

（3）价格策略变化。科学技术的发展及应用，一方面降低了产品成本，使价格下降；另一方面使企业能够通过信息技术加强信息反馈，正确应用价值规律、供求规律、竞争规律来制定和修改价格策略。

（4）促销策略变化。科学技术的应用引起促销手段的多样化，尤其是广告媒体的多样化和广告宣传形式的复杂化。例如，人造卫星和互联网成为全球范围内的信息沟通手段。如何利用新技术提高信息沟通的效率、提高促销组合的效果、降低促销成本，以及采用新的广告手段和方式，将是促销研究的主要内容。

2. 新技术引起企业营销管理的进步

新技术革命是管理改革或管理革命的动力，它向管理提出了新的课题和新的要求，又为企业改善经营管理、提高管理水平提供了物质基础。现在，一场以微电子革命为中心的新技术革命正在兴起，计算机和互联网对企业营销管理产生了颠覆性影响。

3. 新技术对零售商业和购物习惯产生重大影响

由于网络技术的迅速发展，零售商业结构发生变化，古老、传统的商业机构逐渐被新型的零售商业结构所代替。对买方来说，购物越来越不受时间和地点的限制，给购买带来了极大的方便。

知识拓展

网络购物的兴起

随着互联网在中国的进一步普及应用，网上购物逐渐成为人们的消费行为之一。2021年2月3日，中国互联网络信息中心（CNNIC）在北京市发布第47次《中国互联网络发展状况统计报告》（以下简称《报告》）。《报告》显示，截至2020年12月，我国网民规模达9.89亿，较2020年3月增长8 540万，互联网普及率达70.4%。2020年，我国互联网行业在抵御新冠肺炎疫情和疫情常态化防控等方面发挥了积极作用，为我国成为全球唯一实现经济正增长的主要经济体、国内生产总值（GDP）首度突破百万亿元、圆满完成脱贫攻坚任务作出了重要贡献。

“健康码”助9亿人通畅出行，互联网为抗疫赋能赋智；网民规模接近10亿，网络扶贫成效显著；网络零售连续八年全球第一，有力推动消费“双循环”；网络支付使用率近九成，数字货币试点进程全球领先；短视频用户规模增长超 1 亿，节目质量飞跃提升；高新技术不断突破，释放行业发展动能；上市企业市值再创新高，集群化发展态势明显。

资料来源：第 47 次《中国互联网络发展状况统计报告》.（2021－02－03）. http://www.cnnic.net.cn/hlwfzyj/hlwxzbg/hlwtjbg/202102/t20210203_71361.htm.

4. 科技发展直接引起了自然因素的变化

科技应用使人类提高了对资源勘探、开采和综合利用的能力，减少了浪费；科学技术还有助于人类开发替代资源，以弥补稀有资源的不足，如开发利用太阳能、地热能、火山温泉、核能等来代替石油、煤等不可再生资源。

二、认识企业微观营销环境因素

微观营销环境包括：企业、供应者、营销中介、顾客、竞争者和公众。

（一）企业

微观营销环境中的第一力量是企业内部的环境因素。良好的企业内部环境是企业营销工作得以顺利开展的重要条件。内部环境由企业最高管理层（董事会、总经理、各级主管）和企业内部各种组织（财务、研发、采购、生产等）构成，如图 2－2 所示。

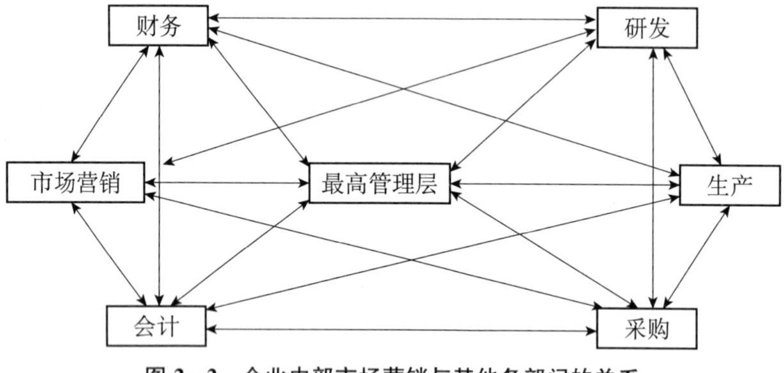

图 2－2　企业内部市场营销与其他各部门的关系

营销部门工作的成败与企业领导及其各部门的支持有很大关系。企业所有部门都同营销部门的计划和活动发生着密切的关系。各管理层之间的分工是否科学，协作是否和谐，能否精神振奋、目标一致、配合默契，都会影响企业的营销管理决策和营销方案的实施。

（二）供应者

微观营销环境中的供应者是指向企业提供生产产品所需要的资源的企业或个人，包括提供原材料、设备、能源、劳务、资金等。这种力量对企业的营销影响是很大的，所提供的资源质量、价格和供应量直接影响企业营销活动，包括产品的质量、价格和销售利润等方面。企业应从多方面获得供应，而不可依赖于单一供应者。

（三）营销中介

营销中介是指协助企业促销、销售和配销其产品给最终购买者的企业或个人，包括营销实体分配机构（批发零售环节）、营销服务机构（广告公司等）和金融中介（银行、保险公司等）。它们都是市场营销不可缺少的环节，大多数企业的营销活动都必须通过它们的协助才能顺利进行。例如，生产集中与消费分散的矛盾，就必须通过中间商的分销来解决；资金周转不灵，则须求助于银行或信托机构等。

有了营销中介所提供的服务，才使得企业的产品能够顺利地到达目标顾客手中。随着市场经济的发展，社会分工愈来愈细，这些中介机构的影响和作用也就会愈来愈大。因此，企业在市场营销过程中，必须重视中介组织对企业营销活动的影响，并要处理好同它们的合作关系。

（四）顾客

微观营销环境的第四种力量就是顾客，即企业服务的对象，是企业的“上帝”。国际标准化组织（ISO）将顾客定义为：接受产品的组织或个人。在现代市场营销活动中，顾客是指购买商品的人，现解释为消费者。他们既可能是商业服务或产品的采购者，也可能是最终的消费者、代理人或供应链内的中间人。

企业需要仔细了解自己的顾客市场，按照顾客及其购买目的的不同来细分目标市场。按顾客的需求和购买目的的不同，市场一般可分为五种类型：

（1）消费者市场，即为了个人消费而购买的个人和家庭所构成的市场；

（2）生产者市场，即为了生产、取得利润而购买的个人和企业所构成的市场；

（3）中间商市场，即为了转卖、取得利润而购买的批发商和零售商所构成的市场；

（4）政府市场，即为了履行职责而购买的政府机构所构成的市场；

（5）非营利组织市场，即为了维持正常运作和履行职能而购买产品和服务的各类非营利组织所构成的市场。

另外，相对于本国市场来说，由国外的消费者、生产者、中间商、政府机构等所构成的市场又被称为国际市场。

（五）竞争者

企业微观营销环境中的第五种力量是企业面对着的一系列竞争者。每个企业的产品在市场上都存在数量不等的业内产品竞争者。企业的营销活动时刻处于业内竞争者的干扰和影响的环境之下。因此，任何企业在市场竞争中，主要是研究如何加强对竞争对手的辨认与抗争，采取适当而高明的战略与策略谋取胜利，以不断巩固和扩大市场。

各个企业的产品在市场上大致从四个层面上开展市场争夺：

1. 品牌竞争

这是最直接而明显的竞争者。产品的档次和价位基本相同，只是生产厂家不同，如华为、苹果、三星、小米等产品在手机市场都属于品牌竞争者，消费者选购上却存在品牌偏好。各生产厂家和营销单位通过在消费者中培植品牌偏好展开竞争。

2. 品种竞争

产品功能基本相同，但规格或档次不同，其产品结构组合的状态也影响营销水平。例如，企业的盈利是主要靠“薄利多销”的产品结构，还是靠“厚利少销”的结构，是企业在竞争中所要做的文章。

3. 品类竞争

产品的门类不同，但所满足的消费需要基本相同，如汽车与摩托车都能满足代步的交通需要，消费者会在其中作出选择。针对目前市场上的产品，一旦产生出同类功效的产品，将会形成较大范围的品类竞争。

4. 愿望竞争者

这是指为满足消费者当前的各种愿望而提供不同产品的竞争者，是最广义的竞争者。例如，消费者当前可能有许多愿望，如买住房、买家用轿车、自费出国旅游，而在购买力有限的条件下，消费者不可能同时获得所需的各种产品或服务，而只能选择其中的一个。在这种情况下，房地产开发商、轿车制造商、提供出国旅游服务的旅行社就成了愿望竞争者。对彩电制造商而言，生产家庭音响、个人电脑等不同产品的厂家都是愿望竞争者。

在明确了竞争者后，每个企业都必须认真研究主要竞争对手的战略和策略以及双方的实力对比情况，只有这样才能知己知彼、扬长避短，在竞争中取胜。

（六）公众

企业微观营销环境中的最后一种重要的因素是影响企业达到预期目标能力的公众。企业所面临的公众主要有七类，如图 2－3 所示。

1. 政府公众

政府公众是指有关政府部门。企业营销部门在制订发展计划时，必须考虑政府的发展政策。目前我国政府从保护人民健康的需要出发，对有害健康的烟草产品的生产以及广告宣传规定了不少限制政策，卷烟营销工作必须严格执行政府规定，还要同有关政府部门搞好关系。

2. 媒介公众

媒介公众是指报社、电台、电视台等大众传播媒介。这些团体对企业声誉的正反面宣传有着举足轻重的作用。

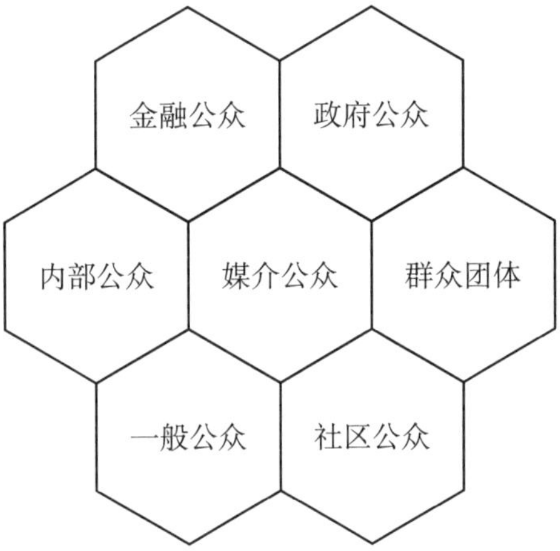

图 2-3　影响企业市场营销的公众

3. 金融公众

金融公众是指关心并可能影响企业获得资金能力的银行、保险公司、投资公司、证券公司等。

4. 群众团体

群众团体如消费者组织、劳动权益保护组织、未成年人保护组织及倡导“吸烟有害健康”的群众团体等。他们是企业必须重视的力量，需要重视他们的社会影响力，关注并尊重他们的活动。

5. 社区公众

社区公众是指企业所在地附近的居民和社区组织。企业在营销活动中要避免同周围的公众发生利益冲突，应指派专人负责处理社区部门关系，并努力为公益事业作出贡献。

6. 一般公众

企业的“公众形象”即一个企业在一般公众心目中的形象，对企业的经营发展是至关重要的。企业需要了解一般公众对它的产品和活动的态度，争取在公众心目中建立良好的企业形象。多年来，不少烟草企业之所以要通过广告树立产品形象，就是要特别注重通过有益的社会赞助活动来加深一般公众的认知程度。

7. 内部公众

内部公众包括企业决策层、管理人员、员工等。只有处理好内部关系，才能使企业的各项营销计划得到全体员工的充分理解、支持和具体执行，才能发挥员工的积极性与创造力，保证各项活动有效地进行。

现代企业是一个开放的系统，这些公众都与企业的营销活动有着直接或间接的关系。企业的营销活动必然与各方面发生联系，企业必须处理好与各方面公众的关系。

上述六个影响因素既构成了企业营销的微观环境，也是一个企业的市场经营系统。疏通、理顺这个系统，是企业非常重要的经常性的任务。

三、分析企业市场营销环境

任何企业的营销活动都不会在真空中进行，总是在一定的环境下进行。特别是在现代市场经济条件下，企业营销工作时刻充满风险和威胁。环境会影响和制约企业的营销活动，而企业又无法控制它。因此，企业必须努力去了解它、预测它和适应它。市场营销活动实质上是企业适应环境变化，并不断对变化着的环境作出反应的动态过程。

（一）营销环境分析的作用

企业加强市场营销环境的分析工作，对不断提高企业营销效果有着直接的重要作用：

1. 环境分析是市场营销活动的基础性工作之一

企业营销活动要受营销环境的约束，营销成败的关键就在于企业能否适应不断变化的营销环境。成功的企业都十分重视营销环境的分析；反之，忽视营销环境分析，企业必然陷入困境。

2. 环境分析有助于企业发现市场机会，规避环境威胁

营销环境的变化既可能帮助企业识别机会，利用机会，在不稳定的环境中谋求企业稳定发展，也可以帮助企业克服环境变化的不利影响，化解或消除各种威胁，采取适当的营销策略，迎接挑战。

过去的企业管理一般把重点放在日常管理上；现代的企业管理一般把重点放在战略管理上，分析企业外部环境，认定企业机会、避开障碍，或者顺应环境的变化。

知识拓展

品牌格局突变，海尔成逆势增长主力

中怡康数据显示，2020 年前 16 周，中国洗衣机市场前五名品牌的份额总和超过 80%，国产品牌占据 3 席，外资品牌占据 2 席。其中，海尔市场份额达到 40.9%，同比增长 5%；小天鹅市场份额为 17.5%，同比下降 0.4%；西门子市场份额为 8.7%，同比下降 0.6%；美的市场份额为 8.4%，同比下降 0.7%；松下市场份额为 7.9%，同比下降 0.4%。

从前五名品牌市场份额的变化可以看出，除了海尔洗衣机市场份额实现逆势增长，其余品牌的市场份额都出现下降。对于造成这种结果的原因，某业内人士分析称："2020 年新型冠状病毒肺炎疫情的突然袭来，使线上渠道几乎成为洗衣机市场唯一的销售渠道，并刺激了消费者对于健康除菌类产品的消费热情。因此，在疫情大考之前，谁在这两个方面做得够好、够扎实，谁就在这次疫情之后拥有更多的主动权，获得先机。"

在中怡康1～16周内销市场TOP 10零售榜单上，海尔智家的销售成绩更加直接印证了这一分析。具体来看，TOP 10机型中，9款为海尔智家，1款为小天鹅。其中，7款产品是具备杀菌消毒功能的洗干一体机，6款为微蒸汽空气洗洗衣机。以海尔微蒸汽空气洗洗衣机为例，其主要特点是能通过56℃～85℃微蒸汽分子蒸透衣物，杀菌护衣。这也从侧面印证了健康概念的产品市场份额增长。据海尔智家有关负责人介绍，市场份额增长的背后，是海尔洗衣机深度布局健康洗护场景，在衣联网生态品牌布局下不断完善智慧阳台、智慧衣帽间等解决方案，对用户衣物消毒、洗护的需求的不断满足。

资料来源：疫情考验下，洗衣机品牌格局悄然生变.（2020-05-13）. https://www.sohu.com/a/394929623_120054148.

3. 环境分析有助于企业制定正确的营销决策，提高营销效果

环境分析是营销决策的基础和前提。它可以帮助企业对营销环境作出客观的判断，对其自身条件作出正确的分析，明确自身的优势和劣势，使企业的内部条件、营销目标与营销环境实现动态的平衡，为提高企业营销效果创造有利的条件。

（二）营销环境分析的步骤

1. 环境扫描

任何企业的营销活动都不会在真空中进行，而总是在一定的环境下进行。特别是在现代市场经济条件下，企业营销工作时刻充满机会和风险。对于企业来说，其首先应该通过对营销环境进行扫描，从营销环境中辨别出对企业经营有影响的、反映环境变化的某些因素或事件。

营销环境是动态变化的，每时每刻都在出现不同的事件，但并不是所有事件的发生都会对企业产生影响。即使对企业产生影响的事件也会由于本身性质而对企业产生影响的程度或迫切性有所不同，需要通过环境扫描对其进行识别。因此，环境扫描是企业进行环境分析的第一步。

环境扫描工作通常由企业的高层领导召集和聘请企业内外熟悉企业经营环境的管理人员和专家组成分析小组，通过科学系统的调查研究、预测分析，将所有可能影响企业经营的环境因素变化引发的事件一一罗列，然后加以讨论，逐一评审所有列为有关的环境事件的依据是否充分，从中筛选出分析小组一致认定的对企业经营将有不同程度影响的事件。

2. 环境评价

经过环境扫描，甄别出内外部环境中对企业产生影响的各种因素后，需要对这些影响因素的影响程度与影响方式进行评价。

对企业外部的市场环境进行评价时，一般会通过对给企业市场营销活动带来有利作用（即市场机会）和不利作用（即市场威胁）等影响因素进行分析，而对企业内部环境进行分析时，则使用企业优势与劣势分析法。

（三）企业外部市场环境分析

1. 环境威胁

环境威胁是指环境中不利于企业营销的因素及其发展趋势，会给企业带来压力与危害，如市场上新产品的出现、销售商拖延结款、原材料供应紧张、竞争对手结盟、市场成长放缓、目标市场购买力下降等。

例如，目前某烟草公司面临以下威胁：有些国家的政府颁布了法令，禁止做香烟广告；香烟包装上必须印制吸烟有害健康的警告宣传；某些国家的某些地方政府禁止在公共场所吸烟；发达国家吸烟人数减少。再如，建陶业将面临以下威胁：2007 年政府把建陶业定为高能耗、高污染的行业；建陶业是劳动密集型行业，《中华人民共和国劳动合同法》的实施，提高了劳动力成本；中国是陶瓷出口量最大的国家，人民币升值和出口退税的调整，也对建陶业产生着影响；电费涨价、油价上涨，增加了成本费用。

2. 市场机会

市场机会是指企业市场环境中某些因素的变化及其发展趋势，给企业市场营销活动带来的有利时机和条件，并且企业在这个领域内拥有竞争优势。机会实质上是指市场上存在着的“未满足”并“能够被满足”的需要，如政策支持、技术进步、消费者需求增加、主要竞争对手出现失误、与供应商关系良好、银行信贷支持等。

3. 机会与威胁分析

机会与威胁分析是对企业外部影响市场营销活动的各种因素进行分析，找出有利因素和不利因素，确定企业在机会和威胁之间的市场位置。企业可采用威胁分析矩阵图、机会分析矩阵图和机会-威胁分析矩阵图来分析、评价营销环境。

（1）威胁分析。企业通过对外部营销环境的分析，找出不利因素，分析不利因素对企业的影响程度，即威胁的潜在严重性；分析此威胁出现的可能性的大小，即出现概率。其分析矩阵如图 2－4 所示。

		出现概率：高	出现概率：低
威胁	大	3　5	1　6
	小	2 4 8	7

图 2－4　威胁分析矩阵图

第一类威胁对企业的影响大，出现的可能性也大。企业要高度重视并着力化解。企业一方面要高度戒备，密切监控；另一方面，要形成一套良好的常备反应机制，在威胁到来时能迅速化解，力争将损失降到最低（3，5）。

第二类威胁对企业的影响大，但出现的可能性小。虽然出现的可能性小，但也不可忽视。企业要密切注意其发展动向，制定相应的措施（1，6）。

第三类威胁对企业的影响小，但出现的可能性大。这类威胁是经常遇到的，企业要及时、妥善地处理。如果任其发展，其可能会变为第一类威胁（2，4，8）。

第四类威胁对企业的影响小，出现的可能性也小。企业可注意其发展动向，在必要的时候再采取相应措施（7）。

对环境威胁的分析，一般着眼于两个方面：一是分析威胁的潜在严重性，即影响程度；二是分析威胁出现的可能性，即出现概率。

（2）机会分析。企业通过对外部营销环境的分析，找出有利因素，分析有利因素可能为企业带来的利益的多少，即吸引力；企业分析利用此机会的可能性的大小，即成功概率。其分析矩阵如图 2－5 所示。

		成功的可能性	
		大	小
收益	大	3　7	4　2
	小	6	1　5　8

图 2－5　机会分析矩阵图

第一类机会吸引力大，成功的概率也大。这是企业最向往的、价值最大的机会。这种机会出现的概率很低，企业要很好地把握和利用它（3，7）。

第二类机会吸引力大，成功的概率低。说明企业还不具备利用这一机会的条件，不宜盲目行动（4，2）。

第三类机会吸引力小，但成功的概率大。企业要着力分析。如果这个机会所带来的收益大于所付出的成本，则企业可以考虑利用它（6）。

第四类机会吸引力小，成功的概率也小，企业一般不予考虑（1，5，8）。

（3）机会-威胁分析。一般情况下，市场机会与环境威胁是并存的。机会-威胁分析是将机会分析和威胁分析结合起来，以了解企业所处的外部环境，为企业决策提供依据。如图 2－6 所示。

		威胁水平	
		低	高
机会水平	高	理想业务	冒险业务
	低	成熟业务	困难业务

图 2－6　机会-威胁分析矩阵图

①理想业务，是指机会水平高、威胁水平低的业务。企业应果断决策，着力发展。

②冒险业务，是指机会水平高、威胁水平也高的业务。企业应全面分析自身的优势与

劣势，扬长避短，创造条件，争取突破性的发展。

③成熟业务，是指机会与威胁处于较低水平的业务。对于此类业务，可作为企业的常规业务，用来维持企业的正常运转，并为开展理想业务和冒险业务准备必要的条件。

④困难业务，是指机会水平低、威胁水平高的业务。对于此类业务，企业要么努力减轻威胁，要么立即撤出。

（四）企业内部优势与劣势分析

优势与劣势分析是指企业对内部环境中影响市场营销活动的各种因素进行分析，找出自身所拥有的优势与劣势的过程。

企业的优势与劣势可以表现在研发能力、资金实力、生产设备、工艺水平、产品性能和质量、抗风险能力、销售网络、管理能力、企业形象、竞争力、市场份额等各个方面。

通过优势与劣势分析，企业可以在营销活动中充分发挥优势，克服或避开劣势，获得竞争优势。

1. 企业优势分析

企业优势是指一个企业超越其竞争对手的能力，或者指企业所特有的能提高自身竞争力的东西。

例如，当两个企业处在同一市场或者说它们都有能力向同一顾客群体提供产品和服务时，如果其中一个企业有更高的盈利率或盈利潜力，那么，我们就认为这个企业比另外一个企业更具有竞争优势。竞争优势可以是以下几个方面：

（1）技术技能优势：独特的生产技术，低成本生产方法，领先的革新能力，雄厚的技术实力，完善的质量控制体系，丰富的营销经验，上乘的客户服务，卓越的大规模采购技能。

（2）有形资产优势：先进的生产流水线，现代化车间和设备，丰富的自然资源储备，吸引人的不动产地点，充足的资金，完备的资料信息。

（3）无形资产优势：优秀的品牌形象，良好的商业信用，积极进取的公司文化。

（4）人力资源优势：关键领域拥有专长的职员，积极上进的职员，很强的组织学习能力，丰富的经验。

（5）组织体系优势：高质量的控制体系，完善的信息管理系统，忠诚的客户群，强大的融资能力。

（6）竞争能力优势：产品开发周期短，强大的经销商网络，与供应商良好的伙伴关系，对市场环境变化的灵敏反应，市场份额的领导地位。

2. 企业劣势分析

企业劣势是指某种企业缺少或做得不好的东西，或者指某种会使企业处于劣势的条件。可能导致企业内部处于劣势的因素有：

（1）缺乏具有竞争意义的技能技术；

（2）缺乏有竞争力的有形资产、无形资产、人力资源、组织资产；

（3）关键领域里的竞争能力正在丧失。

（五）SWOT 综合分析

经过对企业环境进行扫描，甄别出环境中对企业产生作用的各种影响因素后，需要对这些影响因素的影响程度与影响方式进行评价。但是企业只进行机会威胁分析或优势劣势分析，是无法全面了解企业营销环境，并做到知己知彼的。因此，企业要对内外部环境进行全面的分析。常用的评价方法有列表评价法、SWOT 分析法、劣势或优势分析法等，这里我们主要介绍 SWOT 分析法。

1. SWOT 分析法的定义

SWOT 分析法是 20 世纪 80 年代初由美国旧金山大学的管理学教授海因茨·韦里克（Heinz Weihrich）提出，经常被用于企业战略制定、竞争对手分析等场合。SWOT 是优势（Strengths）、劣势（Weaknesses）、机会（Opportunities）、威胁（Threats）四个英文单词的首字母组合。通过 SWOT 分析，企业可以进行评价，弄清楚其相对于其他竞争者所处的相对优势和劣势，帮助制定竞争战略。

SWOT 分析方法是指通过对企业内外部条件的综合和概括，来分析企业机会与威胁、优势与劣势的一种方法。实际上，SWOT 分析方法是将外部市场环境对企业的影响，结合企业内部能力和素质分析，对企业内外部条件各方面内容进行综合和概括，进而分析组织的优劣势、面临的机会与威胁的一种方法。

通过 SWOT 分析，企业可以发现其面临的机会与威胁，从而在营销活动中趋利避害；同时通过分析，又能找出其优势与劣势，从而在营销活动中扬长避短，把资源和行动聚集在自己的强项和有最多机会的地方，并让企业的战略变得更加明朗。

2. SWOT 分析法的步骤

（1）通过市场调研，找出企业所面临的各种机会和威胁，以及企业本身存在的各种优势和劣势。

（2）建立 SWOT 分析矩阵（见表 2－1），将各种机会、威胁、优势、劣势分别按重要程度依次排列在矩阵中，确定企业在市场中的位置。

表 2－1　SWOT 分析矩阵

企业外部环境	机会	威胁
企业内部条件	优势	劣势

3. 制定营销战略

SWOT 分析通常是在某一时点对企业内外进行扫描，然后进行优势、劣势、机会和威胁的分析，从而形成四种内外匹配的战略。企业应本着发挥优势、趋利避害的原则，对矩阵进行系统的分析，制定出最佳的营销战略。

SO 战略（扩张战略）：依靠内部优势，利用外部机会。当企业遇到较好的市场机会并具备较强的内部优势时，要抓住良机，集中人、财、物力扩大生产和经营，推动企业快速发展。

ST 战略（分散战略）：利用内部优势，回避外部威胁。当企业面临严重的威胁，而自身条件较好时，应利用企业自身优势，采用多元化经营战略，分散风险。

WO 战略（防卫战略）：利用外部机会，克服内部弱点。当企业面临外部市场机会，但自身缺乏利用机会的条件时，应想办法创造条件，努力克服自身的弱点，将劣势转化为优势。

WT 战略（退出战略）：减少内部弱点，回避外部威胁。当企业面临外部威胁，自身条件也较差时，应果断退出。

尽管有些学者对每项匹配的具体解释会有所不同，但是在当下对企业的优势、劣势、机会和威胁的静态分析，很难确保还没有实际发生的内外匹配一定会实现。例如，企业的优势是否强到足以把握机会、对抗威胁，企业的劣势是否弱到错失良机、不堪威胁。

知识拓展

某公司 SWOT 分析

某公司经过研究分析，得到 SWOT 分析表（见表 2－2）：

表 2－2 SWOT 分析表

内部条件 / 外部环境	优势（S）	劣势（W）
	S1 模具的开发能力 S2 产品良好的性价比 S3 良好的信誉 S4 质量管理体系 S5 成本控制能力	W1 技术开发与创新能力弱 W2 销售渠道与营销队伍管理 W3 人力资源管理 W4 品牌建设 W5 企业文化建设
机会（O）	SO 组合	WO 组合
O1 配套供应环境良好 O2 新的市场开拓机会 O3 良好的资金控制能力 O4 行业内竞争环境的改善 O5 消费需求的多样化	成长型战略：发挥 S1、S2、S3、S4、S5，利用 O1、O2、O3、O5	战略联盟：利用 O1、O2、O3、O4、O5，克服 W1、W2、W3、W4 市场渗透与发展战略：利用 O2、O4、O5，加强和改进 W2、W4
威胁（T）	ST 组合	WT 组合
T1 政策法规及消费心理影响 T2 原材料涨价 T3 产品差异度低，价格竞争 T4 替代品的威胁 T5 对技术和知识产权的重视	低成本战略：发挥 S1、S2、S4、S5，回避 T1、T2、T4	收缩型战略：克服 W1、W2、W4，回避 T1、T2

经过SWOT分析和组合，该公司得出了利用SO组合发展其主业，同时，为了企业成长壮大，合理利用ST、WO组合，抓住机遇，促进企业迅速发展的结论，从而制定了“坚持低成本战略，加强营销渠道建设，积极开展战略联盟”的营销战略。

资料来源：作者根据相关内容改编。

例如，SO战略包括两种战略规划过程，即以产业威胁和机会为分析起点的外部导向战略规划过程（五力分析→产业定位→价值活动→驱动因子）和以内部资源和能力为起点的内部导向战略规划过程（识别资源和能力→评价资源和能力→利用资源和能力→填补资源差距）。在企业外部环境稳定时期，SWOT分析对企业的战略制定有一定的指导作用，但是在企业外部环境动荡时期，产业结构模糊，企业的资源和能力不再有效，SWOT的静态分析和内外匹配很难有实际的意义。

任务二 分析消费者市场和购买行为

市场营销学根据购买者及其购买目的将市场划分为消费者市场、生产者市场（产业市场）、中间商市场、政府市场四大类，如图2-7所示。

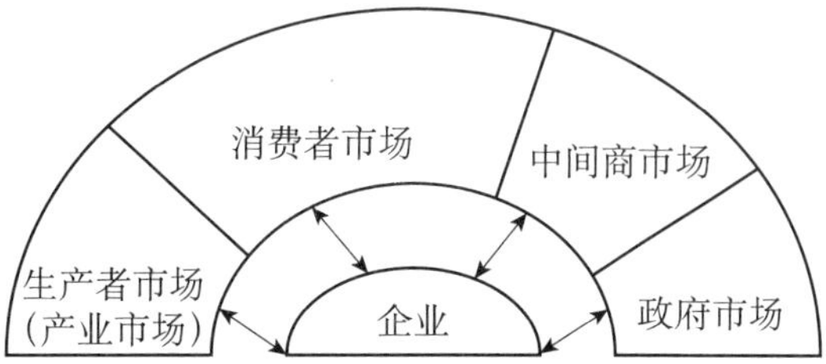

图2-7　企业的市场类型

一、认识消费者市场

所谓消费者市场，是指所有为了个人消费而购买物品或服务的个人和家庭所构成的市场。消费者市场是现代市场营销理论研究的主要对象。

市场营销者是那些能够有效地发展对消费者有价值的产品，并运用富有吸引力和说服力的方法将产品有效地呈现给消费者的企业和个人。因而，研究影响消费者购买行为的主要因素及其购买决策过程，对于开展有效的市场营销活动至关重要。

视频：
消费者市场特点

二、分析影响消费者购买的主要因素

文本：
度假胜地选择案例

消费者不可能在真空里作出自己的购买决策，其购买决策在很大程度上受到文化、社会、个人和心理等因素的影响。

（一）文化因素

文化、亚文化和社会阶层等文化因素，对消费者的行为具有最广泛和最深远的影响。

1. 文化

文化是人类欲望和行为最基本的决定因素，低级动物的行为主要受其本能的控制，而人类行为大部分是学习而来的，在社会中成长的儿童通过其家庭和其他机构的社会化过程学到了一系列基本的价值、知觉、偏好和行为的整体观念。

2. 亚文化

每一种文化都包含着能为其成员提供更为具体的认同感和社会化的较小的亚文化群体，如民族群体、宗教群体、种族群体、地理区域群体等。

3. 社会阶层

在一切人类社会中，还都存在着社会层次。它有时以社会等级制形式出现，不同等级的成员都被培养成一定的角色，而且不能改变他们的等级成员资格。然而，更为常见的是，层次以社会阶层形式出现。所谓社会阶层，是指一个社会中具有相对的同质性和持久性的群体，它们是按等级排列的，每一阶层的成员具有类似的价值观、兴趣爱好和行为方式。

社会阶层具有如下主要特点：

（1）同一社会阶层内的人，其行为要比来自两个不同社会阶层的人的行为更加相似；

（2）人们以自己所处的社会阶层来判断各自在社会中所处地位的高低；

（3）一个人所处的社会阶层并非由一个变量决定，而是受到职业、收入、财富、教育和价值观等多种变量的制约；

（4）一个人能够在其一生中改变自己所处的阶层，既可以向高阶层迈进，也可以跌至低阶层。而这种变动程度会因某一社会等级森严程度的不同而有所差异。

（二）社会因素

消费者购买行为也受到诸如参照群体、家庭、社会角色与地位等一系列社会因素的影响。

1. 参照群体

参照群体是指那些直接或间接影响人的看法和行为的群体。参照群体分为直接参照群体和间接参照群体。

（1）直接参照群体又称为成员群体，即某人所属的群体或与其有直接关系的群体。成员群体又分为首要群体和次要群体两种。首要群体是指与某人直接、经常接触的一群人，一般都是非正式群体，如家庭成员、亲戚朋友、同事、邻居等。次要群体是对其成员影响并不很经常但一般都较为正式的群体，如宗教组织、职业协会等。

（2）间接参照群体是指某人的非成员群体，即此人不属于其中的成员，但又受其影响的一群人。这种参照群体又分为向往群体和厌恶群体。向往群体是指某人推崇的一些人或希望加入的集团，例如体育明星、影视明星就是其崇拜者的向往群体。厌恶群体是指某人讨厌或反对的一群人。一个人总是不愿意与厌恶群体发生任何联系，在各方面都希望与其保持一定距离，甚至经常反其道而行之。

参照群体对消费者购买行为的影响，表现在三个方面：

（1）参照群体为消费者展示出新的行为模式和生活方式；

（2）由于消费者有效仿其参照群体的愿望，因而消费者对某些事物的看法和对某些产品的态度也会受到参照群体的影响；

（3）参照群体促使人们的行为趋于某种“一致化”，从而影响消费者对某些产品和品牌的选择。

参照群体的影响力取决于产品、品牌以及产品生命周期。企业应善于运用参照群体对消费者施加影响，扩大产品销售。

2. 家庭

家庭是社会组织的一个基本单位，也是消费者的首要参照群体之一，对消费者购买行为有着重要影响。一个人在其一生中一般要经历两个家庭。第一个是父母的家庭，即原生家庭，在父母的养育下逐渐长大成人，然后又组成了自己的家庭，即第二个家庭。当消费者作出购买决策时，必然要受到这两个家庭的影响，其中，受原生家庭的影响比较间接，受现有家庭的影响比较直接。

家庭购买决策大致可分为三种类型：一人独自做主；全家参与意见，一人做主；全家共同决定。这里的“全家”虽然包括子女，但主要还是夫妻二人。夫妻二人购买决策权的大小取决于多种因素，如各地的生活习惯、妇女就业状况、双方工资及教育水平、家庭内部的劳动分工以及产品种类等。

孩子在家庭购买决策中的影响力也不容忽视。随着孩子的成长、知识的增加和经济上的独立，他们在家庭购买决策中的权利逐渐加大。

3. 社会角色与地位

一个人在其一生中会参加许多群体，如家庭、俱乐部及其他各种组织。每个人在各个群体中的位置可用社会角色与地位来确定。每一个角色都将在某种程度上影响其购买行为。每一个角色都伴随着一种地位，这一地位反映了社会对他或她的总评价。而地位标志又随着不同阶层和地理区域而有所变化。

（三）个人因素

消费者购买决策也受其个人特性的影响，特别是受其年龄所处的生命周期阶段、职业、经济状况、生活方式、个性以及自我概念的影响。生活方式是一个人在世界上所表现的有关其活动、兴趣和看法的生活模式。个性是一个人所特有的心理特征，它导致一个人对其所处环境的相对一致和持续不断的反应。

（四）心理因素

消费者购买行为要受其个人的动机、知觉、学习以及信念和态度等主要心理因素的影响。

1. 动机

动机是一种驱使人满足需要、达到目的的内在动力，是一种升华到足够强度的需要，能够引导人们去探求满足需要的目标。美国心理学家亚伯拉罕·马斯洛（Abraham Maslow）认为，人是有欲望的动物，需要什么取决于已经有了什么，只有尚未被满足的需要才影响人的行为，已满足的需要不再是一种动因。人的需要是以层次的形式出现的，按其重要程度的大小，由低级需要逐级向上发展到高级需要。只有低层次需要被满足后，较高层次的需要才会出现并要求得到满足。

2. 知觉

处于相同的激励状态和目标情况下的两个人，其行为可能大不一样，这是因为他们对情况的知觉各异。所谓知觉，是指感觉器官与大脑对刺激作出解释、分析和整合的创造性过程，它不仅取决于刺激物的特征，而且依赖于刺激物同周围环境的关系以及个人所处的状况。人们之所以对同一刺激物产生不同的知觉，是因为人们要经历三种知觉过程，即选择性注意、选择性曲解和选择性记忆。

3. 学习

人们要行动就得学习。学习是指由于经验而引起的个人行为或行为潜能的持续性改变。人类行为大都来源于学习。一个人的学习是通过驱使力、刺激物、诱因、反应和强化的相互影响而产生的。由于市场营销环境不断变化，新产品、新品牌不断涌现，消费者必须经过多方收集有关信息之后，才能作出购买决策，这本身就是一个学习过程。

4. 信念和态度

通过行为和学习，人们获得了自己的信念和态度，而信念和态度又反过来影响人们的购买行为。所谓信念，是指一个人对事物所持有的确定性看法。企业应关注人们头脑中对其产品或服务所持有的信念，即本企业产品和品牌的形象。人们根据自己的信念采取行动，如果一些信念妨碍了购买行为，企业就要运用促销手段去影响或修正这些信念。所谓态度，是指一个人对某些事物或观念长期持有的好与坏的评价、感受和由此导致的行动倾向。态度能使人们对相似的事物产生相当一致的行为。

综上所述，一个人的购买行为是文化、社会、个人和心理等诸多因素相互影响和作用的结果。其中很多因素是企业无法改变的，但可用于识别那些对产品有兴趣的消费者。借助有效的产品、价格、渠道和促销策略，企业可以诱发消费者的强烈反应。

三、识别消费者购买行为模式

市场营销者在分析了影响购买者行为的主要因素之后，还需要了解消费者如何真正作出购买决策，即了解谁作出购买决策、购买决策的类型以及购买过程的具体步骤。

（一）了解消费者购买决策的角色

人们在购买决策过程中可能扮演不同的角色，包括：

（1）发起者，即首先提出或有意向购买某一产品或服务的人。

（2）影响者，即其看法或建议对最终决策具有一定影响的人。

（3）决策者，即对是否买、为何买、如何买、何处买等购买决策作出完全或部分最后决定的人。

（4）购买者，即实际采购人。

（5）使用者，即实际消费或使用产品或服务的人。

（二）认识购买行为动机

消费者购买决策随其购买决策类型的不同而变化。较为复杂和花钱多的决策往往凝结着购买者的反复权衡和众多人的参与决策。消费者富有弹性的购买行为都是在生理动机和心理动机支配下发生的。

1. 生存性购买动机

生存性购买动机是出于人的生存要求，这是人人都具有的购买动机。饥则求食，寒则求衣，这是人类最基本的而又是最普遍的生存欲望。在生存性购买动机的支配下，人们往往事先早已计划妥当或很自然地要求购买，在购买时较少犹豫，且不太注重品牌，一般都是生活必需品。生存性购买动机有时也与其他购买动机联系在一起，尤其表现在对所要购买的生活用品的外观、质量、性能和价格的选择方面。

2. 习惯性购买动机

抱有习惯性购买动机的人，对所要购买的商品早有了解，购买时会不假思索地选中目标。对某种商品常常会执着地信任和偏爱。其心理状况往往是“你有千条计，我有老主意”，不为别人的劝说、非议所动。购买的对象一般都是普通生活必需品或烟、酒之类的嗜好品。具有习惯性购买动机的人，往往十分注重品牌，并牢牢地记住自己喜爱的品牌。有一些为大众所称道的名牌高档商品，人们会自然地产生一种信任感，形成习惯性购买。

3. 理智性购买动机

持有理智性购买动机的人，在购买商品前一般都经过深思熟虑。他们对所要购买的商品有足够的知识和经验，对其特点、性能和使用方法等早已心中有数，因而在品评比较时，不受周围环境气氛和言论的影响。在商品的选择过程中，他们除了注重外观和价格外，还着重检查商品的内在质量和特殊功能，并充分运用视觉、触觉、听觉等器官，以及记忆、想象和思维等方法，反复挑选，在恰当的时机立即决断。这类人在买货时，往往直奔目标，十分自信，一旦选中，不再退货。他们常常希望售货员认真配合他们进行挑选，但又不希望售货员干涉他们的反复比较选择。

4. 冲动性购买动机

带有冲动性购买动机的消费者，在购买东西时，往往会被商品的外观、式样、包装的新奇所吸引、所刺激，缺乏必要的考虑和比较。他们的购买活动常常是：心头一热——买下再说——后悔不迭。他们事先一般没有明确的购物目标，往往是在浏览商品时无意中发现，引起了兴趣，决意购买，所以极易受周围环境、气氛和周围人们言论的影响，他们在选择时也常常心中无数。由冲动性购买动机支配所发生的购买活动，最易产生退货现象。只是在退货时，买者可以找出各种理由，但始终不好意思承认自己“不识货”。

冲动性购买动机与理智性购买动机是相互对立的。在日常的购买活动中，理智性购买动机并不多见，而冲动性购买动机却经常出现。即使是那些平时头脑比较冷静的人，在他所不了解的商品面前，也可能产生冲动性购买动机。这种购买动机往往会破坏原来早已安排好的购买计划，给消费者带来麻烦，所以需要人们随时注意控制。

5. 诱发性购买动机

这种购买动机的心理过程常常是：好奇心——探究竟——被说服——掏钱买。它与冲动性购买动机很相似，都是事先没有计划和考虑的偏重于感情的购买心理。但是两者又有区别，冲动性购买动机一般说来是主动的、迅速的，而诱发性购买动机则有一个被动的、缓慢的过程。因此，它的后悔程度和退货率不像冲动性购买动机那样高。诱发性购买动机主要受环境气氛和周围人言的影响和诱导。处理品、新奇产品、土特产品往往是产生这种购买动机的诱导对象。

四、分析消费者购买决策过程

消费者购买过程一般可分为五个阶段（如图 2－8 所示）。

图 2-8　消费者的购买过程

（一）引起需要

任何购买行为都是由动机支配的，而动机又是由需要激发的，所以需要是购买过程的起点。人们的需要可以由内在或外在的刺激引起，例如：饥、渴可以驱使人去寻找可供吃、喝的东西，而饮食店里色香宜人的鲜美食品、饮料也会刺激人的饥饿与渴饮感。市场营销也应十分注意唤起需要。企业应了解与其产品种类有关的实际或潜在的需要、在不同时间这种需要的程度，以及这种需要会被哪些诱因所触发，这样可以通过合理的、巧妙的、恰当的诱因，在适当的时间、地点，以适当的方式引起需要。

（二）收集信息

如果引起的需要很强烈，可满足需要的物品又易于得到，消费者就会希望马上满足自己的需要。在多数情况下，被引起的需要不是马上就能满足，这种需要必然先进入人们的记忆中，作为满足未来需要的必要资料。由于需要会使人产生注意力，因此，可能促使其积极寻找或接受资料，也就是借助于对产品所积累的认识不断收集有关产品的情报资料，以便完成从知觉到坚信的心理程序，作出购买决策。

（三）评价方案

消费者利用从各种来源得到的资料，进行分析、对比，评价商品，作出选择。不同消费者评价商品的标准和方法有很大差别。例如，评价牙膏这种商品，有牙病者希望能治病，而喜欢香味的人则希望有芳香的味道。

（四）购买决策

并非所有感到需要的人都会进行购买。有些人的需要在购买前的活动过程中，会逐渐衰退，或徘徊于“不确定”之中。消费者在采取购买行为前，须作出购买决策。购买决策是许多项目的总抉择，包括：购买何种商品？何种牌号？何种款式？多少数量？何处购买？以何价格购买？以何方式付款？等等。消费者对某一项目作抉择时，又会受到许多因素的影响与制约。因此，在消费者的购买决策阶段，一方面要向消费者提供更多详细的有关产品的情报，便于消费者比较优缺点；另一方面则应通过各种销售服务，形成方便顾客的条件，加深其对企业及商品的良好印象，促使其作出购买本企业商品的决策。

（五）购后行为

消费者购买商品后，往往会通过使用，与他人交换意见，对自己的购买选择进行检验，重新考虑购买这种商品是否明智、是否合算、是否理想等，这就形成购买后的感受。有的消费者由于过高地估计了商品的质量，购买后对这种看法又产生了疑虑，因此产生了认识上的不和谐性。这种不和谐性的强度，随着使用中预期效果的实现程度和需要的满足程度而发生变化。买后感受是一种重要的反馈作用。因为行为会影响态度，态度又会影响以后的行为，所以如果已购买的产品不能给消费者以预期的满足，使其产生失望或使用中遇到困难，消费者就会更正其对那个商品的态度，并在今后购买行为中予以否定，不仅自己不会重复购买，而且影响他人购买。

五、消费者购买类型

不同类型的消费者对于不同类型的商品，购买行为也有很大的差异。一般来说，消费者的购买类型可以分为：

（一）复杂性购买行为

复杂性购买行为主要是指那些消费者认知度较低、商品价格昂贵、购买频率不高的大件耐用消费品的购买行为。由于价格昂贵，购买决策的风险就比较大，购买决策必然比较谨慎；由于消费者对商品不够熟悉，需要搜集的信息比较多，进行选择的时间也比较长。

（二）选择性购买行为

同样是价格比较昂贵的商品，有较大的购买决策风险，但是由于消费者对于此类商品比较熟悉，知道应当怎样进行选择，因此在购买决策时无须再对商品的专业知识作进一步的了解，而只要对商品的价格、购买地点以及各种款式进行比较、选择就可以了。

（三）简单性购买行为

对于某些消费者不太熟悉的新产品，由于价格比较低廉，购买频率也比较高，消费者不会花很大的精力去进行研究和决策，而常常会抱着“不妨买来试一试”的心情来进行购买，因此购买的决策过程相对简单。

（四）习惯性购买行为

对那些消费者比较熟悉而且价格比较低廉，通常产品的稳定性也比较好的产品，消费者会采用习惯性购买行为即不假思索地购买。自己习惯用的品种，品号和型号又无新的强有力的外部吸引力，消费者一般不会轻易地改变其固有的购买方式。

任务三　分析组织市场和购买行为

一、认识组织市场

企业的营销对象不仅包括广大消费者，也包括各类组织机构，这些组织机构构成了原材料、零部件、机器设备、供给品和企业服务的庞大市场。为此，企业必须了解组织市场及其购买行为。

二、识别组织市场类型

（一）组织市场类型

组织市场是由各种组织机构形成的对企业产品和劳务需求的总和。它可分为三种类型，即产业市场、中间商市场和政府市场。

1. 产业市场

产业市场又叫生产者市场或企业市场，它是指一切购买产品和服务并将之用于生产其他产品或劳务，以供销售、出租或供应给他人的个人和组织。产业市场通常由以下产业所组成：农业、林业、水产业；制造业；建筑业；通信业；公用事业；银行业、金融业和保险业；服务业等。

2. 中间商市场

中间商是指那些通过购买商品和劳务以转售或出租给他人获取利润为目的的个人和组织。中间商不提供形式效用，而是提供时间效用、地点效用和占有效用。

中间商市场又叫转卖者市场，由各种批发商和零售商组成。批发商是指这样的商业单位：它购买商品和劳务并将之转卖给零售商和其他商人以及产业用户、公共机关用户和商业用户等，但它不把商品大量卖给最终消费者。而零售商的主要业务则是把商品或劳务直接卖给消费者。

3. 政府市场

政府市场是指那些为执行政府的主要职能而采购或租用商品的各级政府单位。也就是说，一个国家政府市场上的购买者是该国各级政府的采购机构。由于各国政府通过税收、财政预算等掌握了相当大一部分国民收入，因此形成了一个很大的政府市场。

（二）组织市场的特征

组织市场同消费者市场有着根本区别，二者的购买行为也就不尽相同。组织市场购买行为是指各类正规组织机构确定其对产品和劳务的需要，并在可供选择的品牌与供应商之间进行识别、评价和挑选的决策过程。

与消费者市场购买行为相比，组织市场购买行为存在以下几个特点。

1. 组织需求是一种派生需求

组织机构购买产品是为了满足其消费者的需要，也就是说组织机构对产品的需求，归根结底是从消费者对消费品的需求中派生出来的。显然，皮鞋制造商之所以购买皮革，是因为消费者要到鞋店去买鞋的缘故。

2. 购买决策过程的参与者较多

购买决策过程的参与者往往不只是一个人，而是由很多人组成，甚至连采购经理也很少独立决策而不受他人影响。

3. 购买过程较为复杂

由于购买金额较大，参与者较多，而且产品技术性能较为复杂，因此组织购买行为过程将持续较长一段时间，几个月甚至几年都是可能的。这就使企业很难判断自己的营销努力会给购买者带来怎样的反应。

4. 购买过程需要服务支持

物质产品本身并不能满足组织购买者的全部需求。企业还必须为之提供技术支持、人员培训、及时交货、信贷优惠等条件与服务。

（三）了解组织市场与消费者市场的营销差异

组织市场与消费者市场有不同特点，企业在进行营销活动时，应该采取不同的营销策略，见表2-3。

表2-3　组织市场与消费者市场的营销差异

	组织市场	消费者市场
产品	产品本质较专业，服务很重要	标准化形式，服务重要
价格	多采用招标方式	企业定价
渠道	较短，多采用直接渠道	较长，多通过间接渠道
促销	强调人员销售	强调广告和营业推广
顾客关系	长久而复杂	较少接触，关系不密切
决策过程	多采用群体决策	个人或家庭决策

三、分析产业市场购买行为

产业市场是由购买产品和服务并将它们用于生产其他产品或服务以供销售、出租或供应给他人的一切组织所组成。

如果一家企业向某一产业机构出售钢铁或其他产品，那么就需要了解客户的需求、资源、政策和购买程序，同时还必须考虑到与消费者市场的不同问题。尽管没有两家企业的购买方式是完全相同的，但是销售商总希望发现它们的购买行为存在一致性，以便改善其营销战略计划的工作。

（一）认识产业市场及其决策类型

产业市场与消费者相比，在购买对象、决策类型及购买参与者等方面都有着明显的不同。

1. 产业市场购买对象

产业市场购买的对象，一般可分为原材料、设备、辅助设备、零配件、半成品、物料和工业服务。

（1）原材料。原材料是指生产某种产品的基本原料，它是用于生产过程起点的产品。原材料分为两大类：一类是在自然形态下的森林产品、矿产品与海洋产品，如铁矿石、原油等；一类是农产品，如粮、棉、油、烟草等，这类产品供货方较多，且质量上差别不大。因此，在营销上要根据各类产品的特点采取适当的措施，如对矿产品、海洋产品等自然形态的产品宜采取直接销售的方式，分配路线应尽可能短，运输成本应尽可能低，而对农产品则应加强对产品的保管，减少分销环节，有些产品还可以由商业收购网点集中供应给生产企业。

（2）设备。设备是指保证企业进行某项生产的基本设备，它直接影响企业的产品质量和生产效率。设备包括重型机床、厂房建筑、大中型电子计算机等。这类产品一般体积较大，价格昂贵，技术复杂。生产者企业购买主要设备是一项重大决策，不仅要求产品的性能先进、有效，而且希望有良好的服务。产品供应者应注意产品性能的改进、宣传和售后服务工作，以使购买者对本企业的产品建立良好的信任感。

（3）辅助设备。辅助设备是指办公设备等附属设备。相对主要设备而言，附属设备对生产的重要性略差一些，价格亦较低，供应厂家较多，产品标准化突出。采购人员可以作出购买决定，并能自由地从几家供应商购买，而且在购买时比较注重价格。

（4）零配件。零配件是指已经完工，可以构成用户产品的组成部分的产品，如集成电路、仪表、仪器等。零配件虽然不能独立发挥生产作用，但它却直接影响生产的正常进行。这类产品品种复杂，专用性强，及时按标准供货是零配件购买者最基本的要求。

（5）半成品。半成品是指经过初步加工可以供生产者生产新产品的产品。例如，由铁矿砂加工成生铁，又由生铁加工成钢材等。半成品可塑性强，其质量、规格有明确要求，产品来源较多。

（6）物料。物料是指保证和维持企业生产正常进行而消耗的诸如煤、润滑油、办公用品等产品。这类产品价格低、替代性强、生命周期短，多属重复购买，购买者较注重购买是否方便。

（7）工业服务。工业服务包括法律服务、金融服务、培训/教育服务、市场调查、广告、鉴定、管理和营销咨询等。

2. 产业购买的决策类型

产业购买者在进行一项采购时面临一系列决策，这些决策的数量取决于购买情况的类型。购买情况分为三类：全新采购、修正再采购和直接再采购。

（1）全新采购。全新采购是指采购者首次购买某一产品或服务时的情况。全新采购过程经过几个阶段：知晓、兴趣、评价、试用和采用。每一阶段的信息来源在效益方面是各不相同的。就最初的知晓阶段而言，大众媒体最为重要；而在兴趣阶段，销售人员的影响甚大；在评价阶段，技术来源最为重要。全新采购的成本或风险愈大，决策参与人数就愈多，信息收集也就愈多。

（2）修正再采购。修正再采购是指购买者希望在产品规格、价格、其他条件等方面加以调整的情况。修正再采购通常扩大了决策参与者的人数，对原选中的供应商压力很大，它必须尽全力保住其客户。原未被选中的供应商则把修正再采购看成是一次较好的机会，以得到一些新客户。

（3）直接再采购。直接再采购描绘了采购部门根据惯例再订购产品的购买情况。购买者根据以往购买的满意程度从以往的供应商中选择供应商。被选中的供应商将尽力保持产品质量和服务质量。未被选中的供应商会试图提供新产品或开展某种满意的服务，以便使采购者考虑从他们那里购买产品。这些供应商会首先设法以少量订单涉足入门，然后再逐步扩大其“采购份额”。

3. 产业购买过程的参与者

在直接再采购时，采购代理人起的作用较大。而在全新采购时，其他组织人员所起的作用较大。在做产品选择决策时，通常是工程技术人员影响最大，而采购代理人却控制着选择供应商的决策权。这说明在全新采购时，工业品营销者必须把产品信息传递给工程技术人员，在选择供应商阶段必须首先把信息传递给采购代理人。对于产业购买，一般有以下几种角色：

（1）发起者：指提出和要求购买的人。他们可能是组织内的使用人或其他人。

（2）使用者：指组织中使用产品或服务的成员。在许多场合中，使用者首先提出购买建议，并协助确定产品规格。

（3）影响者：指影响购买决策的人，他们常协助确定产品规格，并提供方案评价的情报信息，作为影响者，技术人员尤为重要。

（4）决定者：指一些有权决定产品要求和供应商的人。

（5）批准者：指有权批准决定者或购买者所提方案行动的人。

（6）购买者：指正式有权选择供应商并安排购买条件的人，购买者可以帮助制定产品规格，但主要任务是选择经销商和交易谈判。在较复杂的购买过程中，购买者中或许也包括高层管理人员一起参加交易谈判。

（7）控制者：指有权阻止销售员或信息与采购中心成员接触的人。例如，采购代理人、接待员和电话接线员可以阻止推销员与用户或决策者接触。

产业营销人员必须判断：谁是主要决策的参与者？对哪些决策他们具有影响力，其影响决策的程度如何？每一名决策参与者使用的评价标准是什么？

（二）影响产业采购人员的主要因素

产业采购人员在作出购买决策时受到许多因素影响。有些营销人员认为，经济因素最为重要。另外一些营销人员认为采购者对诸如偏好、注意力、避免风险等个人因素反应敏感。实际上，产业采购人员既对经济因素有反应，也对个人因素有反应。一方面，在供应商的供应物十分相同的情况下，产业采购人员的理性选择几乎就没有基础，因为他们能同任何供应商一起来满足本组织的各项目标，采购者就可以按个人因素行事；另一方面，当竞争性产品差异很大时，产业采购者对其选择就会负有更多的责任，并会更重视经济因素。

一般来说，对产业采购人员的各种影响分为四个主要因素：环境、组织、人际和个人。

1. 环境因素

产业采购人员受当前经济状况或预期经济状况诸多因素的重大影响。例如，基本需求水平、经济前景及成本。在经济衰退时期，产业采购人员就会减少对厂房或设备的投资，并设法减少存货；产业营销人员在这种环境下刺激采购是无能为力的，他们只能在增加或维持其需求份额上作出艰苦的努力。

那些害怕主要原材料短缺的公司愿意购买和储存较多的库存。他们会与供应商签订长期供货合同，以保证其原材料能源源不断地有稳定的供应。

同样，产业采购人员也受到技术因素、政治因素、法律因素以及经济状况中竞争发展因素的影响，他们必须密切注视所有这些环境作用力，测定这些力量将如何影响采购人员，并设法使问题转化为机会。

2. 组织因素

每一个采购组织都有其具体目标、政策、程序、组织结构及系统。产业营销人员必须尽量了解这些问题，了解各种采购组织，精心搜集相关资料。在组织因素中，影响购买决策最重要的因素是购买决策权限的相对集中和分散程度。企业营销者只有充分了解这些组织因素的变化趋势和程度，才能采取适当的措施，影响企业的购买决策和行为。

此外，营销人员应当意识到产业采购领域中下列有关组织问题，包括采购部门的地位、集中采购、网络采购、长期合同和精益化生产等问题。

3. 人际因素

人际因素是指企业内部的人际关系。尽管产业营销人员发现的一切有关个性和人际因素的信息可能有用，但是仍然很难知道采购过程中会发生何种群体的动力。这里特别重要的是关于顾客与其他企业销售代表的关系。

4. 个人因素

购买决策过程中每一参与者都带有个人动机、直觉与偏好。这些因素受决策参与者的年龄、收入、教育、专业、个性以及对风险意识和文化的影响。采购人员明确表现出其不同的购买类型。有些是“简练”型购买者，有些是“追求完美”型购买者，有些是“事必躬亲”型购买者。也有一些年纪轻、受过良好教育的采购人员，他们在选择供应商之前都经过周密的竞争性方案分析。其他一些采购人员则是善于同一个又一个的供应商进行谈判。一个国家或文化现象与另一国家或文化现象的差别是很大的。国际产业的成功要求产业人员了解和适应当地的产业文化和标准。

知识拓展

企业对企业间电子商务活动平台（B2B 平台）

B2B 是指 Business to Business，而 B2B 网站是指提供企业对企业间电子商务活动平台的网站。按照高盛（Goldman Sachs）、IDC 等知名市场分析公司的看法，B2B 模式是当前电子商务模式中份额最大，也是最具操作性、最容易成功的模式。B2B 网站的主要模式可分为三类：大型企业的 B2B 网站、第三方经营的 B2B 网站、行业生态型的 B2B 网站。不同类别的 B2B 网站有自己本身的特点和运作方式。B2B 电子商务中应用比较广泛的模式有电子市场中心、电子分销商、B2B 服务提供商，以及信息中介等。

2019 年，中国电子商务行业交易总额达到 36.8 万亿元，同比增长 16.3%。其中，B2B 电商占比 66.74%，B2C 电商占比 16.48%，C2C 电商占比 12.33%，生活服务电商占比 4.44%。

中国目前比较出名的 B2B 网站有：

（1）阿里巴巴：连续五年被评为全球最大 B2B 网站，在轻工产品方面有优势。

（2）慧聪网：全行业电子商务网站，是目前国内行业资讯最全、最大的行业门户平台，以行业专业性和整合行业上下游产业链著称；1992 年以商情杂志起家，后整合展会和网络，是线上、线下做得都比较成功的中国领先 B2B 电子商务平台。目前，慧聪网的市场份额仅次于阿里巴巴，国内有“南阿里，北慧聪”的说法。慧聪网在工业机械和工业用品方面有优势。

资料来源：B2B网站．（2021－08－07）．https://baike.baidu.com/item/B2B%E7%BD%91%E7%AB%99/7996327?fr=aladdin.

（三）产业市场购买决策过程

为购买所需要的产品，产业采购者的行动贯穿于整个采购过程。产业市场购买决策过程一般分为八个阶段。

1. 问题识别

当企业中有人认识到了某个问题或某种需要可通过某一产品或服务得以解决时，便开始了采购过程。问题的识别是由内在和外在的刺激因素所引起的，就内在因素而言，下列情况可导致企业购买行为：

（1）决定推出一种新产品，因而需要新设备和各种材料，以便生产该产品；

（2）一台机器报废，需要更新或需要新的零部件；

（3）采购的一些材料不尽如人意，企业转而寻找另一家供应商；

（4）一位采购经理意识到有一个能获得较为价廉物美东西的机会。

从外在因素来看，采购人员参观展销会，通过浏览广告，或者接到某一能提供价廉物美产品的销售代表的电话，便产生了一些新的购买想法。因此，产业营销人员可以通过利用直接发送信件、电话营销、访问有希望的买主等手段来激发对采购问题的认识。

2. 确定需要

一旦认识了某种需要之后，采购者便着手确定所需项目的总特征和需要的数量。就标准项目来说，这不是大问题；而对复杂项目而言，采购者要会同其他部门人员，如工程师、用户等共同来决定所需项目的总特征，它们可能包括可靠性、耐用性、价格及其他属性。产业营销人员可以安排购买方在这个阶段描述其产品要求，从而满足组织的总需要。

3. 说明需要

在总需要确定以后，采购组织都要着手制定开发项目的技术规格说明书。一般来说，企业将委派产品价值分析工程组投入这个项目的工作。产品价值分析是一种降低成本的方法，通过价值分析，对各部件仔细加以研究，以便确定能否对它进行重新设计或实行标准化，并运用更便宜的生产方法来生产产品。

产品价值分析组将对某一产品的高成本部件加以核查，通常20%的部件却占有80%的成本。该组还将找出那些比产品本身寿命还要长的超标准设计的产品部件。该组织确定最佳产品的特征，并有根据地加以说明。文字简洁的说明书将允许采购者对不符合预期标准的货品予以拒绝。

同样，供应商也可将价值分析作为一种工具，用来敲开一家客户的门。通过较早地得到影响购买者的产品特征，供应商将在采购者对供应商的选择阶段得到一个好的机会。

4. 寻找供应商

一旦产品要求被具体化后，采购者将设法认识其最适宜的供应商。他们可以利用各种工具、平台寻找交易商，或者请合作企业推荐。供应商的任务就是要被列入主要的名录中，制定一个强有力的广告和促销方案，在市场上建立良好的信誉，并确定谁是寻找供应商的买主。

5. 征求建议

购买者会邀请合格的供应商提交供应建议书，有些供应商只送来一份产品目录或派一名销售代表。对复杂或花费大的项目，购买者会要求每一潜在供应商提供详细的书面建议，购买者在淘汰了一些以后，就请余下的供应商提出正式说明。

因此，产业营销人员必须精于调查研究和提出建议。他们的建议必须是营销文件，而非只是技术文件。其口头陈述应该鼓舞信心，他们应该使其企业的能力和资源处于强有力的地位，以便在竞争中脱颖而出。产业营销人员在交谈时不仅要给出信息，还应该询问问题。

6. 选择供应商

在选择供应商以前，采购者将向有意愿的供应商规定某些属性并指出他们之间的重要性。采购者会针对这些属性对供应商加以评分，找出最具吸引力的供应商。

采购者为了获得较好的价格和交易条件，在作出最终选择之前，会设法同优先考虑的供应商进行谈判。营销人员可以从好几个方面抵制对方压价。如果该产品的价格较高，营销人员也可以说明使用这种产品的“生命周期成本”要比竞争对手产品的“生命周期成本”低。当他们的服务优于竞争对手的服务时，他们可以摆出购买者已经接受的价格。“价值增加”服务对供应商的报价显得日益重要。其他抵制价格压力的方法也可以采用。

作为买方选择过程的一部分工作，采购者还必须决定使用多少供应商。过去，许多企业偏好一家大供应商，以保证足够的供应品和获得价格让步。第一供应商要努力保护其第一的位置，而第二供应商想努力扩大其供应的份额，在外面的供应商也会提供特别优惠的价格试图挤进门来。现在，企业在逐渐减少其供应商的数量，因为企业在产品开发和提高价值上已与供应商紧密地结合在一起了。

7. 选择订购程序

在供应商选好以后，购买方开始讨论最后的订单，内容包括产品技术说明书、需要量、预期交货时间、退货政策、担保单等。就保养、维修和经营项目而言，采购人员越来越多地转向长期、有效采购合同，而非采用定期购买订单。为每次存货签订所需要的购货新订单，费用是昂贵的。没有一个采购员乐意签订采购量较少的订单。一个长期、有效合同建立了一种长期的关系，在这种关系下，供应商答应在特定的时间之内根据需要按照协议的价格条件继续再供应产品给买方。当需要存货时，采购者的订单系统就会自动地传一份订单给销售商。

8. 绩效评价

在完成了上述工作以后，采购者就对各具体供应商的绩效进行评价，可以使用三种方法：购买者可以接触最终用户，并询问他们的评估意见；购买者用几种标准对供应商进行加权评估；购买者把绩效差的成本加总，以修正包括价格在内的采购成本。这种绩效评价可能会引起采购者继续向该销售商购买产品，也可能引起他们修正或停止向该销售商采购。销售商的工作在于监视该产品的购买者与最终用户是否使用了同一变量。

我们已对全新采购可能起作用的采购阶段进行了说明，在修正再采购或直接再采购情况下，其中某些阶段可能被简化、浓缩或超越。例如，在直接再采购阶段，购买者通常有所喜爱的供应商或一份供应商的名单。因此，在供应商的选择和征寻的每一阶段都会剔除其中一部分。

在不同的产业购买的决策类型中，其购买决策程序存在较大的差异，见表 2-4。

表 2-4 不同采购类型的购买决策程序比较

采购过程	采购类型		
	全新采购	修正再采购	直接再采购
问题识别	需要	可能需要	不必
确定需要	需要	可能需要	不必
说明需要	需要	需要	需要
寻找供应商	需要	可能需要	不必
征求建议	需要	可能需要	不必
选择供应商	需要	可能需要	不必
选择订购程序	需要	可能需要	需要
绩效评价	需要	需要	需要

四、分析中间商市场购买行为

中间商主要是指各类批发商或零售商。中间商购买的产品和服务，一部分用于满足自身经营活动的需要，而大部分用于转售或出租给他人以获取利润。

（一）中间商市场购买决策的内容

中间商的购买行为与购买决策，与产业市场的购买行为一样，同样受到环境因素、组织因素、人际因素等的影响。尽管如此，中间商购买行为与决策仍有一些独特之处。

1. 配货决策

配货决策是指确定所经销产品的花色品种，即中间商的产品组合。配货决策是中间商购买决策中最基本、最重要的内容，它直接影响中间商的供应商组合、营销组合和顾客组合。通常有四种品种组合策略可供中间商选择：一是单一组合，即只经销某一生产厂家的产品：二是深度组合，即经销许多厂家所生产的同类产品；三是广度组合，即经销多种系列的相关产品；四是混杂组合，即经销多种系列彼此无关的产品。

2. 供应商组合决策

供应商组合决策是指决定与之从事交换活动的各有关供应商。中间商对将要购买的品种已经确定之后，往往需要挑选合适的供应商，确定从哪些经销商进货。当中间商拟用供应商品牌销售产品时，或者由于自身条件限制不能经营所有供应商产品时，就需要从众多的供应商中选择最优者。

3. 供货条件决策

供货条件决策是指确定具体采购时所需要的价格、交货期、相关服务以及其他交易条件。由于转换成本的问题，中间商并不是总想更换供应商，但总是试图向现有供应商争取更有利的交易条件，如要求提供优惠待遇、增加服务、增加折扣等。

4. 新产品购买决策

中间商的新产品购买决策，主要根据该新品的市场前景的好坏、买主需求强度、产品获利的可能性等多方面因素决定是否购买。

（二）中间商市场购买决策的参与者

中间商市场购买决策的参与者往往因中间商的规模、决策重要程度和涉及金额而有所不同。不同的批零企业的采购人员多寡不一，专职程度各异。小批发企业和小零售企业一般不配备专职的采购人员，商品的选择与采购可能由店主，也可能由熟悉业务的员工负责，但这些员工还必须兼做其他工作。而大批发零售企业则不同，采购已是专业化的职能，采购员是一项专职工作。然而，不同的大批零企业，甚至同一行业的不同批零企业，他们组织采购工作的方式却有所不同。

（三）中间商市场购买决策过程

中间商的购买决策和具体采购业务会随着其购买情况类型的变化而变化。中间商的购买情况可分为以下三种类型。

1. 新产品情况

新产品情况即中间商面临是否接受新产品的决策问题。这一决策过程与产业市场全新采购大体相同，其主要步骤是认识需要、确定需要、说明需要、寻找供应商、征求建议、选择供应商、选择订购程序和检查履行合同情况等八个阶段。如果中间商采购的是正常情况下的商品，那么其购买过程就简单得多，只要这种商品存量降到一定水平，中间商就会向原有的供应商发出订货单，而遇到经营费用提高、毛利偏低的情况时，中间商则会要求与供应商一起重新议定进货价格。

2. 最佳经销商情况

中间商已明确自己需要购买的是什么商品，但仍需选择最合适的供应商。这种购买情况的发生大致有以下两个原因：一是品种、品牌的货源充裕，然而仓储量和资金有限，只能选购其中一部分品种和品牌的商品；二是中间商打算挂自己的牌子（即中间商品牌）来推销商品、扩大影响，为此而寻求愿意给予配合的制造厂商。

3. 最佳交易条件情况

中间商希望从现有的供应商身上得到较好的交易条件。也就是说，中间商的原意并不是企图更换供应商，而只是想要求原有的供应商给予更多的服务、更宽的信用条件和更大的价格折扣。对于改善交易条件，中间商就要与供应商重新谈判。

电脑和电信技术的进步，也大大改进了批零企业的采购业务。尤其是信息技术已日益广泛应用于库存控制、计算经济的订货量、要求供应商报价、填写订单和加速处理订货单等方面。批发和零售企业可通过电脑，将预先写明所需要的产品品种、数量等情况的资料卡片，经互联网传输给供应商。目前许多批发商和零售商对某些产品已经实行"无库存采购"，也就是说，由供应商来负责储存适当数量的商品，他们一接到批发商和零售商的通知，就立即送货。

五、分析政府市场购买行为

近年来，为了加强对政府采购的管理，提高财政性资金的使用效率，促进公开交易，我国中央及地方政府的国家机关、事业单位和其他社会组织使用财政性资金采购物资或服务的行为开始受到法律的约束和规范。研究政府采购行为，对于满足政府市场需求、提高企业销售收入具有重要意义。

（一）政府市场的概念

在许多国家里，政府是商品和服务的主要购买者。政府市场对任何厂家来说，都是一个巨大的市场。在发达国家，政府采购占其 GDP 的比重一般在 10%～15%左右。政府采购是建立在为实现公众目标所必须得到的产品和服务的基础上的，如维持政府机构运转、改善基础设施、加强国防建设、兴办社会福利事业等。政府采购范围相当广泛，包括飞机、雕塑品、黑板、家具、卫生设备、衣服、材料、搬运设备、汽车以及燃料等。

过去我国由于政企不分的体制，政府作为组织市场顾客的身份不突出。近年来，随着我国经济体制的改革，政企逐渐分开，政府作为组织市场顾客的身份也就日益突出。目前，我国的政府顾客基本可分为三类：中央政府、省级政府、地方政府。

（二）政府购买过程的参与者

在政府采购行为中，购买决策所涉及的成员包括采购人、政府采购机构、使用人、招标代理机构等。

1. 采购人

采购人是指使用财政性资金采购物资或服务的国家机关工作人员。采购人一般由政府采购机构工作人员担任。

2. 政府采购机构

政府采购机构是指政府设立的负责本级财政性资金的集中采购和招标组织工作的专门机构。政府财政部门是政府采购的主管部门，负责管理和监督政府采购活动。

3. 使用人

使用人一般往往是国家各级政府部门的具体使用的工作人员。

4. 招标代理机构

招标代理机构是指依法取得招标代理资格，从事招标代理业务的社会中介机构。政府采购通常采用公开招标方式进行。对于招标事宜，政府采购机构有可能委托招标代理、机构进行。

（三）影响政府购买的因素

政府采购者与产业用户、中间商一样，其购买决策也要受到环境、组织、人际和个人因素的影响。

1. 要受到许多大众团体及公民的监督

尽管每个国家的政治经济制度不同，但政府机构的采购工作都要受到监督。政府采购作为经济行为，要考虑经济效益，外界公众的监督会使其购买行为趋于合理、高效。外界公众希望政府机构以最低标准的购物数量来实现政府的各项职能，要求政府的采购工作有效率、公正，并能接受大众的监督。在这种情况下，政府机构的采购业务就必须慎之又慎，需要不厌其烦地填写许多表格，经许多人签署，层层核转，发订单的速度也比较慢。

2. 要受到政治、政策变化的影响

例如，20 世纪 50 代初的美国政府当时致力于建立和维护军事力量的优势，同时竭力应付朝鲜战争，于是吸引了许多企业家考虑政府机构市场的需求，政府也进一步提供信息、服务和优惠条件，来刺激和吸引企业界在这方面的投资；但到 60 年代初，美国政府对采购业务又采取了加强管理的政策，特别是放弃了很多“成本加成”的合约形式，迫使许多原来为国防部产销产品的供应商不得不转而寻求政府市场以外的其他市场。

3. 要考虑政府追求的其他非经济性的目标

非经济标准在政府采购中的作用日益加强。政府往往受政治、道义等因素影响，采购时更注重社会效益。譬如，为了影响企业的地区分布，就会鼓励在落后地区办厂，在那里采购货物；为了影响产业界的竞争力量对比，就会帮助中心企业和竞争力较弱的厂商，向他们采购货物；在采购时，对国有企业或经济落后地区企业给予照顾；等等。

（四）政府采购方式

在采购方式上，政府购买通常采用招标或协议合同方式。招标是指政府采购者提出详细的采购要求，由能够满足需要的供应商进行投标，政府从中选择供应商。

在协议合同的采购中，政府采购机构同一家或几家公司接触，并就项目和交易条件与其中一家公司进行直接谈判。这种采购类型主要发生在与复杂项目有关的交易中，经常涉及巨大的研究与开发费用及风险，或者发生在缺乏有效竞争的场合。协议合同方式多种多样，如成本加成定价法、固定价格法、固定价格和奖励法。

另外，由于种种原因，把产品出售给政府的许多企业并未采用营销导向。政府采购政策强调价格，促使供应商致力于旨在降低他们的成本的技术导向。当产品的特点被详细、具体地规定后，产品差异也就不是营销因素了。在公开招标的基础上，广告和人员推销对于赢得招标不可能具有很大影响。

知识拓展

2019年中国政府采购规模

2019年，全国政府采购规模为33 067亿元（人民币，下同），较上年减少了2 794.4亿元，占全国财政支出和GDP的比重分别为10.0%和3.3%。

财政部介绍，地方政府采购规模下降明显。中央预算单位、地方预算单位政府采购规模分别为2 666.3亿元和30 400.7亿元，分别占全国政府采购规模的8.1%和91.9%。地方政府大力压减一般性支出，集中财力保重点支出，特别是区（县）级财政将很大一部分财力优先用于“三保”等刚性支出，政府采购支出下降较大。

2019年工程、服务类采购规模降幅明显。货物、工程、服务采购规模分别为8 607亿元、15 004.3亿元和9 455.6亿元，占全国政府采购规模的26%、45.4%和28.6%，增幅为6.7%、−4.5%和−21.7%。其中，地方预算单位工程、服务规模分别较上年下降5.2%和23.5%，导致全国政府采购规模的下降。

与此同时，分散采购规模占比持续上升，公开招标采购仍占主导地位，政府采购政策功能持续显现。全国强制和优先采购节能、节水产品633.7亿元，占同类产品采购规模的90%；全国优先采购环保产品718.7亿元，占同类产品采购规模的88%。全国政府采购授予中小微企业合同金额为24 519.1亿元，占全国政府采购规模的74.1%；授予小微企业合同金额为11 922.3亿元，占授予中小微企业合同金额的48.6%。

资料来源：财政部公布2019年全国政府采购简要情况　全国政府采购规模为33 067.0亿元　同比下降7.8%．(2020-08-27)．http://www.ccgp.gov.cn/news/202008/t20200827_14908130.htm.

（五）面向政府市场的营销工作

政府采购在组织方式、信息披露、招标流程和供应商资格审核等方面与常规的采购方式有很大的不同。这需要企业明确界定政府采购的采购单位、采购流程、采购方式、采购对象和有关的法律事项等信息，进行有针对性的研究和分析，选择相应的目标市场，做到有的放矢。

政府部门一般在采购政策中已强调了价格标准，并会引导供应商在降低成本方面做出努力；另外，由于产品的各项特征已被严格设定，因而产品差异也不是市场营销工作的可利用因素。在公开招标的基础上，广告和人员推销对于中标不可能具有很大影响，而确立适当的市场推广关系对于面向政府部门销售的企业显得非常重要。这需要企业同各级政府采购管理机构和信息披露机构保持合作，收集竞争性情报，建立较强大的信息传播网，以显示公司能力。

为指导以政府为目标的营销工作努力，企业应建立相应的组织方式面对政府采购。通常，企业可采用两种主要方式：一是针对具体的政府采购项目，采用跨部门和跨地区的项目团队方式，如由公关部、销售部、销售大区及其他部门联合组成项目组，各自负担一部分职能，采购任务完成后项目组即告解散；二是成立专门的政府采购部，统领企业的政府采购事务，包括政府关系处理、信息收集等。采用何种方式，视企业的性质、政府采购目标、内部组织管理方式等要素而定。

案例分析

化妆品市场案例分析

项目训练

想一想

1. 市场营销环境有哪些特点？
2. 微观营销环境由哪些要素构成？对企业营销有何影响？
3. 宏观营销环境由哪些要素构成？对企业营销有何影响？
4. 影响消费者购买行为的因素有哪些？
5. 消费者购买行为的类型有哪些？
6. 组织市场的构成包括哪些部分？每种组织市场的特征是什么？
7. 描述产业市场购买决策过程。

8. 消费者市场与企业市场的区别是什么?

☞ **做一做**

选择一家企业，制作 SWOT 分析表。

☞ **测一测**

一、单项选择题

1. 购买饼干、点心、糖果等小食品时，人们往往采用（　　）购买行为。

A. 习惯性　B. 选择性　C. 简单性　D. 复杂性

2. 对于品牌差异不大，消费者不经常购买，而购买时又有一定风险的商品，消费者一般要比较、看货，只要价格公道、购买方便、机会合适，消费者就会购买。这属于（　　）购买行为。

A. 习惯性　B. 选择性　C. 简单性　D. 复杂性

3. 需要消费者作出最大购买投入的购买类型是（　　）购买行为。

A. 习惯性　B. 选择性　C. 简单性　D. 复杂性

4. 企业的采购部门根据过去和许多供应商打交道的经验，从供应商名单中选择供货企业，并直接重新订购过去采购过的同类产业用品。这种产业购买者的行为类型属于（　　）。

A. 直接再采购　B. 修正再采购　C. 全新采购　D. 连续重购

5. 消费者购买行为模式的过程是（　　）。

①刺激；②购买者内心活动；③购买者反应

A. ②①③　B. ①②③　C. ③①②　D. ③②①

二、多项选择题

1. 对于习惯性购买的产品，企业应该采用（　　）。

A. 占据有利货架　B. 价格优惠

C. 电视广告　D. 免费试用

2. 针对选择性购买行为类型，挑战者企业可以采用（　　）。

A. 占据有利货架　B. 价格优惠

C. 销售促进　D. 免费试用

3. 产业购买者的行为类型大体有（　　）。

A. 直接再采购　B. 修正再采购　C. 全新采购　D. 重复购买

项目三　调查与预测市场

能力点

- 能够掌握市场调查的内容与程序
- 能设计市场调查方案和调查问卷并实施完整的市场调查过程
- 能撰写市场调查报告
- 能进行市场需求预测

知识点

- 了解市场调查的含义与类型
- 掌握市场调查的主要方法
- 了解市场预测的主要方法

素质点

- 培养学生爱岗敬业的精神
- 培养学生严谨、认真的工作作风

中美市场营销经理助理考点

- 市场调查的主要方法
- 市场调查的程序
- 询问调查法的优点、缺点、适用范围
- 观察调查法的优点、缺点、适用范围
- 实验调查法的优点、缺点、适用范围
- 文案调查法的优点、缺点、适用范围
- 调查资料的处理
- 平均数、众数、中位数
- 标准差、离差、方差、全距

案例导入

阿里大数据“剧透”杭州“夜经济”

傍晚6点，你下班了，闲下来逛个淘宝，一不小心花光了一天工资；晚上7点到9点，是你最爱的话剧、音乐剧、演唱会黄金时段，一张门票花掉你大半月生活费；后来你想着就在家刷剧吧，为了不错过最火热的剧集，你把各个平台会员都充齐了；刷着刷着，你又叫了份外卖填补空空的胃……你突然觉得，杭州，真是一个让人在夜间花钱越来越多的城市啊！

2019年7月25日，《阿里巴巴“夜经济”报告》(以下简称“报告”)发布：据饿了么口碑数据显示，杭州夜间餐饮消费度排名第二；晚间演出高峰期，杭州夜间观看人数排名第四；夜间淘宝成交高峰，杭州人“剁手”指数排名第七……在这热气腾腾的夜间消费背后，不仅是消费者的钞票在“蒸发”，新商业活力也在被不断激发。

(1) 36%的网购发生在夜间：熬最晚的夜，买最贵的眼霜。夜幕降临，剁手党迎来购物高峰。报告显示，21点到22点是淘宝成交最高峰，夜间消费占全天消费比例超过36%。23点到凌晨3点，数万人在天猫“熬最晚的夜，买最贵的眼霜”。对此，有杭州市民说：“你以为我加班是为了明天的生活奋斗吗？不，我只是为了省钱!”

夜宵的火爆程度，能从一个侧面反映出城市的活力。19点到20点是盒马鲜生的到店消费高峰，鲍鱼、面包蟹、海白虾最受吃货欢迎，消费升级趋势明显。21点之后，二线城市外卖餐饮消费增长最快。在饿了么等外卖服务带动下，城市半径扩大，传统的“非中心地带”夜经济弯道超车，市郊外卖消费增速超过中心城区。口碑的夜间到店消费则呈现出“南强北弱”趋势，在全国夜间消费最活跃的10个城市中，南方城市占9席，北方城市仅北京上榜。

20点到21点也是衔接夜经济上下半场的“养生时间”，吃货们纷纷用阿里健康为夜宵备好消化药。在购物和餐饮服务之外，夜间文化消费成为新的增长点。报告显示，19点到21点是观演高峰，最活跃的城市要数文化基础设施发达的北京、上海、天津、成都、杭州。夜场电影也是年轻人的心头好，夜间观影最多的城市分别是广州、上海、深圳、北京、杭州。对于宅家一族，21点到23点则是夜间追剧高峰，数百万人涌入优酷追《长安十二时辰》。20点到23点是“90”后阅读资讯的黄金时间，其中22点用UC浏览器刷资讯看短视频最频繁。

(2) 60%的中小商户深夜经营：22点后，无数人忙着生活缴费。火热的夜间消费也激活了深夜的商业活力。国家统计局15日公布的数据显示，今年上半年夜间消费对经济增长的贡献率超过60%，第一动力强劲。“夜经济”成为消费领域的一个新增长点。

以遍布全国的小商户为例，夜间是生意的“黄金档”。根据报告，22点到23点，西安、北京、成都的小商户仍在热闹经营。23点到24点，超过83%的口碑商户还在营业；

24点之后，仍在营业的口碑商户比例超过60%。

网商银行24小时为小微商家守候。21点后，小微借贷迎来夜间高峰，为明天蓄力冲刺。据统计，19点到次日早晨6点，在传统信用机构的休息时段，网商银行的小微借贷占比高达26%，为很多小微企业解了燃眉之急。

支付宝上的夜间公共服务也24小时不打烊。22点后，生活缴费、公积金、医疗健康是全国查询最多的公共服务。环境保护的关注度则上升最快，垃圾分类、公益3小时等成为人们越来越习惯参与的公共服务，标志着消费理念的升级。

资料来源：阿里大数据“剧透”杭州“夜经济”.（2019-07-25）. http://hznews.hangzhou.com.cn/jingji/content/2019-07/25/content_7233569.htm.

任务一 认识市场调查与市场预测

随着我国社会主义市场经济的深入发展，市场竞争日益激烈，产品销售越来越困难。竞争不仅表现在价格上，而且更多地转向开发新产品、提高产品质量、提供完备的服务、改进促销方式和完善销售渠道等方面。此外，随着人民生活水平的提高，消费心理也在变化，企业产品不仅要满足消费者的量感，而且更要满足消费者的质感。哪个企业信息掌握得迅速、准确、可靠，产品更新换代快，生产计划安排得当，适销对路，哪个企业才能在竞争中取胜。

因此，企业不得不投入人力、物力进行专门的市场调查。市场调查与市场预测是企业日常生产经营活动中极其重要的工作，同时也是企业实施科学决策的基础与前提。只有通过市场调查与市场预测，企业才能正确把握市场状态及其发展变化的趋势，从而增强应变能力，取得经营的主动权，以实现预期的经营目标。

一、市场调查与市场预测的含义

（一）市场调查

美国市场营销协会（American Marketing Association）对市场调查所下的正式定义为：市场调查是一种通过信息将消费者、顾客和公众与营销者连接起来的职能。这些信息用于识别和确定营销机会及问题，产生、提炼和评估营销活动，监督营销绩效，改进人们对营销过程的理解。市场调研规定了解决这些问题所需的信息，设计收集信息的方法，管理并实施信息收集过程，分析结果，最后沟通所得的结论及意义。

简单地说，市场调查是指对与营销决策相关的数据进行计划、收集和分析，并把分析结果向管理者沟通的过程。

（二）市场预测

市场预测是指企业在通过市场调查获得一定资料的基础上，针对企业的实际需要以及相关的现实环境因素，运用已有的知识、经验和科学方法，对企业和市场未来发展变化的趋势作出适当可行的分析与判断，为企业营销活动、经营决策等提供可靠依据的一种活动。

市场预测为市场营销活动决策提供服务，是为了提高管理的科学水平、减少决策的盲目性。我们需要通过预测来把握经济发展或者未来市场变化的有关动态，减少未来的不确定性，降低决策可能遇到的风险，使决策目标得以顺利实现。

二、市场调查的类型

根据目的和功能，市场调查一般分成三种基本类型：探索性调查、描述性调查和因果性调查。

（一）探索性调查

探索性调查是为了使问题更明确而进行的小规模调查活动，有助于把一个大而模糊的问题表达为小而准确的子问题，并识别出需要进一步调查的信息。探索性调查是一类为了掌握和理解调查者所面临的市场问题的特征和与此相联系的各种变量的市场调查。

（二）描述性调查

描述性调查可以描述不同消费者群体在需要、态度、行为等方面的差异。它要回答的是“什么”“何时”“如何”等问题，并非要回答“为什么”的问题。

（三）因果性调查

因果性调查是调查一个因素的改变是否引起另一个因素改变的研究活动，目的是识别变量之间的因果关系。

三种调查类型可以共同用于一个连续的调查过程。当调查人员还不能肯定问题的性质时，适合进行探索性调查；当调查人员意识到了问题，但对有关情形缺乏完整的知识时，通常进行描述性调查；当调查人员需要对问题严格定义时，适合进行因果性调查。

采用何种调查类型，通常是由调查目的所决定。一项调查可能有几种目的，但总有某种调查类型比其他调查类型更适合于该项目。

三、市场调查的程序

营销调研是一个由不同阶段、不同步骤、不同活动构成的有目的的连续过程。市场调查的程序是指从客户提出调查要求开始到调查结束的全过程及其作业程序。建立一套系统科学的工作程序，是市场调查得以顺利进行、提高工作效率和质量的重要保证。从功能上看，市场调查过程可以分为 9 个阶段（见图 3－1）。

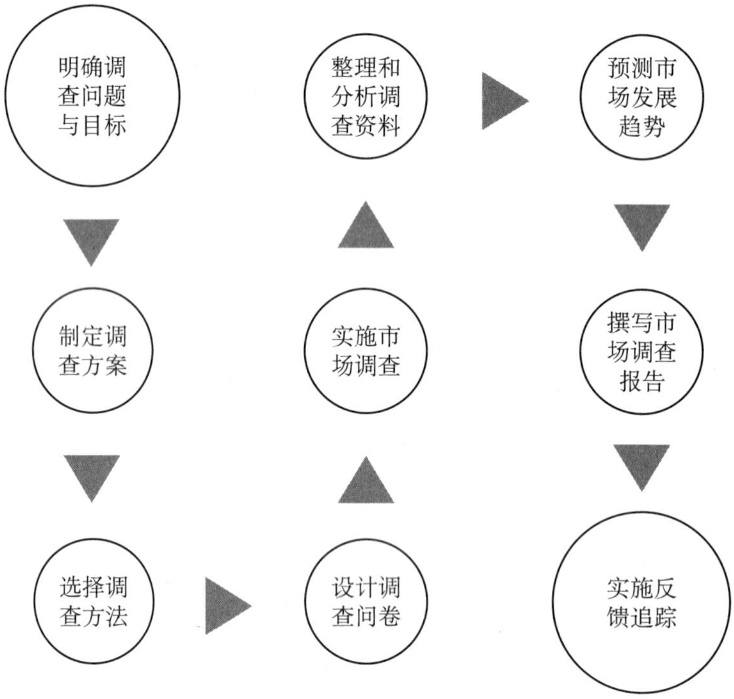

图 3－1　市场调查过程

任务二　明确调查问题与目标

市场调查的第一步是明确调查问题与目标。在企业经营过程中，外部环境会发生变化，企业营销活动与市场需求往往不适应。市场调查问题与目标的明确是寻求解决方案的第一步，正确确定问题及目标，整个调查工作才能做到有的放矢。正确识别调查问题与选择和确定目标需要良好的洞察力和创造力。

一、调研问题界定

文本：
无印良品是如何开发新品的案例

明确需要了解的信息是市场调查非常重要的第一个步骤，因为明确、严谨的需求界定是市场调查工作成功的一半。此阶段需要研究人员细致地了解企业市场调查需求，充分利用现有的二手资料并与丰富的专业研究经验相结合。

一般情况下，市场调查公司在确定企业对市场调查的需求时，通常遇到两种情况：一是企业明确地向市场调查公司提出市场调查的需求；二是企业不能明确地表达市场调查的需求。后一种情况更加常见。通常情况下，企业的管理层和调研人员由于角色的差异，沟通可能存在障碍。作为市场调查公司，其必须向企业明确下列相关信息：(1) 来自企业管理层对于调研要解决问题的定义；(2) 相关背景知识；(3) 调查所需费用、时间、资源的估算；(4) 调查中保密信息的涉及量；(5) 确定调查信息的使用者和用途，研究公司需要较为深入地了解企业经营状况，帮助企业构建企业对市场调查的需求。

例如，某公司近几个月来销售量持续下降，但公司弄不清楚什么原因，是经济衰退的影响、广告支出不足、消费者偏好发生改变，还是服务质量下降等。对调查目标的确定需要搞清楚以下几个问题：为什么要调查？调查中想要了解什么？调查结果有什么用处？谁想知道调查结果？在这一过程中，研究人员一方面要听取客户的介绍，了解他们的目的、意图以及信息需求；另一方面要收集分析相关的二手资料，必要时还要进行小规模定性研究，以确保对所要调查的问题能够明确地加以界定，或者以假设的方式提出来。

知识拓展

企业推出新产品前调查

此时，企业需要明确以下问题：

(1) 市场上是否对这种产品有明显的需求；

(2) 企业是否有充足的财力设计、制作该产品，并支持该产品渡过初期销售阶段；

(3) 确定最佳产品设计方案；

(4) 确定最佳产品销售定价；

(5) 促销活动，促销费用预算；

(6) 确定产品单价与利润之间的关系；

(7) 产品的生命周期如何变化；

(8) 产品要达到的质量等级标准；

(9) 企业有哪些竞争对手，其实力如何；

(10) 推出的新产品对现存的生产线将产生的影响等。

资料来源：作者根据相关内容改编。

二、调查目标的确定

确定并细化调查目标这个环节的主要任务是详细分析调查目标、确定调查主题，随后的一系列调查工作的展开都将在这一前提下进行。例如，调查方案的制定、调查的设计与开发、调查实施中的各个细节等都与调查目标紧密相关。可以说，一项调查进行得是否顺利、完成的质量与效果如何，都与这一环节的工作有关。

一般来讲，确定并细化调查目标的步骤可分为三个细节：给出调查目标和调查主题的准确概念和确切定义；细化调查内容，确定调查的具体项目；建立调查和分析的初步框架和基本结构。

（一）给出调查目标和调查主题的准确概念和确切定义

例如，A 市统计局需要进行一次与餐饮有关的调查。与餐饮有关的调查目标可以有许多，例如，可以以餐饮业的发展为主要目标，或者以餐饮设备的状况为主要目标，或者以餐饮项目状况、食客状况、餐饮从业者状况等为主要目标。因此，在实施调查之前，人们必须先明确这一次调查的具体目标。在确定了调查目标后，对同一个目标还可以有许多不同的调查主题。例如，若确定此次调查的目标是 A 市餐饮设备状况，仍然要明确关注调查主题，是餐饮设备的配备状况，还是餐饮设备的现代化水平，抑或是餐饮设备的安全状况，是某一类餐饮设备的状况，还是所有餐饮设备的状况等。

应当说，上述不同的调查目标与调查主题间都是有联系的，在进行调查之前如不能做出准确的界定，就有可能在调查对象和调查内容的确定上出现偏差。这种关于调查目标和调查主题的分析实际上就是分析此次调查的信息需求究竟是什么。

除了了解调查的信息需求外，还需要了解调查数据的使用者是谁及数据的用途。如上例，A 市统计局进行有关餐饮的调查时，可能是受其他部门、单位委托或与他们合作进行的，委托人或合作人可能是该市餐饮协会、某一餐饮公司或某一餐饮研究机构等，不同的委托人或合作人对同样的调查目标和调查主题会有不同的要求和不同的关注点。同时，委托人或合作人对调查所获得的数据也会有不同的用途。例如，是为了制定某一项政策措施提供数据，还是为了解决某一具体问题而采集数据；是为下一期的发展规划收集数据，还是为了理论研究需要而调查。数据的不同用途也就伴随着对调查数据有不同要求。因此，在确定和细化调查目标时，明确数据的使用者和数据用途也是一个重要内容。

确定和细化调查目标要解决的另一个问题是要明确地界定与调查目标有关的核心概念，并用文字准确地表述出来，使所有参加调查过程和使用调查数据的人对此次调查的目标都没有歧义，为具体调查内容的确定和后期的调查设计及数据分析奠定一个共同的基础。例如，某个大型餐饮集团为进一步发展华东地区的连锁餐饮业，准备追加投资，以增加或改善华东地区此连锁品牌的竞争力，为使这笔投资能取得更好的效果，需要了解目前华东地区的餐饮业的竞争状况。在界定调查目标和调查主题时，就需要明确本次调查任务的重点是了解华东地区“餐饮竞争状况”，其目的是为餐饮投资决策提供信息。如果由于工商主管部门对目前状况已有一些基本了解，而不需要全面调查所有的餐饮竞争对手，则需要界定此次调查中重点关注的“对手”是哪几类，或者界定重点关注“餐饮竞争对手”的哪些方面的“状况”，这些“状况”都与哪些问题有关，这些问题是否要纳入基本的调查目标，等等。在对这些问题一一澄清后，就可以得到一个关于本次调查目标的准确概念，并用文字形式将其准确地表述出来。需要注意的是，不论看上去多么清晰的概念都需要用文字再给出一个适用于本次调查的准确定义，这对于下一步的目标细化和调查设计是至关重要的。

（二）细化调查内容，确定调查的具体项目

在对与调查目标和调查主题有关的核心概念作出准确界定后，就可以进一步细化调查内容、确定调查的具体项目了，通过这一步工作，将前面比较概念化的目标变成可以操作的具体的目标。在这一具体细化的过程中会发现那些对调查目标或调查主题界定不够准确的地方，从而对调查目标的界定更为准确和具体，所以它也是使调查目标更加清晰的过程。

（三）建立调查和分析的初步框架和基本结构

在确定了具体调查内容后，还要把这些内容进行归纳，建立调查和分析的初步框架和基本结构，使调查目标和调查主题进一步向可操作的形式转化。实践证明，对于一项调查来讲，如果不能准确地概括出调查所需要获取的信息，不能清楚地了解信息的使用者和信息用途，不能给出调查目标和调查主题的准确概念和确切定义，就不可能对调查内容作出恰如其分的细化并建立起恰当的调查分析的初步框架。

任务三 制定调查方案

一个完善的市场调查方案一般包括以下几方面内容：

一、调查目的

根据市场调查目标，在调查方案中列出本次市场调查的具体目的。例如：本次市场调

查的目的是了解某产品的消费者购买行为和消费偏好情况等。

二、调查对象

市场调查的对象一般为消费者、零售商、批发商，零售商和批发商为经销调查产品的商家，消费者一般为使用该产品的消费群体。

在以消费者为调查对象时，要注意到有时某一产品的购买者和使用者不一致，如对婴儿食品的调查，其调查对象应为孩子的抚养者。此外还应注意到一些产品的消费对象主要针对某一特定消费群体或侧重于某一消费群体，这时调查对象应注意选择产品的主要消费群体。例如，对于化妆品，调查对象主要为女性；对于酒类产品，调查对象主要为男性。

三、调查内容

确定调查内容就是明确向被调查者了解什么信息。调查内容的表达必须很明确，必要时还要附以详细的解释。调查内容的确定要全面、具体，条理清晰、简练，避免面面俱到、内容过多、过于烦琐，避免把与调查目的无关的内容列入其中。

例如，某机电公司委托市场调查公司进行市场调查，市场调查公司必须首先把握住调查范围。如果参与此项目的调研人员被告知：去了解你所发现的一切客户需求，那么，这个范围就会让调研人员无所适从。因为客户包括团体客户和个体消费者客户，需求也是多方面的，有关于产品方面的，有关于价格方面的，还有关于服务方面的，等等。该机电公司到底需要了解客户哪方面的需求？为了保证调查的针对性和实用性，必须把调查内容明确下来。例如，最终经过讨论，可以把“送货服务水平的提高能否引起销量的上升”作为调查的主要目标。围绕着这个目标，调查内容可以是：

（1）客户需要企业送货上门的原因是什么？

（2）哪些类型的客户需要送货上门的服务？

（3）送货服务能在多大程度上提高销量？

（4）送货服务对于此机电产品的品牌形象产生多少长期的影响？

（5）客户对于送货服务的评价指标是什么？

四、调查表

调查表是市场调查的基本工具，调查表的设计质量直接影响市场调查的质量。设计调查表要注意以下几点：

（1）调查表的设计要与调查主题密切相关，重点突出，避免可有可无的问题。

（2）调查表中的问题要容易让被调查者接受，避免出现被调查者不愿回答或者令被调查者难堪的问题。

（3）调查表中的问题次序要条理清楚，顺理成章，符合逻辑顺序，一般可遵循以下规律：容易回答的问题放在前面，较难回答的问题放在中间，敏感性问题放在最后；封闭式问题在前，开放式问题在后。

（4）调查表的内容要简明，尽量使用简单、直接、无偏见的词汇，保证被调查者能在较短的时间内完成调查表。

五、调查地区范围

调查地区范围应与企业产品销售范围相一致。当在某一城市做市场调查时，调查范围应为整个城市。但由于调查样本数量有限，调查范围不可能遍及城市的每一个地方，一般可根据城市的人口分布情况，主要考虑人口特征中收入、文化程度等因素，在城市中划定若干个小范围调查区域，划分原则是使各区域内的综合情况与城市的总体情况分布一致，将总样本按比例分配到各个区域，在各个区域内实施访问调查。这样可相对缩小调查范围，减少实地访问工作量，提高调查工作效率，减少费用。

六、样本的抽取

调查样本要在调查对象中抽取。由于调查对象分布范围较广，因此应制定一个抽样方案，以保证抽取的样本能反映总体情况。样本的抽取数量可根据市场调查的准确程度的要求确定，市场调查结果准确度要求愈高，抽取样本数量应愈多，但调查费用也愈高，一般可根据市场调查结果的用途情况确定适宜的样本数量。

实际市场调查中，在一个中等以上规模城市进行市场调查的样本数量，按调查项目的要求不同，可选择 200～1 000 个样本，样本的抽取可采用统计学中的抽样方法。具体抽样时，要注意对抽取样本的人口特征因素的控制，以保证抽取样本的人口特征分布与调查对象总体的人口特征分布相一致。

知识拓展

抽样调查中常用的名词

1. 总体

总体是指某调研项目所具体化的研究事物的全部数量总和。它是根据一定研究目的而规定的所要调查对象的全体所组成的集合，组成总体的各研究对象称之为总体单位。

2. 样本

样本是总体中能代表调研全体的一个子集。它是由从总体中按一定程序抽选出来的那部分总体单位所组成的集合。

3. 抽样框

抽样框是指用以代表总体，并从中抽选样本的一个框架。抽样框在抽样调查中处于基础地位，是抽样调查必不可少的部分，其对于推断总体具有相当大的影响。对于抽样调查来说，样本的代表性如何，抽样调查最终推算的估计值真实性如何，首先取决于抽样框的质量。

4. 置信度

置信度也称为置信水平、可靠水平，即在抽样对总体参数作出估计时，由于样本的随机性，其结论总是不确定的。因此，采用一种概率的陈述方法，也就是数理统计中的区间估计法，即估计值与总体参数在一定允许的误差范围以内，其相应的概率有多大，这个相应的概率称作置信度。例如，置信度为95%，意味着如果重复多次调查，100次中有95次置信区间可以覆盖总体真正的数值。

5. 抽样误差

抽样误差是指在某种抽样方式下该方式的结果代表总体指标产生的误差。在抽样调查中，通常以样本作出估计值对总体的某个特征进行估计，当二者不一致时，就会产生误差。因为由样本作出的估计值是随着抽选的样本不同而变化，即使观察完全正确，它和总体指标之间也往往存在差异，这种差异纯粹是抽样引起的，故称之为抽样误差。

6. 偏差

所谓偏差，也称为非抽样误差，通常是指在抽样调查中除抽样误差以外，由于各种原因包括人为原因而引起的一些偏差。

资料来源：抽样调查．(2021-01-26). https://baike.baidu.com/item/%E6%8A%BD%E6%A0%B7%E8%B0%83%E6%9F%A5/1237873?fr=Aladdin.

知识拓展

非概率抽样和概率抽样常用方法

1. 非概率抽样

非概率抽样是不能计算抽样误差的，因为它是靠调研者个人的判断来进行的抽样。它包括偶遇抽样（方便抽样）、判断抽样、配额抽样、雪球抽样等。

（1）偶遇抽样（方便抽样）。常见的未经许可的街头随访或拦截式访问、邮寄式调查、杂志内问卷调查等都属于偶遇抽样的方式。偶遇抽样是所有抽样技术中花费经费和时间最小的。例如为了调查某市的交通情况，研究者到离他们最近的公共汽车站，把当时正在那里等车的人选作调查对象。尽管有许多优点，这种形式的抽样还是有严重的局限性。这种抽样不能代表总体和推断总体。因此，当我们在进行街头访问或邮寄调查时，一定要谨慎对待调查结果。

（2）判断抽样。判断抽样是基于调研者对总体的了解和经验，从总体中抽选“有代表性的”“典型的”单位作为样本，例如从各年级中抽选若干先进的、居中的、落后的学生作为样本，来考察全体学生的素质状况。如果判断准，这种方法就有可能取得具有较好代表性的样本，但这种方法受主观因素影响较大。

（3）配额抽样。配额抽样是根据总体的结构特征来给调查员分派定额，以取得一个与总体结构特征大体相似的样本，例如根据人口的性别、年龄构成来给调查员规定不同性别、年龄的调查人数。配额保证了在这些特征上样本的组成与总体的组成是一致的。一旦配额分配好了，选择样本元素的自由度就很大了。

这种抽样方法的目的是使样本对总体具有更好的代表性，但仍不一定能保证样本就是有代表性的。

假设某高校有10 000名学生，其中男生占60%，女生占40%；文科学生和理科学生各占50%；一年级、二年级、三年级、四年级学生分别占30%、30%、30%和10%。现要用定额抽样方法依上述三个变量抽取一个规模为1 000人的样本。依据总体的构成和样本规模，我们可得到下列定额表（见表3－1）：

表3－1　定额表

	男生（600）								女生（400）							
	文科（300）				理科（300）				文科（200）				理科（200）			
年级	一	二	三	四	一	二	三	四	一	二	三	四	一	二	三	四
人数	90	90	90	30	90	90	90	30	60	60	60	20	60	60	60	20

在严格控制调查员和调查过程的条件下，可使配额抽样获得与某些概率抽样非常接近的结果。

（4）雪球抽样。雪球抽样是先选择一组调查对象，通常是随机选取的。访问这些调查对象之后，再请他们提供另外一些属于所研究的目标总体的调查对象，根据所提供的线索，选择此后的调查对象。

雪球抽样是在特定总体的成员难以找到时最适合的一种抽样方法。譬如对获得无家可归者、流动劳工及非法移民等的样本就十分适用。例如，要研究退休老人的生活，可以清晨到公园去结识几位晨练老人，再通过他们结识其朋友，不用很久，你就可以交上一大批老年朋友。但是这种方法误差也很大，那些不好锻炼活动、不爱去公园、不爱和别人交往的老人，你就很难找到，而他们却代表着另外一种退休后的生活方式。

如果总体不大，有时用不了几次就会接近饱和状况，即后来访问的人再介绍的都是已经访问过的人。但是很可能最后仍有许多个体无法找到，还有些个体因某些原因被提供者故意漏掉不提，这两者都可能具有某些值得注意的性质，因而可能产生误差。

2. 概率抽样

概率抽样包括简单随机抽样、等距抽样、分层抽样、整群抽样、多级抽样等，每个样本的中选概率是已知的，因此可以计算抽样误差。通常的实地调查中，是把这几种抽样方法相互结合。

资料来源：概率抽样．（2021－01－25）．https://baike.baidu.com/item/概率抽样；非概率抽样．（2021－04－13）．https://baike.baidu.com/item/非概率抽样．

七、资料的收集和整理方法

市场调查中，常用的资料收集方法有观察调查法、实验调查法、询问调查法和文案调查法。这几种调查方法各有其优缺点，适用于不同的调查场合。

资料的整理方法一般可采用统计学中的方法，利用 Excel 工作表格，可以很方便地对调查表进行统计处理，获得大量的统计数据。

任务四 选择调查方法

市场调查不同的技术方法适用于不同的调查对象，对市场信息的回收率、真实性及调查费用等都有不同的影响，对调查员的素质也有不同的要求。只有掌握了各种调查技术，才能根据市场的具体情况灵活运用。市场调查的技术方法主要分为观察调查法、实验调查法、询问调查法和文案调查法。

一、观察调查法

观察调查法是指调查人员凭借自己的感官和各种记录工具，深入调查现场，在被调查者未察觉的情况下，直接观察和记录被调查者行为，以收集市场信息的一种方法。

（一）观察调查法的应用

在实践中，观察调查法的应用比较广泛，大体有以下几种情况：

1. 消费者需求观察

通过直接观察消费者实际购买情况，可以取得有关消费者的年龄、性别、人数、构成以及购买商品的品种、规格、花色、商标、包装等方面的资料，为市场细分确定目标消费者提供依据。

2. 消费者行为观察

可以通过“店铺观察”观察到如客流量，客流规律，消费者在购物时的表情、动作、语言等信息；还可通过展销会、订货会等形式，了解到消费者的反应、竞争对手等情况，有利于商家合理安排营业时间，更好地开展有针对性的服务活动。

3. 经营环境的观察

如了解橱窗布置、商品陈列、货架分布、店内广告等情况，有助于商家最大限度地调动消费者的购买欲望。例如，超市往往将生活必需品摆放在商店的后部，目的就是希望购物者将更多的商品放到他们的购物篮中。

4. 商品资源观察

一些有经验的市场调研人员还可通过了解工农业生产状况、城市集贸市场上商品成交量及成交价格等，来判断商品资源情况，提出商品供求、竞争状况等的报告。

5. 商品库存观察

对库存商品进行盘点记数、观察库存现场情况等。此外，还可将观察法用于产品质量调研，广告效果调研，城市人口流量、车流量等的调研。

观察调查法的一般程序为：第一，选择那些符合调查目的并便于观察的单位作为观察对象；第二，根据观察对象的具体情况，确定最佳的观察时间和地点；第三，正确和灵活地安排观察顺序；第四，尽可能减少观察活动对被观察者的干扰；第五，认真做好观察记录。

（二）观察调查法的优缺点

观察调查法最突出的优点是可以实地记录市场现象的发生，能够获得直接具体的生动材料，对市场现象的实际过程和当时的环境气氛都可以了解，这是其他方法不能比拟的。观察调查法不要求被调查者具有配合调查的语言表达能力或文字表达能力，因此适用性也比较强。另外，观察调查法还有资料可靠性高、简便易行、灵活性强等优点。

但是，观察调查法也有缺点，即只能观察到人的外部行为，不能说明其内在动机，观察活动受时间和空间的限制，被观察者有时难免受到一定程度的干扰而不完全处于自然状态等。总之，应用观察调查法，须扬长避短，尽量减少观察误差。

二、实验调查法

实验调查法是指市场调研者有目的、有意识地改变一个或几个影响因素，来观察市场现象在这些因素影响下的变动情况，以认识市场现象的本质特征和发展规律。实验调查既是一种实践过程，又是一种认识过程，并将实践与认识统一为调查研究过程。企业的经营活动中经常运用这种方法，如开展一些小规模的包装实验、价格实验、广告实验、新产品销售实验等，来测验这些措施在市场上的反映，以实现对市场总体的推断。

（一）实验调查法的应用

实验调查法按照实验的场所可分为实验室实验和现场实验。实验室实验是指在人造的环境中进行实验，研究人员可以进行严格的实验控制，比较容易操作，时间短、费用低。

现场实验是指在实际的环境中进行实验，其实验结果一般具有较大的实用意义。

应用实验调查法的一般步骤是：根据市场调查的课题提出研究假设；进行实验设计，确定实验方法；选择实验对象；进行实验；分析整理实验资料并做实验检测；得出实验结论。实验调查只有按折中、科学的步骤来开展，才能迅速取得满意的实验效果。

（二）实验调查法的优缺点

实验调查法通过实验活动提供市场发展变化的资料，不是等待某种市场现象发生了再去调查，而是积极主动地改变某种条件，来揭示或确立市场现象之间的相互关系。它不但可以说明是什么，而且可以说明为什么，还具有可重复性，因此其结论的说服力较强。实验调查法对检验宏观管理的方针政策与微观管理的措施办法的正确性来说，都是一种有效的方法。

实验调查法在进行市场实验时，由于不可控因素较多，很难选择到有充分代表性的实验对象和实验环境。因此实验结论往往带有一定的特殊性，实验结果的推广会受到一定的影响。实验调查法还有花费时间较多、费用较高、实验过程不易控制、实验情况不易保密、竞争对手可能会有意干扰现场实验的结果等缺点。这些缺点使实验调查法的应用有些局限性。

三、询问调查法

询问调查法是由访问者向被访问者提出问题，通过被访问者的口头回答或填写调查表等形式来收集市场信息资料的一种方法。询问调查法是收集第一手资料最主要的方法，它既可以独立使用，也可以与观察调查法结合应用。询问调查法根据调查者与被调查者接触方式的不同，可以分为面谈询问、电话询问、信函询问、留置问卷调查等形式。

（一）面谈询问

这是调查者与被调查者面对面交谈的一种方法，是最直接的询问调查方法。面谈调查可以采用个人访问或召开座谈会的方式，二者的被调查者都应具有一定的代表性。面谈询问的过程是面谈双方互相作用、互相影响的过程，不仅访问者通过询问作用于被访问者，而且被访问者的回答也作用于访问者。访问者的人际交往能力是询问成功的关键，只有被访问者有了对访问者的基本信任，消除了紧张与疑虑，才能愉快、顺利地回答问题。因此，面谈询问有相当的难度，要求访问者能熟练掌握访谈技巧。

（二）电话询问

这是利用电话收集市场信息资料的一种方法，这种调查方式的成本低，能迅速获得资料，且不受地区大小的限制。但它只适用于安装了电话的被询问者。如果电话能询问的对象较少，那么所调查的资料无法代表全部母体。

电话调查的通话时间一般不能太长，使调查的内容难以深入，访问的成功率比较低。因此这种方式适用于对热点问题、突发性问题、特定问题和特殊群体的调查，也适用于对比较固定的客户企业的调查。

（三）信函询问

这是将设计好的调查问卷以信函的形式寄给被调查者，由被调查者填写意见后寄回的一种询问方法。这种调查方法的成本低，调查范围广，被调查者可以自由、充分地回答问题，使答复较为真实可靠。但这种方法也有缺点，如：回收率低，影响调查效果；如果调查问卷不被调查者正确理解，会出现答非所问的现象；有些答卷者可能迟迟不寄答案，收集信息的时间较长；有些答卷者也可能不是所要调查的对象；等等。

（四）留置问卷调查

留置问卷调查法是指调研人员将调查问卷发放到被调查者家中，说明调查目的和要求，让被调查者自行填写答案，再由调研人员按约定的日期将问卷收回，是介于面谈询问和信函询问之间的一种调查方法。

知识拓展

询问调查法新发展——网络调查

网络调查是随着电子技术的发展而出现的一种新型调查方法，调查过程由计算机互联网络完成。主要介绍以下 3 种：

（1）E-mail 调查。E-mail 调查是指通过电子网络向被调查者传递问卷，被调查者在规定的时间内回答问卷并寄回给调研人员的一种调查方式。

（2）互动式调查。互动式调查是与被调查者约定在某一时间段内进行网上交流，请其回答问题，以此来收集所需的信息资料。

（3）弹出式调查。弹出式调查是指将软件安装在网站上，根据一定的比例抽取被调查者，当网站的访问者被随机选中时，一个独立的小窗口就会弹出，并询问访问者是否愿意完成一份调查问卷。如果被访问者回答“是”，问卷就会出现，被访问者就可进行在线答题；如果被访问者回答“否”，该窗口就会立即消失。

网络调查与传统邮寄调查相比，具有速度快、成本低、样本容量大、趣味性及灵活性较强等优点。

资料来源：网络调查．（2020－10－25）．https://baike.baidu.com/item/%E7%BD%91%E7%BB%9C%E8%B0%83%E6%9F%A5.

四、文案调查法

视频：
小组访谈法

文案调查法是指调查员在充分了解市场调查的目的后，通过搜集各种有关的文献资料，摘取现成的数据加以整理、衔接、调整及融合，以归纳或演绎等方法予以分析，进而提出市场调查报告及有关营销建议的市场调查方法。文案调查可查阅的文献资料主要包括图书、期刊、报纸、科研报告、会议文件、情况简报、年鉴、学术论文、专利文献、档案文献、内部资料、照片、图片、录音、录像、电影、幻灯片等。这种调查方法是在室内进行的，因此又称室内研究法。

文案调查法适用范围很广，但在以下五个方面的调查效果最佳：

（1）生产经营工业品的企业，利用文案调查，辅之以访问调查，可获得较准确的调查结论；

（2）高级耐用品，诸如汽车、高级音响之类的市场营销调查；

（3）出口型企业对于进口地区市场的了解；

（4）作为实地市场调查的预备调查；

（5）作为企业经常性的市场调查。

任务五 设计调查问卷

调查问卷是为了达到调查目的和收集必要信息而设计的问题集合。问卷设计是市场调查中极为重要的环节，问卷设计质量的高低，将对信息或数据的准确性、可靠性产生影响，同时也影响着调查成本的高低。因此，一次成功的市场调查与制作一份优秀的调查问卷是密不可分的。

一、问卷及其结构

视频：
市场调查问卷的技巧

问卷是指系统地记载着体现调查项目的一系列问题的调查表。问卷调查法是实地调查法中的重要方法。无论是采用面谈询问法、电话询问法、信函询问法，还是网络询问法，都得设计问卷。问卷的内容及其篇幅因调研主题和调研项目的不同而异。但是，问卷的结构却是相对固定的。一般地，问卷由三部分构成，即开头部分、正文部分和结尾部分，见表3-2。

表3-2　市场调查问卷结构

问卷构成	内容
开头	问卷标题、问候语、身份、目的介绍
正文	1. 一般问题（易答）
	2. 主要问题（实质的、细节的问题）
	3. 敏感的、复杂的问题
	4. 被访问者基本情况
结尾	1. 开放式问题（可以缺省）
	2. 感谢语

二、问卷设计技巧

（一）问题类型

问题构成一份问卷的主体部分，确定问题类型主要有两种形式，即封闭式问题和开放式问题。

1. 封闭式问题

封闭式问题是由问卷设计者列出问题的一系列答案，由被调查者从中进行判断和选择，又称有结构的问答题。封闭式问题规定了一组可供选择的答案和固定的回答格式。例如：

（1）您家里是否有太阳能热水器？（单选）

A. 有　　　　　　B. 没有

（2）你购买雕牌洗衣粉的主要原因是（选择最主要两种）：

A. 洗衣较洁白

B. 售价较低廉

C. 任何商店都有出售

D. 不伤手

E. 价格与已有的牌子相同，但分量较多

F. 朋友介绍

封闭式问题的优点包括以下几个方面：

（1）答案是标准化的，对答案进行编码和分析都比较容易；

（2）回答者易于作答，有利于提高问卷的回收率；

（3）问题的含义比较清楚。因为所提供的答案有助于理解题意，这样就可以避免回答者由于不理解题意而拒绝回答。

封闭式问题也存在一些缺点：

（1）回答者对题目有不正确理解的，难以觉察出来；

（2）可能产生“顺序偏差”或“位置偏差”，即被调查者选择答案可能与该答案的排列位置有关。研究表明，对陈述性答案，被调查者趋向于选第一个或最后一个答案，特别是第一个答案；而对一组数字（数量或价格）则趋向于取中间位置的。为了减少顺序偏差，可以准备几种形式的问卷调查，每种形式的问卷答案排列的顺序都不同。

2. 开放式问题

开放式问题是指对所提出的问题，不提供具体的供选答案，被调查者可以根据自己的情况自由回答，没有限制，又称无结构的问答题。在采用开放式问题时，应答者可以用自己的语言自由地发表意见，在问卷设计上没有已拟定的答案。例如：

（1）您喜欢的手机品牌有哪些？

（2）您对三星手机的广告看法如何？

显然，应答者可以自由回答以上问题，并不需要按照问卷上已拟定的答案加以选择，因此应答者可以充分地表达自己的看法和理由，并且比较深入，有时还可获得研究者始料未及的答案。

然而，开放式问题亦有其缺点。例如调查者的偏见，因记录应答者答案是由调查者执笔，极可能失真，或者并非应答者原来的意思。如果调查者按照他自己的理解来记录，就有出现偏见的可能。但这些不足可运用录音机来弥补。开放式问题的第二个主要缺点是资料整理与分析的困难。

由于各种应答者的答案可能不同，所用字眼各异，因此在答案分类时难免出现困难，整个过程相当耗费时间，而且免不了夹杂整理者个人的偏见。因此，开放式问题在探索性调研中是很有帮助的，但在大规模的抽样调查中，就弊大于利了。

（二）提问的技巧

问卷星操作

要想得到较高的回答率，需要有良好的提问技巧。包括：

（1）所提问题必须简短，以免造成对方的混乱；

（2）直接提问与间接提问相结合；

（3）不要直接使用商品的牌子；

（4）回答问题不需要太多的专业知识；

（5）问题不能有争议性或多重解释；

（6）不要涉及别人的隐私；

（7）个人的问题放在最后。

知识拓展

对真维斯专卖店的暗访调查表

真维斯在武汉市区开设了20多家专卖店，为了督促各专卖店提高服务质量，真维斯经常派出调查员对各专卖店进行暗访调查，以作为评比依据。以下就是东华大学为此专门设计的调查评比表格（见表3-3）。

表3-3 神秘人暗访调查表

店铺地址： 店铺编号：

访问日期： 进店时间： 店内顾客人数：

访问员： 调查表编号： 总得分：

调查项目	等级	评分标准
1. 营业员的礼貌		
（1）顾客进店时，有营业员立即面对顾客打招呼	优	有营业员立即面对顾客热情、自然地打招呼
	良	有营业员面对顾客打招呼，但不自然、热情
	中	有营业员打招呼，但不面对顾客
	差	不打招呼
（2）营业员衣着统一、佩戴胸卡、发饰整洁、化妆自然	优	衣着统一，佩戴胸卡，发饰整洁，化妆自然
	良	四项中有一项欠缺
	中	四项中有两项欠缺
	差	四项中有三项以上欠缺或其中一项严重欠缺
（3）营业员各就各位，无倚靠、聊天、干私事现象	优	营业员各就各位，无倚靠、聊天、干私事现象
	良	四项中有一项欠缺
	中	四项中有两项欠缺
	差	四项中有三项以下欠缺或其中一项严重欠缺
（4）能用普通话接待顾客，用语有礼貌、面带笑容	优	用语有礼貌、面带笑容（顾客讲普通话时，营业员也讲普通话）
	良	有一项欠缺
	中	有两项欠缺
	差	有三项以下欠缺或其中一项严重欠缺
（5）当顾客只想看看时，营业员没有板起面孔的现象	优	营业员态度热情，并适当推荐一些特色商品
	良	营业员态度热情，但未推荐商品
	中	营业员态度有较大变化，也未推荐商品
	差	营业员板起面孔
（6）收银员的态度和蔼，唱收唱付，并说“谢谢”	优	态度亲切、和蔼，唱收唱付，并说“谢谢”
	良	态度一般，并说“谢谢”
	中	态度一般，不说“谢谢”
	差	态度差

续前表

调查项目	等级	评分标准
2. 营业员的推销技巧		
(7) 同停留在货架前挑选货品的顾客主动打招呼并询问其需求	优	店员主动过来打招呼并询问需求
	良	店员主动过来打招呼但不询问需求
	中	店员未主动打招呼，但顾客招呼时能迅速过来
	差	店员未主动打招呼，也没迅速过来
(8) 主动热情地介绍商品的特性、面料及洗涤方式	优	全面详细地介绍商品的特性、面料及洗涤方式
	良	顾客询问后，一问二答或以上
	中	顾客询问后，被动解答，一问一答
	差	顾客询问后，因反感而不答
(9) 鼓励顾客试穿，乐意陪顾客到试衣间，并将待试的服装为顾客准备好	优	鼓励顾客试穿，陪同顾客到试衣间，并将待试的服装准备好
	良	鼓励顾客试穿，陪同顾客到试衣间，但未将待试的服装准备好
	中	鼓励顾客试穿，但未陪同顾客到试衣间
	差	不鼓励顾客试穿
(10) 告诉顾客售后服务的内容，包括：免费修改裤长、更换颜色和尺码等	优	主动告诉顾客全部售后服务的内容
	良	告诉顾客两项售后服务内容
	中	告诉顾客一项售后服务内容
	差	未告诉顾客售后服务内容
(11) 如果服装不合适，则主动、热情地给顾客更换或介绍其他商品给顾客试穿	优	主动提供相应的合适货品给顾客
	良	若顾客提出不合适，没有征询不合适原因，就为其提供其他货品
	中	若顾客提出不合适，让顾客自己挑选其他货品
	差	强行推销该货品
(12) 如果试穿满意，顺便向顾客介绍、配搭其他商品和饰品	优	主动介绍并主动引导顾客配搭其他货品
	良	未主动为顾客配搭
	中	顾客提出配搭要求后，不情不愿地寻找相应货品
	差	顾客提出配搭要求后，没有反应
(13) 服饰配搭恰到好处，令顾客满意	优	服饰配搭恰到好处，顾客非常满意
	良	服饰配搭水平较高，顾客比较满意
	中	服饰配搭水平一般，顾客可以接受
	差	服饰配搭水平太差，顾客不能接受
(14) 在不需要同时接待其他顾客时，陪同顾客到收银处付款，并说致谢语	优	陪同顾客付款，并说致谢语
	良	陪同顾客付款，不说致谢语
	中	让顾客自己去付款，说致谢语
	差	让顾客自己去付款，不说致谢语
(15) 顾客离店时，有营业员能立即主动地对每位离店顾客说送别语	优	顾客离店时，营业员热情、自然地打招呼
	良	顾客离店时，营业员打招呼，但不热情
	中	有营业员偶尔对个别离店顾客不打招呼
	差	营业员经常对离店顾客不打招呼

续前表

调查项目	等级	评分标准
3. 购物环境		
(16) 在收银台附近，整洁摆放或张贴着“顾客服务热线”的标牌	优	店内收银台附近有标牌，且很整洁
	良	店内收银台附近有标牌，但不够整洁
	中	店内收银台附近有标牌，但很脏
	差	无标牌
(17) 店内货架、橱窗、门面招牌、地面整洁	优	店内货架、橱窗、门面招牌、地面整洁
	良	一项欠缺
	中	两项欠缺
	差	三项欠缺，或有一项严重损害商店形象
(18) 货品摆放整齐，货架不空置，货品及模特无污渍、无损坏	优	货品摆放有条不紊，分门别类，货架不空置，货品及模特无污渍、无损坏
	良	有一个货架（或货品、模特）未达到要求
	中	有两个货架（或货品、模特）未达到要求
	差	超过两个货架（或货品、模特）未达到要求
(19) 试衣间整洁、门锁安全、设施齐全（配备衣钩、拖鞋）	优	试衣间整洁、门锁安全、设施齐全
	良	有一项欠缺
	中	有两项欠缺
	差	三项均有欠缺或其中一项以上严重欠缺
(20) 灯光明亮、音响适中、温度适宜、走道通畅（无杂物堆放）	优	灯光充足、音响适中、温度适宜、走道畅通（无杂物堆放）
	良	有一项有欠缺
	中	有两项有欠缺
	差	超过两项有欠缺

说明：对每项调查内容，优 5 分、良 4 分、中 3 分、差 1 分，满分 100 分。

资料来源：对真维斯专卖店的暗访调查．(2019-10-15). https://wenku.baidu.com/view/99398442370cba1aa8114431b90d6c85ec3a88b1.html.

任务六　实施市场调查

市场调查的各项准备工作完成后，开始进行实施调查工作。组织实地调查要做好两方面工作：一是实地调查的组织领导工作，二是调查的协调控制工作。

一、做好实地调查的组织领导工作

实地调查是一项较为复杂、烦琐的工作。要按照事先划定的调查区域确定每个区域调查样本的数量、访问员的人数、每位访问员应访问样本的数量及访问路线，每个调查区域配备一名督导人员；明确调查人员及访问人员的工作任务和工作职责，做到工作任务落实到位，工作目标、责任明确。

二、做好实地调查的协调控制工作

调查组织人员要及时掌握实地调查的工作进度完成情况，协调好各个访问员间的工作进度；要及时了解访问员在访问中遇到的问题，帮助解决，对于调查中遇到的共性问题，提出统一的解决办法。

要做到每天访问调查结束后，访问员首先对填写的问卷进行自查，然后由督导员对问卷进行检查，找出存在的问题，以便在后面的调查中及时改进。

任务七 整理和分析调查资料

一、整理调查资料

文献调查和实地调查工作全部结束之后，无疑会搜集到大量的资料。这些资料如果未经加工整理和分析，是不能用以说明任何问题的，因此，有必要对全部资料进行系统的加工整理，以便为下一步的资料分析工作做好准备。

当获得了所需的数据信息以后，为了有效地进行数据的量化分析，根据有关量化分析的要求，研究人员必须对现场数据进行整理和加工。数据的整理和加工程序分为 8 个步骤，如图 3－2 所示。该图表明，整个现场信息整理和加工过程以在调研设计阶段制订的数据分析计划为纲，首先是对收集的调研表进行审核、校订；接着对审核过关的调研表进行编码、转录；然后将数字化的信息表格化。一般来讲，对现场信息的整理工作不一定要等到现场作业完全结束以后再开始，由于调研表是一批一批收集上来的，因此只要收回第一批调研表，对信息的整理和加工就应该开始了。这样运作的优点是，一旦发现问题，即可迅速进行修正。

二、分析调查资料

市场调查所获的全部原始资料经过编辑、汇总和分类、制表等阶段之后，就可以转入

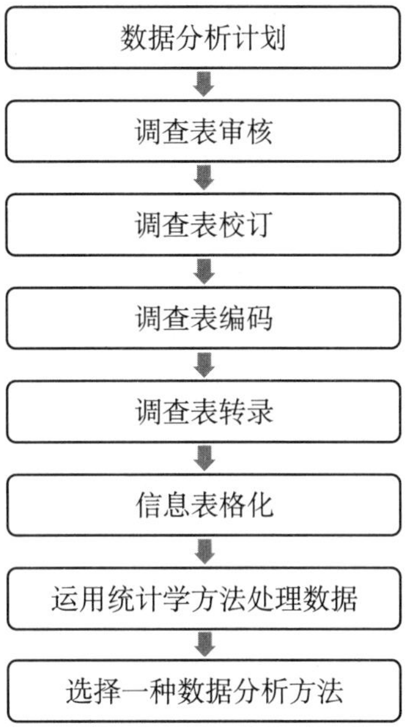

图 3-2　数据整理和加工过程

下一步资料分析工作。这是整个市场调查的资料工作的最后阶段。资料分析的主要任务是利用经过调查得来的全部情况和数据，去验证有关各种因素的相互关系和变化趋势，即将全部的资料适当地组合为足以揭示其所包含着的某种意义的模式，以明确、具体地说明调查结果。

资料分析应将分析结果编成统计表或统计图，方便读者了解分析结果，并可从统计资料中看出与第一步确定问题假设之间的关系；同时应将结果以各类资料的百分比与平均数形式表示，使读者对分析结果形成清晰对比。不过各种资料的百分率与平均数之间的差异是否真正有统计意义，应使用适当的统计检验方法来鉴定。例如，两种收入家庭对某种家庭用品的月消费支出，从表面上看有差异，但是否真有差异可用平均数检定法来分析。资料还可以运用相关分析、回归分析等一些统计方法来分析。

任务八　预测市场发展趋势

一、认识市场预测

预测是针对某一目前还不明确的事物，根据其过去和现在的已知情况，估计和推测未来可能出现的趋势。这种估计和推测，应该是在正确的理论指导下，通过广泛调查取得第一手资料或者第二手资料，再运用定性分析和定量分析的方法，对市场今后的发展变化作出质的描述和量的估计。

市场预测与市场调查的区别在于，前者是人们对市场的未来的认识，后者是人们对市场的过去和现在的认识。市场预测能帮助经营者制定适应市场的行动方案，使自己在市场竞争中处于主动地位。

市场预测的内容非常广泛。不同的市场主体或不同的预测目的，决定了市场预测有不同的侧重点。企业所进行的预测，主要包括市场需求预测、市场资源预测和市场营销组合预测。

完整的预测工作一般包含如图 3－3 所示的 5 个步骤。

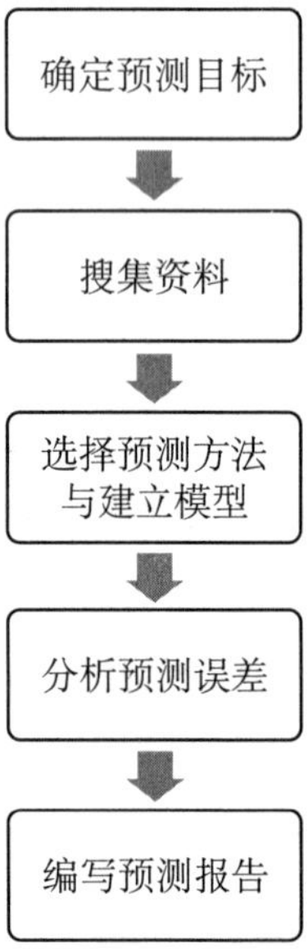

图 3－3　预测工作流程

二、市场预测的方法

市场预测方法，从粗估到精确计算，从定性预测到定量预测，种类繁多。常用的方法有购买意向调查法、销售人员综合意见法、专家意见法、指数平滑法、移动平均法等。

（一）购买意向调查法

购买意向调查法就是利用问卷以了解潜在购买者未来的购买量。由于只有潜在购买者自己才知道将来所欲购买的数量，因此如果购买者有清晰的购买意向而且愿意表露的话，那么调查的结果将特别有价值。

这种方法对产业用品市场需求预测较消费者市场更为准确，因为消费者的购买企图或计划往往因某些原因而转变，完全根据消费者的购买意向作预测风险较大，但对消费者市场来说，对耐用消费品的调查，其可靠性又较非耐用消费品高。

现以耐用消费品——洗衣机为例来说明为了预测未来市场需求所需调查的问题。

Q：请问在今后一年内你家里是否打算购买洗衣机？卡片上哪句话最能代表你将来的购买意向？

一定会买 …………………… 1

可能会买 …………………… 2

不能决定是否会买 ……… 3

可能不会买 ……………… 4

肯定不会买 ……………… 5

假定我们用问卷访问××市 100 位被访者，回答者所表明的购买洗衣机的可能性如下：

	人数	百分比
一定会买	10	10%
可能会买	30	30%
不能决定是否会买	20	20%
可能不会买	10	10%
肯定不会买	30	30%
总计	100	100%

从上述数据可知，40%的回答者至少已经表明对购买洗衣机产品有一定的兴趣。

（二）销售人员综合意见法

销售人员综合意见法是指在不能直接与顾客见面时，企业通过听取销售人员的意见估计市场需求的方法。

（三）专家意见法

专家意见法又叫德尔菲法，是指企业利用诸如经销商、分销商、供应商及其他一些专家的意见进行预测的方法。由于这种方法是以专家为索取信息的对象，用这种方法进行预测的准确性主要取决于专家的专业知识和与此相关的科学知识基础，以及专家对市场变化情况的洞悉程度，因此依靠的专家必须具备较高的水平。

1. 专家意见法的主要优点

（1）预测过程迅速，成本较低；

（2）在预测过程中，各种不同的观点都可以表达并加以调和；

（3）如果缺乏基本的数据，可以运用这种方法加以弥补。

2. 专家意见法的主要缺点

（1）专家意见未必能反映客观现实；

（2）责任较分散，估计值的权数相同；

（3）一般仅适用于总额的预测，而用于区域、顾客群、产品大类等的预测时，可靠性较差。

3. 专家意见法的具体实施步骤

（1）组成专家小组。按照课题所需要的知识范围，确定专家。专家人数的多少，可根据预测课题的大小和涉及面的宽窄而定，一般不超过 20 人。

（2）向所有专家提出所要预测的问题及有关要求，并附上有关这个问题的所有背景材料，同时请专家提出还需要什么材料。然后，由专家做书面答复。

（3）各个专家根据他们所收到的材料，提出自己的预测意见，同时说明自己是怎样利用这些材料并提出预测值的。

（4）将各位专家第一次判断意见汇总，列成图表，进行对比，再分发给各位专家，让专家比较自己同他人的不同意见，修改自己的意见和判断。也可以把各位专家的意见加以整理，或请身份更高的其他专家加以评论，然后把这些意见再分送给各位专家，以便他们参考后修改自己的意见。

（5）将所有专家的修改意见收集起来，汇总，再次分发给各位专家，以便做第二次修改。逐轮收集意见并向专家反馈信息是主要环节。收集意见和信息反馈一般要经过三四轮。在向专家进行反馈的时候，只给出各种意见，但并不说明发表各种意见的专家的具体姓名。这一过程重复进行，直到每一个专家不再改变自己的意见为止。

（6）对专家的意见进行综合处理。

（四）指数平滑法

指数平滑法是生产预测中常用的一种方法，也用于中短期经济发展趋势预测。所有预测方法中，指数平滑法是用得最多的一种。简单的全期平均法是对时间数列的过去数据一个不漏地全部加以同等利用；移动平均法则不考虑较远期的数据，并在加权移动平均法中给予近期资料更大的权重；而指数平滑法则兼容了全期平均法和移动平均法所长，不舍弃过去的数据，仅给予逐渐减弱的影响程度，即随着数据的远离，赋予逐渐收敛为零的权数。

指数平滑法的基本公式是：

$$S_t = a \cdot y_t + (1-a)S_{t-1}$$

式中，S_t 为时间 t 的平滑值；y_t 为时间 t 的实际值；S_{t-1} 为时间 $t-1$ 的平滑值；a 为平滑常数，其取值范围为 [0，1]。

由该公式可知：

（1）S_t 是 y_t 和 S_{t-1} 的加权算数平均数，随着 a 取值的大小变化，决定 y_t 和 S_{t-1} 对 S_t 的影响程度。当 a 取 1 时，$S_t=y_t$；当 a 取 0 时，$S_t=S_{t-1}$。

（2）S_t 具有逐期追溯性质，可探源至 S_{t-1} 为止，包括全部数据。其过程中，平滑常数以指数形式递减，故称之为指数平滑法。指数平滑常数取值至关重要。平滑常数决定了平滑水平以及对预测值与实际结果之间差异的响应速度。平滑常数 a 越接近于 1，远期实际值对本期平滑值影响程度的下降越迅速；平滑常数 a 越接近于 0，远期实际值对本期平滑值影响程度的下降越缓慢。由此，当时间数列相对平稳时，可取较大的 a；当时间数列波动较大时，应取较小的 a，以不忽略远期实际值的影响。生产预测中，平滑常数的值取决于产品本身和管理者对良好响应率内涵的理解。

（3）尽管 S_t 包含有全期数据的影响，但实际计算时，仅需要两个数值，即 y_t 和 S_{t-1}，再加上一个常数 a，这就使指数滑动平均具有逐期递推性质，从而给预测带来了极大的方便。

（4）根据公式 $S_1=a\cdot y_1+(1-a)S_0$，当欲用指数平滑法时才开始收集数据，则不存在 y_0。无从产生 S_0，自然无法根据指数平滑公式求出 S_1，指数平滑法定义 S_1 为初始值。初始值的确定也是指数平滑过程的一个重要条件。

如果能够找到 y_1 以前的历史资料，那么，初始值 S_1 的确定是不成问题的。数据较少时可用全期平均法、移动平均法；数据较多时，可用最小二乘法。但不能使用指数平滑法本身确定初始值，因为数据必会枯竭。

如果仅有从 y_1 开始的数据，那么确定初始值的方法有：

①取 S_1 等于 y_1；

②待积累若干数据后，取 S_1 等于前面若干数据的简单算术平均数，如 $S_1=(y_1+y_2+y_3)/3$ 等。

根据平滑次数不同，指数平滑法分为一次指数平滑法、二次指数平滑法和三次指数平滑法等。

1. 一次指数平滑预测

当时间数列无明显的趋势变化，可用一次指数平滑预测。其预测公式为：

$$y^{t+1}=ay_t+(1-a)y^t$$

式中，y^{t+1} 为 $t+1$ 期的预测值，即本期（t 期）的平滑值 S_t；y_t 为 t 期的实际值；y^t 为 t 期的预测值，即上期的平滑值 S_{t-1}。

该公式又可以写作：$y^{t+1}=y^t+a(y_t-y^t)$。可见，下期预测值又是本期预测值与以 a 为折扣的本期实际值与预测值误差之和。

2. 二次指数平滑预测

二次指数平滑是对一次指数平滑的再平滑。它适用于具有线性趋势的时间数列。其预测公式为：

$$y_{t+m}=(2+am/(1-a))y^{t}-(1+am/(1-a))y_{t}=(2y^{t}-y_{t})+m(y^{t}-y_{t})a/(1-a)$$

式中，$y_{t}=ay^{t+1}+(1-a)y_{t-1}$。显然，二次指数平滑是直线方程，其截距为 $(2y^{t}-y_{t})(2yt'-y_{t})$，斜率为 $(y^{t}-y_{t})a/(1-a)$，自变量为预测天数。

3. 三次指数平滑预测

三次指数平滑预测是二次平滑基础上的再平滑。其预测公式是：

$$y_{t+m}=(3y^{t}-3y_{t}+y_{t})+[(6-5a)y^{t}-(10-8a)y_{t}+(4-3a)y^{t}]$$
$$\times am/2(1-a)^{2}+(y^{t}-2y_{t}+y^{t})\times a^{2}m^{2}/2(1-a)^{2}$$

式中，$y_{t}=ay_{t-1}+(1-a)y_{t-1}$。

它们的基本思想都是：预测值是以前观测值的加权和，且对不同的数据给予不同的权，新数据给较大的权，旧数据给较小的权。

指数平滑法是较为有效的销售预算的统计方法。利用 Excel 可以简便易行地进行预测，节约了预测时间并提高了预测的准确率，预测者可根据数据数列散点图的历史趋势等选择一次或多次指数平滑。但指数平滑法的应用也会受到一定限制。例如，采用指数平滑法需要有比较完备的历史资料；当企业销售量受季节影响较大时，时间序列分解法比指数平滑法应用效果更好等。因此，销售预测人员要根据企业的具体情况和预测的对象，把指数平滑法和定性预测方法正确地结合起来运用，才能全面认识和把握预测对象的未来发展趋势，使得预测结果更加接近客观现实，从而作出实事求是的预测结论。

（五）移动平均法

移动平均法因简便、精确度较高而被广泛使用。其方法是，首先取一较短期间（3 年或 5 年）为 1 期，再按移动顺序求出 3 年或 5 年之和，然后求出各期平均值（见表 3－4），在此基础上画出销售增长趋势线（见图 3－4），并以此推测市场需求。

表 3－4　市场预测表

年度	销量	3 年移动平均		5 年移动平均	
		移动和	移动平均	移动和	移动平均
1991	930				
1992	1 028	3 225	1 075		
1993	1 267	3 330	1 110	5 317	1 063
1994	1 035	3 359	1 120	5 719	1 144
1995	1 057	3 424	1 141	6 258	1 252
1996	1 332	3 956	1 319	6 748	1 350
1997	1 567	4 656	1 552	7 329	1 466
1998	1 757	4 940	1 647		
1999	1 616				

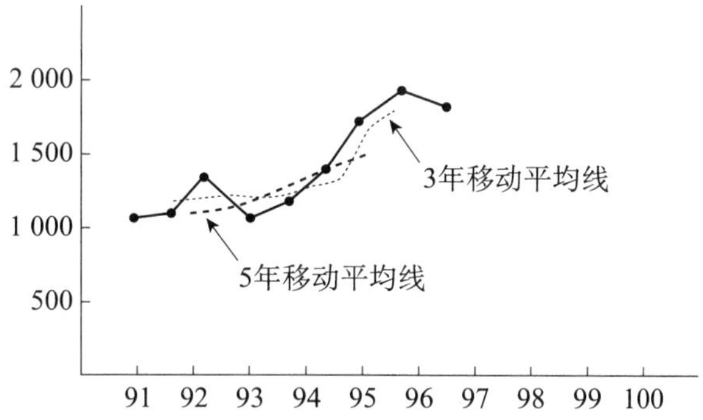

图 3-4 市场预测图——移动平均法

任务九 撰写市场调查报告

市场调查报告是市场调查人员向市场调查使用者以书面形式提供的调查结论和建议。

调查报告是市场调查过程中最重要的一环，许多管理者并不一定涉足调研过程，但他们将利用调研报告进行业务决策。有效的报告是必要的，但其必须遵循有关组织结构、格式和文笔流畅的写作原则。

一、市场调查报告的格式

市场调查报告包括三个部分：前言、主体、结尾（见表 3-5）。

表 3-5 市场调查报告的内容

前言
□ 标题页
□ 目录页
□ 委托书
□ 摘要/工作小结
主体
□ 引言
□ 调研目标
□ 调研方法
□ 结果
□ 结论与建议
结尾
□ 附录

（一）前言部分

前言部分包括标题页、目录页、委托书、摘要/工作小结等。

1. 标题页

标题页详见表 3－6。

表 3－6　市场调查报告标题页格式

无锡市家电市场品牌 竞争状况营销调研分析报告 委托单位：×××家电销售有限企业 调查机构：×××策划公司 报告日期：2020 年 6 月

2. 目录页

目录页帮助找出调研报告中信息的位置。目录页要将市场调查报告的大纲准确列出，并标明其出现的页码。目录页见表 3－7。

表 3－7　市场调查报告目录页格式

目　录 引言 　调研背景 　委托书 调研目的 调研方法 　总体说明 　样本计划 　问卷编制 　执行计划 调研结果 　总体样本描述 　家电品牌种类分析 　家电品牌特征分析 　家电品牌经营渠道分析 　家电品牌经济影响分析 　家电品牌促销分析 　家电品牌消费者满意度分析

3. 委托书

委托调查双方应事先签署市场调查委托书。

知识拓展

市场调查委托书

甲方：上海××房地产集团有限公司

乙方：上海××管理顾问有限公司

受甲方委托，乙方对甲方的××花园房地产项目进行市场调查。双方经充分协商，根据有关法律法规，本着公平、诚信和互利互惠的原则，就相关事宜达成以下协议：

一、委托调查项目

1. 项目名称：××花园房地产项目市场调查。

2. 甲方委托乙方调查的内容等详见附件一：《××花园房地产项目调查纲要》。

二、项目工作组

针对甲方所委托项目，乙方专门成立由上海××大学××教授等相关专家组成的项目工作组，负责项目调查工作方案的制定、市场调查的组织协调、市场调查结果的分析、市场调查报告的编制以及提供相关建议。

三、调查期限（略）

四、甲方的协助义务（略）

五、保密义务（略）

六、成果提交与验收

1. 本次调查项目在本合同签订后×个工作日内完成并将调查成果按合同约定交付甲方。

2. 调查成果包括：社会经济环境背景资料调研报告、项目自身条件和特点实地调研报告、项目区位和附近交通状况调研报告、项目周边人口状况调查报告、项目周边地区商业环境调研报告、项目周边居民消费心理及需求调研报告、与本项目相关的经营者和业户调查报告、类似房地产项目调查报告和项目综合分析报告等。

3. 乙方提交调查报告后，甲方应按照《××花园房地产项目调查纲要》约定的项目和目的及本合同约定进行验收。

4. 乙方所提交的调查报告经甲方验收后，其所有权利归甲方所有。

七、咨询费（略）

八、违约责任（略）

九、合同的解除（略）

十、其他（略）

十一、争议的解决（略）

十二、附则（略）

资料来源：节选自 https://wenku.baidu.com/view/1b8931740875f46527d3240c844769eae009a3e4.html.

4. 摘要/工作小结

摘要/工作小结是整个营销调查报告的“骨架”，它为忙碌的管理者提供了预览方式，并提供了一个最有用的信息的综合。

摘要/工作小结应该尽可能精确地表述；它应放在单独的空间里，最好限制在几段之内，不超过一页。摘要/工作小结应当包括调研的对象、调研的范围（调研包括什么，不包括什么）、对所用方法的强调、结论和建议。

（二）主体部分

1. 引言

引言使读者对报告有所了解。它应该包括对报告一般目的和调研特定目的的陈述，对意欲揭示的内容的描述，以及给出调研原因的必要背景信息。

2. 调研目标

确定本次市场调查的具体目的要求。例如：本次市场调查的目的是调查某产品的消费者购买行为和消费偏好情况等。

3. 调研方法

调研方法描述是怎样进行调研的，对象是谁，以及采用何种方法达到目的。补充信息应该放在附录中。如果使用了第二手信息，需要注明来源。在大多数情况下，调研方法部分不需要太长。然而，它应该提供必要的信息，使读者了解数据是怎样收集的和结论是怎样得出的。

4. 结果

结果部分是调查报告的主要内容。它从逻辑上表述调研的最终表述，应配以表格、图表、图形和其他适当的可视图，以进一步支持和加强对结果的解释。

5. 结论与建议

结论与建议可以分列，也可以合在一起，这取决于汇报的必要内容的多少。无论怎样，应该注意，结论与建议不是一回事。结论是以调查结果为基础得出的结果或决策。建议是以结论为基础关于怎样推进工作的提议，调查者应该慎重地提建议。调研人员和客户应该在调研之前决定报告是否包括建议，虽然调研使用者也要求调研人员提出建议，但双方都必须认识到，调研人员的建议仅仅立足于从调研项目中获取的知识。如果使调研人员了解其他信息，也许会完全改变其建议。

（三）结尾部分

结尾部分由附录组成，其中包括读者进一步研读所需要的但对报告数据并非必要的附加信息。附录中可能会出现表格、图形、附加读物、技术性描述、数据收集表、统计资料原稿、访问者约会记录、参考资料目录等。每个附录应用一个字母和一个标题进行标注，并且都应列入目录页中。

二、市场调查报告写作基本要求

市场调查报告写作的一般程序是：确定标题，拟定写作提纲，取舍选择调查资料，撰写调查报告初稿，最后修改定稿。市场调查报告写作的基本要求有：

（1）调查报告力求客观真实、实事求是。调查报告必须符合客观实际，引用的材料、数据必须是真实可靠的。要反对弄虚作假，或者迎合上级的意图，挑他们喜欢的材料撰写。总之，要用事实来说话。

（2）调查报告要做到调查资料和观点相统一。市场调查报告是以调查资料为依据的，即调查报告中所有观点、结论都有大量的调查资料为根据。在撰写过程中，要善于用资料说明观点，用观点概括资料，二者相互统一。切忌调查资料与观点相分离。

（3）调查报告要突出市场调查的目的。撰写市场调查报告，必须目的明确，有的放矢，任何市场调查都是为了解决某一问题，或者是为了说明某一问题。市场调查报告必须围绕市场调查上述的目的来进行论述。

（4）调查报告的语言要简明、准确、易懂。调查报告是给人看的，无论是厂长、经理，还是其他一般读者，他们大多不喜欢冗长、乏味、呆板的语言，也不精通调查的专业术语。因此，撰写调查报告语言要力求简单、准确、通俗易懂。

产品调查是市场调查的主要内容之一。产品市场调查报告的行业性、专业技术性很强。其内容一般包括：产品的品牌、质量、款式、功能、价格、技术、服务、消费，对产品的评价、意见、要求，产品的市场销售、市场展望等。

知识拓展

市场调查报告范文——中国茶叶市场调研报告

一、摘要

中国是茶叶发源地，茶区分布广、资源丰富，茶叶种类之多堪称世界之最。在国内，茶类消费者为中老年人居多，但年轻人占据的比例也逐渐加大，说明茶在年轻人的消费中有了很大的提升空间。中国茶叶出口主要有六大国际市场，分别是摩洛哥、日本、美国、欧盟、俄罗斯、中东地区。由于国际市场质量门槛越来越高等原因，中国茶叶市场发展受到了阻碍，但从总体来看，我国茶叶产业正处于快速发展阶段，虽然面临许多困难，但总体向上的趋势从未改变。相信随着我国茶叶种植、生产水平的迅速提高，产品安全体系日趋完善，我国茶叶的优势会越来越显现，世界各国对我国茶叶的消费会逐步增加。

二、调研的背景和目的

1. 调研背景

随着商品经济的日益发展，我国的外贸份额越来越大，其中不可或缺的传统的商品茶叶市场也相当活跃。

2. 调研目的

更好地研究我国茶叶市场，以点看面了解我国的市场行情。

三、调研采取的步骤和方法（略）

四、调研情景介绍（略）

五、分析问题及提议（略）

六、小结（略）

资料来源：中国茶叶市场调查报告．（2013－12－26）．https://www.jmzhongda.cn/gongzuozongjie/97428.html.

三、撰写市场调查报告的注意事项

（一）市场调查报告——以科学的市场调查方法为基础

在市场经济中，参与市场经营的主体，其成败的关键就在于经营决策是否科学，而科学的决策又必须以科学的市场调查方法为基础。因此，要善于运用询问法、观察法、资料查阅法、实验法以及问卷调查等方法，适时捕捉瞬息万变的市场变化情况，以获取真实、可靠、典型、富有说服力的商情材料，在此基础上所撰写出来的市场调查报告，就必然具有科学性和针对性。

（二）市场调查报告——以真实准确的数据材料为依据

由于市场调查报告是对市场的供求关系、购销状况以及消费情况等所进行的调查行为的书面反映，因此它往往离不开各种各样的数据材料。这些数据材料是定性、定量分析的依据，在撰写时要善于运用统计数据来说明问题，以增强市场调查报告的说服力。关于这点，我们从上述市场调查报告范文中也可略见一斑。

（三）市场调查报告——以充分有力地分析论证为杠杆

撰写市场调查报告，必须以大量的事实材料作基础，包括动态的、静态的，表象的、本质的，历史的、现实的，等等，可以说错综复杂，丰富充实。但是，写进市场调查报告中的内容绝不是这些事实材料的简单罗列和堆积，而必须运用科学的方法对其进行充分有力的分析归纳。只有这样，市场调查报告所做的市场预测及所提出的对策与建议才会获得坚实的支撑。

案例分析

尼尔森汽车市场的调查案例分析

项目训练

想一想

1. 市场调查与市场预测的区别是什么？

2. 市场调查计划、市场调查问卷、市场调查报告的格式框架分别是怎样的？

3. 市场调查的常见方法有哪些？

做一做

1. 某公司希望了解某产品的需求情况，请以小组为单位利用面谈调查法、电话调查法、信函调查法、留置问卷调查法、观察调查法，设计一份调查提纲，比较全面地把握某产品的市场信息需求情况。

2. 为了解师生对学校餐厅的看法，请设计一份调查问卷。

测一测

一、单项选择题

1. 实地调查不包括（　　）。

A. 询问调查　B. 观察调查　C. 实验调查　D. 间接调查

2. 通过询问的方式向被调查者了解市场资料的方法，叫作（　　）。

A. 实验调查　B. 观察调查　C. 间接调查　D. 询问调查

3. 由于面谈调查是直接与被调查者进行面对面交谈，因此调查结果容易受到（　　）因素的影响。

A. 调查人员的工作态度　B. 费用

C. 时间　D. 样本

4. 个人询问具有灵活性和（　　）两种特点。

A. 通用性　B. 客观性　C. 周密性　D. 主观性

5. 在没有监督的情况下，容易出现调查员欺瞒谎报行为的询问方式是（　　）。

A. 信函询问　B. 电话询问　C. 小组询问　D. 个人询问

6. 要使用产品样品或广告样本这类辅助用具来进行访问的调查项目适合采用（　　）的方式。

A. 留置问卷询问　B. 信函询问

C. 电话询问　　D. 个人询问

7. 询问时，大都采用两项选择法向被调查者进行询问的调查方法是（　　）。

A. 留置问卷调查　　B. 电话调查

C. 个人询问　　D. 间接调查

8. 电话调查的通话时间不宜过长，下列提问方式比较好的是（　　）。

A. “您觉得我们的产品有什么优点？”

B. “您是否准备购买家用空调？”

C. “你对我们的微波炉有什么改进意见？”

D. “您的月收入处在哪一水平？”

9. 从方法本身来讲，（　　）是介于面谈调查法和信函调查法之间的一种折中方法。

A. 观察调查法　　B. 电话调查法

C. 留置问卷调查法　　D. 实验法

10. 对资料中出现的问题，所有资料编辑人员应使用（　　）统一标记。

A. 黑笔　　B. 蓝笔　　C. 黄笔　　D. 红笔

11. 表示其变量的所有变量值集中趋势或平均水平的统计量为（　　）。

A. 标准差　　B. 平均数　　C. 方差　　D. 全距

12. 在对某个变量进行处理时，可能需要计算某个变量值出现的次数，在统计中，这个次数称为（　　）。

A. 众数　　B. 全距　　C. 频数　　D. 频率

二、多项选择题

1. 实地调查的方法有（　　）。

A. 估计法　　B. 访问法　　C. 观察法　　D. 实验法

2. 下列属于面谈调查的特点的是（　　）。

A. 调查地域范围有限　　B. 直接性

C. 调查问卷回收率低　　D. 灵活性

3. 面谈调查的主要缺点是（　　）。

A. 调查地域范围有限　　B. 调查费用较高

C. 调查问卷回收率低　　D. 不利于有效监督

4. 电话调查法的优点包括（　　）。

A. 取得调查结果快

B. 不受调查地域范围的限制

C. 节省调查时间

D. 节省费用支出

5. 留置问卷调查法的特点有（　　）。

A. 不受调查地域范围的限制

B. 调查费用低

C. 调查问卷回收率高

D. 被调查者填写问卷的时间充裕，便于思考

6. 下列属于留置问卷调查法的缺点的是（　　）。

A. 调查地域范围有限　　B. 调查费用较高

C. 调查问卷回收率低　　D. 不利于有效监督

项目四 确定目标市场

能力点

- 掌握市场细分的主要标准和有效条件
- 能够有效地为企业进行目标市场选择
- 能够运用目标市场营销战略

知识点

- 认识市场细分原理和市场定位方法
- 理解目标市场对企业营销活动的意义
- 识别企业目标市场选择战略及其运用条件

素质点

- 培养学生的营销职业理想和信念
- 培养学生爱岗敬业的精神
- 培养学生严谨、认真的工作作风

中美市场营销经理助理考点

- 细分市场的评估
- 细分市场的选择

案例导入

非洲手机之王

现在的手机市场，可以说是“百家争鸣”“万花齐放”。国内有小米、华为、OPPO、VIVO四大巨头，还有众多销量紧随其后的一众品牌；国外则是苹果、三星两强局面。这些厂家基本占领了全球的手机市场。而在数千公里之外遥远的非洲大陆，却有一家中国公司，在国内默默无闻，却在非洲这块神奇的土地上创造了一年卖出1亿多部手机的惊人成绩，远远将苹果、三星等我们所熟悉的国际大牌甩在身后。这家公司就是深圳手机厂商传音公司。

2007年，传音建立itel手机品牌开始在非洲市场试水，由于性价比较高、手机质量不错，第一年试水效果非常好。2008年，传音增加了自己的第一品牌TECNO手机，双品牌在非洲市场取得巨大成功。从2011年到现在，传音公司独享非洲手机销量第一的宝座。

传音控股，一个在国内寂寂无名却称霸非洲的中国手机制造商，凭借其强劲实力与绝佳走位，秀出了一份全球疫情重锤之下仍逆势攀升的半年报。据Omdia数据显示，2020年第二季度，全球智能手机出货量同比下降15.7%，但全球仍有两家公司的智能机出货量为正增长，一家为Apple，另一家则为传音控股。2020年上半年，传音控股实现营业收入138.46亿元，同比增长31.81%。

传音公司之所以能称霸非洲，归根结底就在于其对特殊市场的特殊需求有独具一格的精准把握，简言一句就是“美黑套路得人心”。以手机美颜功能为例，美白谁都会，但美黑怎么拍？其独家研发的深肤色摄像技术、夜间拍照捕捉技术，还有暗处人脸识别、解锁功能等个性化应用技术，就极为切中非洲消费者需求，高度契合当地市场实况。

传音公司针对非洲市场的特点设计出的手机功能、配置并不十分强大，但是是十分适合非洲市场的手机。比如说，双卡双待，甚至多卡多待，更大的电池和续航能力，再加上其十分低廉的价格，用户只需花其他品牌几分之一的价格，就能获得一部质量差不多的手机。再加上其强有效的市场营销功底，在网络和影视并不发达的非洲，采用了与国内完全不同的营销策略，放弃了在网络与电影电视的广告投入，直接整栋整栋地包下了各种街道建筑的外墙作为广告展示面，其效果远超传统方式，且更加便宜。

目前，传音全球销售网络已覆盖70多个国家和地区，包括尼日利亚、肯尼亚、坦桑尼亚、埃塞俄比亚、埃及、阿联酋（迪拜）、印度、巴基斯坦、印度尼西亚、越南、孟加拉国等。2019年，传音手机出货量1.37亿部，根据IDC统计数据，全球市场占有率8.1%，排名第四；非洲市场占有率52.5%，排名第一；印度市场占有率6.8%，排名第五；孟加拉国市场占有率15.6%，排名第二。

资料来源：https://www.transsion.com/profile.

任务一 进行市场细分

目标市场营销，即企业识别各个不同的购买者群体的差别，有选择地确认一个或几个消费者群体作为自己的目标市场，发挥自己的资源优势，满足其全部或部分的需要。目标市场营销是市场营销理论和实践极有意义的进步，成为现代营销的核心战略。

目标市场营销主要包含三个步骤：市场细分（Segmenting）——目标市场选择（Targeting）——市场定位（Positioning），又被称为 STP 战略。

一、市场细分的概念与作用

（一）市场细分的概念

市场细分是 20 世纪 50 年代中期美国市场营销学家温德尔·史密斯（Wendell R. Smith）提出来的一个新概念。所谓市场细分，是指营销者通过市场调研，依据消费者的需要与欲望、购买行为和购买习惯等方面的明显差异性，把某一产品的市场整体划分为若干个消费者群的市场分类过程。在这里，每一个消费者群就是一个细分市场，亦称“子市场”或“亚市场”。每一个细分市场都是由具有类似需求倾向的消费者构成的群体。

文本：麦当劳的市场细分

因此，分属不同细分市场的消费者对同一产品的需要与欲望存在着明显差别，而属于同一细分市场的消费者，他们的需要与欲望则极为相似。

市场细分是一种存大异求小同的市场分类方法。它不是对产品进行分类，而是对同种产品需求的消费者进行分类，是识别具有不同要求或需要的购买者或用户群的活动。

（二）市场细分的作用

在制订战略性的市场营销计划时，企业的基本任务是发现和了解它的市场机会，然后制定与执行一个有效的营销方案。在许多场合，市场细分是完成这一任务的关键或核心。实践证明，科学、合理地细分市场，对于企业通向经营成功之路具有重要作用。

1. 有利于分析、发现、挖掘市场机会

在买方市场条件下，企业营销决策的起点在于发现有吸引力的市场环境机会，这种环境机会能否发展成为市场机会，取决于两点：与企业战略目标是否一致；利用这种环境机会能否比竞争者具有优势，并获取显著收益。

市场细分对中小企业尤为重要。与实力雄厚的大企业相比，中小企业淘汰能力有限，技术水平相对较低，缺乏竞争能力。通过市场细分，中小企业可以根据自身的优势，选择一些大企业不愿顾及、相对市场需求量较小的细分市场，集中力量满足该特定市场的需求，在整体竞争激烈的市场条件下，在某一局部市场取得较好的经济效益，求得生存和发展。

2. 有利于研究目标市场并掌握目标市场的特点

不进行市场细分，企业选择目标市场必定是盲目的，不认真地鉴别各个细分市场的需求特点，就不能进行有针对性的市场营销。

3. 有利于制定市场营销组合策略、规划营销方案

市场营销组合是企业综合考虑产品、价格、促销形式和销售渠道等各种因素而制定的市场营销方案。就每一特定市场而言，只有一种最佳组合形式，这种最佳组合只能是市场细分的结果。市场细分后，市场的规模、特点以及消费者的需求清晰明了，企业就可以根据不同的商品制定出不同的市场营销策略。离开了市场细分，企业就无法选择目标市场，所制定的营销组合策略必然是无的放矢，从而导致营销的失败。同时，在细分市场上，信息反馈灵敏，一旦消费者需求发生变化，企业可根据反馈信息迅速改变原来的营销组合策略，制定出相应的对策，使营销策略适应消费者变化的需求。

4. 有利于提高企业的竞争能力

在市场经济条件下，竞争激烈程度越来越高，提高企业的竞争方法也很多，其中，利用市场细分战略是提高企业竞争能力的一个有效方法。因为在市场细分后，每一个细分市场上竞争者的优势和劣势就明显地暴露出来。企业只有利用竞争者的弱点，同时有效地开发本企业的资源优势，才能用相对较少的资源把竞争者的顾客和潜在顾客变为本企业产品购买者，提高市场占有率，增强竞争能力。

二、市场细分的理论依据

产品属性是影响顾客购买行为的重要因素。以某食品厂生产的奶油蛋糕为例，根据顾客对不同属性的重视程度，市场偏好可以分为三种模式，如图 4-1 所示。这种需求偏好差异的存在，是市场细分的客观依据。

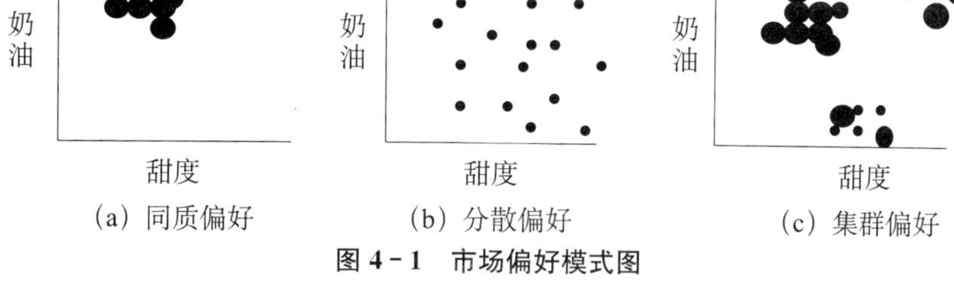

图 4-1　市场偏好模式图

（一）同质偏好

市场上所有的顾客有大致相同的偏好，且集中于中央位置，即顾客对蛋糕的甜度与奶油的需求类同。在这样的条件下，各品牌的产品特性必然比较集中，即针对顾客需求和偏好的中心。

（二）分散偏好

分散偏好表示市场上的顾客对两种属性的偏好散布在整个空间，偏好极其分散。进入该市场的第一品牌可能定位于中央位置，以最大限度地迎合数量最多的顾客。这是因为，定位于中央的品牌可将消费者的不满足感降到最低水平。进入该市场的第二个品牌可以定位于第一品牌的附近，与其争夺份额。当然，也可以远离第一品牌，形成有鲜明特征的定位，以吸引对第一品牌不满的顾客群。如果该市场潜力很大，会同时出现几个竞争品牌，定位于不同的空间，以体现与其他竞争品牌的差异性。

（三）集群偏好

市场上出现几个群组的偏好，客观上形成了不同的细分市场。这时，进入市场的企业有三种选择：定位于中央，以尽可能赢得所有顾客（无差异营销）；定位于最大的或某一“子市场”（集中营销）；可以发展数种品牌，各自定位于不同的市场部位（差异营销）。

三、市场细分的原则

视频：
市场细分标准

市场细分的根本原则就是市场细分的有效性。一般来说，在进行市场细分时，应该遵循以下原则：

（一）可衡量性

可衡量性是指市场细分的标准和细分以后的市场是可以确切衡量的。可衡量包括三方面的内容：第一，它是指顾客对商品的需求是不同的，对所提供的商品性能、款式、品种、价格、广告宣传等具有不同的反应，也就是说商品具有明显的差别，可供消费者选择；第二，它是指对消费者的特征信息易于获取和衡量，能衡量细分标准的重要程度并进行定量分析，否则，也无必要加以细分；第三，它是指经过细分后的市场的范围、容量、潜力等也必须是可衡量的。

（二）明显的差异性

明显的差异性是指细分市场上顾客的需求和购买行为在整体市场中的确存在着很明显的差异，足以成为细分市场的依据。例如，不同民族的消费者对食品的需求存在着很大的不同。

（三）可进入性

可进入性是指企业在细分市场以后，有能力进入细分市场并能有效地开展促销、分销活动。例如，细分市场以后虽然发现了尚未被满足的需求，有营销获利的机会，但受企业本身的实力和能力所限，不能有效地提供商品和服务；或者在该市场上，竞争对手的实力强大，本企业难以与之相抗衡，这样的细分就毫无意义可言。

（四）稳定性

市场细分的目的在于正确选择目标市场，集中调配企业的资源优势以扩大销售，使企业盈利。这就要求细分市场不但有一定的市场容量和发展潜力，而且有一定程度的稳定性，即占领市场后在一定较稳定的时期内进行生产经营活动。目标市场的改变必然带来企业经营设施和营销策略的改变，因此，一般来说，目标市场越稳定，就越有利于企业制定长期营销战略和策略，从而越有比较稳定的利润。

四、市场细分的标准

（一）消费者市场细分的标准

由于消费者受年龄、性别、收入、家庭人口构成、居住地区、生活习惯等诸多因素的影响，不同的消费者群体具有各自不同的欲望和需求。影响消费者市场需求的因素，即可用来细分消费者市场的细分变数和标准，可大致概括为地理、人口、心理和行为四个方面。

1. 地理细分变量

地理细分是指按照消费者所处的地理位置、自然环境来细分市场。

地理因素包括国家、地区、城市、乡村、城市规模、人口密度、不同的气候带、不同的地形地貌等。地理细分之所以可行，主要是因为处于不同地理环境下的消费者，对于同一类产品往往会有不同的需求和偏好。由于各地区自然气候、经济发展水平等因素的影响，消费者形成不同的消费习惯和偏好，对营销刺激有不同的反应。因此，有些产品只行销少数地区，有些则行销全国各地，但各地区侧重点不同。如我国茶叶市场，各地区就有不同的偏好，绿茶主要畅销江南各省，花茶畅销于华北、东北地区，砖茶则主要为某些少数民族所喜好。

地理因素易于辨别和分析，是细分市场时应予首先考虑的重要依据，但是地理因素是一种静态因素，处于同一地理位置的消费者仍然会存在很大的需求差异，因此企业要选择目标市场，还必须同时依据其他因素进一步细分市场。

2. 人口细分变量

人口细分就是按照人口统计变量来细分市场。

人口统计因素包括的具体变量很多，主要有：年龄、性别、职业、收入、受教育程度、家庭人口、家庭生命周期、国籍、民族、宗教等。很明显，这些人口变量与需求差异之间存在密切的因果关系。不同年龄组、不同文化水平的消费者，会有不同的生活情趣、消费方式、审美观和产品价值观，因而对同一产品必定会产生不同的消费需求；而经济收入的高低不同，则会影响人们对某一产品在质量、档次等方面的需求差异；如此等等。因此，依据人口变量来细分市场，历来为人们所普遍重视。

（1）年龄。如婴儿、少年、青年、中年、老年。通常，不同年龄消费者对商品需求的特征不同。在中国，老年市场应值得营销者的重视，企业应该开发与老年市场相适应的产品，从而提高企业知名度。

（2）性别。性别不同，其需求、购买行为和购买动机则差异很大，如购买商品时，女士喜欢反复比较挑选，男士则较干脆利落。

（3）家庭人口及生命周期。家庭户数多少和规模大小，以及家庭生命周期中所处的阶段，对消费品的需求量及需求结构都有影响。

（4）收入。收入是市场细分的主要依据。收入水平不同，决定着不同的消费层次。

（5）职业。消费者的职业不同也会引起消费差异，如工人、农民、军人、知识分子、文艺工作者、干部等，职业不同，其消费结构也不同。

（6）受教育程度。受教育程度一般可分为初等教育、中等教育、高等教育等。受教育程度不同的消费者，在志趣与生活方式、审美观与价值观等方面会有所不同，从而影响其购买产品的种类、购买行为、购买习惯等。

（7）民族。中国是一个多民族国家，除了汉族以外，还有55个少数民族。各民族的生活习惯、喜庆节日、宗教信仰等方面都有各自的特点和要求。

3. 心理细分变量

心理细分是指按照消费者的心理特征来细分市场。按照前述依据细分出来的同一群体消费者，对同类产品的喜好态度也往往不相同，这就是不同心理特征起作用的结果。心理因素十分复杂，包括生活方式、购买动机、个性、价值取向以及对商品供求局势和销售方式的感应程度等变量。

（1）生活方式。在当今世界，许多企业，尤其是服装、化妆品、家具、餐饮、游乐等行业的企业，越来越重视按照人们的生活格调来细分市场。生活方式是指人们对工作、消费、娱乐的特点和倾向性方式，不同的生活方式产生不同的需求偏好。消费者总是通过特定的商品消费表现自己的生活方式。不少企业把追求某种生活方式的消费者群作为自己的目标市场。例如，国外一家公司在研究生活方式分类之后，设计出不同服装供“朴素型女性”“时髦型女性”“男子气质型女性”三类女性群选购。

为进行生活方式细分，企业的管理者可以用下面三个尺度来测量消费者的生活方式，即：活动，如消费者的工作、业余消遣、休假、购物、体育、款待客人等活动；兴趣，如消费者对服装的流行式样、食品、娱乐的兴趣；意见，如消费者对自己、社会问题、政治、经济、产品、文化教育、未来等问题的意见，企业管理者可以派出调研人员去访问一些消费者，详细调查消费者对各种活动、兴趣的意见，然后用电脑分析处理调查材料，从而发现活动方式不同的消费者群。

(2) 购买动机。这也是心理细分常用的方法。如前所述，购买动机既然是一种引起购买行为的内在推动力，喜、厌、好、恶等心理因素必然会增强或削弱购买动机，从而产生不同的需求偏好和购买行为。在购买动机中，较为普遍存在的心理现象主要有：求实心理、求美心理、求新心理、求名心理、求廉心理、安全心理、好胜心理、好奇心理等，所有这些心理因素都可以作为细分市场的参数。企业针对不同购买动机的消费者，在产品中突出能够满足他们某种心理需要的特征或特性，并相应设计不同的营销组合方案，往往能取得良好的营销效果。

(3) 个性。个性是指人们在一定的生理基础上，在一定的社会条件下形成和发展起来的带有倾向性的、本质的、比较稳定的心理特征的总和。个性反映一个人的特点、态度和习惯。企业可以按照个性变量来细分市场，使自己的产品具有与消费者相一致的个性，即树立所谓的“品牌个性”，从而使这些消费者对本企业的商品产生兴趣，保持和扩大本企业的市场占有率。

4. 行为细分变量

行为细分是指按消费者不同的消费行为来细分市场。消费行为的变量很多，主要包括购买时机、追求的利益、使用状况、使用频率、忠诚程度、待购阶段和态度等。

(1) 购买时机。按照消费者购买或使用产品的时机细分市场已成为越来越多的企业扩大销售的常用手法之一。例如，在春节、中秋节、国庆节等节日的前后，许多企业会为自己发现购买力旺盛的新的市场机会。营销者可以把特定时机的市场需求作为短期营销目标来扩大销售。

(2) 追求的利益。消费者购买商品所要寻求的利益往往各有侧重，可据此作为细分市场。例如牙膏市场的购买者，有的重视牙膏的防止龋齿功能，有的重视保持牙齿洁白功能，有的讲究牙膏的香型味道，还有的更看重价格低廉。这些不同的追求形成具有特定的心理行为的购买群体。牙膏生产企业根据这一标准划分市场，就可以使自己的产品突出某特性，或者生产出不同牌号的牙膏，各突出一种特性，以较强的针对性满足不同顾客的利益要求，取得更大的市场份额。

(3) 使用状况。许多产品可按使用状况将消费者划分为“从未使用过”“曾经使用过”“准备使用（潜在用户）”“初次使用”“经常使用”五种类型，即五个细分市场。一般来说，具有较高市场占有率的企业往往更重视将潜在用户细分出来，使之成为现实的用户。而小企业则较重视现有顾客群的开发，力图使自己的产品比竞争者更有吸引力。

(4) 使用频率。根据消费者对特定商品的使用次数和数量，可分为大量使用、中量使用和少量使用的几个消费者群。大量用户的人数不一定多，但他们的消费量在消费掉的产品中常占较大或很大的比重。因此，许多企业自然想以大量用户作为自己的目标市场。当然，反其道而行之以取得经营上的成功，也是极有可能的。关键在于对大量、中量、少量用户的消费特点和购买行为要有透彻的了解，不仅要推出适宜的产品，在价格、包装、销售渠道、广告宣传等方面也要区别对待，精心安排。

（5）忠诚程度。消费者的忠诚程度包括对企业的忠诚和对产品品牌的忠诚，亦可作为细分依据。这里只探讨品牌忠诚度。根据对品牌忠诚度的不同，可将一种产品的消费行为划分为四个群体：

①绝对品牌忠诚者：消费者一贯忠诚于某种品牌，任何时候、任何场会都只购买该种品牌的产品。

②几种品牌忠诚者：这类消费者的购买总是限于很少几种品牌。

③转移的忠诚者：这类消费者群体从忠诚于某一种品牌转移到忠诚于另一种品牌。

④非忠诚者：这类消费者对何种品牌无所谓，购买具有很大的随意性。

每一个市场都包含有不同程度的上述几种类型的群体。在有些市场，绝对品牌忠诚者为数众多、比重大，这种市场叫作品牌忠诚市场。显然，某些企业要想进入这种市场是困难的。即使已经进入，要想提高市场占有率也不容易。如果情况相反，则有利于其他企业创立新的品牌，扩大市场占有率。而对非忠诚者，企业宜在促销上多下功夫，尽力吸引他们以扩大销售。

（6）待购阶段。消费者对各种产品特别是新产品，总是处于不同的待购阶段。在某种产品的潜在市场上，有些消费者根本不知道有这种产品，有些消费者知道有这种产品，有些消费者已得到信息，有些消费者已产生兴趣，有些消费者想购买，有些消费者正决定购买。企业对于处在不同待购阶段的消费者，酌情运用适当的市场营销组合，采取适当的市场营销措施，才能促进销售，提高经济效益。

例如，企业对那些处在根本不知道企业产品的消费者群体，要加强广告宣传，让他们知道本企业的产品；如果这种措施成功了，对那些知道本企业产品在创优的消费者群体，要直接宣传购买和使用本企业产品的好处，以促使他们进入产生兴趣、想购买、购买阶段，从而实现潜在交换，促进销售。

（7）态度。态度是指消费者对某一产品的热心程度。按消费者对产品的态度可将消费分为五种类型：热爱、肯定、冷淡、拒绝和敌意。针对不同的态度，可采用不同的营销对策，如：对抱有拒绝和敌意态度者，不必浪费时间来扭转他们的态度；对态度冷淡者则应尽力争取，设法提高他们的兴趣。

知识拓展

厨电行业一个巨大的细分市场：集成水槽

目前在市面上，水槽产品分为很多种。按材料分，水槽产品有铸铁搪瓷、陶瓷、不锈钢、人造石、花岗岩水槽（石英石混树脂）、钢板珐琅、亚克力、结晶石水槽等；按款式分，水槽产品有单盆、双盆、大小双盆、异形双盆等。不过虽然有如此多样化的选择，但仍有不少用户还是会觉得水槽存在功能单一、水槽下柜潮湿、不好打理等痛点。

如今，在消费升级的大背景下，越来越多的消费者追求高品质的生活，青睐品质好、更高端的品牌和产品。具体到厨房来看，高端智能、环保节能、功能细分、人性化的厨房产品成为消费者的大多数选择。在这种发展趋势下，水槽也开始不断发展和进化。而这些变化不仅仅是发生在工艺、材质、形状等方面，更多的是功能上和结构上的升级。

其中，比较有代表性的是欧琳的净水水槽、方太的水槽洗碗机，以及融合了净水、垃圾处理器、小厨宝等多种功能的集成水槽。

需要指出的是，集成水槽的概念最早来自集成灶。集成灶是一种将油烟机、燃气灶和消毒柜集于一身的厨房电器。2008 年，浙江一家名叫爱尔卡的企业觉得为什么市场上有集成灶，却没有集成水槽，于是发明了国内第一台集成水槽。其原理和集成灶类似，将水槽设计成一体结构，在水槽下柜中集成垃圾处理器、净水、小厨宝等不同功能的厨房设备。爱尔卡董事长贝晓贤认为这种将多种厨房设备进行功能集成有很多好处："首先，厨房作业者站在水槽边就能完成大部分的厨房工作，其次能简化厨房的布局，节省空间。"

随后一些集成灶企业也相继开始研发这一产品，一个新兴的细分市场就此诞生。不过该品类仍处于市场初期萌芽状态，整体市场规模不到 5 亿元。但包括爱尔卡在内的不少企业依然对这类产品的发展充满了信心。贝晓贤表示："随着房价的提升，如何在有限的空间实现更多功能的集成将会是家居产品的一个发展趋势，水槽同样也是如此。"

然而真正把水槽产品提升到一个更高的关注度的，还是方太、欧琳这样的专业大品牌。

2015 年，厨电领导品牌方太创新性地将水槽与洗碗机做到了一起，从而诞生出了水槽洗碗机这样一个新兴的厨电品类。方太历时 5 年进行如此跨界，一是瞄准了洗碗机市场潜在的巨大需求，二是完全从用户角度出发，充分考虑到中国家庭厨房空间普遍较小、没有多余空间安装洗碗机的现状，通过水槽洗碗机为用户有效节省空间，从而培养洗碗机市场，此举大大提升了水槽的市场地位。

作为水槽行业领导品牌的欧琳，在推出净水水槽产品上也有异曲同工之妙。针对国内水污染频发、饮水健康问题普遍受到关注、净水行业呈现快速增长的态势，欧琳将水槽与净水器相结合。用户可直接通过面板来控制净水情况。集成水槽将"冷和热自来水、超滤水与 RO 纯水"集于一个龙头。

由于都做到了在两种或者多种功能上的叠加，我们把这一类水槽都统称为集成水槽。这类产品尽管所叠加的功能各有不同，也有其各自的侧重点，但是出发点却是一致的：都是把厨房作业中使用频率最高的水槽作为一个重要载体，将净水、洗碗、去果蔬农残等功能进行融合和集成，从而满足消费者不同的需求。

应该说，随着方太、欧琳等品牌的大力推广，这种集成水槽市场或将迅速放量，真正成为厨电行业一个巨大的细分市场。

资料来源：厨电行业一个巨大的细分市场：集成水槽．（2017－02－09）．http://www.china2000.org/News/View_5043.html.

（二）产业市场（生产者市场）细分的标准

在消费者市场的细分变量中，除人口因素、心理因素中的某些具体变量如生活方式等以外，相当一部分变量同时可以用作产业市场的标准。但由于产业市场的特殊性，我们有必要对细分产业市场的主要标准进行一些补充。细分产业市场的主要因素有：

1. 最终用户

在产业市场上，不同的最终用户对同一种产业用品的市场营销组合往往有不同的要求。例如，橡胶轮胎公司可根据用户的特殊要求将市场细分为一般工业市场、特殊工业市场、商用买主市场三类。一般工业市场如普通汽车、自行车、拖拉机制造业买主，要求适当的价格、较高的产品质量和服务；特殊工业市场如飞机、高档豪华汽车制造业买主，要求绝对安全和更高质量，价格不是主要考虑因素；商用买主市场则更多要求价格合理和交货及时。

2. 用户规模

在产业市场，大量用户、中量用户、少量用户的区别要比消费者市场更为明显。大客户的采购量往往占营销者销售额的30%～50%，有的甚至高达80%以上。用户或客户规模不同，企业的营销对策不同。例如，对大客户，宜于直接联系、直接供应，由销售经理亲自负责；而对于小客户，则宜于由批发商或零售商供应。

3. 用户地

任何一个国家或地区，由于自然资源、气候条件、社会环境等方面的原因，以及生产的相关性和连续性的不断加深而要求的生产力合理布局，都会形成若干产业地区，如我国的山西煤炭、江浙丝绸、绍兴纺织等。这就决定了产业市场比消费者市场更为集中。企业按用户的地理位置来细分市场，选择用户较为集中的地区作为自己的目标市场，不仅联系方便、信息反馈快，而且可以更有效地规划运输路线，节省动力与运费。

任务二 选择目标市场

企业进行市场细分的最终目的是选择经营的方向——目标市场。任何企业在市场细分的基础上，都要从众多的细分子市场中确定哪些是企业值得进入的目标市场。

一、评估细分市场

企业要选择目标市场，首先要确定哪些细分市场是可以进入的，并不是所有的子市场都适合企业。因此，在确定目标市场以前，要对细分出来的子市场进行分析评估。评估细分市场，主要考虑以下三个因素：

（一）判断细分市场的规模和发展潜力

评价细分市场时，公司考虑的首要问题是：潜在的细分市场是否具备适度规模。适度规模是一个相对的概念。大公司一般重视销售量大的细分市场，而常忽视或避免进入销售量小的细分市场。而小公司则避免进入规模较大的细分市场，因为需要太多的资源投入。

分析细分市场，不仅要考虑现有市场规模，更要考虑其潜在的发展趋势。如果现有市场规模虽然较大，但没有发展潜力，企业进入一段时间后就会缺乏发展的后劲，从而影响企业的长期可持续性发展。值得注意的是，只要一家企业盈利，竞争对手就会迅速地抢占正在发展的细分市场，从而抑制本公司的盈利水平。

（二）评估细分市场结构的吸引力

有些细分市场虽然具有了公司所期望的现实规模和发展潜力，但可能缺乏盈利潜力。美国管理学家迈克尔·波特指出决定某一市场或细分市场长期内在利润吸引力的五种力量为同行竞争者、潜在竞争加入者、替代产品、购买者和供应商。

企业需要评价这五种力量对企业长期盈利的影响。一个细分市场如果有许多势均力敌的竞争者同时进入，或者一个细分市场已有很多颇具实力的竞争企业，那么该细分市场的吸引力就会下降，尤其是当细分市场已趋于饱和或萎缩时。

潜在竞争加入者包括在其他细分市场的同行，也包括那些目前不在该行业经营的企业。如果该细分市场的进入障碍较低，则该细分市场的吸引力也会下降。

替代产品从某种意义上限制了该细分市场的潜在收益。替代产品的价格越有吸引力，该细分市场增加盈利的可能性就被限制得越紧，从而使该细分市场的吸引力下降。

购买者和供应商对细分市场的影响，表现在他们的议价能力上。如果购买者的议价能力较强，那么该细分市场的吸引力就下降。

（三）评价公司的目标和资源

即使某个细分市场具有较大的规模、良好的发展前景和富有吸引力的结构，公司仍需结合自己的目标和资源进行综合考虑。公司有时会自动放弃一些有吸引力的细分市场，因为它不符合公司的长远目标。例如，万科集团最终放弃盈利很高的万佳超市，因为它不符合万科集团房地产业的战略目标。

即使某细分市场符合公司的目标，公司也必须考虑自己是否拥有在该细分市场获胜所必需的资源。如果公司在某个细分市场缺乏经营所需要的营销技能或其他能力，则该细分市场应放弃。

二、选择细分市场

（一）选择细分市场应注意的问题

企业在运用细分标准进行市场细分时必须注意以下问题：

第一，市场细分的标准是动态的。市场细分的各项标准不是一成不变的，而是随着社会生产力及市场状况的变化而不断变化，如年龄、收入、城镇规模、购买动机等都是可变的。

第二，不同的企业在市场细分时应采用不同的标准。因为各企业的生产技术条件、资源、财力和营销的产品不同，所以所采用的标准也应有区别。

第三，企业在进行市场细分时，可采用一项标准，即单一变量因素细分，也可采用多个变量因素组合或系列变量因素进行市场细分。

（二）选择细分市场的方法

（1）完全无细分。即有意识地不根据消费者需求的不同加以细分。目的是强调市场中的共性，漠视个性，以减少生产、营运成本。

（2）完全细分——极端细分或超细分。即认为每一个购买者都可能是一个单独的市场，完全可以按照这个市场所包括的购买者数目进行最大限度的细分。

（3）按一个因素细分。对某些通用性较大、挑选性不太强的产品，按一个对购买者需求影响最强的因素加以细分，就是根据影响消费者需求的某一个重要因素进行市场细分。例如服装企业，按年龄细分市场，可分为童装、少年装、青年装、中年装、中老年装、老年装；或者按气候的不同，可分为春装、夏装、秋装、冬装。

（4）按两个以上因素细分。根据影响消费者需求两种或两种以上的因素进行市场细分。例如锅炉生产企业，主要根据企业规模的大小、用户的地理位置、产品的最终用途及潜在市场规模来细分市场。

（5）按系列因素细分。根据企业经营的特点并按照影响消费者需求的诸因素，以多层变量为依据，由宏观到微观、由粗到细、层层深入地进行市场细分。这种方法可使目标市场更加明确而具体，有利于企业更好地制定相应的市场营销策略。

例如自行车市场，可按地理位置（城市、郊区、农村、山区）、性别（男、女）、年龄（儿童、青年、中年、中老年）、收入（高、中、低）、职业（工人、农民、学生、职员）、购买动机（求新、求美、求价廉物美、求坚实耐用）等变量因素细分市场。

三、选择目标市场模式

一般来说，企业细分市场运用的细分变量越多，所获得的精确度就越高，每个细分市场的人数也越少。同时，企业的细分成本随着细分市场的增多而递增。所以恰当的市场细分应该既能保证市场细分的有效性和精确性，又能使成本最低。

企业进行联合的市场细分时，“产品/市场矩阵”法普遍使用。“产品/市场矩阵”法是同时以产品（消费者的不同需求）和市场（不同的消费者群）这两个变量建立矩阵来细分市场。矩阵的行代表各种不同的产品，即以消费者需求为依据进行市场细分；矩阵的列代表不同的消费者群，即以使用者的类别进行的市场细分。

以某服装生产厂商对市场的分析为例，假设消费者需要高、中、低三种不同档次的服装，市场上主要有青年、中年和老年消费者三个不同的消费者群，这样就构成了九个子市场。企业要分别对这九个子市场进行评价，同时考虑企业自身的目标、资源和业务力量等，从中寻找一个最适宜企业的子市场作为目标市场。假设该企业最终选择了“青年消费者高档服装”市场作为服务对象，如图 4－2 中的阴影部分所示。

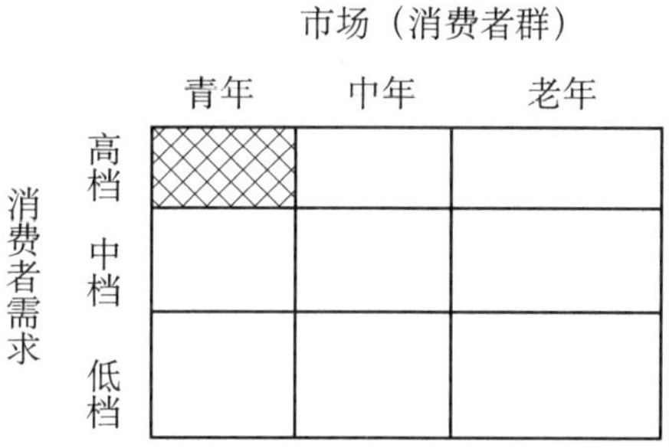

图 4－2 产品/市场矩阵

（一）单一化密集型目标模式

企业只生产或销售某种产品，只满足某一消费者群的需要，如图 4－3 所示。例如，生产企业专门生产药物牙膏，投入市场满足牙病消费者的需要。企业选择一个细分市场，集中力量为之服务。较小的企业一般这样专门填补市场的某一部分。

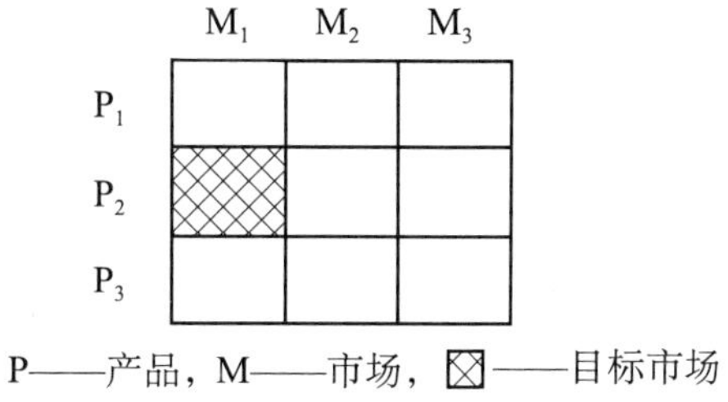

图 4－3 单一化密集型目标模式

集中营销使企业深刻了解该细分市场的需求特点，采用有针对性的产品、价格、渠道和促销策略，从而获得强有力的市场地位和良好的声誉，但同时隐含较大的经营风险。

（二）有选择的专业化目标模式

企业选择几个细分市场，每一个对企业的目标和资源利用都有一定的吸引力，但各细分市场彼此之间很少或根本没有任何联系，如图 4－4 所示。这种策略能分散企业经营风险，即使其中某个细分市场失去了吸引力，企业还能在其他细分市场盈利。

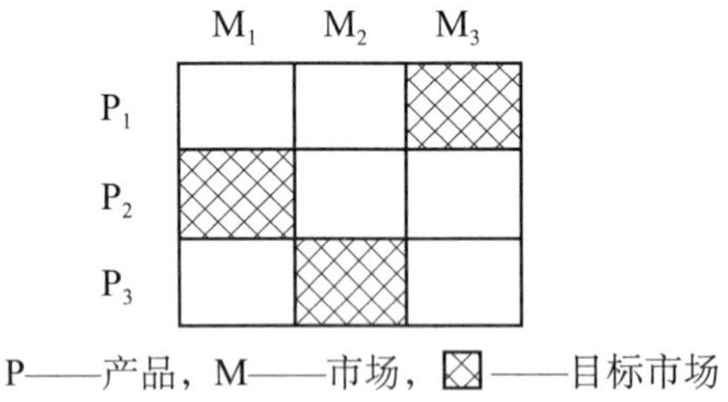

图 4－4　有选择的专业化目标模式

例如，企业生产或销售吊扇满足居民家庭的需要，生产或销售台扇满足单位办公室的需要，生产或销售空调满足宾馆的需要。

（三）产品专门化目标模式

企业集中生产一种产品，并向所有顾客销售这种产品，如图 4－5 所示。例如，企业只生产或销售吊扇，既满足居民家庭生活消费，又满足单位办公室需要，还满足招待所的需要。这样，企业在吊扇产品方面树立很高的声誉，但一旦出现其他品牌的替代品或消费者流行的偏好转移，企业将面临巨大的威胁。

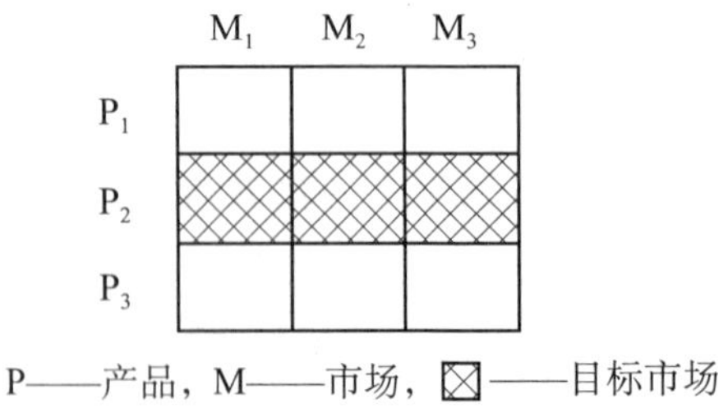

图 4－5　产品专门化目标模式

（四）市场专门化目标模式

企业专门服务于某一特定顾客群，尽力满足他们的各种需求，如图 4－6 所示。例如，企业生产或销售台扇、吊扇和空调等产品，满足某些宾馆对台扇、吊扇和空调的需要。企业专门为这个顾客群服务，能建立良好的声誉。但一旦这个顾客群的需求潜力和特点突然发生变化，企业就要承担较大的风险。

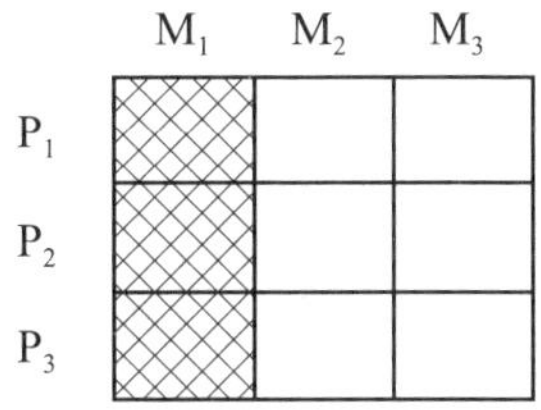

P——产品，M——市场，⊠——目标市场

图 4－6　市场专门化目标模式

（五）市场完全覆盖模式

企业力图用各种产品满足各种顾客群体的需求，即以所有的细分市场作为目标市场，如图 4－7 所示。如上例中，企业生产或销售台扇、吊扇和空调，同时满足居民家庭生活、单位办公室和宾馆的需要。例如，联想公司在计算机市场、可口可乐公司在饮料市场开发众多的产品，满足各种消费需求。一般来说，大多数企业是先通过一个细分市场进入新开辟的市场，经实施一定经营策略并建立了信誉取得成功之后，才开始进入其他细分市场。这种模式一般为实力雄厚的大企业所采取。

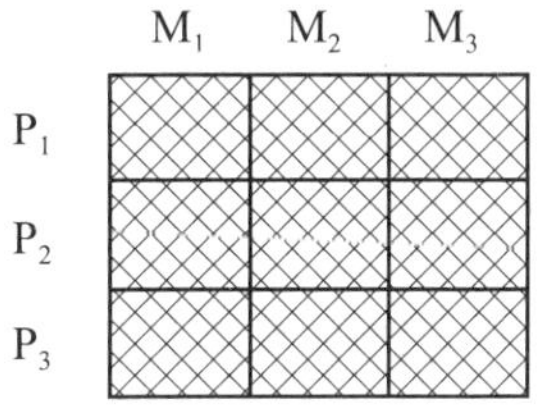

P——产品，M——市场，⊠——目标市场

图 4－7　市场完全覆盖模式

四、制定目标市场策略

企业选择目标市场的范围不同，营销策略也不一样。一般可供企业选择的目标市场策略有三种：无差异性营销策略、差异性营销策略、集中性营销策略。

（一）无差异性营销策略

无差异性营销策略是指企业把整个市场看作一个整体，即一个大的目标市场，不再细分，只推出一种产品，运用一种营销组合，满足尽可能多的消费者需求所采取的营销策略。它是以一种产品适合于各种细分市场的共同需要为前提，通过推出一种产品，采用一种价格，使用相同的营销渠道，运用相同的广告设计和广告宣传来开拓市场。无差异性营销策略如图 4－8 所示。

图 4-8　无差异性营销策略

例如，美国可口可乐公司凭借其拥有世界性专利的优势，过去采用单一的瓶装、一种口味、单一广告主题即“真正可乐”，将产品推至全世界，长期占领世界软饮料市场。再如，天津的“狗不理”包子，也是以一种配方和规格、一种口味和调料，不考虑消费者的不同口味，以及对酸、甜、苦、辣喜好的差别，只生产一种风味的包子，从而赢得了顾客的好评，久负盛名，长久不衰。

这种策略的最大优点是成本的经济性。大批量的生产和储运会降低单位产品的成本，统一的广告宣传可以节省促销费用，不进行市场细分也相应减少了市场调查、产品研制、制定多种市场营销组合方案所花费的企业资源。

但是，这种策略对大多数产品并不适用，而且对一个企业来说一般也不宜长期采用。这是因为市场需求是有差异的，而且是不断变化的。一种多年不变的老产品很难为消费者所长期接受。同时，众多的生产同一产品的企业都采用这种策略时，必然会导致市场激烈的竞争，而有些消费者的差异性需求却得不到满足。这对企业和消费者来说是不利的。例如可口可乐公司，由于软饮料市场部分激烈，特别是百事可乐异军突起，打破了可口可乐独霸市场的局面，终于迫使该公司放弃了传统的无差异性营销策略。

（二）差异性营销策略

差异性营销策略是指企业把整体市场划分为若干细分市场，并针对不同细分市场的需求特征，分别设计不同的产品和运用不同的营销组合，分别满足不同的细分市场上消费者需求所采取的营销策略。它是以市场细分之后的各细分市场为前提的，根据不同地区、不同收入水平和性别、年龄的差异性以及使用季节、使用时间等不同情况，相应设计、生产和销售不同规格、式样、花色及型号的产品。差异性营销策略如图 4-9 所示。

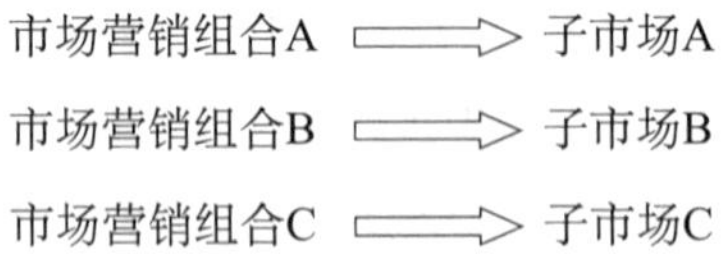

图 4-9　差异性营销策略

例如，福特汽车公司针对汽车市场中不同类型的消费者群，采用多种营销渠道以及多种广告形式来满足不同细分市场对汽车的需求。上海、天津等自行车厂，树立以消费者为中心的现代市场营销观念，按不同消费者的爱好和要求，分别设计生产轻便男车、轻便女车、赛车、山地车、调档车、加重车、载重车、小轮车、童车及彩车等，尽量满足各类消费者的需求。

实践证明，差异性营销策略能更好地满足不同消费者的需求，不断增加销售量，符合现代市场营销观念的要求。

差异性营销策略被广泛应用，其客观基础是：

（1）消费者需求的多样性和多变性，客观上要求企业采用这一策略满足其需求；

（2）随着科学技术的发展，现代企业营销能力增强，有条件采用这一策略；

（3）市场竞争激烈，新形势迫使企业采用这一策略，以利于在竞争激烈的市场中处于有利地位。

差异性营销策略的优点：企业能根据各个细分市场的特点，更好地适应和满足各种不同消费者的需求，从而扩大企业销售量；通过强有力的市场营销组合，同时在几个细分市场上占优势，有利于提高市场占有率，提高企业的声誉；企业把经营目标分散在不同的细分市场上，使自己在激烈的竞争中有较大的回旋余地，风险性较小。

差异性营销策略也存在一些缺点。一方面会增加企业的营销成本，包括生产成本、管理成本、促销成本。因为生产经营多种产品的成本必然比单一产品成本高，同时要对不同细分市场分别进行营销研究、预测和销售分析，加上营销渠道和促销等方面的管理，这就必然会增加管理费用。又因为多种产品的库存管理成本总高于单一产品，它需要多种仓储设施及记录和稽核，所以库存成本会提高。此外，要针对各细分市场分别使用不同的广告媒体和广告设计，使用多种推销人员和营业推广的方式，因而也就增加了促销费用。另一方面，它受企业资源的限制，具备一定财力、物力、技术力量和素质较高的管理人员的企业实行这种策略会带来利益，而力量较薄弱的小企业实行这种策略则有一定的难度。

采取差异性营销策略既可以增加销售量，又会增加营销成本。因此，企业是否采用此策略，要综合考虑，不仅要看它能否提高产品的销售量，还要考虑它给企业带来的利润是否大于其营销费用支出。如果市场分得过细，那么必要时，可考虑使用反细分策略，减少某些营销组合，以降低营销费用，提高营销效益。

（三）集中性营销策略

集中性营销策略就是在细分后的市场上，选择两个或少数几个细分市场作为目标市场，实行专业化生产和销售，在个别少数市场上发挥优势，提高市场占有率。采用这种策略的企业对目标市场有较深的了解，这是大部分中小型企业应当采用的策略。

知识拓展

“尿布大王”尼西奇

日本尼西奇起初是一个生产雨衣、尿布、游泳帽、卫生带等多种橡胶制品的小厂，由于订货不足，面临破产。总经理多川博在一个偶然的机会，从一份人口普查表中发现，日本每年约出生250万个婴儿，如果每个婴儿用两条尿布，一年需要500万条。于是，他们决定放弃尿布以外的产品，实行尿布专业化生产。一炮打响后，他们又不断研制新材料、开发新品种，不仅垄断了日本尿布市场，还远销世界70多个国家和地区，成为闻名于世的“尿布大王”。

资料来源：日本尼西奇公司发展的秘诀．（2018－03－21）．https://wenku.baidu.com/view/2240887468eae009581b6bd97f1922791688be2e.html.

采用集中性营销策略，能集中优势力量，有利于产品适销对路，降低成本，提高企业和产品的知名度。但集中性营销策略有较大的经营风险，因为它的目标市场范围小，品种单一。如果目标市场的消费者需求和爱好发生变化，企业就可能因应变不及时而陷入困境。同时，当强有力的竞争者打入目标市场时，企业就要受到严重影响。因此，许多中小企业为了分散风险，仍应选择一定数量的细分市场为自己的目标市场。

（四）影响目标市场策略的因素

以上三种目标市场策略各有利弊。选择目标市场时，企业必须考虑面临的各种因素和条件，如企业规模和原料的供应、产品类似性、市场类似性、产品生命周期、竞争的目标市场等。选择适合本企业的目标市场策略是一个复杂多变的工作。企业内部条件和外部环境在不断发展变化，经营者要不断通过市场调查和预测，掌握和分析市场变化趋势与竞争对手的条件，扬长避短，发挥优势，把握时机，采取灵活的适应市场态势的策略，去争取较大的利益。一般来讲，企业选择目标市场策略应考虑下列因素：

1. 企业目标和资源实力

资源雄厚的企业，可以考虑实行无差异性营销策略；如果企业拥有雄厚的设计能力和优秀的管理素质，则可以考虑实行差异性营销策略；而对实力较弱的中小企业来说，适于集中力量进行集中性营销策略。企业初次进入市场时，往往采用集中性营销策略，在积累了一定的成功经验后再采用差异性营销策略或无差异性营销策略，以扩大市场份额。

2. 产品的特征

产品的同质性表明了产品在性能、特点等方面的差异性的大小，是企业选择目标市场时不可不考虑的因素之一。一般对于同质性高的产品如食盐等，宜施行无差异性营销策略；对于同质性低或异质性产品，差异性营销策略或集中性营销策略是恰当选择。

此外，产品因所处的生命周期的阶段不同，而表现出的不同特点亦不容忽视。产品处于导入期和成长初期，消费者刚刚接触新产品，对它的了解还停留在较初浅的层次，竞争尚不激烈，企业这时的营销重点是挖掘市场对产品的基本需求，往往采用无差异性营销策略。等产品进入成长后期和成熟期时，消费者已经熟悉产品的特性，需求向深层次发展，表现出多样性和不同的个性，竞争空前激烈，企业应适时地转变策略为差异性营销策略或集中性营销策略。

3. 市场特点

供与求是市场中两大基本力量，它们的变化趋势往往是决定市场发展方向的根本原因。供不应求时，企业重在扩大供给，无暇考虑需求差异，所以采用无差异性营销策略；供过于求时，企业为刺激需求、扩大市场份额殚精竭虑，多采用差异性营销策略或集中性营销策略。

从市场需求的角度来看，如果消费者对某产品的需求偏好、购买行为相似，则称之为同质市场，可采用无差异性营销策略；反之，为异质市场，此时差异性营销策略和集中性营销策略更合适。

4. 产品生命周期阶段

产品生命周期的不同阶段，决定着策略选择。在投入期，企业往往以单一产品探测市场需求，产品价格和销售渠道基本上单一化，可采用无差异性营销策略。在成长期和成熟期，进入市场的产品增多，竞争者也日趋增多，应采用差异性营销策略。进入衰退期，为保持原有市场，延长产品生命周期，则以集中性营销策略为主。

5. 市场竞争状况

企业可与竞争对手选择不同的目标市场覆盖策略。例如，竞争者采用无差异性营销策略时，你选用差异性营销策略或集中性营销策略会更容易发挥优势。

企业的目标市场策略应慎重选择，一旦确定，应该有相对的稳定，不能朝令夕改。但灵活性也不容忽视，没有永恒正确的策略，一定要密切注意市场需求的变化和竞争动态。

任务三 定位目标市场

企业一旦选定了目标市场，就要在目标市场进行产品的市场定位。企业不管采取何种目标市场策略，都必须进一步考虑在拟进入一个或多个细分市场中推出具有何种特色的产品。企业应当通过各种努力使产品与营销在消费者心目中占据特定的位置。

一、市场定位的含义

市场定位是指确定企业、产品在市场上的地位。市场定位包括企业的市场定位、店铺的市场定位、产品的市场定位。一般所说的市场定位，是产品的市场定位，即根据消费者对产品或品牌心理知觉来确定产品或品牌在其心目中的地位并塑造良好形象。

企业通过市场定位，可以：

（1）确认现在所处的地位，即产品、品牌能在多大程度上对应市场需求；

（2）比较、评价竞争者与本企业的产品和品牌在市场上的地位；

（3）抢先发现潜在的重要市场位置；

（4）了解和掌握应追加投放新产品的市场位置，以及现有产品重新定位或放弃的方向等；

（5）设法在自己的产品、品牌上找出比竞争者更具竞争优势的特性或者创造与众不同的特色，从而使其产品、品牌在市场上占据有利地位，取得目标市场的竞争优势。

知识拓展

美国米勒啤酒公司营销案

在20世纪60年代末，米勒啤酒公司在美国啤酒业排名第八，市场份额仅为8%，与百威、蓝带等知名品牌相距甚远。为了改变这种现状，米勒啤酒公司决定采取积极进攻的市场战略。

他们首先进行了市场调查。通过调查发现，若按使用率对啤酒市场进行细分，啤酒饮用者可细分为轻度饮用者和重度饮用者，而前者人数虽多，但饮用量却只有后者的1/8。

他们还发现，重度饮用者有着以下特征：多是蓝领阶层，每天看电视3个小时以上，爱好体育运动。米勒啤酒公司决定把目标市场定位在重度饮用者身上，并果断决定对公司的“海雷夫”牌啤酒进行重新定位。重新定位从广告开始。他们首先在电视台特约了一个“米勒天地”的栏目，广告主题变成了“你有多少时间，我们就有多少啤酒”，以吸引那些“啤酒坛子”。广告画面中出现的尽是些激动人心的场面：船员们神情专注地在迷雾中驾驶轮船，年轻人骑着摩托车冲下陡坡，钻井工人奋力止住井喷等。

结果，“海雷夫”牌啤酒的重新定位战略取得了很大成功。到了1978年，这个牌子的啤酒年销售量达2 000万箱，仅次于安海斯-布希（AB）公司的百威啤酒，在美名列第二。

资料来源：美国米勒啤酒公司营销案．（2020－05－21）．https://wenku.baidu.com/view/40c68edf854769eae009581b6bd97f192279bfb8.html．（有改动）

二、市场定位的步骤

市场定位的关键是企业要设法在自己的产品上找出比竞争者更具有竞争优势的特性。

竞争优势一般有两种基本类型。一是价格竞争优势，就是在同样的条件下比竞争者定出更低的价格。这就要求企业采取一切努力来降低单位成本。二是偏好竞争优势，即能提供确定的特色来满足顾客的特定偏好。这就要求企业采取一切努力在产品特色上下功夫。

（一）建立市场结构图

任何一种产品都有许多属性或特征，如价格的高低、质量的优劣、规格的大小、功能的多少等。其中任何两个不同属性变量就能组成一个坐标，从而构建起一个目标市场的平面图。

一般以产品的质量和价格分别作为纵、横坐标来分析目标市场，因为任何产品的这两个属性特点都是消费者最关心的。当然根据不同的产品，企业也可以选择消费者关心的其他属性，如规格—速度组合用于分析旅游用客车市场，口味—重量组合用于分析咖啡市场等。图 4-10 是以价格和质量为变量对电脑市场的分析。

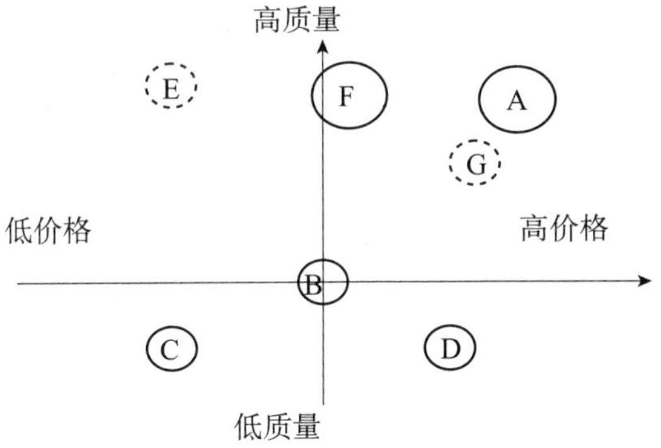

图 4-10 电脑目标市场定位分析

(二) 描绘出竞争状况

目标市场定位的第二步就是在市场结构图上标明现有竞争者的位置（坐标平面上的点）及其市场份额大小（圆圈的面积）。以图 4-10 为例，A、B、C、D 四个圆圈分别代表目标市场上已有的四个竞争者，圆心的坐标反映其在目标市场中的实际定位，圆圈的面积大小则说明各个竞争者的销售额大小。

我们可以看到：

A 企业是电脑市场中颇有声望的企业，它生产的是优质优价的产品；

B 企业生产的是质量中等的中档产品；

C 企业占据着低档产品市场部分，以低价提供低质的产品；

D 企业以高价提供着质量低劣的产品。

这四个企业中，A 企业的销售情况最好，市场份额最大。

完成第二步工作，企业得到一张详细的“作战图”，“对手”的分布和实力都一目了然。

(三) 初步确定定位方案

竞争优势表明企业能够胜过竞争对手的能力。这种能力既可以是现有的，也可以是潜在的。选择竞争优势实际上就是一个企业与竞争者各方面实力相比较的过程。比较的指标应是一个完整的体系，只有这样，才能准确地选择相对竞争优势。通常的方法是分析、比较企业与竞争者在经营管理、技术开发、采购、生产、市场营销、财务和产品七个方面究竟哪些是强项，哪些是弱项，借此选出最适合本企业的优势项目，以初步确定企业在目标市场上所处的位置。

（四）修正定位方案和再定位

这一步骤的主要任务是企业要通过一系列的宣传促销活动，将其独特的竞争优势准确传播给潜在顾客，并在顾客心目中留下深刻印象。为此，企业首先应使目标顾客了解、知道、熟悉、认同、喜欢和偏爱本企业的市场定位，在顾客心目中建立与该定位相一致的形象。其次，企业通过各种努力强化目标顾客形象，保持目标顾客的了解，稳定目标顾客的态度和加深目标顾客的感情来巩固与市场相一致的形象。最后，企业应注意目标顾客对其市场定位理解出现的偏差或由于企业市场定位宣传上的失误而造成的目标顾客模糊、混乱和误会，及时纠正与市场定位不一致的形象。企业的产品在市场上定位即使很恰当，在下列情况下，也应考虑重新定位：

（1）竞争者推出的新产品定位于本企业产品附近，侵占了本企业产品的部分市场，使本企业产品的市场占有率下降。

（2）消费者的需求或偏好发生了变化，使本企业产品销售量骤减。

重新定位是指企业为已在某市场销售的产品重新确定某种形象，以改变消费者原有的认识，争取有利的市场地位的活动。如某日化厂生产婴儿洗发剂，以强调该洗发剂不刺激眼睛来吸引有婴儿的家庭。但随着出生率的下降，销售量减少。为了增加销售，该企业将产品重新定位，强调使用该洗发剂能使头发松软有光泽，以吸引更多、更广泛的购买者。重新定位对于企业适应市场环境、调整市场营销战略是必不可少的，可以视为企业的战略转移。重新定位可能导致产品的名称、价格、包装和品牌的更改，也可能导致产品用途和功能上的变动，企业必须考虑定位转移的成本和新定位的收益问题。

三、市场定位的类型和方法

（一）市场定位的类型

在市场营销实践中，企业可以根据产品的属性、利益、价格、质量、用途、使用者、产品档次、竞争局势等多种因素或其组合进行市场定位。具体来讲，市场定位的主要类型包括：

1. 产品特色定位

产品特色定位是指突出具体产品特色，如某企业推出酒味浓醇、苦味适度的啤酒，用来满足那些不喜欢又苦又浓的啤酒消费者的需要。

2. 顾客利益定位

顾客利益定位是指突出产品能给予顾客某一方面更多的利益，如一些连锁超市强调“天天平价”，吸引了很多精打细算的顾客。

3. 使用者定位

使用者定位是指把产品引导给某一特定顾客群体，如将性质温和的婴儿洗发精推荐给留长发而且天天洗头的年轻人。

4. 使用场合定位

例如，有的企业把小苏打作为冰箱的除臭剂，有的企业则把它作为调味汁和卤肉的配料。

5. 竞争定位

竞争定位是指突出本企业产品与竞争者同档产品的不同特点，通过评估选择，确定对本企业最有利的竞争优势并加以开发。例如，强调“回归自然”，推出绿色食品。

（二）市场定位的方法

企业开展市场定位的主要思维方式和常用方法有以下几种：

1. 初次定位

初次定位是指新企业初入市场、企业新产品投入市场或产品进入新市场时，企业必须从零开始，运用所有的市场营销组合，使产品特色确实符合所选择的目标市场。但是，企业要进入目标市场时，往往是竞争者的产品已经上市或形成了一定的市场格局。这时，企业就应认真研究同一产品竞争对手在目标市场上的位置，从而确定本企业产品的有利位置。

2. 重新定位

重新定位是指企业变更产品特色，改变目标顾客对其原有的印象，使目标顾客对其产品形象有一个重新认识的过程。市场重新定位对于企业适应市场环境、调整市场营销战略是必不可少的。

企业产品在市场上的定位即使很恰当，但在出现下列情况时也需考虑重新定位：

一是竞争者推出的市场定位在本企业产品的附近，侵占了本企业品牌的部分市场，使本企业品牌的市场占有率有所下降；

二是消费者偏好发生变化，从喜爱本企业某个品牌转移到喜爱竞争对手的某个品牌。

企业在重新定位前，尚需考虑两个主要因素：

一是企业将自己的品牌定位从一个子市场转移到另一个子市场时的全部费用；

二是企业将自己的品牌定在新位置上的收入有多少，而收入多少又取决于该子市场上的购买者和竞争者情况，取决于在该子市场上销售价格能定多高等。

知识拓展

三年成为行业第一的雅迪

根据工信部数据，2014 年，我国累计生产电动自行车 2 900 多万辆，尽管经历了一轮又一轮的价格促销，但电动车销售并没有出现“旺季”。据统计，近几年已有约 700 家企业退出电动车市场竞争。

在这场鏖战中，作为行业双寡头之一的雅迪压力同样巨大。雅迪长期以来注重技术研发，不擅长营销。面对竞争对手的压制，雅迪团队用尽各种办法都无法奏效，销量始终与竞争对手在百分比上有两位数以上的差距，并且有拉大的趋势。

“雅迪缺乏一个明确的定位，整个企业都没有方向，直接导致雅迪在前期竞争中失去先机，行业主要竞争对手更擅长销售和价格战，雅迪一直疲于应付、资源消耗大，结果也不理想。团队和经销商都很困惑，找不到行之有效的解决方法。”回忆那段日子，雅迪董事长董经贵觉得不堪回首。

改变来自2015年雅迪与定位的牵手。经过一个多月的内部访谈、市场调研，定位实战专家团队发现：中国电动车行业经历了几年同质化的价格竞争之后，产品越来越低端、价格越来越低，而且行业的高增长期已过去。电动车行业已完成品类的普及，但是，整个行业没有一家提出向高端转型。如果整个行业继续往低附加值走，行业不可能有未来。任何一个行业当品类普及之后，消费者的需求必然呼唤产品升级换代。雅迪看到这个历史性的机遇，认为电动车行业的高端市场将会是一片广阔的蓝海。当时又没有任何品牌占据这个位置，加上雅迪品质比较好，在消费者心目中有高端认知基础，所以，君智咨询公司提出建议：将雅迪定位成“更高端的电动车”，希望雅迪成为高端电动车的代名词，成为高品质电动车的价值典范。确立“更高端的电动车”的精准定位后，雅迪就此拉开了一场全面的变革。

对内，统一思想、聚焦发力。半年时间内，对公司中高层、经销商、供货商进行了多场定位理论的培训，聚焦研发高端产品，升级终端店面形象，实现“更高端”的品牌战略全面的落地。对外，聘请李敏镐出任品牌形象大使，新拍高端大气的广告片，完美演绎雅迪新的品牌形象，并在央视和一些卫视热门栏目强力宣导，抢占顾客认知制高点。

通过“更高端”的定位，再加上央视平台的大力传播，雅迪实现了历史性的跨越，在宏观经济不景气、行业下滑20%的情况下，雅迪逆势增长30%，利润也大幅度上升。更为关键的是，“更高端”的定位，得到了上下游产业链合作伙伴的高度认同。

雅迪在短短三年内，突破价格战，实现行业第一的成就，与其清晰的战略定位不无关系。在雅迪电瓶车的成功案例里，我们可以得出结论：调研消费者的需求，制定符合产品本身的战略定位显然是十分重要的。

资料来源：雅迪“更高端”战略与配称.（2016-11-25）. http://blog.sina.com.cn/s/blog_6953d7020102wvs8.html.

3. 对峙定位

对峙定位是指企业选择靠近现有竞争者或与现有竞争者重合的市场位置，争夺同一个顾客群体，彼此在产品、价格、分销及促销等各个方面差别不大。这种定位方法有一定的风险性，但也能激励企业学习竞争者的长处，运用定点超越的理论和方法，充分发挥自己的优势。

4. 避强定位

避强定位是指企业避开目标市场上强有力的竞争对手，将其位置确定于市场“空白点”，开发并销售目标市场上还没有的某种特色产品，开拓新的市场领域。

这种定位的优点是能迅速立足于市场，在目标顾客心目中树立良好的形象。由于它风险较小，成功率较高，很多中小企业乐意采用。但空白的子市场往往也是有一定难度的市场，需要企业在营销技巧和营销努力等各方面比竞争对手有更多的投入。

四、市场定位战略

差别化是市场定位的根本战略，具体表现在以下 4 个方面：

（一）产品差别化战略

产品差别化战略是从产品质量、产品款式等方面实现差别。寻求产品特征是产品差别化战略经常使用的手段。曾几何时，在全球通信产品市场上，摩托罗拉、诺基亚、西门子、飞利浦等颇具实力的跨国公司，通过实行强有力的技术领先战略，在手机、IP 电话等领域不断地为自己的产品注入新的特性，从而走在市场的前列，同时吸引顾客、赢得竞争优势。实践证明，某些产业特别是高新技术产业，如果企业掌握了最尖端的技术，并率先推出具有较高价值和创新特征的产品，它就能够拥有一种十分有利的竞争优势地位。

产品质量是指产品的有效性、耐用性和可靠程度等。比如，A 品牌的止痛片比 B 品牌疗效更好、副作用更小，顾客通常会选择 A 品牌。但是，这里又带来新的问题：A 产品的质量、价格、利润三者是否完全呈正比例关系呢？一项研究表明：产品质量与投资报酬之间存在着高度相关的关系，即高质量产品的盈利率高于低质量和一般质量的产品，但质量超过一定的限度时，顾客需求量开始递减。显然，顾客认为过高的质量需要支付超出其质量需求的额外价值（即使在没有让顾客付出相应价格的情况下可能也是如此）。

产品款式是产品差别化的一个有效工具，对汽车、服装、房屋等产品尤为重要。日本汽车行业中流传着这样一句话：“丰田的安装，本田的外形，日产的价格，三菱的发动机。”这体现了日本四家主要汽车公司的核心专长，而本田的（款式）设计优美时髦，受到消费者青睐，成为其一大优势。

（二）服务差别化战略

服务差别化战略是向目标市场提供与竞争者不同的优质服务。企业的竞争力越能体现在顾客服务水平上，市场差别化就越容易实现。如果企业把服务要素融入产品的支撑体系，就可以在许多领域建立其他企业的进入壁垒。服务差别化战略能够提高顾客购买总价值，保持牢固的顾客关系，从而击败竞争对手。

视频：新加坡航空公司的服务定位

服务战略在各种市场状况下都有用武之地，尤其是在饱和的市场上。对于技术精密产品，如汽车、计算机、复印机等，服务战略的运用更为有效。

强调服务战略并没有贬低技术质量战略的重要作用。如果产品或服务中的技术占据了价值的主要部分，则技术质量战略是行之有效的。但是竞争者之间差别越小，这种战略作用的空间也越小。一旦众多的厂商掌握了相似的技术，技术领先就难以在市场上有所作为。

（三）人员差别化战略

人员差别化战略是通过聘用和培训比竞争者更为优秀的人员以获取差别优势。市场竞争归根到底是人才的竞争。

（四）形象差别化战略

形象差别化战略是在产品的核心部分与竞争者类同的情况下塑造不同的产品形象以获取差别优势。企业或产品想要成功地塑造形象，需要具有创造性的思维和设计，需要持续不断地利用企业所能利用的所有传播工具。将具有创意的标志融入某一文化的气氛，也是实现形象差别化的重要途径。

案例分析

杭州“狗不理”包子店案例分析

项目训练

想一想

1. 什么是市场细分？它对企业市场营销活动的意义何在？
2. 消费者市场细分有哪些主要依据？产业市场的细分依据主要是什么？
3. 目标市场的三种营销策略各有什么特点？
4. 目标市场定位的实质是什么？如何进行目标市场定位？

做一做

以某一企业为例，搜集该企业资料，对其目标市场进行分析。报告内容应包括：

（1）说明该公司所在的市场是如何进行细分的；

（2）说明该公司是如何选择目标市场的；

（3）说明该公司是如何进行市场定位的，画出该公司在市场上相对于竞争对手的市场定位图，并进行说明。

☞ **测一测**

一、单项选择题

1. 下列关于细分市场选择的说法中，不正确的是（ ）。

A. 企业必须首先收集并分析各类细分市场的现行销售量、增长率和预期利润率

B. 选择那些较小和较逊色的细分市场，对小企业更加有利

C. 最大和增长最快的细分市场最具有吸引力

D. 企业只对有适当规模和增长特征的市场感兴趣

2. 关于正确处理目标顾客与现有客户的关系，下列说法不正确的是（ ）。

A. 现有客户较多而具有潜在销售业务可能的目标顾客较少的地区，可以考虑安排新客户开发能力较强的销售人员去负责

B. 在具有潜在销售业务可能的目标顾客较多的地区，应该安排经验丰富、新客户开发能力较强的销售人员去负责

C. 在工作时间安排上，亦需要考虑在现有客户和目标顾客之间分配工作时间的比例

D. 销售业务的开拓，除了应该着眼于新客户的开拓之外，也应该从现有客户身上着手，销售人员应该尽力想办法，作出努力，增加对现有客户的销售数量

二、多项选择题

1. 服装市场细分可选择的细分变量有（ ）。

A. 顾客性别　　B. 顾客年龄　　C. 顾客生活方式　　D. 顾客职业

2. 竞争对手采用无差异性营销策略时，你选用（ ）会更容易发挥优势。

A. 无差异性营销策略　　B. 差异性营销策略

C. 集中性营销策略

项目五　制定市场营销战略

能力点

- 能够识别企业市场营销的竞争环境
- 能熟练进行企业市场营销战略分析
- 能够帮助企业选择适当的市场营销战略

知识点

- 认识市场营销战略的基础理论知识
- 了解市场营销战略的类型、特点和内涵
- 掌握进行市场营销战略选择的方法

素质点

- 培养学生的营销职业理想和信念
- 培养学生爱岗敬业的精神

中美市场营销经理助理考点

- 不同竞争地位企业营销战略
- 安索夫矩阵

案例导入

瑞士斯沃琪手表的成功

钟表是瑞士重要的传统工业，也是国家的象征之一。1804 年，瑞士第一家钟表厂横空出世，最初，瑞士钟表工业采用“家庭手工业”的生产方式，这致使瑞士钟表虽然工艺精湛，却成本高昂，成为不折不扣的顶级奢侈品。1845 年，瑞士钟表开始机械化生产，经历了从“家庭手工业”到“机械制造”的革命，从而极大地扩大了产能并大幅降低了成本。凭借历史悠久的传统工艺和不断创新的精神追求，众多瑞士名表犹如璀璨的繁星，照耀苍穹。其中，劳力士、欧米茄、雷达和浪琴名扬四海，成为瑞士钟表工业的杰出代表。它们所凝聚的强大品牌势能，推动着瑞士钟表成功走向全球，并在 20 世纪 60 年代达到巅峰。

1968 年，日本精工（Seiko）推出了世界上第一座石英墙壁挂钟，一年之后，又推出了世界上第一块石英手表 Seiko Quartz Astron。石英表具有误差小、小型化、低成本和售后服务简单等优点，问世之后，迅速风靡全球，引爆了钟表行业的技术革命和产业升级。以精工为代表的日本企业乘势崛起，大肆抢夺瑞士手表的市场份额。20 世纪 70 年代，精工销量跃居世界首位，取代劳力士成为石英时代的新霸主。除日本外，新加坡、中国台湾和中国香港等国家和地区也加入石英表生产行列，这对瑞士钟表工业造成了致命的打击。瑞士许多钟表企业经营每况愈下，纷纷破产。1982 年，瑞士手表产量下降到 5 300 万只，出口量下降到 3 100 万只，瑞士钟表的年销量已经退居到日本、中国香港之后居世界第三位。1/3 的瑞士钟表企业倒闭，1/2 的钟表工人失业。一时间，昔日独霸全球的钟表王国已是风雨飘摇。

危难之际，瑞士银行决定将其持股的、濒临破产的两家钟表企业合并为瑞士微电子和手表工业集团公司。1983 年，瑞士钟表行业的传奇式人物——尼古拉斯 · G. 海耶克先生应邀为瑞士微电子和手表工业集团公司提供咨询。海耶克通过市场调查发现，瑞士钟表在高端市场占据绝对优势，而在中低端的市场份额仅有 3%。他主张在强化高端市场优势的同时，切入中低端市场，狙击竞争对手，实现自我救赎。如何卖出 30 美元的瑞士手表？他将目标市场定在了 18～35 岁的年轻消费者和心态年轻的中年人这个群体上，他们虽然没有更多的钱去消费高档手表，但需要时尚化的产品来彰显个性。对此，海耶克从生产制造工艺到产品设计都作出了一系列的调整，降低原料成本，简化工艺，降低损坏率，兴建自动生产线，扩大生产规模。1981 年，秉承个性、时尚理念的斯沃琪手表一上市就赢得了年轻消费者的追捧。几年后，斯沃琪手表的销量超过了精工和西铁城。借助于斯沃琪的杰出表现，瑞士手表夺回了行业领导地位。鉴于斯沃琪手表大获成功，瑞士微电子和手表工业集团公司 1988 年更名为斯沃琪集团。

资料来源：唐文龙，侯乐．斯沃琪：手腕上的钟表帝国．销售与市场，2008（23）：64-68.

任务一 认识市场营销战略

一、企业战略

（一）认识企业战略

战略，是一种从全局考虑谋划实现全局目标的规划。战略确定的目标，必须与企业的宗旨和使命相吻合。战略是一种思想，一种思维方法，也是一种分析工具和一种较长远和整体的计划、规划。

对企业战略的概念有许多不同的理解，主要有广义和狭义两方面的解释：

1. 广义的理解

美国学者肯尼斯·安德鲁斯（Kenneth Andrews）认为，战略是一种决策模式，决定和揭示企业的目的和目标，提出实现目标的重大方针与计划，确定企业应该从事的经营业务，明确企业的经济类型与人文组织类型，以及决定企业应对员工、顾客和社会作出的经济与非经济的贡献。菲利普·科特勒的观点是："当一个组织清楚其目的和目标时，它就知道今后要往何处去，问题是如何通过最好的路线到达那里。公司需要有一个达到其目标的全盘的、总的计划，这叫作战略。"

2. 狭义的理解

伊戈尔·安索夫（H. Igor Ansoff）认为，总体战略考虑的是企业应该选择、进入哪种类型的经营业务；经营战略所考虑的则是，一旦选定某种类型的经营任务，企业或战略经营单位应该如何在这一领域里进行竞争。

（二）了解企业战略的层次

1. 总体战略

在企业中，总体战略一般是企业最高层次的战略。它需要根据企业使命，选择企业参与竞争的业务领域，合理配置企业资源，使各项经营业务相互支持、相互协调。总体战略的任务，主要是回答企业应在哪些领域进行活动。经营范围选择和资源合理配置是其中的重要内容。通常，总体战略是企业高层负责制定、落实的基本战略。

2. 经营战略

在大企业，特别是企业集团，往往从组织形态上，把一些具有共同战略因素的二级单位（如事业部、子公司等），或者其中的某些部分组合成一个战略经营单位（Strategic Business Units，SBU）。在一般的企业，如果各个二级单位的产品和市场具有特殊性，那么也可以视作独立的战略经营单位。因此，经营战略是各个战略经营单位或者有关的事业部、子公司的战略。

3. 职能战略

职能战略是企业各个职能部门的短期性战略。职能战略可以使职能部门及其管理人员更加清楚地认识本部门在实施总体战略、经营战略过程中的任务、责任和要求，有效地运用有关的管理职能，保证企业目标实现。

二、市场营销战略

市场营销战略是指企业为实现长远经营目标，对其市场营销活动制定的一种长期性、全局性、系统性的筹划谋略与行动总方案。市场营销战略是企业用以实现其目标的基本方法，包括目标市场、产品定位、市场营销组合和市场营销费用水平等决策。

市场营销战略首先是企业实现目标的一种手段，制定营销战略必须始终围绕企业成长与发展目标来进行。其次，它是一种竞争手段，是企业在市场竞争中克敌制胜的重要武器，因而市场营销战略应有针对性，应在充分研究竞争对手特点的基础上来制定。最后，营销战略的制定是一个动态过程，需要在辨识、选择市场机会的过程中不断地调查、修正。

在制定市场营销战略的过程中，市场营销部门需要与生产部门、采购部门、财务部门等密切合作，共同协商。

任务二　识别和选择市场营销战略

一、识别市场营销战略类型

视频：耐克的步步为营

（一）不同市场竞争地位下的营销战略

竞争者是企业外部市场环境中的重要影响因素。为了计划有效的竞争性市场营销策略，企业需要尽可能多地找出有关竞争对手的资料，必须经常与那些实力相当的竞争者在产品、价格、渠道和促销上做比较。

这样公司才能找出自己潜在的优势与劣势，做到知己知彼，才能对竞争对手施以更有效的市场营销攻击，并且才能够防御较强竞争者的“攻击”。为此，企业应该根据自身在市场竞争中的地位，制定相应的竞争性市场营销战略。

根据各企业在行业中所处的地位，美国著名市场营销学教授菲利普·科特勒把它们分成四类，即市场领先者、市场挑战者、市场追随者和市场补缺者。这种分类方法被世界许多国家所接受。如图 5-1 所示。

市场领先者	市场挑战者	市场追随者	市场补缺者
40%	30%	20%	10%

图 5-1　假设的市场结构

在图 5-1 中，市场领先者掌握了 40%的市场，拥有最大的市场份额；市场挑战者掌握了 30%的市场，名列第二，而且该类企业正在为获得更大的市场份额而努力；市场追随者掌握了 20%的市场，该类企业只图维持现有市场份额，并不希望打破现有的市场结构；市场补缺者掌握了剩余的 10%的市场，这部分市场是大企业所不感兴趣的小细分市场。

1. 市场领先者战略

市场领先者是指在相关的产品市场中占有最大市场份额，并且在价格变化、新产品开发、分散覆盖和促销手段上，对其他企业起着领导作用。

绝大多数行业都存在一个公认的市场领先者，其他企业都承认它的统治地位。市场领先者是行业所有竞争者的一个导向点，某一竞争者可以向它提出挑战、模仿或避免同它竞争。市场领先者除非享有合法的独占权利，否则它的经营生涯并不轻松，其他企业通常会抓住机会向它的实力挑战，或者试图利用它的弱点。因此，市场领先者必须时常保持警惕，不断地进行自我改造，使企业充满活力。居于市场领先地位的企业要想继续保持其市场领先地位，需要从以下几方面进行努力。

（1）企业必须找到扩大总需求的方法。处于统治地位的企业，由于其占有的市场份额大，通常在总市场扩大时得益也最多。为了扩大总市场，市场领先者通常采用以下几种方法。

①寻找其产品的新用户。例如，香水制造商利用市场渗透战略，说服不使用香水的妇女使用香水；利用新市场战略，说服男子使用香水；利用地理扩展战略，把香水销到国外；等等。

②寻找产品的新用途。企业可以通过发现和推广产品的新用途来扩大市场。

③说服消费者在各种场合更多地使用该产品，消费者更多地使用，该产品的销量就会增加，企业扩展市场的目的就能达到。

（2）企业通过良好的防御和进攻策略来保护现有的市场份额。市场领先者在努力扩大市场总规模的同时，还必须注意保护自己现有的市场不受侵犯。为了保护它的地盘，一般采取两种防御措施，一是静态防御，二是动态防御。

①静态防御，又称阵地防御。是指市场领先者在企业周围建造一个牢固的守卫工事，以防止竞争者的侵略。这种防御是把企业的资源和精力用于建立保护现有产品和现有的经营活动上，因而是一种被动的、静态的防御措施，这种防御措施容易导致失败。

②动态防御，又称进攻式防御。这是一种比较积极的防御措施，是在竞争对手向自己发动进攻前，先向对手发动进攻，使竞争者一直处于防守地位，而自己则从被动变为主动。例如，市场领先者可以通过新产品设计开发、降低成本、提供差异化的顾客服务，以及提高分销效益等方式，来不断地提高自身的市场竞争力，从而保持对于市场竞争者的领先优势。

（3）提高市场占有率。市场领导者设法提高市场占有率，也是增加收益、保持领先地位的一个重要途径。PIMS 研究（Profit Impact of Market Strategies）表明，市场占有率是与投资收益率有关的最重要的变量之一，市场占有率越高，投资收益率也越大。市场占有率高于 40%的企业，其平均投资收益率相当于市场占有率低于 10%的企业的 3 倍。因此，许多企业以提高市场占有率为目标。

2. 市场挑战者战略

市场挑战者是指那些积极向行业领先者或其他竞争者发动进攻来扩大其市场份额的企业。这些企业可以是仅次于领先者的大公司，也可以是那些让对手看不上眼的小公司。只要是为了扩大市场份额，对市场领先者或其他竞争者发动进攻的企业，都可称为市场挑战者。

（1）确定竞争对手和目标。市场挑战者在向竞争对手发起进攻之前，通常要确定竞争对手和目标。其进攻的对手可以是领先者，也可以是其他竞争者。挑战的目标一般是为了扩大市场份额。市场挑战者在选择对手和目标上，需要作一个系统的竞争分析，收集、分析关于竞争者的最新信息，包括：主要竞争者是谁，他们的市场销售额、市场份额和财务状况，竞争者的优劣势，等等。

（2）发起市场攻击。在确定了对手和目标后，市场挑战者会集中自己的优势向竞争对手发起攻击，以达到自己的目标。挑战者对竞争对手的攻击主要有两种方式：

①直接进攻。即直接地从正面向竞争者发起攻势。在直接进攻中，市场挑战者是针对竞争对手的产品、广告价格、包装等发起攻击。进攻若想成功，挑战者一般要有超过竞争对手的实力，否则难以成功。这种进攻方式实质上是向竞争者的优势展开进攻。

②间接进攻。这种方式是挑战者避开直接向竞争者居优势的现行领域进行攻击，而是绕到竞争者的后方，攻击竞争者较薄弱而且较容易进入的市场，以扩大自己的资源基础和市场份额。间接进攻方式有三种方法：多样化地经营无关联产品；用现有产品进入新的地区市场；引入新技术开发换代产品，当换代产品的性能达到或超过现有产品时，挑战者就有力量向市场领先者发起直接的正面进攻。

3. 市场追随者战略

市场追随者是指那些不愿扰乱市场形势的一般性企业。这些企业认为，他们占有的市场份额比领先者低，但自己仍可以盈利，甚至可以获得更多的收益。他们害怕在混乱的市场竞争中损失更大，他们的目标是盈利而不是市场份额。为了不招致领先者的报复，市场追随者常常仿效市场领先者，为购买者提供相似的产品和服务。

市场追随者通常用三种方式进行追随。

（1）紧追不舍。追随者在尽可能多的细分市场和在营销组合领域中模仿领先者，追随者往往几乎以一个市场挑战者的面目出现，但它如果并不激进地妨碍领先者，它们之间的直接冲突便不会发生。有些市场追随者在刺激市场方面很少动作，它们只希望在市场领先者开辟的领域中坐享好处。

（2）有距离的追随。市场追随者仅在主要市场和产品创新、价格水平和分销上追随领先者，而在其他方面则同市场领先者保持一段距离。

（3）有选择追随。此类企业不完全地追随市场领先者，而是有选择地进行追随。即根据自己的情况在有些方面紧跟领先者，以明显地获得好处，而在其他方面又走自己的路。这类企业可能具有完全的创新性，但它们又避免直接地与市场领先者发生对抗。这类企业通常会成长为未来的市场挑战者。

4. 市场补缺者战略

市场补缺者是指那些选择不大可能引起大企业注意的市场的某一部分进行专业化经营的小企业。这些企业为了避免同大企业发生冲突，往往占据着市场的小角落。市场补缺者的主要战略是提供专业化营销，如专门为某一类型的最终使用者提供服务、专业化生产某一种有特色的产品、特定顾客营销即销售对象限定在少数的几个特定的顾客等。

市场补缺者在经营上的特点是：高度集中，不愿意样样都干，通常享有质量高、价格低的产品或服务，单位产品成本较低；在产品的研究和开发、新产品引进、广告、促销和人员开支上花费较少；优越的售后服务等。市场补缺者成功与否的关键在于市场补缺基点的选择上。这些企业通常寻找一个或多个安全且有利可图的市场补缺基点。

市场补缺者承担的主要风险是选定的市场基点可能会枯竭或受到其他竞争者的攻击。市场补缺者往往选择多个补缺基点，作为自己经营的领域，以增加企业的生存机会。

（二）不同竞争手段下的营销战略

1. 总成本领先战略

总成本领先战略是指企业通过有效途径降低成本，在保证产品和服务质量的前提下，使企业的全部成本低于竞争对手的成本，甚至是在同行业中最低的成本，以争取最大市场份额，从而获取竞争优势的一种战略。

采取这一战略时，应注意到成本产生于企业经营活动的各个环节，从产品设计、材料采购、产品制造到产品销售及售后服务的全过程中，时刻都有成本发生。因此，控制成本不是控制哪一个环节的成本，尤其不能误解为只控制制造成本，必须全过程控制，从而达到综合成本最低。只有综合成本最低，才能保障成本领先战略的实施。

从国际范围角度来看，在 20 世纪 70 年代随着经验效益被人们所认识，成本领先战略逐渐成为多数企业所采用的战略。这一战略的优势在于：企业处于低成本地位上，可以抵挡住现有竞争对手的对抗。即在竞争对手在竞争中不能获得利润、只能保本的情况下，企业仍能获利；或者是面对强有力的购买商要求降低产品价格的压力，处于低成本地位的企业在进行交易时握有更大的主动权，降低价格，但价格下降的幅度不能低于行业内第二成本领先者。

2. 差异化战略

差异化是将公司提供的产品或服务差异化，从而形成一些在全产业范围中具有独特性的东西，以成为同行业中的领先者。营销差异化战略包括产品差异化，其主要差异化的因素包括在产品特征、工作性能、一致性、耐用性、可靠性、易修理性、式样和设计等方面的内容；还有服务的差异化，主要包括送货、安装、顾客培训、咨询服务等因素。

文本：
差异化竞争的
案例

这种营销战略也会有很大的风险。例如，如果竞争对手采用成本领先战略压低产品价格，使其与实行差异化战略的厂家的产品价格差距拉得很大，在这种情况下，用户为了大量节省费用，放弃取得差异的厂家所拥有的产品特征、服务或形象，转而选择物美价廉的产品。

3. 市场集中化战略

这种营销战略意味着，一个公司将其力量集中在为几个细分市场服务上，为特定的地区或特定的购买者集团提供特殊的产品或服务，而不是追求全部市场，即指企业集中使用资源，以快于过去的增长速度来增加某种产品的销售额和市场占有率。因此，公司应该从了解这些细分市场的需要入手，在选中的细分市场上，运用总成本领先、产品差异化或两者兼有的战略。同时，公司又不断地寻找可为其服务的其他补缺领域。

这种战略的前提思想是：企业业务的专一化，能以更高的效率和更好的效果为某一狭窄的细分市场服务，从而超越在较广阔范围内竞争的对手们。这样可以避免大而弱的分散投资局面，容易形成企业的核心竞争力。

（三）企业不同发展方式下的市场营销战略

1. 市场稳定战略

市场稳定战略是指企业遵循与过去相同的战略目标，保持一贯的成长速度，同时不改变基本的产品或经营范围。它是对产品、市场等方面采取以守为攻措施，以安全经营为宗旨，不冒较大风险的一种战略。从企业经营风险的角度来说，市场稳定战略的风险是相对较小的，对于那些曾经成功地在一个处于上升趋势的行业和一个不大变化的环境中活动的企业会很有效。

采取市场稳定战略的企业，一般处在市场需求及行业结构稳定或者较小动荡的外部环境中，因而企业所面临的竞争挑战和发展机会都相对较少。但是，有些企业在市场需求以较大的幅度增长或是外部环境提供了较多的发展机遇的情况下也会采取市场稳定战略。这些企业一般来说是由于资源状况不足以使其抓住新的发展机会而不得不因此采用相对保守的市场稳定战略。

2. 市场发展战略

市场发展战略是指企业在现有市场的基础上，开发新的目标市场的一种战略。市场发展战略包含两个核心内容：产品开发和市场开发。

市场发展战略的根本目标在于促进企业业务的增长，而开发新产品和开拓新市场则是实现这一战略目标的关键。

3. 市场收缩战略

市场收缩战略是以短期利润为目标的一种营销战略，是指企业为削减费用和改善资金的使用，减少在某一特定的产品线、产品、牌号或经营单位的投资，把资金投入另外的新的或发展中的领域。

企业抽资的对象往往是费用高、利润少、发展前途不乐观或者企业产品组合中的次要部分。采用这种战略的原因在于企业现有产品或业务组合中的某几个状况不佳，且无发展潜力，通过大幅度裁减其投资，谋求短期利益，有利于优化企业现有产品结构。

4. 市场撤退战略

市场撤退战略是将现有产品或业务从现有市场退出的一种营销战略。如果某一项业务已经没有增长潜力，或者从事这项业务不能进一步增加盈利，则可以考虑采用这种战略。

采用这种战略的原因是在经济衰退期间或企业财务困难期间使用，其目的在于渡过危机、减少风险。市场撤退战略通常有三种方式：

（1）临时性淘汰。当产品销售不佳，企业暂时停止生产经营，待查明原因对产品进行改进营销策略后，再生产投入市场，争取赢得顾客欢迎，这是采用临时性淘汰战略。

（2）转移性淘汰。市场上往往有这样一种情况，在甲地滞销的产品，在乙地却十分畅销。在这种情形下，企业从原来市场撤退，去开发其他吸引力强的新市场，这是采用转移性淘汰战略。

（3）彻底性淘汰。在市场上，企业产品已经处于衰退期，或者刚上市但已表明“不对路”而过早夭折的新产品，果断地退出市场，这是采用彻底性淘汰战略。

（四）产品与市场组合方式下的战略

在市场发展战略中，企业还可以根据产品和市场两个因素的不同组合，来进一步发展相应的营销战略，见表 5－1，即安索夫矩阵。

表 5－1　产品/市场发展矩阵

市场＼产品	现有产品	新产品
现有市场	市场渗透战略	产品开发战略
新市场	市场开发战略	多元化增长战略

1. 市场渗透战略

市场渗透战略即企业采取更积极的措施在现有的市场上扩大现有产品的销售，以提高市场占有率的一种战略。这种战略是以企业已经占有的市场领域为依托，利用自己在市场上的优势来努力刺激需求，增加产品销售量，以求得企业的不断发展。

这样的销售活动可以从以下几方面努力：

(1) 在维持现有消费者的基础上通过各种营销手段如价格策略、促销方式、渠道的变更等，使原有的主顾更多地购买本企业的产品；

(2) 用各种竞争手段把竞争企业的顾客争取过来，转而购买本企业的；

(3) 设法刺激和促使未曾购买过本企业产品的顾客购买。

2. 市场开发战略

企业采取种种措施，进入新的市场来扩大现有产品的销售的一种战略。市场开发有的时候比产品开发更有利，可以不受一时一地风险的影响，使企业整体利益达到最大化。这种销售可以：

(1) 扩大销售区域，由地区的销售扩展到全国的销售，由国内销售扩展到国际性销售，由一国销售扩展到多国（地区）的销售；

(2) 增加目标市场，进入新的细分市场，也是有效的市场开发的方法。

3. 产品开发战略

产品开发战略即企业在现有的市场提供新产品或改进产品，增加现有产品的吸引力，以满足顾客需求、增加销售的一种战略。这种战略的核心内容是激发现有顾客的新的需求。企业以现有顾客为其新产品的销售市场，应特别注意了解他们对现有产品的意见和建议，根据他们的需求去开发新的产品。新产品要注意在规格、花色、品种、型号等方面满足现有顾客的需求，才能达到企业销售增长的目的。

知识拓展

iPhone SE 用意何在？

2016 年，苹果公司在发布 iPhone 7 之前，发布了一款机型——iPhone SE，该机型定位于高性价比中端机。硬件上，iPhone SE 应用 A9 处理器，1 200 万像素摄像头，NFC 芯片，蓝牙4.2协议，搭载最新版的iOS 9.3操作系统，支持LTE，上网速度比iPhone 5s快50%，支持LTE高清通话，支持Apple Pay移动支付功能。iPhone SE保留了iPhone 6s 80%的体验，价格却比iPhone 6s便宜将近40%。中国苹果官网上，iPhone SE 16GB版售价3 288元，64GB版售价4 088元。这款高性价比机型用来吸引初次购买iPhone的新用户或者是从Android手机转移过来的换机用户，以刺激iPhone销量，阻止销量下滑趋势。

资料来源：iPhone SE正式登场，苹果推出这款手机别有一番用意．(2016-03-22). https://www.sohu.com/a/64864893_116600.（有删减）

4. 多元化增长战略

多元化增长战略是指企业尽量增加经营的产品种类，实行跨行业生产经营多种产品和业务的一种战略。这种战略能使企业自身的特长得以充分发挥，人、财、物力资源得以充分利用，且减少风险，提高整体效益。

多元化经营的具体做法也有所不同，主要有：

（1）同心多元化。指企业利用原有的技术、特长、专业经验等开发与本企业产品有相互关系的新产品。例如，制造面粉的企业可以利用副产品麸皮制造饲料，或者把面粉加工成方便面，由此增加产品种类。这种做法不仅消耗了本企业生产的产品（如生产方便面的面粉），还节省了费用，如运费、包装费等。

在西方国家，企业内部用自己的成品做原料再次加工的产品，可以免缴第一次生产出的产品增值税。企业进行同心多元化还可以派生出许多产品种类和经营项目。以面粉厂为例，利用加工的麸皮作饲料，还可以增设饲养部门，发展畜产事业。

（2）水平多元化。指企业仍面向原有的市场，通过采用不同的技术开发新产品，增加产品种类和品种。例如，某食品加工机械制造企业除生产和经营食品、加工机械外，还生产农用的收割机，并准备生产农药、化肥等农用化工产品。

（3）集团多样化。指大企业通过收购、兼并其他行业的企业，或者在其他行业投资，扩大经营领域，增加与企业现有的产品或服务大不相同的产品或服务。例如，石油公司经营金融、餐旅业、造船业等。集团多样化的发展趋势是使经营范围更加广泛，重点为发展尖端产品。越来越多的国家和地区的企业在使用这一方法。

知识拓展

海尔集团的多样化经营

我国许多企业在发展过程中，都适时采用多样化经营模式，从而获得成功。比如众所周知，海尔是靠做冰箱起家的。海尔以用户体验为中心，踏准时代的节拍，历经名牌战略、多元化战略、国际化战略、全球化品牌战略、网络化战略和生态品牌战略六个战略阶段，从资不抵债、濒临倒闭的集体小厂发展成为引领物联网时代的生态系统，连续2年作为全球唯一物联网生态品牌，蝉联BrandZ™最具价值全球品牌100强。海尔深入全球160

个国家和地区，服务全球10亿+用户家庭，拥有海尔智家、海尔电器、海尔生物医疗、盈康生命4家上市公司，成功孵化了5家独角兽企业和23家瞪羚企业，在全球设立了10+N开放式创新体系、25个工业园、122个制造中心、108个营销中心和143 330个销售网络，拥有海尔、卡萨帝、统帅、美国通用家电（GE Appliances）、新西兰斐雪派克（Fisher & Paykel）、日本AQUA、意大利Candy、卡奥斯COSMOPlat、日日顺、盈康一生、海尔生物医疗、海纳云、海创汇、海尔兄弟等众多生态品牌和新物种。

海尔连续11年稳居欧睿国际世界家电第一品牌，子公司海尔智家位列《财富》世界500强、《财富》全球最受赞赏公司和《福布斯》全球企业2 000强；旗下新物种卡奥斯COSMOPlat工业互联网平台，在工信部十大跨行业跨领域工业互联网平台中位居榜首。

资料来源：https://www.haier.com/about-haier/intro/?spm=net.31734_pc.hg2020_into_banner_20200629.3.

二、选择市场营销战略

（一）认识营销战略决策

企业营销战略选择是企业一项重大的战略决策，这是企业决策者通过制定的几种战略方案进行比较和选优，从中选择一种较满意战略方案的过程，是企业领导人的专业知识、工作能力、业务水平、实际经验、领导作风和领导艺术的集中体现。所谓满意方案，是比较而言的，是在比较中发现和优化的。企业经营战略选择的过程是企业领导人高难度的战略思维过程，因此企业领导人必须有战略头脑，即要具有高瞻远瞩的战略眼光，具有进行战略思维的素质和修养，具有对各种战略方案进行分析、比较、鉴别、判断及择优的能力。

（二）影响企业营销战略选择的因素

1. 企业能力

企业能力是指企业在研发、生产、技术、分销、促销、管理和资金等方面力量的总和，也是指企业配置资源、发挥其生产和竞争作用的能力。

2. 产品的同质性

产品的同质性是指消费者所感觉产品在性能、特点等方面的相似的程度。产品的特征不同，应分别采用不同的市场策略，选择不同的目标市场。

有些产品，如米、面、煤、盐等日常生活消费品，虽然事实上存在品质差别，但多数消费者都很熟悉，认为它们之间并没有特别显著的特征，不需要作特殊的宣传介绍。对这类同质性高的产品，可实施无差异性营销策略。

但对于另外一些产品，如家用电器、汽车、机械设备以及高档耐用消费品，其品质、性能差别较大，消费者选购时十分注意其功能和价格，并常以它们所具有的特性为依据。

对这类同质性低的产品，宜采用差异性或密集性营销策略。

3. 产品所处的生命周期阶段

产品生命周期就是产品从进入市场到退出市场所经历的市场生命循环过程，进入和退出市场标志着周期的开始和结束。正确判断产品处在生命周期的哪个阶段，对企业制定相应的营销策略非常重要。例如，投入期和成长期可采用无差异性营销策略，成熟期宜采用差异性营销策略，衰退期宜采用集中性营销策略。

4. 市场的同质性

市场的同质性是指细分的子市场间相似的程度。如果市场上消费者的需求和爱好相同或相似，对市场营销刺激的反应基本一致，即市场的同质性较高，那么企业可以采用无差异性营销策略；反之，则应选择差异性营销策略或集中性营销策略。

5. 竞争者的目标市场营销战略

一般来说，两个企业的目标市场越类似，这两家企业所采取的市场营销战略会越相似，它们之间的竞争就越激烈。通常在大多数行业，竞争者可以分为实行不同战略的群组，每个群组由那些实行相同或相似战略的企业组成。例如，有一个群组是以非常完整的产品系列、中等的价格和良好的服务来占领市场，另外一个群组则以比较少的产品系列、高质量的产品、优质的服务和高价格来占领市场。

显然，在同一个战略群组中，不同的企业的市场竞争会非常激烈；而在不同的战略群组中，也存在着激烈的市场竞争。例如，某些战略群体可能争夺重叠顾客的细分市场，或者某个战略群体的企业会改变战略目标，进入另外一个战略群体的市场中，从而引发市场竞争。

任务三 制订市场营销战略

一、认识市场营销战略制订的程序

企业市场营销战略的决策制定，对于企业的市场营销活动能否适应市场环境的不断变化、企业能否获得生存，继而更好地发展有着至关重要的作用。

二、制订市场营销战略的步骤

企业市场营销战略的制订过程即企业市场营销管理过程，一般包括四个主要步骤：分析和评价市场机会，研究和选择目标市场，确定市场营销组合，制订、执行营销计划和控制营销活动。

（一）分析和评价市场机会

企业通过发现消费者现实的和潜在的需求，寻找各种环境机会，即市场机会。市场机会一般是指市场上尚未满足的消费者对于产品或服务使用和消费的需求，这些未满足的需求就构成了潜在的市场机会。

企业不仅要通过各种途径寻找、发现市场机会，而且要善于对所发现的市场机会进行分析、评价。在竞争激烈的买方市场，有利可图的营销机会并不多。企业必须对市场结构、消费者、竞争者行为进行调查研究，识别、评价和选择市场机会，以便确定哪些市场机会对企业来说是可以加以利用的营销机会。

事实上，有些具有吸引力的市场机会或许对于企业来说不仅不能被利用，反而会产生不利的影响。某种市场机会能够成为某个企业的营销机会，不仅要评估利用这些市场机会是否与该企业的经营任务和目标相一致，还要考虑企业是否具备利用这些市场机会，从而开展相应营销业务活动的条件。此外，企业还应该比较在利用这些市场机会、开展相应的业务活动上是否比其他竞争者拥有更大的优势，从而获得更多的差别利益。通过对各种环境机会的评估，企业可以具备确定最适当的营销机会的能力。

当面临多个有利的市场机会的时候，企业应该对每一个具有吸引力的市场机会进行分析和评估。企业可以利用市场营销信息系统，运用科学的研究手段和方法，收集相关的市场信息和资料，开展相应的市场调研活动。在对市场信息进行分析的基础上，企业认真研究哪些市场机会是可以被利用和开展相应的营销活动，通过这样的市场调研活动，来估计和预测营销机会。

为了能够更准确地进行营销机会的评估，除了企业的市场营销部门需要分析研究市场营销环境、市场类别、消费者需求等信息外，企业的其他部门，包括制造部、财务部等部门也需要对利用这些营销机会所产生的成本、费用等内容进行估算，以便能够更为准确和合理地评价这些市场机会。

（二）研究和选择目标市场

在进行完市场机会的分析、评价并确定符合企业经营任务、目标和企业资源条件的市场机会后，企业需要对这些市场机会所包含的市场容量和市场结构作进一步分析，以便确定企业最终营销活动的目标对象。这一过程称为目标市场的选择，包括：测量和评估市场需求，进行市场细分，选择目标市场，实现市场定位。

为了能够更清晰地帮助企业获得可能的利益，对于选定的市场机会，企业应首先测量和估计其现实和潜在的市场容量。如果该市场机会的现实市场容量较大，或者能够带来可观的潜在市场容量，那么企业就要决定以何种方式进入该市场。如果该市场机会的现实和潜在市场容量与企业目标和资源不匹配的话，那么企业就需要决定是否进入该市场或者重新进行市场选择。顾客的需求是复杂多样的，企业难以了解每一个顾客的需求，并根据他们的需求差异来采取不同的措施。因而，企业应该运用一定的方法对市场进行适当的分类。对市场进行细分后，企业要选择适当的目标市场。企业在选定自己的目标市场后，还要采取适当的市场定位战略，为企业即将从事的业务或拟开发的产品实行市场定位。

（三）确定市场营销组合

在选定目标市场，并采取适当的市场定位后，企业需要确定市场营销组合策略，市场营销组合策略也是企业市场营销战略的重要组成部分。所谓市场营销组合，是指企业针对目标市场的需要，综合考虑环境、能力、竞争状况，对自己可控制的各种营销因素进行优化组合和综合运用，使之协调配合，扬长避短，发挥优势，以取得更好的经济效益和社会效益。

企业可以控制的营销因素有很多，美国市场营销专家麦卡锡教授于 1960 年把企业开展营销活动的可控因素归纳为四类，即产品、价格、渠道和促销，因此，提出了市场营销的 4P 组合。

市场营销组合是一种动态的、整体性的因素组合，随着内外部环境条件或目标市场的变化而发生变化。

在确定相应的营销组合的同时，企业也需要在营销预算方面作出相应的决策，从而为具体的营销组合分配适当的营销资源。企业一般按销售额的传统比率制定市场营销预算，即先了解竞争者的市场营销预算与销售额之比，再分析为达到某一销售额或市场占有率所必须开展的工作及相应费用，在此基础上作出企业市场营销预算。

公司还必须决定如何对市场营销组合中的各种工具进行预算分配。营销组合是企业用来从目标市场寻求其营销目标的一套工具。营销人员必须决定如何将营销费用分配给不同的产品、渠道、促销媒体和销售领域，合理地分配各个营销组合因素之间的营销预算，将有助于企业最终完成有关市场营销组合的战略决策。

（四）制订、执行营销计划和控制营销活动

营销计划是将企业的营销战略意图具体化为可操作的行动方案，是企业在一定时期内市场营销活动的直接指导依据。营销战略决策的最终结果就是要制订具体的行动计划，以便指导营销人员具体工作的实施和开展。

1. 制订营销计划

营销计划一般包括：计划概要、市场营销现状、机会与风险分析、营销目标、市场营销策略、行动方案设计、营销预算和营销控制。其主要内容见表 5－2。

表 5－2　市场营销计划的内容

营销计划各部分	计划内容的目的
1. 计划概要	简要综述所拟订的计划，以便管理部门和有关人员概要了解计划的主要内容
2. 市场营销现状	提供有关市场、产品、竞争、营销渠道和宏观环境的背景资料
3. 机会与风险分析	综合企业面临的主要机会和威胁，结合自身优劣势，对企业进行机会与风险分析
4. 营销目标	确定计划在销售量、市场占有率和盈利等主要方面所要完成的目标
5. 市场营销策略	提供可用于完成计划目标的主要市场营销组合及方法
6. 行动方案设计	行动负责人、行动时间和总的费用
7. 营销预算	综述计划预计的开支
8. 营销控制	概述如何控制营销计划

2. 执行营销计划

毫无疑问，任何公司必须设立一个能够实施营销计划活动的营销组织。在小公司里，一个人可能要兼管营销调研、推销、广告、客户服务等一切营销工作；在一些大公司里，会设置几个营销专业人员，包括推销员、销售经理、营销调研人员、广告人员、产品和品牌经理、细分市场经理和客户服务人员等。

此外，企业还要为营销组织建立有效的信息、规则、控制和报酬制度。有效的规则、组织结构和行之有效的制度，是营销计划得以正确执行的重要保证。企业的决策者还应该特别关注营销人员工作创造性的重要影响作用，营造独特的企业文化和经营风格。

3. 控制营销活动

市场营销活动是在一个不断变化的环境中开展的，在营销组织实施营销计划方案的过程中会出现许多意外情况，从而与预期目标产生偏差。企业必须建立一套反馈系统和控制措施，以保证营销目标的实现。

营销控制包括年度销售计划控制、盈利能力控制和战略控制。

（1）年度销售计划控制。这是为了保证公司在年度计划中所制定的销售、盈利和其他目标能够得以实现而设立的计划。

（2）盈利能力控制。盈利能力控制表示对产品、客户群、贸易渠道和订货量大小的实际盈利率进行测量。

（3）战略控制。战略控制用于评估公司的营销战略是否适合于市场条件。由于营销环境的多变，每个公司都需要营销审核，定期评价营销结果。

通过控制系统，企业可以及时发现营销计划执行中存在的问题，或者计划本身的缺陷，剖析其原因并及时反馈给企业主要经营决策者，以便采取适当的调整措施。

案例分析

腾讯视频 VS 爱奇艺案例分析

项目训练

想一想

1. 如何区分现有和潜在市场竞争者及其影响力？
2. 市场挑战者可选用哪些策略？
3. 举例分析安索夫矩阵的内容。
4. 如何识别企业的竞争者？
5. 简述市场领先者扩大市场需求总量的途径。
6. 为什么说在很多情况下做一个追随者比做挑战者更加有利？
7. 选择一个企业，对其可能的市场竞争者及其市场营销战略进行分析。

做一做

选择一家小企业，帮助其制定市场营销战略。

测一测

一、单项选择题

1. 掌握了 30%市场的是（　　）。

A. 市场领先者　B. 市场挑战者　C. 市场追随者　D. 市场补缺者

2. 华为在手机市场属于（　　）。

A. 市场领先者　B. 市场挑战者　C. 市场追随者　D. 市场补缺者

3. 提高市场占有率是（　　）常用的策略。

A. 市场领先者　B. 市场挑战者　C. 市场追随者　D. 市场补缺者

4. （　　）逐渐成为多数企业所采用的战略。

A. 总成本领先战略　B. 差异化战略

C. 市场集中化战略　D. 市场稳定战略

5. 某食品加工机械制造企业，除生产和经营食品、加工机械外，还生产农用的收割机，并准备生产农药、化肥等农用化工产品，这属于（　　）。

A. 同心多元化　B. 水平多元化　C. 集团多样化

二、多项选择题

1. 影响企业营销战略选择的因素有（　　）等。

A. 企业能力　　B. 产品的同质性

C. 市场的同质性　　D. 产品所处的生命周期阶段

2. 营销控制包括（　　）。

A. 年度销售计划控制　　B. 盈利能力控制

C. 活动控制　　D. 战略控制

项目六　实施市场营销组合

能力点

- 能够进行企业的产品管理
- 能够进行企业产品的价格管理
- 能够对企业产品的销售渠道进行管理
- 能够设计并管理企业的产品促销组合

知识点

- 了解营销组合的相关概念
- 认识各类营销组合的内涵要点
- 运用各类营销组合策略管理市场活动

素质点

- 树立远大的职业理想
- 提升综合职业道德
- 积累职业经验
- 塑造爱岗敬业的职业精神

中美市场营销经理助理考点

- 产品生命周期中各阶段的特点及策略
- 产品种类、形式、品牌的生命周期
- 传统分销渠道模式、垂直分销渠道模式的优缺点
- 水平分销渠道模式
- 中间商关系管理
- 物流管理的目标、物流管理系统
- 应收账款管理步骤、追账程序
- 需要沟通的信息、信息沟通的方式或途径
- 销售促进策略的内容
- 实施各种销售促进策略的注意点

案例导入

格力电器的营销组合

珠海格力电器股份有限公司成立于1991年，1996年11月在深交所挂牌上市。公司成立初期，主要依靠组装生产家用空调，现已发展成为多元化、科技型的全球工业集团，产业覆盖家用消费品和工业装备两大领域，产品远销160多个国家和地区。

据日本经济新闻社发布的2018年全球“主要商品与服务份额调查”，在家用空调领域，格力电器以20.6%的市场占有率蝉联全球第一，超第2名近6个百分点，而这已经是2005年以来，企业连续14年位居全球首位，这离不开格力空调一直坚持的质量为先及创新驱动。

制造业的核心就是创新，格力提出研发经费“按需投入、不设上限”，仅2018年研发投入就达到72.68亿元。经过长期沉淀积累，目前格力申请国内专利69 522项，其中发明专利34 504项，现拥有28项“国际领先”技术，获得国家科技进步奖2项、国家技术发明奖2项，中国专利奖金奖4项。在2019年国家知识产权局排行榜中，格力电器排名全国第六，家电行业第一。

质量是企业和消费者的生命，完美质量则是格力电器一直追求的标准。20世纪90年代，空调行业处于价格战的乱象之中，格力就全面实施“精品战略”，力推“零缺陷”工程，树立了“好空调，格力造”的品牌形象。2006年，格力荣获国家质检总局颁发的“世界名牌”称号，并以此为契机提出质量管理“八严方针”，强化对质量的严格管控，率先对消费者承诺“六年免费包修”政策，对空调行业整体质量提升起到了引领和推动作用。2012年，格力电器董事长兼总裁董明珠提出“以品质替代售后服务，最好的服务就是不需要售后服务”的质量管理方针，组织提炼、总结了“四纵五横”管理体系，并逐步形成“让世界爱上中国造”格力完美质量管理模式。2018年，该模式获得了质量领域的最高奖项——中国质量奖；2019年，格力电器参与起草的《质量管理——基于顾客需求引领的创新循环指南》获批成为国家标准。

除此之外，格力坚持转型升级，落实供给侧结构性改革，调整优化产业布局，积极推进智能制造升级，努力实现高质量发展。2013年起，格力相继进军智能装备、通信设备、模具等领域，已经从专业空调生产延伸至多元化的高端技术产业。目前，格力智能装备不仅为自身自动化改造提供先进设备，也为家电、汽车、食品、3C数码、建材卫浴等众多行业提供服务，人均产值从2012年的91.2万元跃升至2018年的149.6万元。2019年，公司全年实现营业总收入2 005.08亿元，实现归属上市公司股东净利润246.97亿元，公司税收贡献157.90亿元。

资料来源：根据格力官网，以及 https://new.qq.com/omn/20190712/20190712A0NS4300.html 整理改编。

任务一 确定产品策略

产品策略是整个市场营销组合的基石。在竞争激烈的市场上开发出适销对路、用户满意的产品是企业营销成败的关键，而营销组合中其他 3P 也是围绕产品策略进行的，因为要满足消费者的需求，首先必须提供合适的产品，如果产品本身不符合消费者的需求，其他策略运用得再好也无济于事。

产品策略即企业在产品问题上所作的各种决策的总称，包括产品组合策略、包装和商标策略及新产品开发策略等。

一、认识产品及产品整体概念

（一）产品内涵

人们通常理解的产品是指具有某种特定物质形状和用途的物品，是看得见、摸得着的东西。这是一种狭义的定义。而市场营销学认为，广义的产品是指人们通过购买而获得的能够满足某种需求和欲望的物品的总和，它可以是一个实体产品（如手机），可以是一项服务（如金融理财服务），可以是一种体验（如蹦极），还可以是一个地方（如常州恐龙园）、一些信息（如有关竞争对手的信息）、一个想法（如某个创意），还可以是一个人（如竞选某个职位的人）、一种活动或一次事件（如家装博览会）等。

（二）产品整体概念

1. 产品结构的五层次图

美国著名营销学家西奥多·李维特（Theodore Levitt）曾指出：未来的竞争不在于工厂里制造出来的产品，而在于工厂能够给产品加上包装、服务、广告、咨询、融资、送货或顾客认为有价值的其他东西。因此，新的五层次产品模型应运而生，如图 6－1 所示。

（1）核心产品。核心产品也称实质产品，指产品能够提供给购买者的基本效用或利益，如清洁剂的核心利益是清洁，消费者在电影院里真正想要购买的是娱乐体验等。因此，企业在开发产品、宣传产品时应明确地确定产品能提供的利益，只有这样产品才具有吸引力。

（2）形式产品。形式产品是指核心产品借以实现的形式或目标市场对某种需求的特定

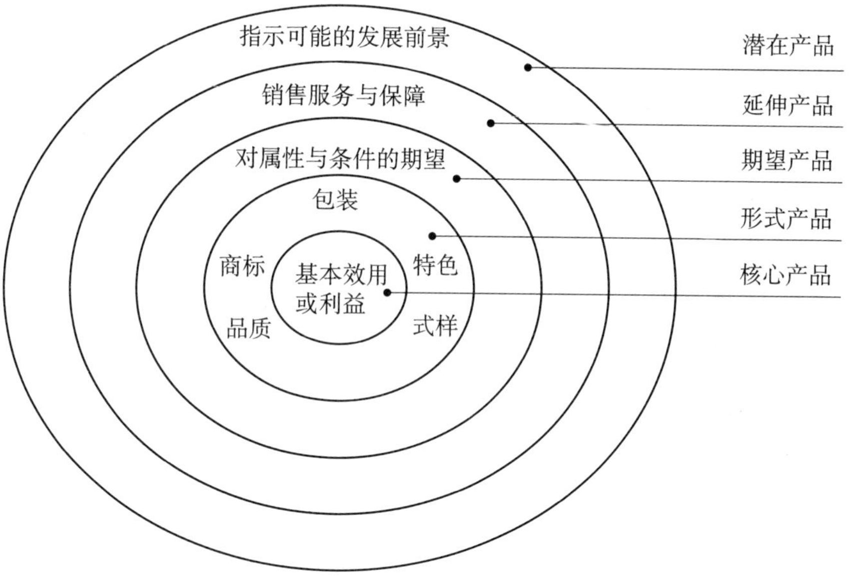

图 6-1　产品结构层次图

满足形式，具体包括品质、特色、式样、商标、包装等，是产品的基本载体。例如，电影院提供的形式产品是电影，SPSS 软件提供的形式产品是数据处理分析功能等。

（3）期望产品。期望产品是指顾客购买产品时，基于以往经验或常识，默认或期望得到的与产品密切相关的一整套属性和条件。例如，在电影院里观众希望有舒适的座椅和良好的音响效果，期望可以在有空调、黑暗、安静的环境里坐在大屏幕前欣赏电影。

（4）延伸产品。延伸产品是指提供给消费者的一些销售服务与保障，包括送货、安装、使用指导、质量保证、维修等售前售后服务。这些要素的提供可以提高顾客满意度，而且构成了企业的差异化。例如，电影院通过装潢、布局和差异化的服务，能够给观众带来一种感官上的卓越体验，电影院提供的这些利益就属于产品的延伸层次。

（5）潜在产品。潜在产品是指现有产品在未来的可能演变趋势和发展前景。例如，具备一定实力的电影院可以围绕“放映”这一主营业务，融入首映式、影迷见面会等一系列服务，向未来的电影文化体验中心转型。

知识拓展

奔驰汽车公司的整体产品

奔驰汽车公司认识到提供给顾客的产品不仅是一个交通工具，还应包括汽车的质量、款式、功能与售后服务等，以整体产品来满足顾客的系统要求，不断创新，从小轿车到大型载重车共 160 种、3 700 多个型号，以创新求发展是公司的口号，营销网络与服务站遍布全国各个大中城市。

资料来源：https://doc.mbalib.com/view/f22706aefe8883060a35a111bc5150a4.html.

2. 产品整体概念对企业营销活动的意义

(1) 产品整体概念体现了以顾客为中心的现代营销观念。

(2) 产品整体概念把市场营销的产品范围扩展到劳务及其他所有部门，为企业开发适合消费者需要的有形与无形产品、挖掘新的市场机会提供了新的思路。

(3) 产品整体概念包含5个层次，要求将消费需求视为一个整体系统，给企业产品开发、设计提供了新的方向。

(4) 产品整体概念揭示了企业产品差异可以表现在5个层次的任何一个方面，因而也为企业的产品差异化策略提供了新的线索。

(5) 产品整体概念包含重视服务的基本思想，要求企业随着实体产品的销售，应加强对不同层次购买者的各种售后服务。

(三) 产品分类

1. 按照产品的具体形态划分

(1) 有形产品。也称实体产品，是指能看得见、摸得着的有形实体，是具有实物形式的产品，如电脑、手机、电视等。

(2) 无形产品。是指不具有实物形式的产品，具体包括技术专利、知识产权等无形资产和数字化信息产品。

(3) 服务。是指不具有实物形态、直接由人的劳动向消费者传递利益与价值的产品形式。如旅游、理发等第三产业中涉及的各类服务项目。

2. 按照消费者的购买习惯划分

(1) 便利品。是指那些消费者经常购买、随时购买、追求便利，购买时不需要或不愿意花费太大精力去比较选购的产品，如洗衣液、牙刷、醋等日用品。

(2) 选购品。是指消费者在选购商品的过程中，愿意投入许多精力和时间进行认真选购的产品。这类产品大多价值较大，但又是消费者普遍需要的，如家电、汽车、电脑等。

(3) 特殊品。是指那些具有独特的品质、风格、造型、工艺等特性，或者品牌为消费者所特别偏爱，消费者习惯或愿意多花时间和精力购买的商品。这类商品一般不是消费者的普遍需要，如古董字画、高级乐器等。

(4) 非渴求品。是指消费者目前不知道，或者即使知道也不轻易购买的产品，如一些新药、墓地等。这类产品需要企业投入大量的营销努力。

二、了解产品生命周期与营销策略

(一) 产品生命周期的概念

1. 产品生命周期

产品生命周期是指产品经过研究开发，从进入市场开始，直到最终退出市场为止所经历的全部时间。典型的产品生命周期可分为四个阶段：投入期、成长期、成熟期、衰退期。

值得注意的是，产品生命周期不是指产品的使用寿命，而是指产品的市场寿命，即产品在市场上的延续时间。产品生命周期既可以指某一类产品（如洗衣机）的生命周期，也可指某一品种（如双缸洗衣机）、某一品牌（如小鸭洗衣机）的生命周期，但是从企业的角度来说，它主要研究品种和品牌的生命周期，而不是产品种类的生命周期，因为产品种类的生命周期一般都很长，绝大多数都能在市场上延续下去，因此也没有必要分析其生命周期，而产品的具体品种和品牌比较真实地反映产品生命周期的历史。

2. 产品生命周期的意义

（1）产品生命周期理论是市场营销学中的重要理论，它揭示了任何产品都和生物有机体一样，有一个诞生→成长→成熟→衰亡的过程，因此企业要不断创新，开发新产品，以保证企业的发展。

（2）借助产品生命周期理论，可以分析判断产品处于生命周期的哪一个阶段，预测产品今后发展的趋势，根据不同阶段的特点和变化，采取相应的市场营销组合策略，增强企业竞争力，提高企业的经济效益。

3. 产品生命周期曲线图

典型的产品生命周期曲线图：通过大量的数据分析，大部分产品的生命周期曲线都呈现为钟形，如图 6－2 所示，这条曲线清晰地把产品生命周期分为四个阶段：投入期、成长期、成熟期和衰退期。产品生命周期的四个阶段，只是一种典型化的描述。各种行业经营的产品不同，产品经历的时间也不同，有些产品整个生命周期可能只有几个月，而有些可能长达几十年甚至数百年；另外，每种产品在生命周期的各个阶段的时间也不同，也不一定都能经历四个阶段，如容声儿童冰箱刚进入市场不久就衰退，成为短命的产品。

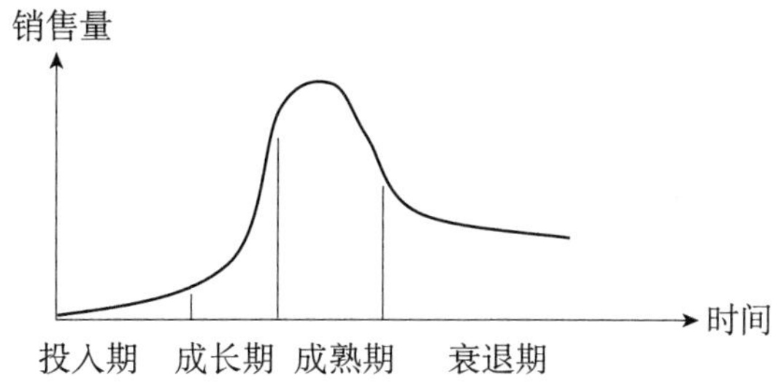

图 6－2　产品生命周期曲线

（二）产品生命周期各阶段的判断

1. 销售增长率分析

销售增长率分析法即以产品销售量随时间的变化率来判断。公式为：

销售增长率=(本年度的销售量-上年度的销售量)/上年度的销售量×100%

产品生命周期各阶段的销售增长率分别为：

投入期为0～10%；

成长期为大于或等于10%；

成熟期为-10%～10%；

衰退期为小于-10%。

2. 产品普及率分析

依据产品在市场上的普及率判断其所处的阶段，有两个方法：

（1）按人口平均普及率：

人口平均普及率=某种产品社会拥有量/人口总数×100%

（2）按家庭平均普及率：

家庭平均普及率=某种产品社会拥有量/家庭户数×100%

产品生命周期各阶段的产品普及率分别为：

投入期为0～5%；

成长期为5%～50%；

成熟期为50%～90%；

衰退期为大于90%。

普及率越高，需求量越低。

3. 同类产品类比法

同类产品类比法即依据类似产品的发展情况进行对比分析并判断。例如，参照黑白电视机的发展资料来判断彩色电视机的发展趋向。类比的产品，必须是具有可比性的产品，在各自投入市场后的表现要有相似之处。

文本：
莫斯利安案例

（三）产品生命周期各阶段的特点及营销策略

1. 投入期

投入期是指产品经过了开发设计和试制阶段，转入小批量生产，投放到市场进行试销的阶段。

（1）特点。这一阶段的主要特点是：产品刚进入市场，尚未被顾客接受，销售额缓慢增长；由于销量低，生产批量小，试制费用较高，因而产品生产成本较高；产品在市场上一般还没有同行竞争者；产品刚进入市场，由于生产成本和销售费用较高，企业的利润通常为亏损；投入期产品价格一般较高，顾客通常是高收入者或好奇者。

（2）营销策略：

①快速撇脂策略。即以高价格和高促销水平的方式推出新产品。公司采用高价格是为

了在每单位销售中尽可能获利，同时利用高水平的促销活动加快市场渗透率。

采用这一战略的主要条件是：潜在市场的大部分人还没有意识到该产品；知道它的人渴望购买并且具备能力；公司面临着潜在的竞争，试图建立品牌偏好。

②缓慢撇脂策略。即以高价格和低促销方式推出新产品。这样做可以获得更多毛利并降低营销费用，可望从市场上获取最大利润。

采用这一战略的假设条件是：市场规模有限，大多数的市场已知晓这种产品，购买者愿出高价，潜在竞争并不迫在眼前。

③快速渗透策略。即以低价格和高促销水平的方式推出新产品。这样做能给公司带来最快速的市场渗透和最高的市场份额。

采用这一战略的假设条件是：市场是大的；市场对该产品不知晓；大多数购买者对价格敏感；潜在竞争很强烈；随着生产规模的扩大和制造经验的积累，公司的单位制造成本会下降。

④缓慢渗透策略。即以低价格和低促销水平推出新产品。低价格使市场迅速接受产品；同时低成本可实现较多的净利润。

采用这一战略的假设条件是：市场是大的；市场上该产品的知名度较高；市场对价格相当敏感；有一些潜在的竞争。

2. 成长期

成长期是指新产品经试销效果良好，开始为市场所接受，转入成批生产，销售量高速上升的阶段。

（1）特点。这一阶段的主要特点是：销售量高速增长；生产工艺及设备逐渐成熟配套，可以大批量生产，生产成本大幅度下降；随着产量或销量的迅速增加，企业转亏为盈，利润上升；由于有大规模的生产和利润的机会的吸引，新的竞争者进入市场，市场出现竞争趋势；这一时期的顾客多为早期购买者。

（2）营销策略：

①公司改进产品质量并增加新产品的特色和式样；

②公司进入新的细分市场；

③公司进入新的分销渠道；

④公司广告的目标，从产品知名度的建立转移到说服消费者接受和购买产品上；

⑤公司在适当时候降低价格，以吸引要求低价供应的另一层次价格敏感的购买者。

推行这些市场扩展战略，会大大加强公司的竞争地位，但同时会增加成本。公司在成长阶段面临着选择高市场份额或当前高利润，放弃后者则可以获得优势的市场地位，而利润有希望在下一阶段得到补偿。

3. 成熟期

成熟期是指产品已经稳定地占领市场进入畅销阶段，这个阶段的持续期一般长于前两个阶段。

（1）特点。这一阶段的主要特点是：市场趋于饱和，销售量达到最高点；大批生产，成本低，利润达到最高点；很多同类产品进入市场，市场竞争异常激烈；成熟期的后期，销售额不再增长，甚至下降，该产品已经基本普及，市场上可能出现了性能更佳的新产品，表示该产品的衰退期即将到来；这一时期的顾客一般为大众顾客。

（2）营销策略：

①市场改进。可以围绕销售量因素，即品牌使用人数量和每个使用人的使用率，进行市场改进。扩大品牌使用人数量有三种方法，即转变非使用人、进入新的细分市场、争取竞争对手的顾客。产品数量可以设法让当前品牌使用者增加使用率来提高，即增加使用次数、增加每个场合的使用量、开发现有产品新的和更多种类的用途。

②产品改进。努力改进该产品的特性，使其能够吸引新客户或增加现行客户的使用量以改善销售。产品的再次推出可采用几种形式：质量改进、特点改进、式样改进。

③营销组合改进。企业通过改进营销组合的一个或几个要素来刺激销售，主要包括价格、分销、广告、销售促进、人员推销、服务等内容。

4. 衰退期

衰退期是指产品已经老化，不能适应市场的需要，市场上已经出现了替代的、性能更完善的新产品的阶段。

（1）特点。这一阶段的主要特点是：新产品开始进入市场，逐渐替代了老产品；除少数产品外，大多数产品的销售量下降；市场竞争突出地表现为价格竞争，产品的销售价格不断下降，竞争者相继退出市场；这一时期的顾客多为落后者。

（2）营销策略：

①辨认疲软产品。建立辨认疲软产品的制度，公司任命一个有营销、制造和财务代表参加的产品审查委员会，由其拟定一套辨认疲软产品的制度，根据提供的各种产品的资料，运用电子计算机程序分析、确定出可疑产品。

②制定营销战略。公司必须对在市场上坚持的时间和方式做出决定。C. R. 哈里根区别出公司面对的五种衰退战略：增加公司投资；在未解决行业不确定因素时保持现有的投资水平；有选择降低投资态势；提高利润，快速回收现金；处理资产，放弃该业务。

③放弃决策。当公司决定放弃一个产品时，它面临着进一步的决策：第一，它可把产品出售或转让给别人或完全抛弃；第二，它必须决定是迅速还是缓慢地放弃该产品；第三，它必须决定为从前的顾客保留多少部件库存量和维修服务。

产品生命周期各阶段的特点见表 6-1。

表 6-1 产品生命周期各阶段的特点

时期 \ 特点 \ 项目	销售增长率	生产厂家	销售额	利润额	商品形式	商品工艺	商品技术	工人技术
投入期	不稳定	少	小	微或亏	不定型	不成熟	先进	不熟练
成长期	>10%	增加	增加	增加	改进	成熟	先进	提高
成熟期	<10%	多	大	大	定型	成熟	一般	熟练
衰退期	<0	减少	减少	小	定型	成熟	落后	熟练

三、掌握新产品开发策略

新产品开发是企业持续发展的前提，也是企业竞争制胜的重要法宝。新产品的开发既能给企业带来有利的市场机会，也会给企业带来一定的经营风险。因此，企业需要对新产品开发进行管理。

（一）新产品开发概述

1. 新产品的概念

从市场营销的角度看，新产品是指在某个目标市场上首次出现的或者是企业首次向市场提供、能满足某种消费需求的产品。产品整体概念中任何一部分具有创新、变革和改变都是新产品。新产品具体包括以下四类：

（1）全新新产品。是指使用新原理、新技术、新材料制造的前所未有的产品。其主要特点是创新时间长、成本高、难度大，但是开发成功后的收益较高。

（2）换代型新产品。是指适合新用途、满足新需要、在原有产品的基础上采用新技术而制造出来的产品。其主要特点是开发相对容易，能快速取得好的收益。

（3）改进型新产品。是指不是由于科学技术的进步而使得产品有重大革新，仅仅是对现有产品的品质、性能、式样等进行了一定的改进。其主要特点是产品容易被消费者接受，但也易被竞争者模仿。

（4）企业新产品。是指市场上已经有该产品，本企业模仿生产的产品。其主要特点是有利于寻找市场空间，能快速提高企业竞争力和增加销售收入。

2. 新产品开发的特征

（1）不确定性。主要表现为市场需求的不确定性、技术的不确定性、企业管理的不确定性。

（2）变革性。新产品开发所需要的新思想、新工作方式等，可能会与企业现有的利益分配格局以及组织传统等相冲突。

（3）机遇性。一方面表现在新产品的开发过程中存在着机遇，另一方面表现为在新产品开发成功之后会给企业带来竞争优势。

（4）高成本性。虽然新产品的开发可以扩大企业市场，增加潜在收益，但是由于存在一些不确定性因素，因此会有较高的费用开支和风险。

3. 新产品的设计与开发

（1）设计与开发的要求：必须以满足消费者的需要为出发点，最根本的途径是做好市场调查与预测；必须符合国家的技术经济政策；必须便于使用和制造。

（2）设计与开发的方向：多功能化；小型化和微型化；多样化（水平多样化，如春兰公司生产空调，同时又开发了摩托车、电池、建筑；垂直多样化，如首钢收购矿山、重型机床厂；综合多样化，如飞机厂利用边角余料生产铝合金家具）；简化。

4. 新产品开发失败的原因分析

（1）市场分析失误，没有选准目标市场；

（2）产品本身的缺陷；

（3）成本太高；

（4）竞争对手的抗衡（低估了竞争对手）；

（5）营销组合策略选择和运用不当。

（二）新产品开发的程序

知识拓展：
新产品失败原因

新产品开发过程由八个阶段构成，即寻求创意、甄别创意、产品概念的发展与试验、制定市场营销战略、进行营业分析、进行产品开发、进行市场试验、商业化。

1. 寻求创意

所谓创意，就是开发新产品的设想。

（1）新产品创意的来源。新产品创意的主要来源有：顾客、科学家、竞争对手、企业的推销人员和经销商、企业高层管理人员、市场研究公司、广告代理商等。

（2）寻求创意的主要方法：产品属性列举法、强行关系法、顾客问题分析法、开好主意会、群辩法。

2. 甄别创意

在甄别创意阶段，企业要避免两种过失：

（1）“误弃”，即公司未认识到该创意的发展潜力而将其误弃。

（2）“误用”，即公司将一个没有发展前途的创意付诸开发并投放市场。

3. 产品概念的发展与试验

企业应当明确产品创意、产品概念和产品形象之间的区别。产品创意是指企业从自己角度考虑的它能够向市场提供的可能产品的构想。产品概念是指企业从消费者的角度对这种创意所作的详尽的描述。产品形象是消费者对某种现实产品或潜在产品所形成的特定形象。

确定最佳产品概念，进行产品和品牌的市场定位后，企业就应当对产品概念进行试验。所谓产品概念试验，就是用文字、图画描述或者用实物将产品概念展示于一群目标顾客面前，观察他们的反应。

4. 制定市场营销战略

（1）描述目标市场的规模、结构、行为，新产品在目标市场上的定位，最初几年的销售额、市场占有率、利润目标等。

（2）描述新产品的计划价格、分销战略以及第一年的市场营销预算。

（3）阐述计划长期销售额和目标利润以及不同时间的市场营销组合。

5. 进行营业分析

在这一阶段，企业市场营销管理者要复查新产品将来的销售额、成本和利润的估计，看看它们是否符合企业的目标。如果符合，企业就可以进行新产品开发。

6. 进行产品开发

经过开发、试制出来的产品如果符合以下要求，就可以认为是成功的：在消费者看来，产品具备了产品概念中所列举的各项主要指标；在一般用途和正常条件下，产品可以安全地发挥功能；成品能在已定的生产成本预算范围内生产。

7. 进行市场试验

市场试验的规模取决于两个方面：一是投资费用和风险大小，二是市场试验费用和时间。

工业品的市场试验方法有：产品使用试验、参加贸易展览会、进入批发商和零售商陈列室、有控制的市场营销或试验市场营销。

8. 商业化

在商业化阶段，企业要注意以下几个方面：

（1）何时：指企业高层管理者要决定在什么时候将新产品投放市场最适宜。

（2）何地：指企业高层管理者要决定在什么地方（某一地区、某些地区、全国市场或国际市场）推出新产品最适宜。

（3）向谁：指企业高层管理者要把它的分销和促销目标面向最优秀的顾客群。

（4）如何：指企业管理部门要制定开始投放市场的市场营销战略。

四、运用产品组合策略

很多企业同时经营着多种产品，我们把一个企业生产经营的全部产品的质的组合与量的比例关系定义为产品组合。

(一)产品组合的概念

1. 产品项目和产品线

(1)产品项目就是产品的品种，或者说凡是列入企业销售目录产品的名称。如图6-2中，宝洁公司的产品项目数为25。

(2)产品线是指具有类似功能、能满足同类需求的产品。如宝洁公司拥有5条产品线。

知识拓展

宝洁公司的产品组合

宝洁公司的产品组合详见表6-2。

表6-2 宝洁公司的产品组合

清洁剂	牙膏	条状肥皂	纸尿布	洗发水
象牙雪	格利	象牙	帮宝适	飘柔
德莱夫特	佳洁士	柯克斯	露肤	潘婷
汰渍		洗污		海飞丝
快乐		佳美		沙宣
奥克雪多		爵士		
德希		保洁净		
波尔德		海岸		
圭尼		玉兰油		
伊拉				

资料来源：公司官网(https://www.pg.com.cn/brands/)整理，图表内容有修改。

2. 产品组合的概念

一般来说，企业通过广度、深度、密度3个方面来衡量产品组合。

(1)产品组合的广度，又称宽度，是指企业拥有的产品线的数目。产品线反映了一个企业市场服务面的宽窄度和风险承担能力。

(2)产品组合的深度，是指一条产品线内的产品项目数，反映了一个企业在同类细分市场中，满足顾客不同需求的程度。

(3)产品组合的密度(相关性)，是指各产品线在最终用途、生产技术、分销渠道等方面的相互关联程度。关联程度越紧密，说明各产品线之间越具有一致性。

(二)产品组合的调整

1. 扩大产品组合

扩大产品组合是通过增加某条产品线的深度或增加企业为顾客提供的产品线的数量来

实现的。前一种方法即是加深产品组合的深度，后一种方法即是企业扩展产品线，增加产品组合的广度，包括产品线延伸和产品线填补两种方法。

扩大产品组合可以使企业充分利用生产设备、技术和人力、物力以及品牌的销售渠道等企业资源，有助于企业减少风险、提高经济效益。

（1）产品线延伸。是指企业部分或全部改变公司原有产品的市场地位，主要有三种方式（见图6－3）：

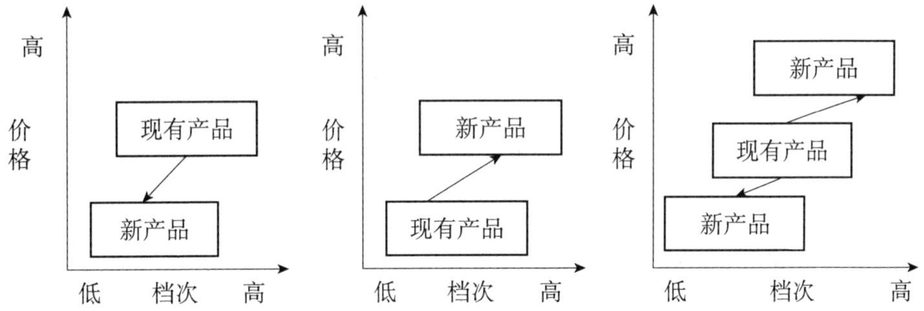

图6－3　产品组合延伸类型

①向下延伸。是指企业原来定位于高档市场的产品线向下延伸，增加低档产品项目。这种策略的主要目的是：利用高档产品的声誉，吸引购买力水平较低的顾客购买此产品线中的低档廉价产品；高档产品销售增长缓慢，而且市场范围有限，资源设备不能得到充分利用，不能为企业带来可观的利润，为赢得更多的顾客，进行向下延伸；补充产品线的空白。

企业进行向下延伸决策时，一定要谨慎，否则会影响原有产品的形象和声誉。

②向上延伸。是指原来定位于低档产品的企业，在原有的产品线内增加高档产品项目，进入高档产品市场。这种策略的主要目的是：高档产品市场具有较大的潜在成长率和较高的利润率，企业要重新进行产品线定位。

企业进行向上延伸决策时，也会承担一定的风险，因为要改变消费者原有的印象是非常困难的，措施不当，不仅难以收回开发新产品的成本，可能还会影响老产品的市场声誉。

③双向延伸。是指定位于中档产品市场的企业向产品线的上、下两个方向延伸，既增加高档产品，也增加低档产品，扩大市场阵容，丰富产品类型。

（2）产品线填补。即增加新的产品线，是指企业在现有范围内增加产品来拉长自己的产品线。主要动机有：获得增长的利润，试图满足那些抱怨因产品线内产品不全而损失销售额的经销商，试着利用过剩的产能，试着成为领先的全产品线的企业等。

知识拓展

五菱口罩（人民需要什么，五菱就造什么）

上汽通用五菱汽车股份有限公司是由上海汽车集团股份有限公司、通用汽车（中国）

公司、柳州五菱汽车有限责任公司三方共同组建的大型中外合资汽车公司，其前身可以追溯到1958年成立的柳州汽车动力机械厂。2020年2月19日，五菱汽车官方发布：上汽通用五菱汽车股份有限公司成为全国第一家既生产口罩，也生产口罩机的汽车企业，用7天的时间，完成了从0到100万口罩的交付，又用了76小时，造成了口罩机。

资料来源：作者根据相关内容改编。

2. 缩小产品组合

缩小产品组合是指在市场不景气的时候，企业为了获得最大利益，从产品组合中提出那些获利小的产品线或产品项目。通过缩小产品组合，企业既可以避免战线过长造成的精力分散，又有利于集中力量发挥和提高专业技术水平，使企业经营专业化，赢得特定市场的利益和信誉，同时还有利于节约原材料，降低成本，减少资源占用，加快资金周转。

五、认识产品品牌策略

随着现代品牌营销实践的不断发展，品牌在现代经济生活中发挥着越来越重要的作用，不仅有利于产品的推广销售，而且可以提升产品的市场价值。

视频：
品牌的奥秘

（一）品牌概述

1. 品牌的概念

品牌是指一种名称、术语、标记、符号或是一个设计，或是它们的组合运用，其目的是借以辨认某个或某群销售者的产品或服务，并使之同竞争对手的产品或服务区别开来。品牌是一个集合概念，它包括品牌名称和品牌标志两部分。品牌名称是指品牌中可以用语言表达的部分，如金利来、联想、海尔、同仁堂、麦当劳、肯德基和可口可乐等。品牌标志是指品牌中可被识别但不能用语言表达的特定标志，包括符号、图案、色彩等。例如，可口可乐的手写体标记、海尔兄弟的卡通图案、麦当劳红底黄色的M图案（见图6-4）等。

图6-4　麦当劳的品牌标志

品牌是一个复杂的符号，蕴含着深刻的含义，传递着属性、利益、价值、文化、个性和用户信息。以奔驰为例，该品牌内涵如图6-5所示。

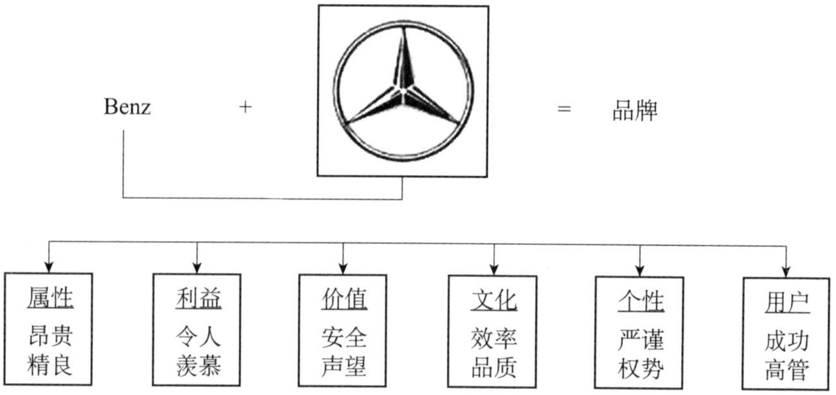

图 6－5　奔驰品牌的内涵

2．品牌与商标的联系与区别

品牌不完全等同于商标，主要区别在于是否经过了法律程序。品牌经过工商有关部门的注册，具有法律效力，成为受法律保护的品牌，即是商标。

知识拓展

品牌命名注意事项

1．避免晦涩，简单易记，降低记忆成本

品牌取名要通俗易懂，接地气，降低消费者的记忆成本，否则只会让品牌随时与消费者擦肩而过，如天猫、菜鸟、蚂蚁、盒马、飞猪、闲鱼、虾米。

2．避免拗口，朗朗上口，利于传播

品牌名字朗朗上口，利于消费者传播，注重阅读体验，可以适当地使用叠字、叠词，运用押韵、俗语、数字等，优化发音的效果；注重书写体验，遵循“字数少，笔画少”。

3．加入产品属性，传达“我是做什么的”

例如，“去哪儿”让消费者第一眼看了，就能联想到关于交通出行、旅行等场景，相对于多数“××旅游”，多了几分亲切感。再如，“饿了么”也能给人建立一种联想，这个公司提供的是与“吃”相关的服务，比“饿了外卖”增添一丝生活气息。

4．避免产生歧义，建立正面的联想

随着市场上产品的种类越来越丰富，消费者的选择空间也越来越大。没有一个好寓意的名字，就很难为品牌构建差异化，与竞争对手拉开距离，更别谈抢占用户心智。例如，瑞幸就有比较好的寓意，“瑞”说的是祥瑞，“幸”表达了幸运，承载着“咖啡里的幸运”的意义。

资料来源：“新冠啤”60 天赔了 20 亿！品牌该如何取名．(2020－03－17)．https://new.qq.com/rain/a/20200317A0AI8500．作者有所整理删减。

知识拓展

百度品牌名的由来

“百度”这一名称来自宋朝诗人辛弃疾的《青玉案·元夕》词句“众里寻他千百度”。创始人李彦宏曾解释说：“我从小就喜欢唐诗宋词，当时在起名字时候的想法是，网站的名字要有中文的含义，要让中国人能明白，还要有简单的拼音，能表现搜索的含义，于是就有了百度，因为‘百度’两字把我们想要表达的东西全都涵盖了。”而“熊掌”图标的想法来源于“猎人巡迹熊爪”的刺激，从而构成百度的搜索概念，也最终成为百度的图标形象。

资料来源：https://www.sohu.com/a/130675039_128136.

（二）品牌的作用

1. 品牌能够帮助企业建立目标消费者的忠诚度

企业有了品牌之后，目标消费者就能通过品牌来识别目标产品，通过品牌来购买目标产品。所以品牌能够培养消费者对产品的忠诚度。

2. 品牌能够提高产品质量

企业要想做好品牌，就得综合考虑品牌的内涵和组成要素；同时如果一个品牌没有一个严格的质量管理体系来保证质量，那么也不是什么品牌了。

3. 品牌可以节约产品进入市场的门槛和费用

当一个产品在市场上被目标消费者广泛接受后，品牌的价值和美誉度就在消费者心中形成，然后企业推出新产品并借助老品牌的优势，就能很快被消费者接受和认可。

4. 品牌有利于把本公司的产品同其他同类产品区分开来

品牌一旦建立成功，就能在消费者心目中形成固定的形象；而这个形象一旦被消费者认可，就能被消费者长期接受并形成习惯性购买，从而把品牌和同类产品区分开来。

知识拓展

2021年品牌价值榜

英国知名品牌价值咨询公司“品牌金融”（Brand Finance）发布“2021全球最具价值500大品牌榜”（Global 500 2021），苹果以2 633.75亿美元的品牌价值升至第一位，比上年增长了87.4%。亚马逊、谷歌和微软也进入了前四名。中国工商银行和微信进入了前十名；华为跌出前十名，名列第15位。

按品牌所属国家看，197个美国品牌价值32 807亿美元，77个中国（不含港澳台）品牌价值14 223亿美元，34个日本品牌价值4 599亿美元，22个德国品牌价值4 184亿美元，32 个法国品牌价值 2 882 亿美元，10 个韩国品牌价值 1 960 亿美元，19 个英国品牌价值1 747 亿美元，15 个加拿大品牌价值 1 140 亿美元，12 个印度品牌价值 894 亿美元，7 个荷兰品牌价值 892 亿美元，11 个瑞士品牌价值 827 亿美元。

表 6-3 为 2021 年最具价值全球品牌十强。

表 6-3 2021 年最具价值全球品牌十强

排名	品牌	总部所在地	核心领域	品牌价值（亿美元）	年增率
1	苹果（Apple）	美国	科技	2 633.75	+87.4%
2	亚马逊（Amazon）	美国	零售	2 541.88	+15.1%
3	谷歌（Google）	美国	科技	1 912.15	+1.4%
4	微软（Microsoft）	美国	科技	1 404.35	+20.0%
5	三星（Samsung）	韩国	科技	1 026.23	+8.6%
6	沃尔玛（Walmart）	美国	零售	931.85	+20.2%
7	脸书（Facebook）	美国	媒体	814.76	+2.1%
8	中国工商银行（ICBC）	中国	银行	727.88	−9.9%
9	威瑞森（Verizon）	美国	电信	688.89	+8.2%
10	微信（WeChat）	中国	媒体	679.02	+25.4%

资料来源：2021 年全球最具价值 500 大品牌榜．（2021-02-03）．https://baijiahao.baidu.com/s?id=1690669566801037317&wfr=spider&for=pc.

（三）品牌策略管理

品牌策略管理是指企业如何合理地使用品牌或商标，以促进其产品销售。品牌策略主要有：品牌化策略、品牌所有权策略、品牌名称策略、品牌战略决策、品牌再定位决策、品牌延伸策略、品牌的更新。具体品牌管理决策流程如图 6-6 所示。

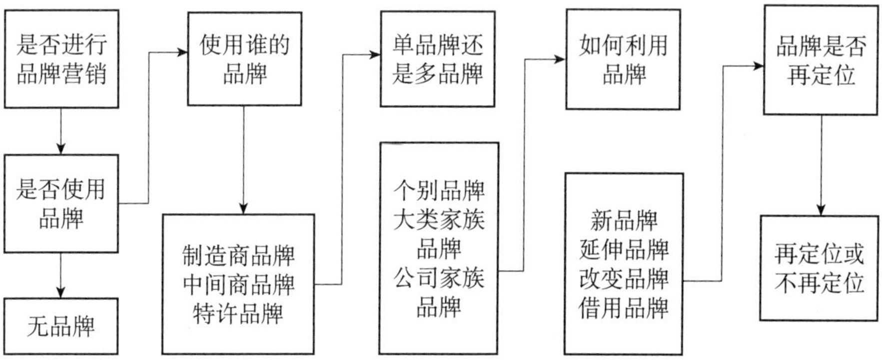

图 6-6 品牌管理决策流程

1. 品牌化策略

品牌化策略是指企业决定是否给产品起名字、设计标志的活动。历史上，许多产品不用品牌。现在，品牌的商业作用被企业特别看重，品牌化迅猛发展，已经很少有产品不使用品牌了。像大豆、水果、蔬菜、大米和肉制品等过去从不使用品牌的商品，现在也被放在有特色的包装袋内，冠以品牌出售，这样做的目的自然是获得品牌化的好处。

使用品牌对企业有如下好处：

（1）有利于订单处理和对产品的跟踪；

（2）保护产品的某些独特特征，以不被竞争者模仿；

（3）为吸引忠诚顾客提供机会；

（4）有助于市场细分；

（5）有助于树立产品和企业形象。

尽管品牌化是商品市场发展的大趋向，但对于单个企业而言，是否要使用品牌还必须考虑产品的实际情况，因为在获得品牌带来的上述好处的同时，建立、维持、保护品牌也要付出巨大成本。

2. 品牌所有权策略

品牌所有权策略是指企业决定使用本企业（制造商）的品牌，还是使用经销商的品牌，或者两种品牌同时兼用。

一般情况下，品牌是制造商的产品标记，制造商决定产品的设计、质量、特色等。享有盛誉的制造商还将其商标租借给其他中小制造商，收取一定的特许使用费。近年来，经销商的品牌日益增多。西方国家许多享有盛誉的百货公司、超级市场、服装商店等都使用自己的品牌，有些著名商家（如美国的沃尔玛）经销的90%商品都用自己的品牌。同时强有力的批发商中也有许多使用自己的品牌，以增强对价格、供货时间等方面的控制能力。

当前，经销商品牌已经成为品牌竞争的重要因素。但使用经销商品牌会给经销商带来一些问题，比如：经销商需大量订货，占用大量资金，承担的风险较大；经销商为扩大自身品牌的声誉，需要大力宣传其品牌，经营成本提高。经销商使用自身品牌也会带来诸多利益，比如：因进货数量较大则其进货成本较低，因而销售价格较低，竞争力较强，可以得到较高的利润；经销商可以较好地控制价格，可以在某种程度上控制其他中间商。

3. 品牌名称策略

品牌名称策略是指企业决定所有的产品使用一个或几个品牌，还是不同产品分别使用不同的品牌。在这个问题上，品牌名称策略可以大致有以下四种模式：

（1）个别品牌名称。即企业决定每个产品使用不同的品牌。采用个别品牌名称，为每种产品寻求不同的市场定位，有利于增加销售额和对抗竞争对手，还可以分散风险，使企业的整个声誉不致因某种产品表现不佳而受到影响。例如，宝洁公司的洗衣粉使用了“汰渍”“碧浪”，肥皂使用了“舒肤佳”，牙膏使用了“佳洁士”。

（2）对所有产品使用共同的家族品牌名称。即企业的所有产品都使用同一种品牌。对于那些享有高声誉的著名企业，全部产品采用统一品牌名称策略可以充分利用其名牌效应，使企业所有产品畅销。同时企业宣传介绍新产品的费用开支也相对较低，有利于新产品进入市场。例如，娃哈哈公司的所有产品都用娃哈哈作为品牌名称。

（3）各大类产品使用不同的家族品牌名称。企业使用这种策略，一般是为了区分不同大类的产品，一个产品大类下的产品再使用共同的家族品牌，以便在不同大类产品领域中树立各自的品牌形象。

（4）个别品牌名称与企业名称并用。即企业决定其不同类别的产品分别采取不同的品牌名称，且在品牌名称之前都加上企业的名称。企业多把此种策略用于新产品的开发。在新产品的品牌名称上加上企业名称，可以使新产品享受企业的声誉，而采用不同的品牌名称，又可使各种新产品显示出不同的特色。例如，海尔集团就推出了“大王子”“小王子”和“小小神童”洗衣机。

4. 品牌战略决策

知识拓展：品牌命名原则

品牌战略决策有 5 种，即：产品线扩展策略、品牌延伸策略、多品牌策略、新品牌策略、合作品牌策略。

（1）产品线扩展策略。产品线扩展是指企业现有的产品线使用同一品牌，当增加该产品线的产品时，仍沿用原有的品牌。这种新产品往往都是现有产品的局部改进，如增加新的功能、包装、式样和风格等。通常厂家会在这些商品的包装上标明不同的规格、不同的功能特色或不同的使用者。

（2）品牌延伸策略。品牌延伸策略是指利用成功品牌声誉和潜在价值推出新产品和新的产品系列，如格兰仕从微波炉延伸到洗衣机，品牌延伸可以加快新产品推广，降低营销推广费用，但实施品牌延伸时要注意延伸产品与原产品的关联性和定位一致性。

（3）多品牌策略。多品牌策略是指在相同产品类别中引进多个品牌的策略。一个企业建立品牌组合，实施多品牌战略，往往也是基于同样的考虑，并且这种品牌组合的各个品牌形象相互之间是既有差别又有联系的，组合的概念蕴含着整体大于个别的意义。实施多品牌策略的好处如下：

①培植市场的需要。尽管某一品牌起初一枝独秀，但一旦等它辛辛苦苦开垦出一片肥沃的市场，其他人就会蜂拥而至。众多市场竞争者共同开垦一个市场，有助于该市场的快速发育与成熟，多个品牌一同出现是支持一个整体性市场所必需的。

②多个品牌使企业有机会最大限度地覆盖市场。随着市场的成熟，消费者的需要逐渐细分化，一个品牌不可能保持其基本意义不变而同时满足几个目标。这就是为什么有的企业要创造数个品牌以对应不同的市场细分的初衷。多品牌战略有助于制造商遏制中间商和零售商控制某个品牌，进而左右自己的能力。

③突出和保护核心品牌。当需要保护核心品牌的形象时，多品牌的存在更显得意义重大，核心品牌在没有把握的革新中不能盲目冒风险。例如，为了捍卫品牌资产，迪士尼企业在其电影制作中使用多个品牌，使得迪士尼企业可以产生各种类型的电影，从而避免了损伤声望卓著的迪士尼形象。

多品牌策略虽然有着很多优越性，但同时也存在诸多局限性：

①对于一个企业来说，随着品牌的增加，新品牌对企业的边际市场贡献率也将呈递减

的趋势。这一方面是因为企业的内部资源有限，支持一个新的品牌有时需要缩减原有品牌的预算费用；另一方面，随着企业在同一产品线上品牌的增多，各品牌之间不可避免地会侵蚀对方的市场，甚至品牌间会出现相互蚕食的现象。

②品牌推广成本较大。企业实施多品牌策略，就意味着不能将有限的资源分配给获利能力强的少数品牌，各个品牌都需要一个长期、巨额的宣传预算。

（4）新品牌策略。为新产品设计新品牌的策略称为新品牌策略。当企业在新产品类别中推出一个产品时，它可能发现原有的品牌名不适合它，或者对新产品来说有更好、更合适的品牌名称，企业需要设计新品牌。例如，原来生产保健品的养生堂开发饮用水时，使用了“农夫山泉”。

（5）合作品牌策略。合作品牌（也称为双重品牌）是两个或更多的品牌在一个产品上联合起来。每个品牌都期望另一个品牌能强化整体的形象或购买意愿。

合作品牌的形式有多种：一种是中间产品合作品牌，如富豪汽车公司的广告说它使用米其林轮胎；另一种形式是同一企业合作品牌，如“一汽丰田”。

5. 品牌再定位决策

品牌再定位决策是指一种品牌在市场上最初的定位也许是适宜的、成功的，但是到后来企业可能不得不对之重新定位。原因是多方面的，例如：竞争者可能继企业品牌之后推出他的品牌，并削减企业的市场份额；顾客偏好也会转移，使对企业品牌的需求减少；或者公司决定进入新的细分市场。

在作出品牌再定位决策时，首先应考虑将品牌转移到另一个细分市场所需要的成本，包括产品品质改变费、包装费和广告费。一般来说，再定位的跨度越大，所需成本越高。其次，要考虑品牌定位于新位置后可能产生的收益。收益大小是由以下因素决定的：某一目标市场的消费者人数；消费者的平均购买率；在同一细分市场竞争者的数量和实力，以及在该细分市场中为品牌再定位要付出的代价。

知识拓展

“七喜”品牌重新定位的故事

“七喜”品牌的重新定位是一个成功的典型范例。七喜牌饮料是许多软饮料中的一种，调查结果表明，主要购买者是老年人，他们对饮料的要求是刺激性小和有柠檬味。七喜公司使了一个高招，进行了一次出色的活动，标榜自己是生产非可乐饮料的，从而获得了非可乐饮料市场的领先地位。

资料来源：https://www.etest8.com/yingxiaoshi/.

六、认识产品包装策略

包装是商品实体的主要组成部分，包装策略是产品策略的主要组成部分。包装在营销中的作用正在不断加强，包装的方法和技术也在不断更新，合适的包装可以使产品魅力大增。

（一）产品包装的概念

产品的包装是指产品的容器或外部包装物，一般分为 3 个层次：内包装、中包装、外包装。

1. 内包装

内包装是指直接接触产品的包裹物，如牙膏壳、酒瓶等。设计内包装时，要依据产品的物理、化学性质和用途、卫生要求，选用适当的材料、方式、方法，并且包装的质量要与产品的质量的档次符合。

2. 中包装

中包装是指保护内包装的包裹物，常被丢弃，如牙膏纸盒。中包装设计要美观大方，图案生动形象，不落俗套，而且要特别突出商标，标明配方、规格、容量等。

3. 外包装

外包装是指产品储运、辨认所需的包裹物，如集装箱。外包装设计要讲究标准化，回收再利用，并且要注明各项标记，如收发货人、收发地点、货物的质量等级、数量、体积、重量和保护性警告标志等。

（二）包装的作用

1. 保护产品

产品包装最基本的功能便是保护商品，便于储运。有效的产品包装可以起到防潮、防热、防冷、防挥发、防污染、保鲜、防易碎、防变形等系列保护产品的作用。这是包装的物理功能，也是基本功能。

2. 便于运输、携带和贮存

现代的产品包装为人们提供了许多便利，对于提高功效和生活质量发挥着重要的作用。适宜的包装能适应生产企业机械化、专业化、自动化生产的要求，能够提高工作效率；储运包装有利于商品合理堆放、装卸、存储和集装箱运输；销售包装便于陈列、清点、携带、保管和销售。

3. 促进销售

包装是商品的外壳，是消费者和营销人员最先熟悉的内容，能够帮助人们区别产品，起到“无声推销员”的作用。优秀的包装设计、精巧的造型、合理的结构、醒目的商标、明快的色彩和得体的文字都能刺激消费者的购买欲望，并且使消费者记忆深刻，增加重复购买次数。

4. 增加盈利

优良美观的包装可以抬高商品的身价，使顾客愿意付出高价格来购买，一般来说，商品的内在质量是竞争能力的基础，但是，优质产品如果没有一个良好的包装相匹配，就会降低身价，并在市场上削弱竞争能力，这在国际市场上特别明显。

知识拓展

农夫山泉的生肖瓶

农夫山泉从2016年起推出金猴瓶开始，每年都会出限定生肖瓶，每一款设计都倾注大量的心血，出彩夺目，惊艳众人。2020年第五款生肖瓶——鼠年限量生肖纪念瓶，瓶身依旧是采用了插画形式，描绘憨厚可爱的金鼠一家形象，寓意着金鼠贺岁好水旺财（见图6－7）。高颜值包装吸引了众多消费者的关注，并在社交平台分享转发，提升了品牌知名度；只送不卖形式，不仅增加了平台访问次数，为其他产品有效引流，而且开拓了新用户。

图6－7　农夫山泉生肖瓶

资料来源：抢先看！农夫山泉《牛年》生肖瓶又来了．(2020－12－02)．https://www.sohu.com/a/435907741_712333.

（三）包装设计要求

（1）符合法律规范；

（2）保护商品，造型美观，文字内容符合消费者的心理；

（3）经济实用；

（4）与商品的价值（质量）相符；

（5）显示商品的特点；

（6）与目标市场相适应，符合人们的价值观念、审美观念、风俗习惯；

（7）文字设计一目了然；

（8）符合销售地的风俗习惯。

（四）包装使用策略

1. 类似包装策略

类似包装策略是指企业对其生产的产品采用相同的图案、近似的色彩、相同的包装材料和相同的造型进行包装，便于顾客识别出本企业产品。对于忠实于本企业的顾客，类似包装无疑具有促销的作用，企业还可因此而节省包装的设计、制作费用。但类似包装策略只能适宜于质量相同的产品，对于品种差异大、质量水平悬殊的产品则不宜采用。

2. 等级包装策略

等级包装策略是指将商品分为若干等级，不同等级使用不同包装，使商品价值与包装表里一致，方便消费者选购。

3. 配套包装策略（组合、多种包装策略）

配套包装策略是按各国消费者的消费习惯，将数种有关联的产品配套包装在一起成套供应，便于消费者购买、使用和携带，同时可以扩大产品的销售。在配套产品中如加上某种新产品，可使消费者不知不觉地习惯使用新产品，有利于新产品上市和普及。

4. 双重用途包装策略（再使用包装策略）

双重用途包装策略是指包装内的产品使用完后，包装物还有其他用途。例如，各种形状的香水瓶可做装饰物，精美的食品盒也可被再利用等。

这种包装策略可使消费者感到一物多用而引起其购买欲望，而且包装物的重复使用也起到了对产品的广告宣传作用。但是要注意谨慎使用该策略，避免因成本加大引起商品价格过高而影响产品的销售。

5. 附赠品包装策略

商品包装物中附赠奖券或实物，或者包装本身可以换取礼品，吸引顾客的惠顾效应，导致重复购买，扩大销售。如南孚电池送手电筒。

6. 改变包装策略

改变包装策略即改变和放弃原有的产品包装，改用新的包装。由于包装技术、包装材料的不断更新，以及消费者的偏好不断变化，企业需要采用新的包装以弥补原包装的不足。企业在改变包装的同时必须配合好宣传工作，以消除消费者以为产品质量下降或产生其他误解。

知识拓展

文创月饼成年轻人新宠　是否涉嫌过度包装引争议

2019 年，宫廷范儿的故宫月饼以及各大互联网公司推出的“高颜值”包装月饼刷爆朋友圈。

记者调查发现，“文化创意”包装成为月饼营销重点。2019 年，故宫推出了别具“故宫美学”风格、古色古香，用浮雕锦盒、古绣圆盒包装的月饼。网红品牌喜茶的月饼礼盒采用怀旧包装并饰以小兔子卡通形象。某著名咖啡店则推出了与某奢侈品牌联名设计的月饼礼盒，售价 1 380 元，从外观上看就是一个女士皮包。打开之后，礼盒里面有白瓷杯、彩色釉瓷香炉或丝巾等。相比之下，月饼更像是赠品。

在受到追捧的同时，这类文创包装也引发了争议。有消费者质疑：附加包装的价值已经远远大于月饼，销售主体变成华丽包装本身，是否属于过度包装？但也有消费者认为，相比于毫无实际用途，用硬纸盒、红绸缎堆砌的“土豪式”包装，文创包装不仅好看，还可以用作收纳盒长久使用，不会产生浪费，应该不算过度包装。

资料来源：极简、文创还是浮夸？今年的月饼包装你站哪一队．(2019－09－15)．https://hznews.hangzhou.com.cn/jingji/content/2019－09/15/content_7266747.htm.

任务二　选择定价策略

一、影响企业定价的因素

仔细研究影响定价的各个因素，有助于企业对产品价格的产生和确定过程形成更为深刻的了解，帮助管理者作出科学有效的定价决策。

（一）定价目标

定价目标是指企业通过定价期望达到的效果，规定了定价目的和水平。企业的定价目标从属于企业的经营目标。企业的定价目标是以满足市场需要和实现企业盈利为基础的，它是实现企业经营总目标的保证和手段，同时，又是企业定价策略和定价方法的依据。企业面临的市场环境和竞争条件不同，企业的目标也会有差别，不同的企业有不同的目标，就是同一企业在不同的发展时期也有不同的定价目标。

1. 维持生存的目标

恶劣的市场环境、激烈的市场竞争、不利的市场地位和狭小的生存空间，使得企业只得追求微薄的利润或者保本来赢得生存。企业此时主要采用低价策略，价格只要能弥补可变成本和部分固定成本，企业就可以生存。

2. 当期利润最大化目标

当期利润最大化目标是指企业追求在一定时期内获得最高利润额的一种定价目标。利润最大化取决于合理价格所推动的销售规模，因而追求最大利润的定价目标并不意味着企业要制定最高单价。最大利润既有长期和短期之分，又有企业全部产品和单个产品之别。

有远见的企业经营者都着眼于追求长期利润的最大化。当然并不排除在某种特定时期及情况下，企业经营者对其产品制定高价以获取短期最大利润。还有一些多品种经营的企业，经常使用组合定价策略，即有些产品的价格定得比较低，有时甚至低于成本以招徕顾客，借以带动其他产品的销售，从而使企业利润最大化。

3. 市场占有率领先目标

市场占有率是一个企业经营状况和企业产品在市场上竞争能力的直接反映，是企业实力和市场地位的重要标志，反映竞争能力大小，关系到企业的兴衰存亡。

市场占有率提高10%，税后投资利润率提高5%。因此实力雄厚的大企业宁肯放弃当前部分利润，而采用低价来扩大占有率，获得长期利润。

4. 产品质量领先目标

企业的定价目标受到企业的市场定位决策的制约。例如，京广线上的豪华软卧包厢，其目标顾客是高收入消费阶层，因此票价甚至超过飞机票价，但平均乘坐率仍高达80%以上。

（二）市场需求

市场需求是影响企业定价的重要因素。一般来说，市场需求随着产品价格的上升而减少，随着价格的下降而增加。但是也有一些产品的需求和价格之间呈同方向变化的关系，如能代表一定社会地位和身份的装饰品及有价值的收藏品等。

1. 市场需求与价格变动

价格是影响需求的主要因素，影响需求的非价格因素有：一是收入，当消费者的收入增加时，需求量也会增加；二是替代品价格的变化，替代品价格降低，需求量减少；三是消费者偏好。

2. 需求的价格弹性

需求的价格弹性是指价格变动而引起的需求相应变动率。正常情况下，市场需求会按照与价格相反的方向变动。价格上升，需求减少；价格降低，需求增加。因此，需求曲线是向下倾斜的。

就声望高的商品来说，需求曲线有时呈正斜率。例如：香水提价后，其销售量却有可能增加。当然，如果提得太高，需求将会减少。

企业定价时必须依据需求的价格弹性，即了解市场需求对价格变动的反应。价格变动对需求影响小，这种情况称为需求无弹性；价格变动对需求影响大，则叫作需求有弹性。

在以下条件下，需求可能缺乏弹性：代用品很少或没有，没有竞争者；买者对价格不敏感；买者改变购买习惯较慢和寻找较低价格时表现迟缓；买者认为产品质量有所提高，或者认为存在通货膨胀等，价格较高是应该的。

如果某产品不具备上述条件，那么产品的需求有弹性，在这种情况下，企业应采取适当降价措施，以刺激需求，促进销售，增加销售收入。

当需求价格弹性大于1时，称为需求富有弹性；当需求价格弹性小于1时，称为需求缺乏弹性。影响需求价格弹性的因素主要有：

（1）消费者对产品的需要程度。消费者对生活必需品的需要强度大且比较稳定，因而生活必需品的需求弹性小；消费者对高档消费品和奢侈品的需求强度小且不稳定，因而高档消费品和奢侈品的需求弹性大。

（2）产品的重要性。某种产品的支出在消费者的总支出中所占比例较小，那么该产品的价格变动对消费者的影响较小，因而其需求的价格弹性也较小；反之，需求的价格弹性较大。

（3）产品替代品数目和可替代程度。一种产品的替代品越多，可替代的程度越高，其需求弹性就越大；反之，需求弹性就越小。

（4）产品用途的广泛性。一般地，产品的用途越多，其需求弹性就越大。

（5）产品的耐用程度。一般情况下，耐用品的需求弹性大，而非耐用品的需求弹性小。

（6）消费者的收入水平。同一产品对不同收入水平的人来说，需求弹性是不同的。因为一种产品对于高收入水平的人来说可能是必需品，需求弹性小，但对于低收入水平的人来说则可能是奢侈品，需求弹性大。

（7）消费者购买和消费习惯改变的难易程度。越易改变，价格弹性越大。

（8）文化价值的取向或偏向。产品越接近消费者的核心价值观，则消费者越愿意消费，其需求弹性就小。

3. 价格弹性与产品定价

由于不同产品的需求弹性不同，同一产品在不同价格水平上的需求弹性也可能不同，因此，企业为产品定价时应该考虑需求的价格弹性，当需求富有弹性时，应该降低价格以刺激需求，扩大销售，增加收益。这时虽然由于价格下降，单位产品的销售收入减少，但由于需求增加的幅度大于价格下降的幅度，因此由于需求增加、销售扩大而增加的收益在弥补由于价格降低而减少的收益后还有剩余，企业的总收益会增加。

对于需求富有弹性的产品，如果提高价格，反而会造成总收益的减少。当需求缺乏弹性时，企业可以适当提高产品售价，这时由于提价的幅度大于需求减少的幅度，会增加企业的总收益。对于需求缺乏弹性的产品，降价会减少企业的总收益。

（三）成本

成本也称生产费用，是指厂商在生产过程中使用的各种生产要素的支出，即投入的各种生产要素数量与其价格乘积的总和。营销学中的成本具体是指商品生产销售的企业在商品的生产与流通过程中所耗费的物化劳动和活劳动的价值总和。

需求在很大程度上为企业确定了一个最高价格限度，而成本则决定着价格的下限。从长期来看，任何产品的价格都应高于所发生的成本费用，只有这样，生产经营过程中的耗费才能从销售收入中得到补偿，企业才能获得利润，生产经营活动才能继续进行。价格应包括所有生产、分销和推销该产品的成本，还包括对公司的努力和承担风险的一个公允的报酬。

1. 固定成本

固定成本是指在短期内不随企业产量和销售收入的变化而变化的生产费用，如厂房设备的折旧费、租金、利息、行政人员薪金等。这些费用不论企业的产量是多还是少，规模是大还是小，都必须支出。

2. 变动成本

变动成本是指随着生产水平的变化而直接变化的成本，如原材料费、生产经营工人的工资、产品的包装费用、运输、仓储费用等。产量越大，可变成本越大；企业不开工生产，可变成本等于零。

3. 总成本

总成本是指企业生产某种产品的总固定成本和总变动成本的总和。当产量为零，即企业不进行产品生产时，总成本等于总固定成本。成本是企业收益的减项，降低成本是提高企业经济效益的有效途径之一。

（四）市场竞争

市场竞争是影响产品定价的直接因素之一。竞争因素对定价的影响取决于不同市场的竞争程度。市场竞争程度由产业中竞争者的数量和竞争环境所决定。

1. 竞争者

企业在进行价格决策时，需要考虑竞争者的成本、价格及对自身价格变动可能做出的反应等。企业必须随时掌握竞争对手的动态，了解其营销策略，持续研究竞争对手。如果企业的产品和竞争者的同种产品质量差不多，那么两者的价格也应大体一样；如果企业的产品不如竞争者的产品，那么产品价格就应定低些；如果企业的产品优于竞争者的产品，那么价格就可以定高些。

2. 竞争环境

竞争环境决定了行业竞争的强度，也决定着定价的权力归属。在完全竞争的市场上，每个企业都是市场价格的接受者，企业应该集中资源致力于成本策略；在垄断竞争市场上，企业应该采取差异化策略，积极掌握价格的主动权；在寡头垄断市场上，由于企业数量少，价格往往处于相对稳定状态，企业的主要策略在于降低成本；在完全垄断市场上，企业往往制定相对较高的价格策略，并可能采用差别定价，采用尽量占有消费者剩余的高价格。

（五）政策法规

企业的定价还必须遵守国家的有关政策法规。一般来说，政府的管制通常会引起成本上升，如《中华人民共和国环境保护法》对企业排污达标标准的规定，提高了部分企业的生产成本。但是政策法规也可能有利于价格的下调，如《中华人民共和国反垄断法》对价格合谋垄断市场的行为进行限制等。

二、选择定价方法

影响企业定价的因素很多，其中最基本的因素有：一是成本，它规定了价格的下限；二是市场需求或顾客对企业产品独特的特点的评价，它规定了价格的上限；三是竞争者产品的价格和替代品的价格，它确定了在最高价格和最低价格之间企业产品的标价点；四是消费者心理因素也会给定价造成影响。企业在为产品定价时，主要是通过考虑这四种因素中的一个或几个选择定价方法。

因此，企业为产品确定具体的价格时可以采取的定价方法分为三类：成本导向定价法、竞争导向定价法和顾客导向定价法。

（一）成本导向定价法

成本导向定价法就是企业在商品定价时以商品的价值为基础，即以产品成本为基础，加上预期利润，结合销售量等有关情况，确定价格水平，是企业最基本、最普遍的定价方法。在企业确定定价策略时，以成本导向的应用不同，有以下具体方法：

1. 加成定价法

加成定价法是企业根据所确定的加成率和单位产品总成本来制定产品的价格。由于毛利率确定的方法不同，加成定价法可分为成本加成定价法和售价加成定价法两种。

（1）成本加成定价法。即按照单位成本加上一定百分比的加成率来制定价格。成本加成定价法中的加成率的计算公式是：加成率＝毛利/销售成本。产品单价的计算公式为：

产品单价＝单位产品总成本×(1＋加成率)

例如：某皮鞋公司的单位成本为15元，加成率为20%，则皮鞋的销售价格为18元。

这种方法的优点是计算简便，同行业的企业都采用这种定价方法时，因为各企业的成本和目标利润率相差不大，制定出的价格也相差不大，能够避免出现过度的价格竞争，从而各企业都能够获取稳定的利润。但是，这种定价方法是从企业的角度出发来考虑定价的问题的，忽视了市场需求、竞争情况、消费者的心理因素，因此制定出来的价格与顾客的评价相关性不大，不利于产品的销售。

(2) 售价加成定价法。售价加成定价法中的加成率的计算公式是：加成率＝毛利/销售收入。产品单价的计算公式为：

产品单价＝单位产品总成本÷(1－加成率)

售价加成定价法的优缺点与成本加成定价法类似。但在售价相同的情况下，用这种方法计算出的加成率低于成本加成定价法的加成率，能给人以合理的感觉，更容易被接受。零售部门较多采用的是售价加成定价法。

2. 目标利润定价法（收益率定价法）

目标利润定价法即根据估计的总销售收入（销售额）和估计的产量（销售量）来制定价格。计算公式为：

产品单价＝(总成本＋目标利润)/预计销售量

例如：假设企业的生产能力为100万个产品，估计未来时期80%的生产能力能开工生产，则可生产80万个产品；生产80万个产品的总成本估计为1 000万元；若公司想得到20%的目标利润率，则目标利润为200万元；总收入为1 200万元，目标价格为15元。

这种方法计算简便，如果企业能按制定的价格实现预计的销售量，就能达到预定的利润目标。在产品销售情况比较稳定的条件下，企业可以采用这种方法。但这种方法没有考虑顾客的需求弹性和竞争者产品价格等因素对企业产品的影响。

3. 边际贡献定价法

边际贡献是指产品销售收入与产品变动成本的差额，单位产品边际贡献是指产品单价与单位产品变动成本的差额。边际贡献弥补固定成本后如有剩余，就形成企业的纯收入；如果边际贡献不足以弥补固定成本，那么企业将发生亏损。在企业经营不景气、销售困难、生存比获取利润更重要时，或者企业生产能力过剩，只有降低售价才能扩大销售时，可以采用边际贡献定价法。

边际贡献定价法的原则是，产品单价高于单位变动成本时，就可以考虑接受。因为不管企业是否生产、生产多少，在一定时期内固定成本都是要发生的，而产品单价高于单位变动成本，这时产品销售收入弥补变动成本后的剩余可以弥补固定成本，以减少企业的亏损（在企业维持生存时）或增加企业的盈利（在企业扩大销售时）。

例如：某企业某产品的生产能力为年产70万件，年固定成本为50万元，单位产品变动成本为1.80元，产品单价为3元，现在企业只接到订单40万件。按此计划生产，边际贡献弥补部分固定成本后企业仍亏损2万元。如果有客户追加订货20万件，每件报价为2.40元，根据边际贡献定价法原则，这一报价是可以接受的。接受此订单后，企业将实现盈利10万元。

4. 收支平衡定价法——保本点定价

如不考虑税率，则产品单价的计算公式为：

$$P=F/Q_0+C_v$$

式中：P——单位产品价格；

F——固定成本总额；

Q_0——盈亏平衡点销量；

C_v——变动成本总额。

如考虑税率，则产品单价的计算公式为：

$$P=(F+Q_0\times C_v)/Q_0(1-i\%)$$

式中：P——单位产品价格；

F——固定成本总额；

Q_0——盈亏平衡点销量；

C_v——变动成本总额；

$i\%$——税率。

例：假设某企业生产某产品16 000件，可销率为100%，固定成本为80万元，单位变动成本为50元。

(1) 企业若想保本，产品价格应为多少？

(2) 假定税率为20%，企业若想保本，产品价格应定为多少？若由于市场影响，每件产品须降价12元，则要生产多少产品才能保本？

(3) 企业若想获得利润80万元（税率为20%），应定价多少？

解：(1) $P=800\ 000/16\ 000+50=100$（元）。

(2) $P=(800\ 000+16\ 000\times 50)/[16\ 000\times(1-20\%)]=125$（元）。

$N_0=800\ 000/[(125-12)\times(1-20\%)-50]=19\ 802$（件）。

(3) $P=(800\ 000+800\ 000)/16\ 000+50=150$（元）。

（二）竞争导向定价法

竞争导向定价法是企业通过研究竞争对手的生产条件、服务状况、价格水平等因素，依据自身的竞争实力，参考成本和供求状况来确定商品价格。这种定价方法主要有三方面特点：价格与商品成本和需求不发生直接关系；商品成本或市场需求变化了，但竞争者的价格未变，就应维持原价；成本或需求都没有变动，但竞争者的价格变动了，则相应地调整其商品价格。

竞争导向定价法主要包括随行就市定价法、产品差别定价法和密封投标定价法。

1. 随行就市定价法

随行就市定价法又称“模仿定价法”或“通行价格定价法”，是指企业某产品价格保持在市场平均价格水平上，利用这样的价格来获得平均报酬。

随行就市定价法是一种防御性的定价方法，在完全竞争市场中运用最普遍，特点是收益稳定，风险少，市场稳定，不容易引发价格战。

采用此方法，最重要的就是确定目前的“行市”。在现实中，“行市”的形成有两种途径：一是在完全竞争的环境里，各个企业都无权决定价格，通过对市场的无数次试探，相互之间取得一种默契而将价格保持在一定的水准上；二是在垄断竞争的市场条件下，某一部门或行业的少数几个大企业首先定价，其他企业参考定价或追随定价。

2. 产品差别定价法

随行就市定价法避免了价格竞争，但同时也抛弃了价格这一竞争武器。产品差别定价法与它正好相反，是指企业通过不同的营销努力，使同种同质的产品在消费者心目中树立起不同的产品形象，进而根据自身特点，选取低于或高于竞争者的价格作为本企业产品价格。因此，产品差别定价法是一种进攻性的定价方法。

该方法的运用首先要求企业具备一定的实力，产品具有一定的差异特色，在某一行业或某一区域市场占有较大的市场占有率，消费者能够将企业产品与企业本身联系起来。其次，在质量大体相同的条件下实行差别定价是有限的，尤其对于定位为“质优价高”形象的企业来说，必须支付较大的广告、包装和售后服务方面的费用。所以从长远来看，企业只有通过不断创新，不断提高产品质量，才能真正赢得消费者的信任，才能在激烈的竞争中拥有一席之地。

（1）低于竞争者产品价格定价。是指竞争趋于激烈时，行业中一些实力雄厚的企业或取得成本领先的企业通过大幅度降价甚至亏本来排除竞争对手，使自己获得较大的市场占有率。

20世纪60年代初，数以百计的公司从事电子计算机零件的制造，与美国IBM公司竞争，竞争越来越激烈。IBM公司突然将重要零件价格降低15%以上，结果许多成本较高的企业被迫转移投资，留在市场上的企业也坐立不安，唯恐IBM再降价。

（2）高于竞争者产品价格定价。能制造特种产品和高质量产品的企业，凭借其产品本身独有的特点和很高的声誉，以及能为消费者提供较别的企业更高水平的质量和服务，可以采用此方法。这种定价法一般用于受专利保护的产品，或者有良好企业形象影响的产品。

3. 密封投标定价法

密封投标定价法一般采用公开招标的方法，即买方在媒体上刊登广告或者发出函件，说明拟购商品的品种、花色、规格、型号、数量等具体要求，要求卖方在规定的时间内投标。在此方式下，投标价格是决定企业能否中标的关键性因素。高价格虽然能带来较高利润，但是中标概率较低；反之，低价低利润，中标概率大，但是机会成本可能大于其投资成本。那么，如何来制定投标价格呢？有以下步骤：

第一，企业根据自身的成本，确定几个备选的投标价格方案，并依据成本利润率计算出企业可能盈利的各个价格水平。

第二，分析竞争对手的实力和可能报价，确定本企业各个备选方案的中标机会。竞争对手的实力包括产销量、市场占有率、信誉、声望、质量、服务水平等项目，其可能报价则在分析历史资料的基础上得出。

第三，根据每个方案可能的盈利水平和中标机会，计算每个方案的期望利润：

每个方案的期望利润＝每个方案可能的盈利水平×中标概率（%）

第四，根据企业的投标目的来选择投标方案。

（三）顾客导向定价法

根据市场需求状况和消费者对产品的感觉差异来确定价格的方法叫作顾客导向定价法，又称“市场导向定价法”“需求导向定价法”。其特点是，灵活、有效地运用价格差异，对平均成本相同的同一产品，价格随市场需求的变化而变化，不与成本因素发生直接关系。顾客导向定价法主要包括理解价值定价法、需求差异定价法和逆向定价法。

1. 理解价值定价法

理解价值定价法是指企业以消费者对商品价值的理解度为定价依据，运用各种营销策略和手段，影响消费者对商品价值的认知，形成对企业有利的价值观念，再根据商品在消费者心目中的价值来制定价格。

理解价值定价法与现代营销观念相一致，被越来越多的企业所接受，具体步骤是：

（1）确定顾客的理解价值，即确定顾客对企业产品的性能、用途、质量、品牌、式样、服务等在顾客心目中的价值；

（2）依据确定的价值，决定产品的初始价格；

（3）预测商品的销售量，即在初始条件下可能达到的销售量；

（4）预测目标成本；

（5）决策，即把预测的目标成本与实际成本进行对比，来确定价格。

当实际成本低于目标成本时，说明在初始价格条件下，目标利润可以保证，可将初始价格定为产品的实际销售价格；当实际成本高于目标成本时，说明在初始价格的情况下，目标利润得不到保证，此时需要进一步作出选择，降低目标利润或者设法进一步降低实际成本，使初始价格可以付诸实施，否则，只有放弃原有方案。

理解价值定价法的关键是准确地确定消费者对所提供商品价值的认知程度：若认知价值过高，则定价也较高；若认知价值过低，则产品定价达不到应该达到的价值。企业一般用直接评议法、相对评分法、诊断评议法来估计顾客对商品价值的认知程度。

2. 需求差异定价法

需求差异定价法是指产品价格的确定以需求为依据，首先强调适应消费者需求的不同特性，而将成本补偿只放在次要的地位。这种方法可以使企业定价最大限度地符合市场需求，促进商品销售，有利于企业获取最佳的经济效益。根据需求特性的不同，需求差异定价法通常有以下四种形式：

（1）以用户为基础的差别定价。例如，旅游景点有老年票、学生票、军人票等，如图6-8所示。

大、中、小学生（含港、澳、台学生，不含成人教育、研究生），凭学生证或学校介绍信，可购学生票，20元/人。
6周岁（不含6周岁）至18周岁（含18周岁）未成年人，可凭身份证、户口本或护照购买学生票，20元/人。
60周岁以上（含60周岁）老年人凭身份证原件，门票半价优惠。
持有本市社会保障金领取证的人员，门票半价优惠。
离休干部凭离休证，免票参观。
6周岁（含6周岁）以下或身高1.2米（含1.2米）以下儿童免票参观。
残疾人凭残疾人证件，免票参观。
“三八”妇女节，妇女享受门票半价优惠。
“六一”儿童节，14周岁以下（含14周岁）儿童，免费参观。随同家长一人享受半价优惠。
“八一”建军节，现役军人、武警（含消防救援人员）凭有效证件，免票参观。

图6-8 某景区门票价格

（2）以地点为基础的差别定价。例如，对于演唱会，不同位置的票价不同，如图6-9所示。

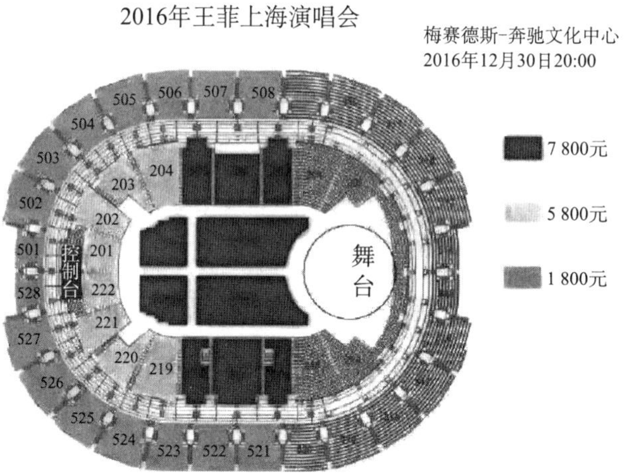

图6-9 2016年王菲上海演唱会门票价格

（3）以时间为基础的差别定价。如飞机票价在节假日和平时的价格有差别。

（4）以产品式样为基础的差别定价。如企业针对不同产品外包装图案与色彩等属性的同类产品收取不同的价格。

实行差别定价必须具备一定的条件，否则不仅达不到差别定价的目的，甚至会产生反作用。这些条件包括以下四个方面：

（1）从购买者方面来说，购买者对产品的需求有明显的差异，需求弹性不同，市场能够细分，不会因差别价格而导致顾客的反感。

（2）从企业方面来说，实行不同价格的总收入要高于同一价格的收入。

（3）从产品方面来说，各个市场之间是分割的，低价市场的产品无法向高价市场转移。

（4）从竞争状况来说，无法在高价市场上进行价格竞争。

3. 逆向定价法

这种定价方法主要不是考虑产品成本，而是重点考虑需求状况，是指依据消费者能够接受的最终销售价格，逆向推算出中间商的批发价和生产企业的出厂价格。分销渠道中的批发商和零售商大多采取此种方法。

运用这种方法计算出的价格，能反映市场需求情况，有利于加强与中间商的良好关系，保证中间商的正常利润，使产品迅速向市场渗透，并可根据市场供求情况及时调整，定价比较灵活。

三、制定定价策略

（一）新产品定价策略

一般情况下，新产品的定价是企业面临的最具有挑战性的定价决策之一，因为企业此时可以参考的定价信息往往较少，对市场需求、成本和市场竞争等因素的未来变化也很难把握。可供选择的新产品的定价策略主要有三种：

1. 撇脂定价策略

撇脂定价策略（Skimming Pricing）是指企业在新产品投放市场的初期，利用消费者的好奇和求新的心理，利用新产品的显著特点和无竞争对手的条件，将产品价格定得很高，尽可能在短期内赚取更多的利润，尽快收回投资。

这种策略主要适用于不易模仿或受专利保护的全新产品、改进型产品或重新定位型产品，消费者需求迫切，需求弹性较小，没有竞争者或竞争者较弱的情形。

这种策略的优点是主动性强，随着时间逐步推移，价格可分阶段逐步下降，以利于从其他细分市场吸引新的顾客群；适应性强，可与生产能力相适应，而限制需求量迅速扩张而造成供不应求的局面；能从市场中迅速吸取利润，较快收回成本；有利于在消费者心目中树立企业、品牌和产品形象。

这种策略的缺点是价格高，不利于扩大市场，也容易招致竞争者，导致恶性竞争。

知识拓展

撇脂价格的制定者

王菲天后停歇四年后，2016 年 12 月 30 日登陆上海开演唱会，且只安排一场。据官网显示，演唱会门票价格分为 1 800 元、5 800 元、7 800 元，这一价格刷新了传统演出市场的门票价格。发售当日 39 万人同时在线哄抢，并仅用了 32 秒的时间就显示已全部售罄。

资料显示，王菲演唱会门票价格一直保持国内歌手演唱会票价纪录：2004 年杭州演唱会时门票价格最低 200 元、最高 1 680 元，2010 年北京演唱会时门票价格最低 300 元、最高 2 500 元。那为何能定高价呢？

资料来源：王菲天价演唱会门票 32 秒售罄，第一排 100 万．（2016－12－13）．https://www.sohu.com/a/121415415_112819，有所删减。

2. 渗透定价策略

和撇脂定价策略相反，渗透定价策略（Penetration Pricing）是企业在新产品投放市场的初期，将价格定得比较低，使新产品能够在尽可能短的时间内被消费者接受，以迅速打开销售局面，扩大市场销量，在价格上取得明显的竞争优势。

这种策略运用的前提是新产品有一个巨大的潜在市场，目标市场对价格敏感，企业也有较大的生产规模和大型营销经验。如金佰利国际集团旗下的舒而美系列女性用品针对这一市场品牌众多的特点，在高质量的前提下，制定较低价格，此价格甚至比大众消费品牌安而乐更低来占领市场，在很短的时间内迅速赢得消费者。

知识拓展

渗透价格的制定者

Redmi（红米）是小米公司在 2013 年 7 月 31 日推出的全新产品线，相比小米产品线，红米定位于走量，坚持高性价比的定位。红米 1 选用了联发科 28nm 四核处理器，屏幕是友达的 1 280×720P，与中国移动和 QQ 空间合作，在 799 元的定价下，让这款千元机势不可当。数据显示，首批发售 10 万台，有超过 900 万用户通过 QQ 空间预约，引起市场强烈反响，同时红米手机的出现消灭了当时火遍全国的山寨机，促进了智能手机的迅速普及。

资料来源：第一代红米手机被做成艺术品　雷军亲自点赞．（2021－02－17）．https://www.sohu.com/a/451168478_630181.

这种策略的优点是新产品能迅速被市场接受，快速打开销路，使成本随着生产的发展而降低，并且由于利润率低使竞争者望而却步，降低竞争的激烈程度。

这种策略的缺点是由于价格定得过低，而使品牌形象难以树立，太低会给消费者留下产品档次低、一般化的印象。

3. 适中定价策略

适中定价策略又称满意定价策略或温和定价策略，是指企业综合撇脂定价策略和渗透定价策略二者的优点，将价格确定在与产品质量和性能相匹配的水平上或同类产品的平均价格水平上。这种策略的优点是价格比较稳定，符合消费者预期，企业在正常的市场环境中可以如愿实现企业目标。同时，适中定价策略还为企业价格政策的调整留有余地，使企业可以灵活应对市场变化和竞争对手的价格攻击。其缺点是难以凸显企业产品的独特性和市场定位的差异性。

（二）产品组合定价策略

当企业生产经营多品种、多项目时，各种产品有需求和成本之间的内在关系并且受不同程度竞争的影响。企业如何从整体利益出发，为每一种产品定价，发挥每一种产品的相关作用，就需要研究制定出一系列的价格，从而使产品组合的整体利润最大化，此种定价策略即为产品组合定价策略。

此策略一般是对相关商品按一定的综合毛利率联合定价，对于互替商品，适当提高畅销品价格，降低滞销品价格，以扩大后者的销售，使两者销售相互得益，增加企业总盈利。对于互补商品，有意识地降低购买率低、需求价格弹性高的商品价格，同时提高购买率高而需求价格弹性低的商品价格，会取得各种商品销售量同时增加的良好效果。

1. 产品大类定价策略

产品大类定价策略是指对一组相互关联的产品进行定价，定价时要确定这些商品的价格差额，一般要考虑三种因素：各产品间的成本差距、顾客对各产品的评价、竞争对手同类产品的价格水平。

这种策略的一般做法是实行级差价格，使价格呈阶梯状结构。具体做法是首先确定某种产品的最低价格，使其充当价格领袖，吸引消费者购买产品大类中的其他产品；其次是确定某种产品的最高价格，使其充当品牌质量和收回投资的角色；最后是确定其他产品的价格。

一般情况下，相近的两种型号的产品，如果价格相差很大，买者多会买便宜的；如果价格相差很小，买者倾向买质量好的。

知识拓展

帕萨特的价格体系

帕萨特车，上海大众生产，先推出GLI－1.8升发动机，手动变速箱，绒布座椅，定价245 000元；后推出GSI－1.8升发动机，四速自动变速箱，真皮座椅，6CD音箱，后防晒窗帘……定价287 000元。两者相差只有42 000元，即17%。GLI－1.8升型，价格偏高，到推出GSI时，就陷入了尴尬的境地：价格高了，新车难卖；价格低了，又压住了老车型。2001年8月，帕萨特推出PST－1.8T型，定价298 000元，使GLI和GSI的性能价格比显得极差，GSI从市场上悄然消失，仅仅热销半年。帕萨特相互牵制的价格表明，定价必须从长远考虑和自己的产品线相适应，设计好价格台阶。否则，就像多米诺骨牌一样，一个产品价格变动，全线产品价格都得跟着变动。可以设想，只要把GSI的价格定在与 PST-1.8T 相差 4 万元左右，相信 GSI 还是有一部分市场的。GSI 上市仅热销半年，就走入平销，原因是产品线价格定得不好。

资料来源：https://www.doc88.com/p-094106686192.html?r=1.

2. 任选品定价策略

在某些产品销售中，会发生主要产品和任选品的比较定价问题。任选品是指那些与主要产品密切关联的可任意选择的产品。以餐馆为例，饭菜的定价和酒类饮料的定价即属此类问题，饭菜是主要产品，酒类饮料是任选品，一般有两种做法可供选择：

（1）主产品（饭菜）价格低＋酒饮料价格高。饭菜价格低，用以吸引消费者；酒和饮料价格高，用以获取利润，弥补经营损失。

（2）主产品（饭菜）价格高＋酒饮料价格低。酒饮料价格低，用以吸引爱喝酒的顾客；饭菜价格高，用以获取利润。

3. 附带品定价策略

某些产品销售中，会遇到主产品和附带品或相关配套品的定价关系。例如，刀架和刀片、照相机和摄影胶卷、电脑的硬件和软件，都有这个问题。通常的做法是：主产品低价，附带品高价，通过低价促进主产品的销售，依靠附带品的高价获取利润。柯达公司采用这种策略创造了市场机会，照相机定低价，胶卷定高价，增强照相机在同行业中的竞争实力，又通过胶卷的销售保证了利润水平。当然，附带品高价也有风险，它会引来“非法仿制者”。

4. 组合产品定价法

企业常以某一价格出售一组产品，如化妆品，一组产品的价格应低于单独购买其中每一项产品的费用和，以便推动顾客购买。

5. 副产品定价策略

在有些产品如肉类、化工类、石油等的加工过程中，常有副产品产生，如果副产品价值很低且处理费用很贵，就会影响主产品的定价，主产品的价格必须能够弥补副产品的处理费用；如果副产品对某一顾客群体有价值，就应该按照其价值定价，副产品如果能带来一定收入，企业就可以降低主产品的价格，有利于提升主产品的市场竞争力。

（三）折扣定价策略

折扣定价策略是指企业为鼓励客户尽早付款、大量购买、淡季购买或鼓励渠道商积极推销本企业产品，在基本价格的基础上按一定的折扣率给予买方的一种优惠措施，是企业进行产品促销、发展稳定客户的一种价格策略，主要有以下几种：

1. 数量折扣

数量折扣是指企业按顾客购买数量的多少，分别给予不同的折扣，购买数量越多，折扣越大。目的是鼓励大量购买，或集中向本企业购买。数量折扣包括累计数量折扣、一次数量折扣。

累计数量折扣是指在一定期限内，同一顾客购买某商品达到一定数量后所给的价格折扣。这种折扣可以鼓励顾客经常购买本企业的商品，有利于稳定顾客，与顾客建立长期互信互利的关系。

一次数量折扣是指顾客一次购买达到一定数量或一定金额给予的价格折扣。这种折扣可鼓励顾客大量购买，扩大销售，同时又能减少交易次数与时间，有利于减少人力、物力等成本。

2. 现金折扣

现金折扣是指企业为了加速资金周转，减少坏账损失，对在规定的时间内提前付款或用现金付款所给予的一种价格折扣。2/10、1/20、N/30 是一种常见的现金折扣形式，是指 10 天内付款折扣为 2%，20 内付款折扣为 1%，30 天内需要付清。

另外，还有一种常见的现金折扣形式是总价折扣，就是当顾客一次性支付全部货款时，企业所给予的现金优惠，如购房时一次性付清全款，可享受的 2%的折扣优惠。

3. 功能折扣

功能折扣又称贸易折扣，是指因中间商在产品分销过程中所处的环节不同，其所承担的功能、责任和风险不同，企业据此给予不同的折扣。主要目的是鼓励中间商大批量订货，扩大销售，争取顾客，并与生产企业建立长期、稳定、良好的合作关系；对中间商经营的有关产品的成本和费用进行补偿，并让中间商有一定的盈利。功能折扣的结果是形成购销差价和批零差价。这种折扣不是将价格作为竞争手段来使用，而是把生产商因减少功能而节约下来的费用，以折扣的形式让给中间商，以密切同中间商的合作关系。

4. 季节折扣

季节折扣是指对一些季节性的商品，为了调节供需矛盾，对在淡季购买的顾客给予一定的优惠，使企业的生产和销售在一年四季能保持相对稳定。

这种折扣有利于企业减少库存，加速商品流通，迅速收回资金，促进企业均衡生产，充分发挥生产和销售潜力，避免因季节需求变化所带来的市场风险。如羽绒服的厂商在夏季时给顾客特别低的价格。

5. 折让

折让是制造商或经销商依据价目表给顾客价格折扣的一种形式，常见形式有以旧换新、促销折让。

（四）心理定价策略

1. 整数定价

整数定价是指企业在给产品定价时，将价格定为整数，主要适用于高档消费品或消费者不太了解的产品。

2. 尾数定价

尾数定价，又称奇数定价，是指企业利用消费者求廉的心理，制定非整数价格，且常以奇数作尾数，尽可能在价格上不进位，如 0.99，而不是 1.00 元，就是这种价格位数低一位，使消费者产生一种“便宜”的错觉，从而反应更积极，促进销售。尾数定价一般用于经常购买的生活用品或日用品，如洗衣粉的价格是 6.98 元。

3. 声望定价

声望定价是指企业根据产品在消费者心目中的声望、信任度和社会地位来确定价格。采用此种方法主要有两种目的：一是能提高产品形象，二是能满足某些消费者对地位和自我价值的欲望，如微软的 Windows 98 中文版定价为 1 998 元。

4. 招徕定价

招徕定价是指企业利用顾客求廉的心理，特意将某几种商品的价格定得非常高，或非常低，在引起消费者的好奇心理和观望之后，带动其他商品的销售。

（五）地理定价策略

随着经济全球化进程的加快和经济外向化程度的提高，企业产品销售范围越来越广。由于产品在不同地区销售，物流成本、促销费用以及面对的消费群体不同，因此，按照差别定价法，就需要企业因地制宜地制定价格。

1. 原产地交货定价

以产地价格或出厂价格为标准，运输全由买方负责，对卖方是最单纯、便利、单一的定价。

2. 统一交货定价

企业对每位客户都收取相同的价格加运费，而不考虑其所处的地理位置。

3. 分区定价

企业把全国分为若干价格区，对于卖给不同价格区的顾客某种产品，分别制定不同的地区价格。

4. 基点定价

卖主指定某个城市为基点，无论商品实际是从何处起运的，企业都以从指定的基点城市到顾客所在地为依据收取所有顾客的运输费用。

5. 自负部分运费定价

卖主为促成生意，承担全部或部分实际运费。

总之，定价策略是多变的，根据不同的市场环境、供需状况、企业战略、产品成本等因素综合考虑，并可依照形势灵活地上下浮动。总之，市场是最好的指南针。

四、实施和应对价格变动

产品初次定价后，由于市场环境、销售情况、竞争对手等情况发生了变化，因此企业经常需要对价格进行调整。价格调整的原因主要有两个方面：一是市场供求关系发生变化，企业认为有必要对自己产品的价格进行调整，此为主动价格调整；二是竞争者的价格发生变化，企业不得不作出相应的反应以适应市场竞争的需要，此为被动价格调整。

视频：价格调整连锁反应

（一）企业的降价及提价策略

1. 降价策略

降价常会影响同业者之间的关系，引起价格竞争，但在某些情况下不能不降价：产量过多，库存积压，虽然用了各种营销手段仍然销路不畅；面临激烈的价格竞争，市场份额逐渐丧失。降价的方式主要有调低标价、折扣、变相降价形式（赠送样品、优惠券、各种免费服务等）。例如，美国通用汽车公司在日本货竞争激烈的西海岸，曾将其小型汽车降价 10%。另外一些时候，企业降价是为了扩大销售，争取市场占有份额的绝对优势，同时使单位成本因产量增加而降低，以获得规模经济效益。

知识拓展

iPhone 11 降价

作为智能手机创新者苹果手机，价格一直坚挺。iPhone 11 作为一款老旗舰，自发布以来，连续数月成为销量最好的单品。2020 年“6·18”期间，iPhone 11 选择降价促销，实现了一天 20 亿元的成交额；随着 iPhone 12 系列的到来，为了清理库存，部分平台 iPhone 11 的价格已经降到 4 000 元以下，6+64GB 价格低至 3 649 元。

资料来源：https://baijiahao.baidu.com/s?id=1668343253516298991&wfr=spider&for=pc.

2. 提价策略

提价会引起顾客及中间商的不满，但在有些情况下，企业需考虑提价：产品畅销，市场供不应求，这时为平衡供求并提高产品档次和增加收益，应适当提价；当发生通货膨胀时，会引起物价的普遍上涨，企业的成本上升，售价必然要相应提高，有时售价的上涨要超过成本的上升。

企业在提价时，应通过各种传播媒介沟通信息，向买方说明情况，争取买方的理解，并帮助买方解决因提价而产生的一些问题。

（二）对价格变动的反应

1. 顾客对价格调整的反应

企业调整价格之后，要注意分析各方面的反应，特别是购买者的反应，并采取相应对策。

首先，可用弹性理论来分析需求的价格弹性，从弹性的大小，可测定价格的升降幅度是否适当。例如，某种富有弹性的产品降价 2%，销量增长却不到 2%，这就说明降价的幅度还不够大。

其次，由于购买者对变价的理解不同，有时出现始料不及的反应，也需要认真研究。例如，降价本应吸引更多的购买者，增加销量，但有时对某些购买者却适得其反，因为他们对降低的理解是：将有新产品上市，老产品上市是为了处理积压存货；好货不降价，降价无好货；企业财务困难，该产品今后可能停产，零配件将无处购买；可能还要降价，等再降价时再买，特别是短期内连续降价，最容易造成这种持币观望的局面。因此，有时不适当的降价反而使销量减少。

2. 竞争者对价格调整的反应

（1）相向式反应。即你提价，他也涨价；你降价，他也降价。这样一致的行为，对企业影响不太大，不会导致严重后果。企业坚持合理营销策略，不会失掉市场和减少市场份额。

（2）逆向式反应。即你提价，他降价或维持原价不变；你降价，他提价或维持原价不变。这种相互冲突的行为，影响很严重，竞争者的目的也十分清楚，就是乘机争夺市场。对此，企业要进行调查分析，首先摸清竞争者的具体目的，其次要估计竞争者的实力，最后要了解市场的竞争格局。

（3）交叉式反应。众多竞争者对企业调价反应不一，有相向的，有逆向的，有不变的，情况错综复杂。企业在不得不进行价格调整时应注意提高产品质量，加强广告宣传，保持分销渠道畅通等。

（三）对竞争者发动的价格变动的反应

当企业面临竞争者降价竞销的挑战时，需要分析以下问题：竞争者调价的目的是什么？调价是暂时的，还是长期的？能否持久？企业面临竞争者应权衡得失：是否应作出反应？如何反应？另外，企业还必须分析价格的需求弹性、产品成本和销售量之间的关系等复杂问题。

企业要作出迅速反应，最好事先制定反应程序，到时按程序处理，提高反应的灵活性和有效性。企业作出反应可有以下几种形式：

（1）置之不理。在竞争者降价幅度较小时可采用这种方式。因为企业认为，随之减价会减少利润，而保持价格不变，市场份额损失不大，必要时很容易夺回来。

（2）价格不变，运用非价格手段反击。这是在竞争者降价幅度较大时采用的方法。例如，企业改进产品、服务和信息沟通等。一般来讲，价格不动而增加给顾客的利益比削价更有竞争力。

（3）跟着降价。即跟随着竞争者降价。这也是在竞争者降价幅度较大时采用的方法。采用这种方法，一般是企业认为，市场对价格非常敏感，而且竞争者降价幅度又较大，如果企业不跟进降价，就会损失太多的市场份额。降价的幅度和极限，要能使销量的增加足以维持企业原有的利润。

（四）价格竞争与非价格竞争

1. 价格竞争

价格竞争是指企业为了实现一定的经营目标或经营战略，适应市场环境的变化，把产品价格调整到正常定价水平以下或以上，以排斥竞争对手、赢得市场的一种竞争策略。

价格竞争是一种古老、传统的竞争方式。最早的商品竞争就是价格竞争。直到今天，价格竞争仍不失为一种有效的竞争手段之一。其主要原因是：

（1）在现代商品经济中，由于科学技术的发展和生产力水平的提高，导致两种倾向：一是生产的标准化，二是产品的差异化。对于生产标准化的产品来说，价格竞争仍然是一种重要的竞争手段。

（2）在现代社会中，虽然人们的生活水平普遍提高，收入增加，但是收入水平参差不齐，价格的变动对低收入的消费者来讲仍有重要影响。

（3）无论是过去还是现在，价格竞争比其他竞争手段都来得更快、更及时，见效也最明显。

知识拓展

“双 11”的价格竞争

每年的“双 11”，已经演变成一场盛宴，各大电商平台摩拳擦掌，每年成交额也是急剧上升。从 2009 年淘宝第一届的 5 000 万元，到 2019 年的天猫“双 11”交易额达到 2 684 亿元，各项数据刷新纪录。交易额破 100 亿元——2019 年：1 分 36 秒；2018 年：2 分 05 秒。交易额破 1 000 亿元——2019 年：1 小时 3 分 59 秒；2018 年：1 小时 47 分 26 秒。这说明消费者对价格敏感，无论过去还是现在，价格竞争比其他竞争手段都来得更快、更及时，见效也最明显。

资料来源：天猫“双 11”历年交易额汇总．(2020－11－11)．https://www.sohu.com/a/431088718_162758.

2. 非价格竞争

非价格竞争是指在商品竞争中，企业为了实现一定的经营目标或经营战略，适应市场环境的变化，运用价格以外的其他营销手段来赢得市场的一种竞争策略。

非价格竞争产生于 20 世纪 30 年代后期，并且随着商品经济的不断发展而日益兴起，成为现代市场营销活动中的重要竞争策略。非价格竞争策略的产生和发展的主要原因是：

(1) 在激烈的商品竞争中，单纯依赖价格竞争，有许多弊病，不利于企业开展全面而广泛的竞争。为此，企业需要有新的途径和方式来丰富市场商品竞争。

(2) 商品经济与科学技术的进一步发展，新的营销理论的诞生，为非价格竞争的兴起创造了良好的市场环境和条件。

非价格竞争策略主要有：

(1) 产品差异化策略。通过提供与竞争对手同类而不同特征的商品来扩大市场销售的策略。

(2) 市场定位策略。根据消费者对某种产品属性的偏好，赋予产品一定特色，以满足特定市场的需求。

(3) 促销宣传。利用广告和其他促销手段来加强产品的市场地位，区别竞争产品，争取有利的市场地位。

(4) 服务多样化。通过向消费者提供多样化的服务项目引起消费者好感，为本企业产品争取有利的竞争地位。

知识拓展

海底捞的服务

海底捞品牌创建于 1994 年，历经 20 多年的发展，海底捞国际控股有限公司已经成长为国际知名的餐饮企业。截至 2019 年 12 月 31 日，海底捞已在中国（含港澳台）以及新加坡、越南、韩国、日本、英国、美国、加拿大以及澳大利亚等国家经营 768 家门店，拥有超过 5 473 万会员和 10 万员工。

海底捞多年来历经市场和顾客的检验，成功地打造出信誉度高、融汇各地火锅特色于一体的优质火锅品牌，凭借更贴心服务，给顾客留下深刻的印象，同时也在网络引起热议。

就餐前服务：如果需排队，提供免费的瓜子、茶水、水果、点心（爆米花），免费的报纸、杂志、上网、扑克、跳棋、军棋、擦鞋、美甲等。

就餐中服务：给每个人送上围裙；给有手机的人送上小塑料袋套上手机以防进水；给长头发的女士提供橡皮筋和小发夹；给戴眼镜的朋友送来擦镜布；微笑的服务员近在身边(每桌都至少有一个服务员)；推荐半份菜，不推荐酒水；服务员定时为顾客送毛巾、续饮料；服务员可以帮忙下菜、捞菜、剥虾皮；服务员熟悉客户的名字，甚至记得一些人的生日、纪念日；洗手间专人伺服（水龙头、洗手液、毛/纸巾），提供美发护肤用品；餐厅设置“电话亭”，就餐客人可以在里面享受免费电话；现场有抻面表演，一根宽宽的面条在空中挥舞成各种漂亮的弧线，还不时抛向某个客人。

知乎平台上，有人发起海底捞有哪些让人难忘的服务细节，已有 5 000 多个回答。有人夸张地称之为“变态伺候”，有人对这种贴心服务感到“受宠若惊”，感慨“终于找到了做上帝的感觉”。不管什么评价，提及海底捞，顾客脑海首先反映出服务好，这也让海底捞的客单价明显高于同档次其他品牌。

资料来源：https://www.haidilao.com/zh/gyhdl/index.html，http://www.360doc.com/content/14/0627/16/15082447_390296770.shtml.

任务三 整合营销渠道

一、认识商品分销渠道基本模式

（一）分销渠道的概念

分销渠道又称为销售渠道、配销通路，是指产品和服务从制造商（生产者）向消费者或用户转移的过程中，取得产品和服务所有权或帮助转移所有权的所有组织或个人。因此，分销渠道包括取得所有权的商人中间商、帮助转移所有权的代理中间商、位于渠道起点的生产者以及位于渠道终点的消费者或用户四个部分。

注意区分市场营销渠道和分销渠道，两者是不同的。市场营销渠道是指那些配合起来生产、分配和消费某一生产者的货物或劳务的所有企业和个人，包括供应商、生产者、中间商、辅助商以及最终消费者或用户，范围比分销渠道广。

（二）分销渠道的功能

分销渠道的目的在于消除产品和服务与消费者或用户之间的分离，主要职能有：

（1）调研，即收集有关顾客、竞争对手以及商品、价格等信息。

（2）促销，即传播有关商品或品牌的相关信息，吸引并与顾客沟通，促进产品销售。

（3）接洽，即寻找潜在买主并与之沟通。

（4）配合，保证所供应的物品符合购买者需要，包括分类、分等、装配、包装等活动。

（5）谈判，即为了转移所供物品的所有权，而与购买者就价格及有关条件商洽协议。

（6）物流，即从事产品的运输、储存。

（7）融资，即通过银行或其他金融机构为买方付款，将信用延伸至消费者。

（8）风险承担，即承担执行渠道任务过程中的有关风险，如存货损毁、跌价损失等。

（三）分销渠道的流程

产品在从制造商向最终顾客或用户流动的过程中，存在几种物质或非物质形式的运动“流”，按菲利普·科特勒的归纳分为实体流、所有权流、付款流、信息流和促销流，具体流程见图6-10。

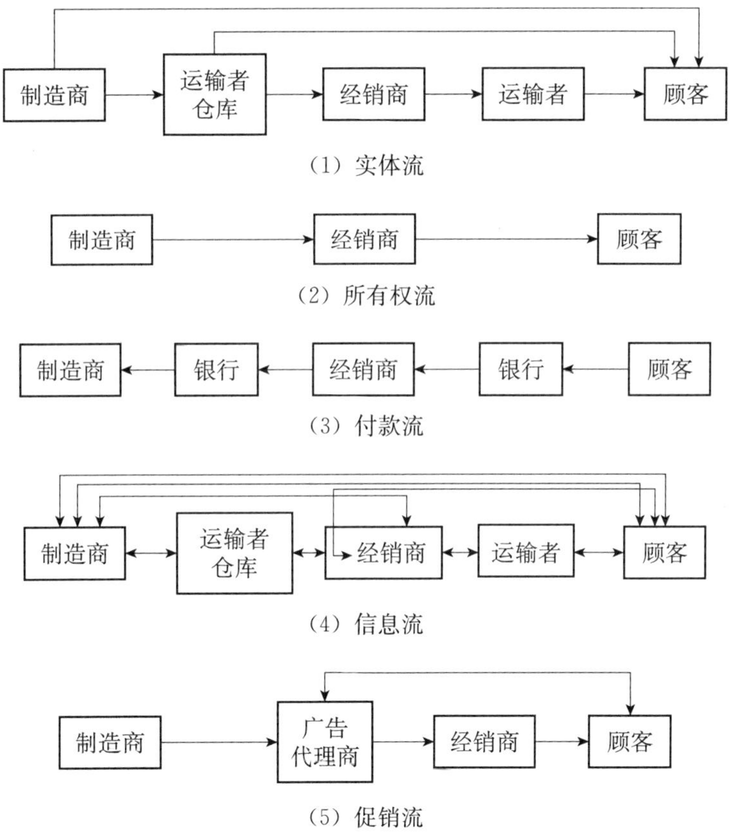

图6-10　分销渠道中五种不同的流程

（1）实体流。也称物流，是指产品从生产领域向消费领域转移的过程中的一系列产品实体的运动。它包括实体的储存以及由一个机构向另一个机构进行运输的过程，同时还包括与之相关的产品包装、装卸、流通加工等活动。

（2）所有权流。也称商流，是指产品从生产领域向消费领域转移的过程中的一系列买卖交易活动。在这一活动中，实现的是产品所有权由一个机构向另一个机构的转移。

（3）付款流。也称货币流，是指产品从生产领域向消费领域转移的交易活动中所发生的货币运动。一般是消费者或用户通过银行或其他金融机构将货款付给中间商，再由中间商扣除佣金或差价后支付给制造商。一般来说，付款流与所有权流正好是反方向运动。

(4) 信息流。是指产品从生产领域向消费领域转移的过程中所发生的一切信息收集、传递和加工处理活动。它既包括制造商向中间商及其顾客传递产品、价格、销售方式等方面的信息，也包括中间商及其顾客向制造商传递购买力、购买偏好、对产品及其销售状况的意见等信息。信息流的运动是双向的。

(5) 促销流。是指企业为了产品销售，通过广告、人员推销、营业推广、公共关系等手段对顾客施加影响的过程。

在以上五种流程中，实体流和所有权流是最为主要的，是整个产品分销活动得以实现的关键。对分销渠道的研究主要是针对这两个流程，尤其是商品所有权流程。

(四) 分销渠道的模式

产品分销渠道可以按照其渠道层次的数目来划分类型，确定模式。所谓渠道层次，即在产品从制造商向消费者转移的过程中，任何一个对产品拥有所有权或负有推销责任的机构。渠道层次的多少决定了渠道的具体模式。由于产品的消费目的与购买特点等具有差异性，因此形成了消费者市场的分销渠道和产业市场的分销渠道两种基本模式。每一种基本模式中又存在具体的分销渠道模式，具体如图 6－11 所示。

零层渠道通常叫作直接分销渠道。直接分销渠道是指产品从制造商流向最后消费者的过程中不经过任何中间商转手的市场营销渠道。方式主要有上门推销、家庭展示会、邮寄销售、电视直销、网上直销和生产者自设商店等。例如，某衡器公司通过业务员直接上门拜访销售产品，某些运动器材通过电视直销传递信息。随着科学技术手段的完善，消费品直接分销渠道也得到了长足发展。

一层渠道是指包括一种类型的中间商。在消费品市场上，这个中介机构通常是零售商；在产业市场上，则可能是代理商或经纪人。例如，宝洁公司通过家乐福、沃尔玛等连锁超市销售其产品。

二层渠道是指包括两种类型的中间商。在消费品市场上，二层渠道的典型模式是经由批发和零售两级转手分销；在产业市场上，则可能是代理商和批发商。

三层渠道是指包括三种类型的中间商，在消费品市场上通常有一专业批发商处于大批发商与零售商之间，即专业批发商向大批发商进货，再卖给无法直接从大批发商进货的小零售商；或是制造商通过代理商将产品批给批发商、零售商。

更高层次的市场分销渠道也存在，但不多见。从制造商的角度来看，渠道层次越多，越难控制，出现的矛盾和问题也会越多，会给渠道管理带来许多问题。

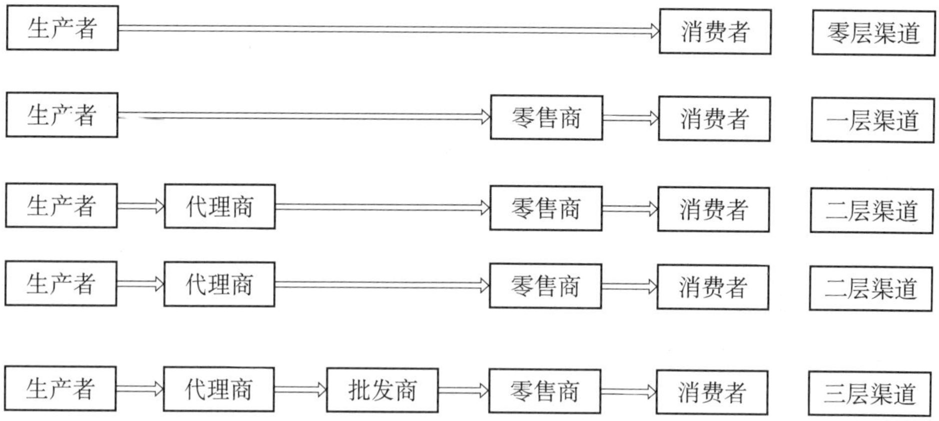

(1) 消费品分销渠道

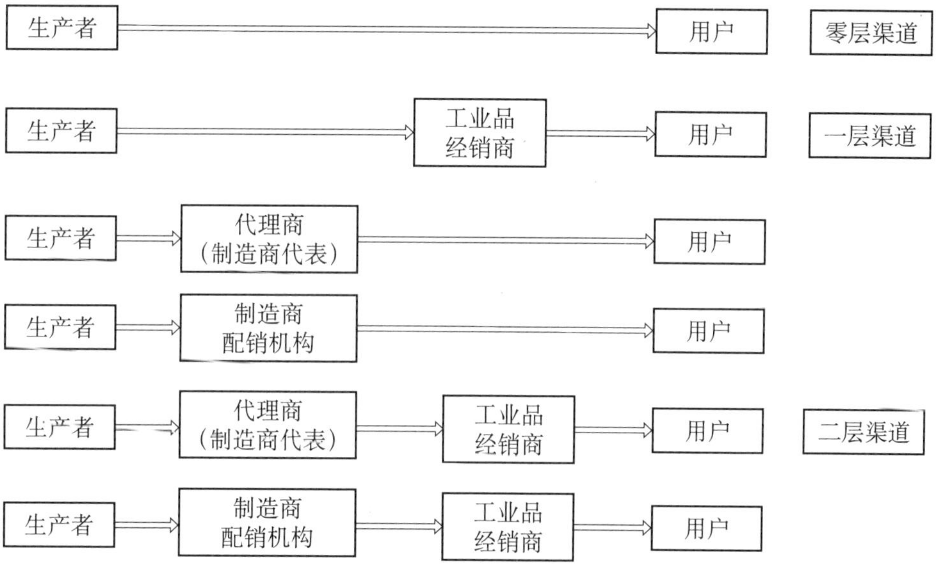

(2) 工业品分销渠道

图 6－11　分销渠道的模式

知识拓展

小米的全渠道建设

小米公司正式成立于 2010 年 4 月，是一家以手机、智能硬件和物联网平台为核心的互联网公司。创业仅 7 年时间，小米的年收入就突破了千亿元人民币。截至 2018 年，小米的业务遍及全球 80 多个国家和地区，从互联网到移动互联网，小米已形成了线上、线下融合的全渠道模式。

1. 小米早期的互联网渠道

小米早期通过线上（小米社区、新媒体、小米商城促销）方式，借助互联网电商发展粉丝，发展到上百万粉丝。小米通过小米家宴达到粉丝建设的高潮，目前小米家宴成为小米为粉丝量身打造的年度盛宴，深耕社群营销，建设忠诚的小米粉丝群体，销售出数以千万部的手机。

2. 小米电商平台

线上第三方代理，在国内主要与京东、苏宁合作，在世界其他地区，主要通过 Flipkart 及亚马逊等第三方电商销售。代理商直接购买小米的产品后向终端用户分销。

小米线上直营有小米商城，主打小米手机、平板等科技数码产品，也涉及周边生活商品。小米商城有天猫旗舰店，进行小米产品的自营。2017 年，小米推出小米有品，打造精品生活电商平台，小米有品采用了多品牌合作的模式，里面除了小米和米家的产品，也有第三方独立品牌。

3. 小米线下布局

小米线下布局基本分为这样几种类型：小米之家，自建自营，线下直营，一二线城市，进驻大型商城，旗舰店 1 000～2 000 平方米，一般店 250～300 平方米，集形象展示、产品体验咨询和销售功能为一体；小米专卖店，他建自营，三四线城市，150～200 平方米，小米与各地优秀服务商、零售商合作，小米直供产品、直接管理运营；小米体验店，他建他营，小米指导，类似代理商模式，四线城市以下主推，在每一款产品选取上因地制宜，对城市中心店和郊区店作出了区隔；小米直供点，当作 C 端客户，店主在线申请即可获得销售资质，直接从小米小规模订货，店主可通过微信、电商、抖音等方式推广。

4. 小米物流

全渠道建设，物流是全渠道策略成功实施的保障。2019 年，小米与中国邮政建立战略合作，双方在北京小米科技园举行战略合作签约仪式，签署战略合作协议。在快递物流方面，小米集团将充分利用邮政优势资源，与中国邮政开展更广泛的业务交流与合作。中国邮政将为小米集团提供仓储、物流及快递配送和行政办公类文件、物品寄递等服务。

资料来源：小米全渠道模式深度解读．（2019－11－14）．https://www.sohu.com/a/353678815_482466.

（五）分销渠道的类型

按照不同的标准，分销渠道可以划分为不同的类型。

1. 按照分销活动是否有中间商参与，分为直接渠道和间接渠道

（1）直接渠道。直接渠道也就是零层渠道，即制造商不通过任何中间商而直接将产品销售给消费者或用户，主要用于产业市场的产品销售。

优点是：

①对于用途单一、技术复杂的产品，可以有针对性地安排生产；

②制造商直接向消费者销售，可以使消费者更好地掌握产品性能、特点及使用方法；

③直接渠道由于不经过中间环节，可以减少产品损耗、变质等损失，降低流通费用，掌握价格主动权。

缺点是：制造商在产品销售上需要花费较大的人力、物力、财力，销售范围受到较大限制，影响销量。

（2）间接渠道。间接渠道是指产品从制造商向消费者或用户转移的过程中要经过一个或一个以上的中间商。间接渠道是生活消费品的主要分销类型，因为消费者购买不多，属于分散、零星、小批量的购买。

优点是：

①中间商的参与，减少了交易次数，节约流通领域费用及流通时间，降低了销售费用、产品价格；

②中间商的参与，可以使制造商集中精力搞好生产，还可以扩大流通范围和产品销售。

缺点是：中间商的参与，制造商和消费者不能直接沟通交流信息，制造商不易准确地掌握消费者的需求，消费者也不易掌握制造商的产品供应情况和产品的性能特点，制造商难以为消费者提供完善的服务。

2. 按照分销活动中中间环节的多少，分为长渠道和短渠道

（1）长渠道。长渠道是指经过两个或两个以上的中间环节把产品销售给消费者的分销渠道。

优点是：

①制造商不用承担流通领域的职能，因而可以集中精力组织生产，缩短生产周期；

②制造商把产品大量销售给批发商，减少资金占用，节约了费用；

③利用多个中间环节，容易打开产品销路，开拓新市场。

缺点是：环节多，管理困难，销售费用高。

该方式主要适用于销售量大、销售范围广的产品，如生活消费品。

（2）短渠道。短渠道是指没有或只经过一个中间环节的分销渠道。

优点是：

①流通环节减少，产品可以迅速到达消费者手里，制造商也能及时、全面地了解消费者的需求变化，调整企业有关策略；

②流通环节减少，可以节省一些费用，也便于为消费者提供售后服务，进而提升企业形象。

缺点是：流通环节少，销售范围会受到很大限制，不利于产品的大量销售。

3. 按照分销活动中每个层次的同类中间商数目的多少，分为宽渠道和窄渠道

（1）宽渠道。宽渠道是指生产者在同一流通环节上利用中间商的数目较多的渠道。一般来说，消费品中的日用品以及工业品中的标准化产品适合于宽渠道销售。

优点是：

①利用多家中间商，分销广泛，可以迅速将产品进入流通领域，使消费者很方便地购

买到所需要的产品；

②多个中间商的参与，可以促使他们展开竞争，提高产品的销售效率。

缺点是：由于同一层次上的中间商较多，中间商不是很尽力推销产品；另外，制造商和各中间商关系也较松散，不利于合作。

（2）窄渠道。窄渠道是指制造商在某一地区或某一产品门类中只选择一个中间商为自己销售产品，实行独家经销。

优点是：

①同一层次上中间商较少，有利于制造商和中间商形成良好关系，相互协作；

②同一层次上中间商较少，能简化销售、运货、结算等手续，便于新产品进入市场，进行产品试销，信息反馈速度也较快。

缺点是：由于中间商较少，制造商对其的依赖性会较强，万一发生情况，比较被动；只用一个中间商，销售范围较窄，不便于消费者购买。

一般来说，生产资料和少部分专业性较强或较贵重的消费品如钢琴适合于窄渠道销售。

4. 按渠道成员相互联系的紧密程度，分为传统分销渠道系统和现代分销渠道系统

其结构如图 6－12 所示。

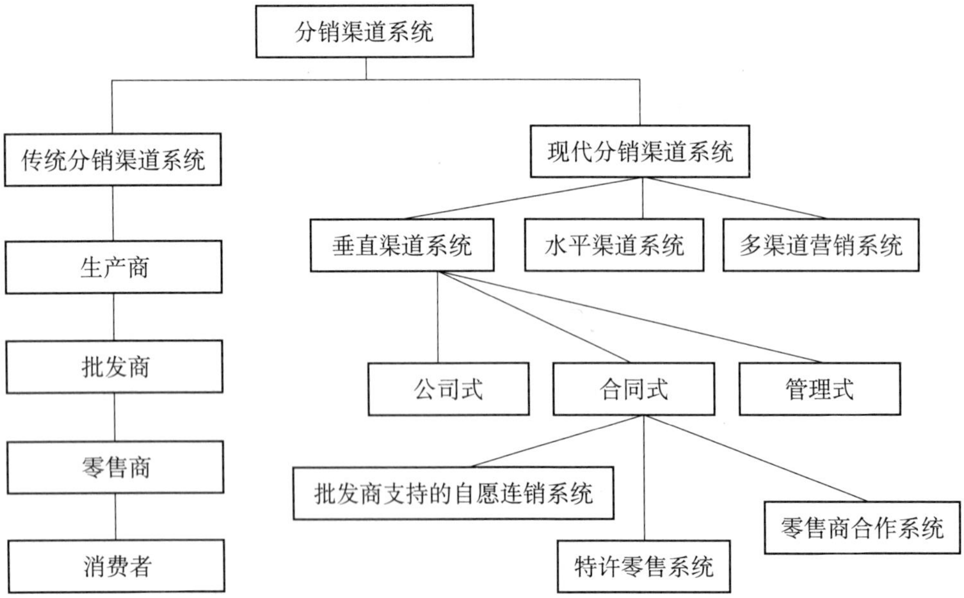

图 6－12　分销渠道系统

（1）传统分销渠道系统。传统分销渠道系统是指由独立的生产商、批发商、零售商和消费者组成的分销渠道。传统渠道的每一个成员均是独立的，它们往往各自为政，各行其是，都为追求其自身利益的最大化而激烈竞争，甚至不惜牺牲整体的利益。随着市场条件的变化，传统分销渠道系统正面临严峻挑战。

（2）现代分销渠道系统。现代分销渠道系统是指渠道成员通过不同程度的联合而形成的分销渠道。主要有三种联合方式：

①垂直渠道系统。即由生产者、批发商和零售商纵向联合组成的统一系统。该渠道成员或属于同一家公司，或将专卖特许权授予其合作成员，或有足够的能力使其他成员合作，因而能控制渠道成员行为，消除某些冲突。

②水平渠道系统。即由两家或两家以上的公司横向联合，共同开拓新的营销机会的分销渠道系统。这些公司或因缺乏资本、生产技术、营销资源，无力单独开发市场机会，或因惧怕承担风险，或因与其他公司联合能实现最佳协同效益，因而组成共生联合的渠道系统。这种联合，可以是暂时的，也可以是永久性的，如中国农业银行与三洋百盛百货公司订立协议，三洋百盛百货公司为顾客提供店内取款的方便。

③多渠道营销系统。即企业针对细分市场，采用多条分销渠道的体系。比如联想电脑，除在各地设立专卖店外，还与国美、苏宁等零售商合作销售有关产品。建立多渠道体系，可以增加市场覆盖面，降低渠道成本，更好地满足顾客需要，扩大产品销售，提高经济效益；但该渠道体系易发生渠道冲突，给渠道控制和管理工作带来更大难度。

二、了解中间商的功能和种类

中间商是指在制造商与最终顾客（消费者或用户）之间参与交易业务，促使买卖行为发生和实现的经济组织和个人。

（一）中间商的功能

利用中间商组织市场营销活动，不仅能够减少产品交易次数，提高工作效率，而且可以节省时间和人力的耗费，降低交易成本，提高经济效益。从图 6－13 我们可以直观感受到使用中间商给制造商带来的好处。

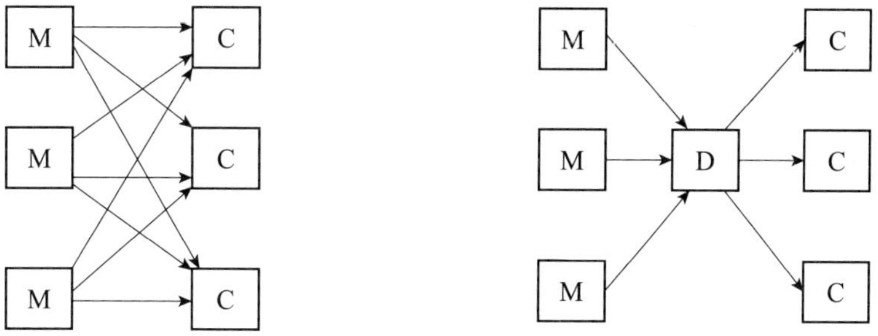

图 6－13　使用中间商的经济效果图

说明：M：制造商，D：中间商，C：顾客。

从上图可以看出，如果不使用中间商，三个制造商和三个顾客之间将发生总共 9 次的交易行为；而使用了中间商后，交易行为只有 6 次，其经济效果显而易见。

（二）中间商的类型

1. 按照是否拥有产品所有权，分为商人中间商和代理中间商

（1）商人中间商。商人中间商也称为经销商，是指从事商品交易业务，在商品买卖过程中拥有产品所有权的中间商。正因为拥有产品所有权，所以在买卖过程中，经销商要求承担经营风险。

（2）代理中间商。代理中间商是指接受生产者委托从事销售业务，但不拥有商品所有权的中间商。代理商的收益主要是从委托方获得佣金或者按销售收入的一定比例提成，一般不承担经营风险。代理商主要有以下几种类型：

①企业代理商。即受生产者委托签订销货协议，在一定区域内负责代理销售生产企业产品的中间商。企业代理商和生产者之间是委托代理关系，代理商负责推销产品，履行销售商品业务手续，生产企业按销售额的一定比例付给企业代理商佣金。

②销售代理商。销售代理商是一种独立的中间商，受支持者委托，全权负责、独家代理生产者的全部产品。销售代理商对生产企业承担较多的义务，除完成预定的销售数量外，还需要为生产企业提供市场需求信息，进行商品广告宣传促销等活动。

③寄售商。即为生产企业进行现货代销业务的中间商。生产企业根据协议向寄售商交付产品，根据销售额的情况向其提供一定比例的佣金。

④经纪商。即经纪人，是指既不拥有产品所有权，又不控制产品实物价格以及销售条件，只是在买卖双方交易洽谈中起沟通和促成交易媒介作用的中间商。经纪商的主要任务是安排买卖双方的接触与谈判，交易完成后，从交易额中提取佣金，他们与买卖双方没有固定的关系。

⑤采购代理商。采购代理商是指与买主有较长期的关系，为买主采购商品，并提供收货、验货、储存、送货等服务的机构，如大规模服装市场上有一种常驻买客，专门物色适合于小城镇的一些零售商经营的服装。

2. 按照中间商在流通过程中的地位和作用，分为批发商和零售商

（1）批发商。批发商是指一切将产品和服务销售给为了转卖或者商业用途而进行购买的中间商。批发商不直接服务于最终消费者，只是实现商品在空间上、时间上的转移。批发商购进对象通常是生产者或其他批发商；售出对象多数是零售商，也有部分生产性用户。从不同角度看，批发商可分为以下几种类型：

①按职能和提供的服务是否完全可分为完全服务批发商和有限服务批发商。完全服务批发商执行批发商业的全部功能，提供诸如存货、推销、信贷、送货以及协助管理等服务。它包括批发中间商和工业分销商两种类型。前者主要是向零售商销售，后者是向生产者销售。有限服务批发商是指批发商为了减少费用，降低批发价格，只对其顾客提供有限的几项服务。

②按经营业务内容可分为专业批发商、综合批发商和批发市场。专业批发商即专门经营某一类或某一种商品的批发商；综合批发商即经营多类商品的批发商；批发市场也称为批发交易市场，它是由多种批发组织组成的联合体，或以某类商品为中心集结多家批发商，共同开展批发业务。

③按经营商品的种类可分为农副产品批发商和工业品批发商等。农副产品批发商的主要任务是从农村基层收购企业及从其他农副产品批发商处调入商品，供应外地批发商或生产者、零售商；工业品批发商经营的商品包括生产资料和日用工业品，实行专业化经营。

④按经营商品的类别，批发商还可以分为百货、文化、纺织、针棉织品、劳保用品、五金、交电、化工原料等专业批发商。

（2）零售商。零售商是指把商品直接销售给最终消费者，以供应个人或家庭消费的中间商。作为商品流通的最终环节，它实现了商品从生产领域向消费领域的转移。零售商的购进对象通常是批发商或生产者，售出对象通常是个人消费者及少数团体消费用户。

我国的相关部门将零售商店分为八类：百货店、超级市场、大型综合超市、便利店、仓储式商场、专业店、专卖店和购物中心。随着社会的进步，零售商的新形式也在不断地涌现。目前，零售商可以分成三种类型：商店零售商、无门市零售商以及零售商组织。

1）商店零售商。即有固定的营业场所的零售商，主要有以下几种形式：

a. 百货店。百货店是指大型零售商店，分门别类地销售品种繁多的商品，产品线既宽又深。经营范围通常包括服装、鞋子、五金用具、日常用品等，商品类别多，花色品种齐全，能满足消费者多方面的购买需要。

b. 超级市场。超级市场也叫自选商场，一般是指相对而言规模较大、成本较低、销售量大、采取开架自主式服务的经营机构，如家乐福超市、乐购超市等。

c. 大型综合超市。它是指规模比超级市场要大的商店零售商，它综合了超级市场、折扣和仓储零售的经营方针，经营内容包括家电、医药、日用品等许多行业的产品。

知识拓展

零售王国“沃尔玛”

提起“沃尔玛”这个名字，中国的消费者并不陌生，它是美国著名的零售企业。其创始人山姆·沃尔顿于1945年在小镇本顿维尔开始经营零售业，经过几十年锲而不舍的奋斗，终于建立起全球最大的零售业王国。山姆·沃尔顿曾经被《福布斯》杂志评为全美第一富豪，也因为其卓越的企业家精神而于1991年被布什总统授予“总统自由勋章”，这是美国公民的最高荣誉。沃尔玛是全美投资回报率最高的企业之一。沃尔玛在全球27个国家开设了超过10 000家商场，下设69个品牌，全球员工总数220多万人，每周光临沃尔玛的顾客2亿人次。2020年6月，沃尔玛公布截至4月30日的2020财年第一季度业绩：当季总营收1 346.22亿美元，比上年同期的1 239.25亿美元增加了8.6%；净销售额

1 336.72 亿美元，同比增长 8.7%。2020 年 8 月 10 日，《财富》世界 500 强排行榜发布，沃尔玛名列第 1 位。

资料来源：https://www.walmart.cn/.

d. 便利店。便利店是设在居民住宅区附近的小型商店，其规模相对较小，营业时间长，如全家、7-11 等。这种商店一般经营周转快的方便商品或易耗品，主要是满足消费者的当时之需，因此商品价格也相对较高。

e. 仓储式商场。这类商店规模很大，内部装饰简单，是一种以大批量、低成本、低售价和薄利多销的方式经营的连锁式零售企业。因为从厂家直接进货，省略了中间销售环节，所以成本低，售价低；它精选正牌产品，实施会员制，有先进的计算机管理系统。仓储式商场如德国麦德龙（Metro）、荷兰万客隆（Makro）等。

知识拓展

麦德龙超市

麦德龙于 1964 年在德国以 1.4 万平方米的仓储式商店开始了企业的历程。经过 50 多年发展，麦德龙已经成为欧洲最大的商业连锁企业之一。到 2021 年，麦德龙集团在全球 34 个国家运营，拥有超过 9.7 万名员工。2019/2020 财年，麦德龙集团销售额约 256.3 亿欧元。麦德龙于 1995 年与锦江集团合作，建立了锦江麦德龙现购自运有限公司，是第一家获得中国中央政府批准在中国多个主要城市建立连锁商场的合资企业。到 2021 年，麦德龙在中国的 60 个城市开设了 99 家商场，全国拥有超过 11 000 名员工及 2 000 万客户，2019/2020 财年销售额达 229.5 亿元人民币。

麦德龙是将超市和仓储合二为一的零售业态，省掉了传统零售企业独立的仓库和配送中心，经营中实现快速补货，保证超市低成本、高效率的运作，采取现购自运（现金交易，自选自运）这一独特的商业模式。现购自运的优势在于有较好的性价比，食品和非食品分类范围广，即时获得商品，有更长的营业时间。凭借现购自运优势，麦德龙取得了良好的业绩，资料显示，麦德龙名列 2020 年《财富》世界 500 强排行榜第 294 位。

资料来源：https://www.metro.cn/.

f. 专业商店。专业商店是专门经营某一类商品，或专门经营具有连带性的几类商品，或专门为特殊消费对象经营特殊需要商品的商店，如眼镜店、妇女用品商店、体育用品商店、文化用品商店等。

g. 专卖店。专卖店经营的产品线也是窄而深的，与专业店不同的是它主要经营某一个品牌的产品。如佐丹奴专卖店、真维斯专卖店等。

h. 购物中心。购物中心是指由多家商店组合而成的大型商品服务中心，一般设在公共建筑物内，以一家或数家百货商店、超级市场为骨干，由各类专业商店、书店、餐馆、旅馆、银行、影院等组合而成，融购物、服务和娱乐休闲于一体。

2）无门市零售商。即没有固定的营业场所或营业场地，主要有以下几种形式：

a. 直接销售。它起源于沿街叫卖，主要有挨门挨户推销、逐个办公室推销和举办家庭销售会等形式。

知识拓展：购物中心

b. 直复市场营销。它是一种为了在任何地方产生可度量的反应和达成交易而使用一种或多种广告媒体的互相作用的市场营销系统。如电话营销、电视直销、邮购营销以及网上直销等。

c. 自动售货。使用硬币控制的机器自动售货是第二次世界大战后出现的一个主要的发展领域，主要出售食品、报刊和音像制品等。它最大的优点是方便，能提供 24 小时服务。最大的缺点是对售货机有损害，不能及时补充存货等。

3）零售商组织。即为竞争的需要而形成的零售商团体，主要有两种形式：

a. 公司连锁店。公司连锁店是指由多家出售同类商品的零售商店组成的一种规模较大的联合经营组织。其特点是：由中心组织统一向生产者进货（选购商品），以较大的订购批量，获得最大的价格优待；采取薄利多销的方针，争取顾客；商品价格经常浮动，有竞争对手时便减价争取顾客，无竞争对手时则提价争取多盈利。它适合所有类型的零售业务，具有较强的竞争力。

b. 特许经营店。特许者和被特许者以合同的方式规定双方的权利和义务，被特许者在一定的条件下可以使用特许者的名字、商标、特定产品和经营风格等，特许者因此获得相应的报酬，如麦当劳的经营模式。

三、进行分销渠道的选择和管理

（一）影响分销渠道设计的因素

企业应十分重视渠道决策，首先就要根据企业的具体情况进行有效的渠道设计，而影响分销渠道设计的主要因素有：

1. 目标顾客特性

（1）潜在顾客数量。潜在顾客数量多时，制造商要选择每一层次都有很多中间商的长渠道，来方便满足消费者的需求；反之，适合采用直接销售。

（2）消费者的地理分布。消费者分布较集中时，适合采用直接销售；反之，适合采用间接销售。

（3）消费者的购买习惯。一些日用生活必需品，价格较低，消费者数量多，购买频率高，这类商品消费者希望很方便购买到，制造商就应尽可能多地扩大销售网点，应选择长而宽的渠道。一些耐用消费品，如冰箱、彩电等，制造商只需要精选一个或几个零售商帮助分销，应选择短而窄的渠道。

2. 产品特性

（1）产品单位价值。单位价值高的产品，如大型医药设备，通常采用推销员直接销售，选择短渠道；而单位价值低的产品，如日用品，往往通过中间商分销，且每一层次上中间商较多，即渠道长而宽。

（2）产品的体积与重量。体积大、重量重的产品，如机械设备，它们的装运成本及重置成本都较高，应选择最短的分销渠道。

（3）产品的耐腐性。易腐易坏的产品，如生鲜，应尽量缩短流通时间，减少分销环节，迅速销售给消费者，应选择最短的分销渠道。

（4）产品的技术性和服务性。技术要求复杂，对售后服务有较高要求的产品，如大型机电设备，需要生产企业派出专门的技术人员去指导用户安装、操作和维修，这类商品宜选择短而窄的渠道。

（5）产品的款式。时尚程度较高的产品，如各种流行时装、玩具等，式样或款式容易发生变化，应选择最短的分销渠道，以免中间环节过多，周转时间过长，错过流行期。

（6）产品标准化程度。高标准化的产品，可以选择长而宽的渠道。

3. 中间商特性

企业在为产品选择分销渠道时，有很多中间商可供选择，如汽车 DVD 厂家可选择汽车厂商、汽车经销商、网络帮助其分销，因此必须综合考虑各中间商的实力、特点，诸如广告、运输、储存、信用、训练人员、送货频率等方面具有的不同特点，来进行分销渠道的选择。

4. 竞争者特性

原则上，制造商要避免和竞争者使用相同的分销渠道。但是目前很多企业都因渠道成本等考虑无法做到这一点，另外，有时采用同一渠道，也可以让顾客进行产品品质、价格等比较。

5. 企业特性

（1）企业的声誉与资金。企业的声誉越好，资金越雄厚，选择的中间商主动权越大，而且也会吸引很多中间商主动咨询有关分销事宜，有的还可以自建销售网络；反之，则必须借助中间商分销。例如，诺基亚手机当初凭借高市场占有率，在中间商的选择上要求很高。

（2）企业自身的销售力量和销售经验。当企业自身有足够的销售力量或丰富的销售经验时，就可以少用或不用中间商。

（3）企业对分销渠道的控制要求。如果企业想对渠道有很强的控制力，应选择短而窄的分销渠道；反之，则可选择长渠道。

6. 环境特性

环境特性主要指政府的方针政策及对产品分销渠道的控制情况。例如，有些产品专营，有些限制产品进出口。另外，当经济萧条时，市场需求下降，生产者希望以较低价格出售产品，因此要以最经济的方式将产品送至市场，这样，生产者会选择较短的分销渠道。

（二）分销渠道的管理

规划设计好企业的分销渠道模式，企业营销部分面临的重要事项就是对分销渠道进行管理、约束与激励，从而使得渠道商们与企业密切合作，非常有成效地开展工作。渠道成员之间的关系有合作也有冲突，因此企业需要不断加强对他们的管理。

1. 渠道的合作、冲突与竞争

（1）渠道合作。渠道合作是指同一渠道不同企业之间为了谋取共同的利益而结成的联盟。如生产者、批发商、零售商之间的合作。

（2）渠道冲突。渠道冲突指的是渠道成员发现其他渠道成员从事的活动阻碍或者不利于本组织实现自身的目标，从而发生种种的矛盾和纠纷。厂家与厂家、厂家与中间商、中间商与中间商之间的冲突是不可避免的，这既缘于强烈的逐利动机，又迫于残酷的市场竞争。但是凡事都有利有弊，从某种程度上讲，渠道发生适度的冲突又未尝不是一件好事。

冲突是渠道运作的常态，不少企业对渠道冲突往往重视不够，缺乏相应的渠道冲突协调机制，对渠道冲突认识不深，往往消极防范或仓促应对，导致更多的矛盾发生。因此早做准备，对冲突的来龙去脉、基本类型及活动特点认真地研究，想想该怎么规避，或者更高级一些，冲突怎样才能使其为企业所用。

（3）渠道竞争。渠道竞争是指平行的渠道成员或渠道系统因服务同一目标市场而发生的竞争。

2. 渠道成员的管理

生产者在选择确定了中间商的具体成员后，还要对中间商不断地检查、激励、评定，从而最大限度地调动中间商的积极性，保证分销渠道的顺畅与高效。

（1）激励渠道成员（中间商）。中间商对生产者是非常重要的，在没有某种激励的前提下，中间商往往不愿为某单独产品付出销售努力，或是提供其销售记录。生产者只有把握住中间商的特性，才能有效地激励中间商。

①向市场提供适销对路、物美价廉的产品。中间商认为适销对路的商品是销售成功的一半，因而生产者提供符合市场需求的产品就会受到中间商的欢迎。

②合理分配利润。生产者在产品定价方面要充分考虑到中间商的利益。对进货数量、信誉、财力、管理等不同的中间商给予不同的价格折扣，使中间商感到经营某生产者的产品会得到较理想的利润收入。

③促销支持。生产者承担宣传推广产品的全部或部分费用，不要求中间商承担或只要求承担部分费用，并且派出人员协助中间商安排商品陈列，举办展览和操作表演，帮助培

训推销人员等，都会得到中间商的欢迎。

④资金资助。生产者通过融资，采取售后付款或先部分付款的方式，促进中间商积极进货，努力推销产品。

⑤提供情报。生产者将获得的市场信息及时通报给中间商，同时也将生产方面的发展状况告诉中间商，使中间商心中有数，或者邀请中间商共同探讨市场状态及发展动向，制定扩大销售的措施，使中间商能够有效地安排销售。例如，很多企业定期召开经销商会议，进行沟通，传达企业的有关生产信息，了解市场情况，有效地保证了双方良好的关系。

(2) 评估渠道成员（中间商）。为了能使中间商有效合作，及时掌握中间商履行约定的情况，生产者有必要经常检查中间商，以一定标准衡量中间商的表现程度。检查的标准是生产者与中间商约定的项目，通常包括以下几个方面：

①销售额完成情况；

②销售增长情况；

③产品的销售范围及占有率；

④向顾客交货的速度快慢；

⑤平均存货水平；

⑥对损坏或损失商品的处理；

⑦对顾客服务的表现；

⑧在促销及员工训练方面的合作程度等。

在上述标准中，销售方面的标准是比较重要的，因为销售是企业期望的最终归属，生产者通过销售方面的标准对中间商进行检查，目的是鼓励那些销售量大的中间商继续努力，保持声誉，鞭策那些销售量差的中间商要加倍努力，完成销售要求。同时，生产者也可以通过对中间商的检查，发现问题，并及时总结原因，采取相应措施加以改进。

（三）渠道调整

由于市场情况纷繁复杂、瞬息万变，生产者要保持渠道的高效性，还必须不断地调整销售渠道成员，适应市场的变化要求。主要有三种调整方式：

1. 增减渠道成员

增减渠道成员指在某一分销渠道里生产者根据经济效益分析，增减个别中间商。增减时，要考虑到对企业的盈利是否有影响，是否会引起其他成员的反应，是否会影响其他成员的销售等。

2. 增减销售渠道

增减销售渠道即增减某一渠道模式。当生产者利用某一渠道销售产品不理想时，或者市场需求扩大而原来的销售渠道模式不能满足需求时，生产者一方面会削减某条渠道，同时又增加某条渠道。增减时，生产者要考虑可能带来的经济效益及其他渠道的反应，且要估计到被删除的渠道日后可能会成为本企业渠道的竞争者，保留的渠道是否会产生不安全感，从而降低销售量等的可能性。

3. 调整全部渠道

调整全部渠道指生产者对所利用的全部渠道进行调整。例如，直接渠道改为间接渠道，单一渠道改为多渠道等。这种调整比较负责，它不仅使全部销售渠道改观，而且会涉及营销组合因素的相应调整和营销策略的改变。

视频：
渠道调整

四、展望产品销售渠道的发展趋势

（一）渠道变革面临的主要环境特点

1. 商业资本的崛起

表现为中间贸易企业的壮大，重点表现在大型零售业的发展上。大型零售商面对市场，掌握着众多直接接触消费者的窗口，拥有第一手的市场信息，对市场变化极其灵敏。由于买方市场的形成，零售商在分销渠道体系中的竞争优势不断增强，也直接影响着整体销售渠道的变革与发展，任何无视这一现实情况的厂商和经销商，都可能在变革中被淘汰。

2. 超级终端时代的来临

大型连锁销售终端如雨后春笋般地在全国快速扩张，特别是在大中城市的扩张，使得传统的批发商和零售商在萎缩。

3. 连锁渠道的扩张

全国性的连锁商业企业凭借全国的网络和资本实力，对厂商分割的渠道模式提出挑战，并以其强大的谈判力量逼压厂商，也使得两者出现矛盾冲突。

4. 电子商务的崛起

互联网的快速发展与普及，带来了信息的快速透明化，给建立在信息不对称基础上而谋求高利的传统中间商带来了致命的打击。信息的垄断被打破，利润也随之下滑，整体中间商出现微利的特征。如果不能及时应变，众多中间商将被淘汰出局。

（二）销售渠道的发展趋势

1. 扁平化

扁平化即压缩流通环节，减少代理层次，增加渠道宽度，加大直销力度。从厂商的角度来看，渠道的扁平化，减少中间环节，可以节约成本，更直接地接触市场，提高效率，但也会带来管理的难度和成本的增加。这便需要厂商在直销和代理之间博弈，寻求最佳的平衡点，并且不断加大其营销的影响力，以控制渠道和零售终端。

2. 规模化

规模化具有资金、品牌、服务等多方面的优势，其大批量的进货和销售方式既给厂商减少了库存的压力，又保证了产品的种类繁多和价格优惠。但这种大型零售商的区域控制力不容忽视，它可能会给整个产业链带来影响。

3. 品牌化

在产品日趋同质化、消费者日趋个性化的今天，分销渠道的发展必将走向品牌化营销。因为品牌的推广可以为消费者提供附加价值，提高与竞争对手差异化的机会。

例如，在手机产品渠道市场上，手机厂商可以建立有领袖地位的直销店，给分销店建立品牌专柜进行促销等；手机分销商可以快速扩张现有渠道规模，宣传企业文化，树立企业品牌；利用家电连锁企业庞大的销售网络、地区影响力和其“低价位”品牌效应；运用电信运营商在产业链中的品牌影响力介入手机分销，同时推出定制的“品牌手机”等。

4. 复杂化

很多企业都会采取多种分销模式，如代理与直销同时存在。

知识拓展

分销通路决策的三大误区

对于生产企业来说，分销通路是影响企业销售业绩的重要因素。然而，如何进行科学的分销通路决策呢？很多企业恐怕还没有找到答案。如今企业规模的大小，早已不取决于生产规模，而取决于分销规模。分销规模的大小，取决于分销通路是否顺畅。遗憾的是，诸多企业的分销通路效率不高，成本惊人，最终无利可图。究其原因，就是分销通路决策陷入了三大误区之中。

误区之一：通路选择的盲目化

在传统的经济环境下，分销通路没有选择问题，商品几乎都遵循相同的通路类型：厂商——一级批发商——二级批发商＋三级批发商——零售商——消费者。近几年，我国爆发了一场分销通路的革命，直销、直复营销得到发展，在西方存在的20余种零售业态几乎都在我国出现了。连锁经营和特许经营带来了通路组织形式的巨大变化，这就使厂商面临着多种通路形式的选择。但是，大多数中国厂商，却基本上是没有选择的，或是没有去选择，抑或是盲目地进行选择，将自己的产品和服务送上了一条崎岖不平而又充满巨大风险的道路。

新通路到底在哪儿：诸多厂商在通路变革中没能发现新通路，自然地放弃了对新通路的评价与选择。根据麦肯锡咨询公司的分析，在11家公司中，如果有一家成功地进行了通路创新，那么就会有10家公司或是行动迟缓，或是没有取得突破性进展。对于一家保守型公司来说，发现新通路是非常困难的。原因之一在于消费者购物习惯在潜移默化地变化着，对一种新通路的接受是渐变的过程，厂商很难发现质变的一瞬间；原因之二在于厂商过分依赖中间商信息，与最终用户始终保持着距离，但中间商常常只向制造商传达有利于巩固自己地位的信息。

为什么非要用新通路：新兴的分销渠道往往会带来全新的顾客期望值，并且会影响成本，甚至可节省成本10%～15%，从而创造成本优势。新通路会给厂商带来意想不到的价值，诸如为顾客提供购买的便利、为厂商节省分销成本。但是，厂商常常具有延用自己传统分销通路的惯性，缺乏挖掘新通路的积极性。如大型超市出现了，而一些食品厂商仍以百货商店及小副食店为主要通路；家电连锁专业店发展了，一些家电厂商仍热衷于自我投资建立分销体系，对新型业态视而不见。正像美国西北大学营销学教授路易斯·W. 斯特恩（Louis W. Stern）所言："一个公司可以在短期内变动产品价格、更换宣传广告、聘用或解雇市场调研机构、修改促销计划或者改变产品生产线，但管理者一旦建立起营销渠道系统，就很难也不愿对其进行改动。"

火车轨距与马屁股是什么关系：在经济学中有一个路径依赖的故事，说美国铁路铁轨宽度之所以是4英尺又8.5英寸，因为是英国铁路设计师设计的，英国铁路就是4英尺又8.5英寸。为什么英国铁路是这个数字？因为英国铁路是由设计有轨电车铁轨的人设计的，英国有轨电车的车轨就是4英尺又8.5英寸。为什么英国有轨电车是这个数字呢？这是由马车的车轮距离决定的。为什么马车的车轮距离是4英尺又8.5英寸呢？因为古代战车由两匹马拉动，而两匹马屁股就是4英尺又8.5英寸。谁也想不到，现代化铁路的轨距居然是由古代马屁股的宽度决定的！制度经济学引用这个故事，是表明在经济制度演进中存在着一种自我强化机制。这种机制使制度的演进一旦走上某一条路径，就会在以后的发展中得到自我强化。我们在分销学中引用这个故事，是想说明一旦厂商选择了一条通路进行其产品或服务的分销，就会逐渐产生轻车熟路的感觉，难以改变，即使出现更为适合的通路也是如此。即使改变，也常常带有旧通路的痕迹。

"愚公"总能那么幸运吗：《列子·汤问》曾讲述了一个愚公移山的寓言故事。尽管老愚公的精神可嘉，但决策愚蠢。因为他的目的无非是找一条出路，找一条出路不能凭感觉而要应用科学的方法，即用最小的投入取得最大的效果。要实现出门有路的目的，有诸多方法，都比搬山容易且花费少。在我国分销通路选择过程中，也有诸多的企业决策者像愚公移山一样随意，缺乏一种评价、比较与选择的意识与标准，诸如：轻率地开拓自有的分销通路，简单地抛弃原有的合作伙伴……这样的企业不会有愚公的幸运，不会有神仙下凡帮其摆脱分销效率低下的困境。

误区之二：通路组织的独裁化

任何一条分销通路，都包含有两个以上的成员：最简单的直销通路也包含有厂商和用户两个成员，一般的通路则包括厂商、批发商、零售商和用户等数个成员。这些成员如何形成一种合力，为整条分销通路或整个分销网络作出贡献，就是通路组织所要解决的问题。近几年，我国一些企业的通路组织具有独裁化趋势，结果带来销售额下降和投资额上升。

自营网络不更便于控制吗：所谓通路组织的独裁化，就是不考虑通路组织的多种形式及适应性，也不考虑成本效益比，一味地追求对通路的控制。最典型的例子是近几年在化妆品行业、药品行业、美容行业都有企业提出发展1万家直营店的扩张计划，家电厂商也掀起了自建网络和购并网络的高潮。实际上，分销通路常由多个成员组成，各司其职才能实现合理分工和社会资源的最佳组合，任何一个想垄断或独裁整条通路的想法都是不切实际的。

为什么麦当劳不去养牛：在欧洲MBA教学中有一个案例：当年从麦当劳兄弟手里买下特许经营权的除了大家熟知的克罗克之外，还有一个荷兰人。克罗克看似比较愚蠢，只开麦当劳店，加工牛肉、养牛的钱让别人去赚；而荷兰人非常聪明，他不仅开麦当劳店，而且想赚所有的钱。为了赚加工牛肉的钱，他投资开办了牛肉加工厂。后来他想：我干吗买别人的牛呢？随后自己办了养牛场。多少年过去了，人们发现，克罗克把麦当劳开遍了全世界；而那个荷兰人呢？他什么也没有，就养着200头牛。在分销通路方面也是如此，有些事情让别人去干，会干得更好。

误区之三：通路管理的经验化

通路管理的核心是处理好通路各成员之间的关系，而这个关系是分解在分销的各个环节和活动当中。随着多种通路形式的出现，成员之间的关系变得十分复杂，只有用科学和经验相结合的管理方法，才能取得通路运行的高效率。但是我国的分销通路管理基本上还是经验化管理。

都是自己人，怎能六亲不认：通路决策常常不考虑事实依据，而是根据自己的好恶来选择通路成员，掺杂着诸多的人情、感情和亲情因素。例如：温州的一家低压电器企业的分销通路成员几乎全是当地的老乡。专家曾建议进行通路升级，以备入世后等待与世界著名电器分销企业合作，赢得长期竞争优势，但最终乡情难以割舍。其实，“赢家总是能对束缚有深刻的了解，并且他们知道如何去合法地进行改变；而输家遇到问题时便一筹莫展，坚持认为没有融通的办法来改变渠道”（麦肯锡专家语）。不过，现存的一个最重要的问题是：我们还没有一个对备选通路成员进行有效评价的标准体系和模型。“我拿什么激励分销商？”通路专家总是告诉分销商如何赚钱，但分销商不关心理论，更关心赚钱本身；营销专家总是告诉制造商如何满足顾客需求，但制造商更关心市场销售量和占有率。制造商和分销商目标的差异化导致力量分解，制造商激励分销商的主要方法是批量折扣，即随着分销商销售数量的增加而提升折扣率，刺激分销商争取更大的销售量；次要方法是赊销，这样可使分销商购进尽量多的产品，以便销售更多的产品。然而分销商更关心利润，而不是销售量，这就导致制造商激励方法的反作用，带来串货和死账这两个分销过程中难以克服的顽症，同时激励的作用也在递减。麦肯锡咨询公司的一项研究表明：一旦分销商安于其舒适的生活而不再考虑如何提高顾客服务质量，或是扩大销量时，再要提高通路业绩便会相当困难。这种现象已成为制造商的一大困扰。

引入工厂，那要花多少钱：世界诸多制造商在通路管理方面应用了与现代信息技术密切相关的手段与方法，如安装了电子信息交换系统和顾客快速反应系统，帮助分销商管理库存，减少总成本。但是，我国诸多制造商仍然把通路成员成本的降低视为自己成本的增加，不关心分销商盈利情况，而专心于制造商内部的绩效管理，自然在整个通路管理中都没有有效地适用现代化的信息管理手段。

提高分销效率，就要走出分销通路决策的误区，走出误区的方法无非是科学地选择分销通路、与通路成员建立合作伙伴关系、进行数字化的科学管理。

资料来源：李飞．分销通路决策的3大误区．中外管理，2003（4）．

任务四　选择促销工具

一、认识促销和促销组合

（一）促销的含义和作用

1. 促销的含义

促销即促进销售，是指企业通过人员和非人员的方式把企业的产品和服务信息传递给顾客，激发顾客的购买欲望，影响和促成顾客购买行为的全部活动的总称。

促销活动的实质是一种沟通、激发活动。在市场经济条件下，社会化的商品生产和商品流通决定了生产者、经营者和消费者之间客观上存在着信息的分离，对于企业生产和经营的商品性能、特点，顾客不一定知晓，从而要求企业将有关商品和服务的存在及其性能、特征等信息，通过声音、文字、图像或实物传播给顾客，增进顾客对其商品及服务的了解，引起顾客的注意和兴趣，帮助顾客认识商品和服务所能带给他们的利益，激发顾客的购买欲望，为顾客最终作出购买决定提供依据。促销的主要任务是将商品和服务的信息传递给顾客，以达到扩大销售、增加效益的目的。

2. 促销的作用

（1）有助于生产者和消费者之间的信息沟通。市场营销既以市场为起点，又以市场为终点，伴随营销活动始终的信息流动也遵循这一流程。

一种商品进入市场以后，或将要进入市场的时候，为使更多的消费者知道这种商品和服务，就需要生产者及时提供商品信息，主动介绍商品的性能、特点、用途、价格、使用方法及企业提供的服务等，引起社会的注意，吸引消费者的购买。

（2）有助于刺激、创造需求，开拓市场。不管采用哪种促销手段，都要力求能激发起潜在顾客的购买欲望，引发购买行为，而且有效的促销活动不仅能诱导和激发需求，也能在一定条件下创造需求。当商品需求下降时，可以用买一赠一、免费使用等促销方式吸引更多的消费者，扩大需求。

（3）有助于突出企业和产品的特色。在激烈的市场竞争中，企业的生存和发展越来越需要强调自己的经营特色。而市场经济的快速发展又使商品质量、花色品种趋向同质化。

为此，企业需要运用促销手段，突出宣传本企业经营的商品不同于竞争对手的特点，以及能给消费者带来的特殊利益，这样会有助于消费者加深对商品的了解，帮助消费者进行正确的购买决策，采取相应的购买行为。

（4）有助于稳定和扩大销售。追求稳定的市场占有率是企业营销的重要目标之一。但事实上，市场会受很多因素影响，从而引起销售的波动，不利于企业稳定市场地位。为此，企业可以通过采取有效的促销活动树立企业形象，提高企业在消费者心目中的地位和影响，扩大营销商品的知名度。特别是在竞争激烈的情况下，有效的促销活动在一定程度上可以抵御和击败竞争者的促销活动，使消费者增加购买本企业商品的信心，稳定销售形势。即使在销量下降时，强有力的促销活动也往往能够重新激发消费者对这些商品的需求，使销售额重新回升，有时甚至还能超过原有的销售水平。如长虹彩电曾运用降价促销手段坐上彩电销量第一的位置。

（二）促销方式

1. 人员推销

人员推销是一种既传统又现代的促销方式，它是指企业派出人员或委托推销人员，亲自向目标顾客对商品或服务进行介绍，推广宣传和销售。人员推销由于直接沟通信息，反馈意见及时，可当面促成交易。

因此，人员推销的作用不是仅仅出售现有货物，而是要配合企业的整体营销活动来发现顾客需求，满足顾客需求，把市场动向和顾客要求反馈回来，并据此调整企业生产经营范围和结构，增强企业竞争能力。

2. 广告宣传

广告宣传是指企业通过一定的媒介物，公开而广泛地向社会介绍企业的营销形式和产品品种、规格、质量、性能、特点、使用方法以及劳务信息的一种宣传方式。

广告宣传是商品经济的产物，是随着商品经济的发展而逐渐发展起来的。特别是随着我国经济体制改革的不断深化、市场经济体制的建立，企业作为独立的商品生产者和商品经营者，科学地运用广告宣传，对传播信息、促进生产、指导消费、扩大销售、加速商品流通和提高经济效益都有着十分重要的作用。

3. 公共关系

公共关系是指企业通过种种活动使社会各界公众了解本企业，以取得他们的信赖和好感，从而为企业创造一种良好的舆论环境和社会环境。

公共关系的核心是交流信息，促进相互了解，宣传企业的经营方针、经营宗旨、经营项目、产品特点和服务内容等，提高企业的知名度和社会声誉，为企业争取一个良好的外部环境，以推动企业不断向前发展。

视频：
公共关系

4. 营业推广

营业推广是指企业在比较大的目标市场中，为刺激早期需求而采取的能够迅速产生鼓励作用、促进商品销售的一种措施。

营业推广的形式很多，大致可以分为三类：第一类是直接对消费者的，如展销、现场表演、赊销、消费信贷、现场服务、有奖销售、赠送纪念品或样品等；第二类属于促成交易的，如举办展览会、供货会、订货会、物资交流会、购货折扣、延期付款、补贴付息、移库代销等；第三类是鼓励推销人员，如推销奖金、红利、接力推销等。

视频：
从“双 11”看
营业推广方式

（三）促销组合的基本策略

促销组合就是把人员推销、广告宣传、公共关系和营业推广四种形式有机结合起来，综合运用，形成一种促销组合策略或技巧。这四种促销形式，又可归纳为人员推销和非人员推销，而两类推销的形式和作用又是不同的。

人员推销活动是采取主动、直接的方式，由企业推销人员通过一定的渠道，将商品和服务推荐给消费者，是一种实现销售目的的“推”式策略（如图 6-14 所示）。

图 6-14　“推”式策略示意图

实行“推”式策略的企业，主要是运用人员推销和营业推广手段把商品推向市场——从制造商推向批发商，从批发商推向零售商，直至最终消费者和用户。

实行“推”式策略要求推销人员针对不同的商品、不同的对象，采取不同的方式、方法。该策略花费在现有产品和新开发的新产品、现有用户和潜在用户上的力量不是均等的，而是有针对性的。

非人员推销是采取间接的方式，通过宣传，使消费者对商品或服务产生兴趣的一种“拉”式策略（如图 6-15 所示）。

图 6-15　“拉”式策略示意图

实行“拉”式策略的企业，是将企业主要的促销预算用于广告或其他宣传措施上，通过一系列的宣传报道，着重使消费者产生兴趣，吸引他们来购买。

实行“拉”式策略必须注意企业是否有足够的库存、能否提供良好的产品等。

企业在促进产品销售的过程中，究竟是实行“推”式策略，还是实行“拉”式策略，要根据具体情况而定。一般来说，企业应当两者兼顾，各有侧重。这两种策略、四种促销形式各具特色，在促销中各有作用、相辅相成。

企业应有计划地将各种促销方式有机地结合起来，适当选择、编配和运用，使之互相配合。人员推销必须借助广告宣传介绍，才能引导更多的潜在消费者；广告宣传最终也要通过人的推销活动，才能实现销售产品的目的。因此，促销组合实质上是综合运用四种促销方式，使之成为一个有机整体，发挥其整体功能。

（四）促销策略的选择

鉴于四种促销方式各有特点、适用于不同对象，企业在进行促销活动时就要根据营销目标和商品特点，有针对性地选择。一般来说，工业品和消费品在采用促销方式时，有不同的组合，如图 6－16 所示。

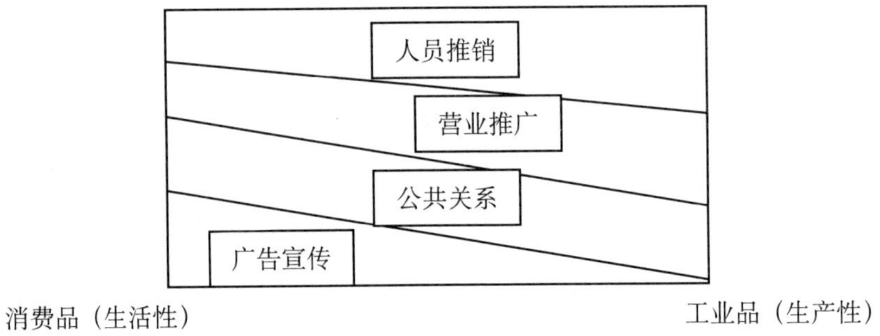

图 6－16　促销策略的选择

因此，企业在制定促销策略时，应综合考虑不同商品的特点、营销目标、企业内部条件、外部市场环境、消费者需求等因素进行选择、编配。具体分析如下：

1. 产品的性质

不同的产品有不同的用途，满足不同消费者的需求，需要采取不同的促销组合。一般来说，高技术的工业品偏向人员推销，而生活消费品，由于技术性较差，标准化程度高，市场面广，消费者人数多，宜于采用非人员促销。

2. 产品市场生命周期

在产品生命周期的不同阶段，由于促销目标不同，应相应地选择、编配不同的促销组合策略。例如，在产品的投入期，企业的促销目标就是让消费者认识和了解产品，因此需要采用广告宣传，辅之人员推销，导入 CIS 策略；在产品的成长期，销售量迅速增长，企业的促销目标是进一步引起消费者的购买兴趣，激发其购买行为，因此应着重宣传产品特点，以改变消费者使用产品的习惯，逐渐对产品产生偏好；在产品的成熟期，企业的促销目标主要是巩固老主顾，增加消费者对产品的信任，保持市场占有率，因此，应尽可能多地运用公共关系宣传，以提高企业和产品的声誉；在产品的衰退期，企业的促销目标主要是使一些老用户继续信任本企业的产品，坚持购买，因此，促销方式应以营业推广为主，辅之以公共关系和广告宣传。概括而言，上述策略与目标重点见表6-4。

表6-4　产品市场生命周期不同阶段的促销方式

产品市场生命周期	促销目标	促销主要方式
投入期	认识、了解产品	各种广告、营业推广
成长期	增进兴趣、偏好	改变广告形式，利用公共关系
成熟期		
衰退期	促成信任购买	营业推广为主，辅以广告降价等

3. 市场性质

不同特点的市场需要采取不同的促销组合策略。一般来说，向小规模本地市场促销，应以人员推销为主；若是广泛的市场，像全国市场或全球市场，则应以广告和文字宣传为主；市场比较集中，渠道短，销售力量强，产品需经过示范、退换的，应采用人员促销策略；而产品销售分散，渠道多而长，产品差异大，消费趋势已很明显，有必要快速告知消费者的，最好采用非人员促销策略；消费品市场买主多而分散，主要用广告宣传和营业推广吸引顾客；生产资料市场的用户少而销售额却大得多，应以人员推销为主。

4. 促销费用

促销费用的多少，直接影响促销方式的选择。一般来说，广告宣传的费用较高，人员推销次之，营业推广花费较小，公共关系的费用最少。但它们在不同时期的促销效果是不同的。企业在选择促销方式时，要根据企业的资金状况，以能否支持某一促销方式的顺利进行为标准，同时，投入的促销费用要符合经济效益原则。

另外，促销方式的选择还应考虑不同类型的顾客购买时间、竞争环境等因素。例如，在购买时间上，对最早和早期购买者要进行针对性宣传，并通过广告以最快速度将商品信息告知购买者，以加深印象；对晚期和最晚购买者，要采取各种优惠措施，以吸引顾客，扩大商品销售。

应该指出的是，任何一种促销方式都有其固有的优点和缺陷。例如，人员推销可与用户建立牢固的业务关系，成交速度快，能详细周到地进行个别服务，但缺点是传递信息速度慢、接触面窄，需要人员多；广告虽然传递信息速度快，但费用高，可信度低。因此企业在考虑商品促销时，应注意使各种促销方式扬长避短，优化组合，对其综合运用，以期达到最佳的促销效果。

二、认识广告宣传

广告这种宣传方式是日常生活中顾客接触最多的一种促销方式，目前也是被众多企业所采用的，因此，企业必须重视研究广告策略。

（一）广告的概念

广告一词源于拉丁语，有“注意”“诱导”“大喊大叫”和“广而告之”之意，后来演变为英语 Advertise，含义为“引起别人注意，通知别人某件事”。

广义的广告是指凡是能引起人们的注意、告知某项事物、传播某种信息、宣传某种观点或见解的活动。如政府广告、公共利益宣传、教育通告、启事、标语、口号、声明等，既包括商业广告，也包括非商业广告。

狭义的广告专指商业广告，是指由特定的广告主通过各种付费的传播媒体向目标市场和社会公众传递产品、服务或构思的信息的活动。

（二）广告宣传的基本原则

要科学地运用广告宣传、强化广告的促销功能，企业必须遵循以下原则：

1. 计划性和效益性

设计和制作广告，首先要做好市场调查和预测，依据营销任务通盘规划，制订出广告目标计划，另外要讲求经济效益。

2. 真实性

企业进行广告宣传，必须实事求是地向消费者介绍产品的特点和使用价值，切不可夸大、掩盖，损害消费者的利益。

3. 思想性

广告的语言组织和图画，必须符合有关方针、政策、法律，符合社会思想道德，传播正确的思想。

4. 艺术性

要运用科学技术，吸收文学、电影、戏剧、音乐、美术等艺术特点，精心设计、制作广告，要给人以较高的艺术享受，使消费者得到启发、受到感染。广告形式还要不断创新，从而达到既能指导消费者，又能丰富和更新人们的精神生活的目的。

（三）广告媒体及其选择

广告媒体，也称广告媒介，是广告主与广告接受者之间的连接物质，是广告宣传必不可少的物质条件。随着科学技术的不断发展，新的广告媒体也不断涌现，为成功达到广告目标，要正确选择广告媒体，不仅要确保媒体能真正到达目标受众，还要注意传递适当的信息，考虑各种媒体的成本，因此，首先必须了解各种媒介的特征。

1. 广告媒体的种类及特征

广告媒体的种类及特征见表 6－5。

表 6－5　各种不同广告媒体的比较

媒体	优点	局限性
报纸	灵活、及时，本地市场覆盖面大，能广泛地被接受，可信性强	保存性差，复制质量差，传阅者少
电视	综合视觉、听觉和动作，富有感染力，能引起高度注意，触及面广	成本高，干扰多，瞬间即逝，观众选择少
直接邮寄	接收者有选择性，灵活，在同一媒体内没有广告竞争，人情味较重	相对成本较高，可能造成滥寄“三等邮件”的印象
广播	大众化宣传，地理性和人口方面的选择性较强，成本低	有声音，无图像，非规范化收费结构，信息展露瞬息即逝
杂志	地理、人口可选性强，可信，并有一定的权威性，复制率高，保存期长，传阅者多	范围窄，目标顾客比较特殊
户外广告	灵活，广告展露时间长，费用低，竞争少	观众没有选择，缺乏创新
互联网广告	强互动性，内容更详尽、充实，消除时间、空间的限制，成本低、效率高，形式多样，动态性、及时性	可信度低，关注度低
POP 广告	开放陈列，集中提供信息，能营造强刺激氛围	成本较高

2. 影响广告媒体选择的因素

（1）企业及产品的特性。即按照企业产品的不同特性，选择相应的广告媒体。如果企业需要展示有色泽或式样要求的产品，应选择电视、电影或印刷品做媒体，以增加美感和吸引力。对只需要通过听觉就能了解的产品，企业应选择广播媒介。对技术性较强的产品，企业宜选择报纸和杂志做媒介，必要时还可直接用样品展示。

（2）消费者的媒体习惯。即研究目标消费者经常接触什么媒体，如女性用品的广告宜选择在《都市丽人》《瑞丽》等女性杂志上。

（3）媒体传播范围。行销全国的产品，应选择全国性的报刊和媒体，如中央电视台、《人民日报》等；局部地区销售的产品，可选择地方性的媒体。

（4）媒体的影响力。报刊的发行量，广播、电视的听众、观众数量，媒体的频率及声音等，是媒体影响力的标志。季节性强的产品，应考虑媒体的时效性；到期不能刊登或发行的媒体就不宜选择，否则会造成浪费。

（5）媒体的成本。即考虑费用与效果的关系，力求使利益最大化。

知识拓展

新媒体的应用：完美日记

成立于2017年的完美日记，致力于探索欧美时尚趋势，同时结合亚洲女性面部和肌肤特点，为中国年轻女性开发一系列高品质、精设计的彩妆产品，上市时间不长，成长速度惊人，业绩显著。在2018年的天猫“99大促”中，完美日记实现美妆行业销售额第一，远超美宝莲、欧莱雅等外资品牌。2018年的天猫“双11”，开场1小时28分，完美日记便成为天猫美妆首个成交额破亿的彩妆品牌，堪称国货彩妆黑马。2019年1月，完美日记在淘宝天猫美妆月销排行榜上位列第七，超过纪梵希、资生堂、迪奥、阿玛尼等国际顶级大牌。

完美日记快速走红离不开内容营销模式的打造，离不开微信、微博、小红书等新媒体的运用。

小红书是年轻人的生活方式平台，以“Inspire Lives 分享和发现世界的精彩”为使命，用户可以通过短视频、图文等形式记录生活点滴，分享生活方式，并基于兴趣形成互动。截至2019年10月，小红书月活跃用户数已经过亿，其中70%用户是90后，90%用户是女性。

小红书的用户属性和完美日记目标群体吻合，小红书数据显示美妆类用户数排名第一。2017年年底完美日记就布局小红书，截至2019年12月，完美日记的小红书品牌账号已经拥有135万粉丝、83.3万获赞与收藏，粉丝数远超知名国货、外资彩妆品牌。在小红书里，完美日记已有7.8万篇笔记，还借助明星的种草引起消费者关注和讨论，借助头部和腰部达人的试色达到真正的种草，引导消费者购买，然后普通的素人消费者购买后又回到平台分享，形成用户原创内容（UGC），进行二次传播，形成裂变式传播。

资料来源：90分钟卖了1个亿，这个国货美妆品牌，如何玩转小红书和B站．(2019-03-06). https://www.sohu.com/a/299430202_99967244，有所删减。

（四）广告宣传的内容与设计

1. 广告宣传的内容

（1）产品名称。对产品名称的介绍应力求简单、易记。

（2）产品的性能与用途。可利用文字、图片或照片等，介绍产品的质量、性能与用途等。

（3）说明产品的使用方法。对于某些使用难度比较大且复杂的产品，广告中要附加使用说明，使消费者懂得如何使用。

（4）介绍效果。广告中应向消费者介绍产品的使用效果。

（5）表面售后服务。广告中应向消费者明确说明产品售后服务内容，如实行“三包”、送货上门、规定保修期等。

(6) 标明企业名称、地点及联系方法。广告中要把生产和经营单位名称、所在地点、邮政编码及电报、电话号码等介绍给消费者，便于消费者联系购买。

2. 广告的设计

广告的设计必须遵循以下要求：

(1) 简明易懂。广告不是产品说明书，会受播放时间和刊登篇幅的限制，不允许有太多的解说。这就要求广告的文字、图画以及其他部分，都必须在特定的主题下，用最通俗和最鲜明的方式协调、和谐地表达出来，力求文字简洁，语言简练，词语易记，图画清晰易懂，使消费者一听就懂、一目了然，并能在看后留下深刻的印象。

(2) 独具特色。广告的构思必须富有创造性，在内容和形式上必须多样化，其总体应独具特色、吸引力强。只有设计美观新奇、立意精巧、具有特色的广告才符合消费者的心理要求，从而吸引人们的注意力，促使其产生购买行为。

(3) 具有美感性。广告设计是一种艺术活动，因此必须遵循美学的要求，运用整齐、对称、和谐等美学手段，给人以美的享受。即广告要用形象的语言、巧妙的构思、诱人的情趣，集中将商品特性表现出来，借以加强广告的感染力和说服力，激发起顾客强烈的购买欲望。

(五) 广告效果评价

企业在实施广告促销决策后，会产生一定的促销效果。这种效果主要表现在两个方面：一是广告的销售效果，二是广告的诉求认知效果。

1. 广告销售效果的测定

(1) 销售额衡量法。这种方法就是实际调查广告活动前后的销售情况，以事前与事后的销售额之差作为衡量广告效果的指数，计算公式为：

$$R=(S_2-S_1)/A$$

式中，R 为每元广告效益；S_1 为广告发布前的平均销售额；S_2 为广告发布后的平均销售额；A 为广告费用。

这种方法比较简单易行，但是如何除去广告效果之外的其他因素致使销售额增加的部分，却相当困难。为了回避此缺陷，在实际效果测定中企业往往参照广告费比率和广告效率比率进行综合测定。计算公式分别为：

广告费比率＝广告费/销售额

广告效率比率＝销售额增加率/广告费增加率

(2) 小组比较法。即将相同性质的被检测者分为三组，其中两组各看两种不同的广告，一组未看广告，然后比较看过广告的两组效果之差，并和未看过广告的一组加以比较。通常被检测的数字结果用频数分配技术来计算广告效果指数。

2. 广告诉求认知效果的测定

广告诉求认知效果的测定的目的，在于分析广告活动是否达到预期的信息效果。主要有以下指标：

（1）接触率。即在广告媒体的受众中，有多少百分比的人已接触到该广告。如某杂志共有50万读者，其中只有30万看了某一页的产品广告，则接触率为60%。

（2）注目率。即在看过该广告的人中，有多少百分比的人能够辨认出先前已看过的广告。

（3）阅读率。即通过报纸、杂志来阅读广告的人数和报刊发行量的比率。阅读率越高，对广告的认识率就越高，广告效果也就越好。

（4）好感率。即在看过广告的人中，有多少百分比的人对企业及其商品产生了好感。

（5）知名率。即在被调查的对象中，有多少百分比的人了解企业及其产品。知名率主要是通过广告前后的对比进行，如果广告后企业的知名度大为提高，则说明企业的广告效果十分理想。

（6）综合评分。即由目标消费者的一组固定样本或广告专家来评价广告，并填写评分卷。评分卷中依据广告的注意程度、阅读强度、认知强度、情绪强度等内容分别给出一定分数，所有分数汇总便得到综合评分。通常综合评分以百分制计，分数越高，则表明广告的诉求认知效果越好。

三、认识人员推销

（一）人员推销的特点

人员推销较之其他促销方式，具有以下优势和特点：

1. 灵活性

推销员能与顾客保持直接的联系，可以根据各类顾客特殊的需要、动机和行为，设计具体的推销策略，并随时加以调整；可以及时发现和开拓顾客的潜在需求，对于产品的性能、质量、使用和保管方法，不仅能向顾客直接介绍，还可以进行示范表演，消除消费者对产品不够理解而产生的各种疑虑，诱发购买欲望，促成购买。

2. 选择性

推销员在每次推销之前，可以选择有较大购买潜力的顾客，有针对性地进行推销，并可实现对未来顾客做一番调查研究，确定具体推销方案、推销目标和推销策略等，以强化推销效果，提高推销的成功率。

3. 完整性

人员推销过程是从市场调查开始，经过选择目标顾客，当面洽谈，说服顾客购买，提供服务，最后促成交易，反馈顾客对产品及企业的信息。这也就是企业产品销售的完整过程。人员推销的完整性是其他促销方式所不能具备的。因此，人员推销在收集、传递、反馈市场信息，指导市场营销，开拓新的市场领域等方面，具有特殊的地位和作用。

4. 情感性

推销员在推广产品的过程中与顾客直接接触，可以“一回生，二回熟”，彼此在买卖关系的基础上，交流情感，增进了解，产生信赖，建立深厚的友谊。而感情的培养与建立，必然会使顾客产生惠顾动机，从而确立稳定的购销关系，促进商品销售。

由于人员推销具有上述优势和特点，因此其在工业品和技术性较强、使用较为复杂的耐用消费品的推销中，尤为适用。

（二）人员推销的功能

1. 寻找顾客

人员推销不仅要提供产品，满足消费者重复购买的要求，更重要的是在市场中寻找机会，挖掘和发现潜在需求，创造新需求，寻找新顾客，开拓新市场。

2. 传递信息

推销人员在推销过程中及时将企业提供的产品和服务信息传递给顾客，为顾客提供资料，引起顾客的购买欲望，作出相应的购买决策。

3. 推销产品

推销人员通过与消费者的直接接触，运用销售技巧，有效地分析顾客的需求及其所期望的最大利益，根据不同情况向他们提供各种奖励、折扣、优惠和服务等，从物质和精神上满足对方需求，诱导其购买所推销的产品。

4. 收集信息

企业所需要的营销信息，很大一部分源于顾客，推销人员活跃于企业与顾客之间，是企业收集信息的重要渠道之一。推销人员在推销产品过程中，应进行调查研究，与顾客保持经常联系，收集市场情报资料，反馈信息，及时向有关部门反映，为改进营销措施、进行营销决策提供依据。

5. 提供服务

推销人员应在推销中积极主动地为顾客提供售前、售中、售后服务，及时解决顾客在购买和使用产品过程中出现的问题，照顾顾客的利益，是企业推销零配件和其他产品的良好机会，有利于提高产品的市场占有率。

（三）人员推销的过程

1. 寻找顾客

推销的第一个步骤是寻找有可能成为潜在购买者的准顾客。实际上，有些产品，特别是属于生产资料的产品，由于需求的专业性与不可替代性，产品的购买者有明显的特征。推销员的职责就是把这些准顾客找出来并加以确定，并使他们成为现实的购买者。

2. 顾客资格审查

通过对潜在顾客的寻找，推销员会获得一批用户及个人的名单，但这个名单上的人是否都值得花费时间与精力进行接触与拜访还不一定。因为其中有的可能不具备购买的条件，有的则可能根本无力购买。因此，在开始实际的约见与谈判之前，应对顾客的资格进行审查。顾客资格审查是指推销员对潜在的顾客的相关情况进行了解，以确定该对象成为准顾客的可能性，它的实质是顾客购买资格的审查。顾客资格审查一般从四个方面进行，即顾客购买需求审查、顾客购买能力审查、顾客购买权力审查和顾客购买信用审查。

3. 推销约见前的准备工作

在做好顾客资格审查工作后，推销员手中就有了一份较可靠的潜在顾客的名单。在约见顾客之前，推销员必须做好相关的准备工作。准备工作是推销工作的一部分，要详细地制订每次拜访的具体计划，同时还要对顾客和所推销的产品进行分析。

4. 约见顾客

在拜访顾客前，推销员经常遇到这样的重大问题："我该不该把我的拜访告诉顾客呢?"许多人认为对这个问题很难作出一个肯定的回答。但有一点是明显的：如果你把拜访的事事先告诉顾客，顾客就不会拒绝你的拜访，也不会利用这一机会提出反对购买的理由。如果你事先让顾客知道你的拜访，就可以节省时间和精力，同时还可以在顾客认为比较合适的时间再去拜访他，这有利于面对面的接触，有利于加深印象、加深了解，这样，你的谈话就会受到对方的重视，也比较有说服力。

5. 接近顾客

所谓接近，从推销的角度讲，是指推销员正式接触顾客的一个步骤。在接近顾客时，推销员的主要任务是简单介绍自己和有关企业的背景、概况以及被推销产品的特点和利益，引起顾客的注意和兴趣；同时，在接近过程中，了解顾客的需要或问题，帮助顾客确定其真实的购买动机，提出适当的购买建议，以满足其需要，解决其问题。可见，接近是一种双向沟通过程。在实际的推销活动中，成功的接近不一定都可促成交易，但成功的交易往往需要成功的接近作为前奏。接近顾客这一步骤的核心任务是唤起顾客的注意。

6. 推销洽谈

在推销人员实现与顾客的成功接近之后，推销活动便进入了推销洽谈阶段。推销洽谈是推销人员最重要的工作之一，它是实现成交的过程和手段。推销洽谈的成功与否对买卖双方最后能否签约具有至关重要的影响。洽谈的目的是实现产品销售，其效果如何，往往取决于推销人员在洽谈过程中的表现。推销人员只有成功地说服顾客，才能为最终达成交易打下良好的基础。

7. 顾客异议的处理

顾客异议是推销活动中不可避免的必然现象。处理顾客异议是推销人员最基本的工作任务。要有效处理顾客异议，必须遵循以下原则：善待异议，力戒争吵，分清主次，破除蔽障。

8. 推销成交

所谓推销成交，是顾客接受推销人员的购买建议，从而完成产品交易的过程。成交是推销活动的直接目的与最终结果，是推销活动的最终阶段，也是最关键的时刻，这一阶段的技术和方式使用失当也会使推销前功尽弃。在推销工作中，一些推销员抱有不良的心理倾向或是技术、方法使用不当，都会阻碍成交，必须加以克服。一名合格的推销人员应该重视各种推销技巧和手段的综合运用，努力达成交易，提高推销成交率。

9. 推销成交的后续工作

推销成交仅仅是一个推销过程的结束，而不是推销员推销事业的结束。推销人员应建立良好的客户关系，定期拜访顾客，并清楚地认识到：得到顾客重复购买的最好办法是与顾客保持接触。而良好的售后服务是推销人员源源不断获得订单的秘诀。

（四）人员推销的策略和技巧

1. 人员推销的策略

人员推销的策略主要有三种：

（1）“刺激—反应”策略。这是推销人员在不理解顾客需要的情况下，经常采用的一种策略，即推销人员事先准备好几套要说的话进行演讲（即刺激），看看顾客的反应，然后再讲，再看顾客的反应，如此运用一系列的刺激方法，以期引起顾客的购买行为。这种策略对于推销日用品效果较好。

（2）“启发—配方”策略。这也是推销人员在事先不了解顾客需要的情况下常用的一种推销策略，即推销人员从访问顾客开始，通过带有启发性的讲话，引起顾客的兴趣，进而推动成交。

（3）“需要—满足”策略。这是一种创造性的推销策略。这种策略的特点是：推销员在推销时，要引起顾客对某种商品的需要，并促使顾客想满足这些需要。当推销员在说明所推销的商品如何能满足顾客的这些需要时，使顾客感到推销员成了他们的参谋，从而较顺利地推动成交。

2. 人员推销的技巧

人员推销的技巧是指推销人员在实施推销过程中，针对不同的推销对象或顾客，为达到推销目标所运用的方式、方法、技能、谋略等综合举措。推销技巧的运用是否恰当、得体和成功，标志着推销人员素质、观念、业务水平等能力的高低，关系到推销活动的成败。人员推销的技巧贯穿于推销工作的全过程，内容丰富。本书只介绍一些基本技巧：

（1）自我介绍的技巧。推销界有句名言“推销之前要先推销自己”，也就是在与顾客初次见面时，尽量消除顾客的紧张感和恐惧感，建立与顾客之间的亲密感和信任感。因此，推销员应特别注重与顾客的第一次见面。推销自己的方式除了从仪表、举止上迎合顾客的情感之外，自我介绍也必须切中顾客的口味。

为此，自我介绍时，一要态度诚恳、热情；二要保持亲切的微笑；三要步履轻盈、快捷，正面走近顾客；四要与顾客握手问候时语调热情洋溢、精神饱满、音量适中；五要在自我介绍时掌握分寸，态度谦虚，先从自己的姓名、单位、身份开始，辅之恭敬地递上自己的名片。若顾客有兴趣或有耐心，再进一步介绍企业或产品。这样有利于顾客迅速、准确地知晓自己的情况，加深对自己的印象，从而加快交往的过程。

（2）交谈的技巧。推销员与顾客交谈必须抓住对方的心，引起对方的共鸣，从而消除对方的紧张感和恐惧感。为此在交谈中，推销员要做到：一是顾及对方的自尊心，不能说让对方厌恶或忌讳的话；二是注意关注和兼顾对方的利益；三是注意交流互相感兴趣的信息和经验；四是给顾客谈话的机会；五是直视顾客的脸和眼睛，真诚、尊敬地聆听顾客的谈话；六是注意附和、赞美顾客的谈话。总之，与顾客谈话，应以引起顾客注意为目的，以顾客为中心，以尊敬、重视顾客为准则，这样才能消除顾客心中的紧张感与恐惧感，才能为下一步商谈奠定良好的基础。

（3）应付顾客拒绝的技巧。拒绝是推销人员经常遇到的事情，必须勇敢地面对顾客的拒绝，心平气和地解决。当然在遇到顾客拒绝时，都不能有丝毫的失望神态，而应采取积极态度，分析原因，寻找应付顾客拒绝的技巧，如可以采用附和法、转折法、回避法、发问法、否定法、举例法、转换法等。

（4）排除顾客异议的技巧。排除顾客异议是顺利推销和达成交易的必备条件，在解决顾客异议时，不能与顾客争论，也不能为自己辩白，必须尊重顾客的立场，可以主动询问顾客的异议，分析其中原因，并尽力找到解决顾客的方法。通常可以用以下方法解决顾客异议：反驳处理法、反问处理法、但是处理法、补偿处理法、询问处理法、忽略处理法等。

（5）成交的技巧。在实际推销过程中，很多顾客都不愿意主动提出成交，但成交的意向总会以语言、行为、表情等方式表露出来，因此要求推销人员善于捕捉这些信号，并不失时机地运用一些成交方法，尽早促成交易。成交方法主要有：请求成交法、假定成交法、选择成交法、小点成交法、机会成交法、异议成交法、分段成交法等。

（6）形象与情感方面的技巧。注意形象，培植感情。推销人员在推销过程中，一方面是企业代表，另一方面是顾客的朋友，因此推销人员必须十分重视自身形象的把握。在同顾客的接触中，要注意推销礼仪，给顾客以信任感，多和顾客进行情感交流，争取和顾客建立长期关系，为长期合作打下良好的基础。

知识拓展

成功的推销员

日本一家铸砂厂的推销员为了重新打入已多年未曾来往的一家铸铁厂，多次前往拜访该厂采购课长。但采购课长始终避而不见。推销员紧缠不放，于是那位采购课长迫不得已给他5分钟时间见面，希望他能知难而退。这位推销员胸有成竹，在采购课长面前一声不响地摊开一张报纸，然后从皮包里取出一袋砂，突然倾倒在报纸上，顿时砂尘飞扬，几乎令人窒息。采购课长咳了几声大吼道："你在干什么?"这时推销员才不慌不忙地开口说道："这是贵公司目前所采用的砂，是我从你们生产现场向领班取来的样品。"说着推销员又在地上另铺一张报纸，从皮包里取出一袋砂倾倒在报纸上，却不见砂尘飞扬，采购课长十分惊异。紧接着推销员又取出两个样品，性能、硬度和外观都截然不同，使那位采购课长惊叹不已，从而使产品顺利地打进了铸铁厂。

资料来源：https://wiki.mbalib.com/wiki/戏剧化接近法.

（五）推销员的素质和培训

1. 推销员的素质

（1）具有良好的敬业精神。推销工作，情况复杂多变，不可控因素多。对推销员来说，每一位顾客、每一项推销业务都意味着一次挑战，既孕育着成功，也潜伏着失败。没有良好的敬业精神是干不好推销工作的。

据对企业的一项调查表明，大多数的企业都把敬业精神作为评价推销员的首要条件。许多成功的推销大师都认为，推销成功最重要的因素是积极主动。一名优秀的推销员必须将推销工作当作一项事业来做，立志有所作为，要有过千山万水、进千家万户、尝千辛万苦、讲千言万语、想千方百计的精神，这样才会促使自己不断克服困难，努力达到一个比较理想的境界。大量的成功案例也证明只有具有良好的敬业精神才能取得事业的成功。

（2）相信自己、相信企业、相信所推销的产品。作为一名推销员，其必须具有说服顾客的能力。而要说服别人，首先就必须说服自己。这就意味着推销员本人必须对其所推销的产品的价值充满信心。为此，每一项成功的推销活动都必须建立在下述三个要素的基础上：

①推销员一定要相信他所推销的产品；

②推销员必须相信他所代表的公司；

③推销员必须相信自己。

只有相信这三点才会产生积极性，而积极性又可以使推销获得成功。对所代表的公司缺乏信心是非常危险的，对所推销的产品缺乏信心是十分有害的，而缺乏自信心则是最致命的。

推销员应当相信他所推销的产品是好产品，为此，推销员可以通过与生产部门、计划部门和使用产品的专家进行接触，也可以通过参观已使用本企业产品的顾客的公司来进一步增强这种信心。

推销员应该深入地了解自己的企业，了解企业的历史、了解企业的文化、了解企业的领导等，只有这样才能对所代表的企业充满信心。

一个推销员怎样才能树立自信心，坚信他自己和他的推销能力呢？一个人只有在他完全了解和熟悉自己的工作，而且这种认识是建立在成功经验之上时，他才能相信自己。推销员比别人更需要成功，因为他在使别人树立信心之前，他自己首先必须充满信心。一个缺乏自信心的推销员是不可能真正取得成功的，因此，无论是企业还是推销员自己都应该注意不断提高自信心。

（3）具有慎独精神。慎独精神是指人在单独状态下能自我约束、自我开发的精神。推销员需要高度的慎独精神，原因是多方面的，其中之一是推销员多为单独行动，处于一种无人直接管理的工作状态中。推销员们的工作多与权力、财、物打交道，常处于无人监督的状态，因此只有推销员具备严于律己、独善其身的良好职业道德，才能赢得各方面的信任与支持。同时推销员常受到来自社会各方面的诱惑，如果不能严于律己，往往容易犯错误。

市场经济给人们的心理与意识形态的影响是多方面的，推销员要在复杂的社会环境中保护自己，主要的也是最基本的办法就是用慎独精神完善自我。慎独认为不能因“天知地知，你知我知”而乱其所为，只有这样才能防止上当受骗及自我毁灭。慎独是对自己最大的保护。

因此，推销员应加强自身的修养，不断反省，保持清醒的头脑，抵制各种诱惑。

（4）具有较好的业务知识和文化素质。推销员要和各种各样的顾客打交道，需要宽阔的知识面。

1）推销员必须掌握全面的业务知识。这些知识至少包括：

a. 产品知识：从产品的材料采购、价格到产品的结构、性能及使用、维修和保养都要有所了解。

b. 市场知识：从市场需求的总趋势到个别顾客的购买动机，从影响行业的环境因素到竞争机制和对手策略的变化等。

c. 社会知识：要了解国情，了解社会消费意识、消费水平，了解社情民风、宗教信仰、语言习惯、礼仪规范等。

d. 财务知识：要了解各种结算方式和结算工具。

e. 法律知识：要了解合同法、反不正当竞争法、产品质量法、消费者权益保护法、广告法、商标法、专利法、票据法、劳动法、价格法、税法等一系列经济法规和民法、诉讼法等法律制度。

f. 企业知识：要了解企业的历史、经营目标、经营策略、在同行中的地位、产品种类、设备状况、服务项目、企业的定价原则、交货方式、付款方式以及交通运输条件等状况。

2）推销员应具有一定的文化素质。推销员的工作对象是人，他们要做好与顾客的沟通工作，博学多才是推销员成功的重要因素之一。推销员要爱好广泛，善于利用一切条件促成交易。

为了掌握这些知识与技术，推销员必须善于学习。推销员是最忙碌的人，居无定所、食无定规、睡无定时，因此，只有善于挤时间，善于总结与掌握良好的学习方法的人才能学到东西。勤于思考是推销员学习与自我开发的主要方式。

（5）具有健康的体魄和优雅的礼仪风度。推销工作的艰苦性决定了推销员必须具有健康的身体才能胜任推销工作。身体健康包括生理健康与心理健康两个方面。

推销员的工作是与人打交道，优雅的风度有助于在顾客心目中建立良好的形象，取得顾客的信赖。在许多情况下，当推销员与顾客还没讲几句话，顾客心里已在盘算，是打发他走人还是继续与他谈下去。推销，首先是推销自己，然后才是推销产品。

（6）掌握推销技术和谈判技巧。推销是一门艺术也是一种技术，而谈判更是知识、技术、心理素质的一种综合较量。因此，推销员必须了解什么是推销、为什么进行推销、怎样进行推销等知识，掌握推销理论、推销程序、推销洽谈、顾客异议的处理、推销成交、推销服务、推销管理等知识技术。

谈判有技巧，任何一种谈判均含有某种程度的合作与某种程度的冲突，优秀的谈判者在于能适度地左右合作的冲突。所谓成功的谈判，就是在“目标、效率、人际关系”上作出了适当的取舍，尽可能使三者处于某种均衡的状态。

综上所述，推销员应具有外交家的风度、学者的头脑、运动员的体魄、艺术家的语言和服务员的热忱。这是对推销员素质的要求，也是推销员进行自我开发的标准。

2. 推销员的培训

对推销员进行培训，首先是要他们学会做人的本领，同时传授执行推销任务所必要的知识和技巧。

培训方法主要有讲授法、讨论法、角色扮演法、情景再现仿真法等。

（六）推销员的激励

推销员大多单独工作，工作时间不确定，并经常遇到挫折，如果没有激励，他们很难保持良好的精神状态。企业可以通过环境激励、目标激励、物质激励和精神激励等方式来提高推销员的工作积极性。

1. 环境激励

环境激励是指企业创造一种良好的工作氛围，使推销员能心情舒畅地工作。企业对销售员的重视程度十分重要。事实证明，如果企业对推销员不重视，工作绩效就差，其离职率也高；反之，工作绩效高，离职率低。因此企业应定期召开销售会议或非正式集会，为推销员提供一个社交场所，给推销员与企业领导交谈的机会，给他们在更大群体范围内结交朋友、交流感情的机会。

2. 目标激励

目标激励是要为推销员制定一些拟达到的目标，以目标来激励推销员上进。企业应制定的主要目标有销售定额、毛利、访问客户数、新客户数、访问费用和货款回收等。其中，制定销售定额是企业的普遍做法。

3. 物质激励

物质激励是对作出优异成绩的销售人员给予晋级、奖金、奖品和额外报酬等实际利益，以此来调动推销员的积极性。物质激励往往与目标激励挂钩。研究人员在评估各种可行的激励方法的价值大小时发现，物质激励对推销员的激励作用最为强烈。

4. 精神激励

对作出优异成绩的推销员给予表彰，如颁发奖状、授予称号等，以此来激励推销员的上进心。精神激励是一种较高层次的激励，通常对那些受过良好教育的人更为有效。所以，企业领导应深入了解推销员的实际需要。他们不仅有物质上的要求，还有诸如理想、成就、荣誉、尊敬、安全等方面的精神需要。尤其当物质方面的基本需要得到满足后，推销员对精神方面的需要会更强烈。

四、认识营业推广

营业推广又称销售促进，是指企业运用各种短期诱因刺激消费者和中间商购买、经销或代理企业产品或服务的促销活动。随着市场竞争的日益激烈，越来越多的企业运用销售促进手段来开展促销活动。

（一）营业推广的特点

1. 促销效果显著

它以“机不可失，时不再来”的较强吸引力，给顾客提供了一个特殊的购买机会，所以刺激需求效果较显著，不像公共关系、广告需要一个较长的时期才有效，因此，营业推广主要适用于短期促销活动。

2. 营业推广形式的局限性

营业推广的形式有很多，有些如有奖销售、赠送样品等形式，如果运用不当，会使顾客认为企业急于抛售，引起顾客怀疑其产品质量、价格，可能会降低产品档次，损坏企业形象。因此，企业采用营业推广形式时，需要慎重选择开展的方式和时机。

（二）营业推广的方式

1. 针对消费者的方式

（1）赠送。向消费者赠送样品或试用样品，样品可以挨户赠送，在商店或闹市区散发，在其他商品中附送，也可以公开广告赠送。赠送样品是介绍一种新商品最有效的方法，费用也最高。

（2）优惠券。给持有人一个证明，证明他在购买某种商品时可以免付一定金额的钱。如肯德基、麦当劳的优惠券。

（3）廉价包装。是在商品包装或招贴上注明，比通常包装减价若干，它可以是一种商品单装，也可以把几件商品包装在一起。

（4）奖励。可以凭奖励券买一种低价出售的商品，或者凭券免费以示鼓励，或者凭券买某种商品时给一定优惠，各种摸奖抽奖也属此类，如在很多超市里，都有凭购物券免费抽奖活动。

（5）现场示范。企业派人将自己的产品在销售现场当场进行使用示范表演，把一些技术性较强的产品的使用方法介绍给消费者。如浓汤宝在超市里现场演示，刺激消费者购买。

（6）组织展销。企业将一些能显示企业优势和特征的产品集中陈列，边展边销。

2. 针对中间商的方式

（1）批发回扣。企业为争取批发商或零售商多购进自己的产品，在某一时期内可给予购买一定数量本企业产品的批发商以一定的回扣。

（2）推广津贴。企业为促使中间商购进企业产品并帮助企业推销产品，还可以支付给中间商以一定的推广津贴。

（3）销售竞赛。根据各个中间商销售本企业产品的实绩，分别给优胜者以不同的奖励，如现金奖、实物奖、免费旅游、度假奖等。

（4）交易会或博览会、业务会议。

（5）工商联营。企业分担一定的市场营销费用，如广告费用、摊位费用，以建立稳定的购销关系。

3. 针对推销员的方式

为了鼓励推销员热情推销产品或处理某些老产品，或促使他们积极开拓新市场，企业也需要针对他们采取销售促进方法。

（1）销售竞赛。在一定时间内，企业在推销员中开展形式多样的销售竞赛活动，对表现优异的给予奖励，这种是企业经常使用的一种方法。

（2）免费提供人员培训、技术指导。

（三）营业推广的实施过程

1. 确定营业推广目标

就消费者而言，目标包括鼓励消费者更多地使用商品和促进大批量购买；争取未使用者试用，吸引竞争者品牌的使用者。

就零售商而言，目标包括吸引零售商们经营新的商品品目和维持较高水平的存货，鼓励他们购买非时令商品，贮存相关品目，抵消各种竞争性的促销影响，建立零售商品牌忠诚和获得进入新的零售网点的机会。

就销售队伍而言，目标包括鼓励他们支持一种新产品或新型号，激励他们寻找更多的潜在顾客和刺激他们推销非时令商品。

2. 选择营业推广工具

营业推广的方式有很多，各种方式都有其优缺点，正确选择恰当的营业推广方式是保证促销获得成功的关键。因此，企业要结合产品的性质、推广目标等因素选择有效的方式。

3. 制定营业推广方案

营业推广要与其他方式如广告、人员销售等整合起来，相互配合，共同使用，从而形成营业推广期间的更大声势，取得单项推广活动达不到的效果。营业推广的市场时机选择很重要，如季节性产品、节日、礼仪产品，必须在季前节前做营业推广，否则就会错过时机。推广期限要恰当，过长，消费者新鲜感丧失，产生不信任感；过短，一些消费者还来不及接受营业推广的实惠。

4. 营业推广方案试验

为确保方案的可行性，有时可以在局部地区进行试点，根据试点的结果修正方案，降低风险。

5. 实施和控制营业推广方案

营业推广方案要有好的效果，首先要有组织保障，其次在实施过程中要加强管理，因为方案制定时不可能考虑到所有影响因素，因此要及时控制各种意外发生的情况，以确保方案实施的效果。

6. 评价营业推广结果

（1）对促销前后的市场份额进行对比。这是最常用的消费者促销评估方法，即用营业推广之前、之后和实施过程中的销售量变化，来衡量推广效果，在其他条件不变的情况下，进行比较，可以分析出促销效果。

（2）进行市场调查。通过市场调查，了解有多少消费者还记得这次活动、他们的看法如何、有多少消费者利用了该项促销活动，以及这次促销活动对消费者今后的商品选择行为有什么影响。

(3) 通过实验进行比较。确定在相同情况下，营业推广的效果如何，根据实验的结果确定各项推广活动的实施策略。

五、认识公共关系

公共关系（Public Relations）是指某一组织为改善与社会公众的关系，促进公众对组织的认识、理解及支持，达到树立良好组织形象、促进商品销售目的的一系列促销活动。它本意是工商企业必须与其周围的各种内部、外部公众建立良好的关系。

它是一种状态，任何一个企业或个人都处于某种公共关系状态之中。它又是一种活动，当一个工商企业或个人有意识地、自觉地采取措施去改善自己的公共关系状态时，就是在从事公共关系活动。

作为促销组合的一部分，公共关系的含义是指这种管理职能：评估社会公众的态度，确认与公众利益相符合的个人或组织的政策与程序，拟定并执行各种行动方案，以争取社会公众的理解与接受。

（一）公共关系的特征

1. 传递信息的全面性

企业开展公共关系活动，通过一定媒介把有关企业的信息有计划地传递给公众，是为了塑造良好的企业形象，取得公众的信赖与支持。

因此，它所传递的信息是大量而全面的：既传递了企业技术、设备、财务等方面的信息，又传递了企业职工福利、企业前途及社会责任等方面的信息，甚至还传递了企业素质、人才培养、股票价值等方面的信息，能够把企业形象全方位地呈现在公众面前。

2. 对公众影响的多元性

企业周围的公众包括供应商、社区、媒体、政府和企业内部职工等。媒体的一篇不良报道，就可能使企业多年经营的市场毁于一旦；政府的文件，也能使企业的产品由畅销变成滞销等。

因此企业在公众面前，一要积极顺应公众的意见，二要努力影响公众的意见，从而树立企业的正面形象。

3. 成效的多面性

从心理学的角度看，人们的感情普遍存在一种由此及彼的扩展性和可迁移性。由于人们对某人、某物的主要方面感情很深，因此对与之相连的其他方面也产生了相应的情感。公共关系正是恰到好处地把握了人们的这种心理，通过集中力量塑造企业形象，使公众热爱企业，这样，不仅能够促进产品销售，而且能起到鼓励和吸引投资、吸引优秀人才等多方面的效果。

（二）公共关系的作用

（1）企业可以利用宣传来介绍新产品、新品牌，从而打开市场销路。

（2）当某种产品的市场需求和销售下降时，企业可以利用宣传来恢复人们对该产品的兴趣，以增加需求和销售。

（3）知名度低的企业可利用宣传来引起人们的注意，提高其知名度。

（4）公共形象欠佳的企业可利用宣传来改善形象。

（5）国家也可利用宣传来改善国家形象，吸引更多的外国观光者和外国资本，或者争取国际支援。

（三）公共关系的原则

1. 真实性原则

真实性原则是指企业开展公共关系工作，要以事实为基础，据实、客观、公正、全面地传递信息和沟通情况。由于企业公共关系旨在沟通企业与社会公众之间的联系，它的职能之一是通过信息传播和交流来树立良好的企业形象，因此，信息的真实、准确就成为企业公共关系工作获得成功的基本前提。

2. 平等互利原则

平等互利原则是指企业与公众平等相处，共同发展，利益兼顾。企业公共关系是为企业既定目标和任务服务的，但这种服务要以一定的道德责任为前提，以利他的方式利己，只有利他才能利己。公共关系强调主体与客体的平等权利和义务，尊重双方的共同利益和各自的独立利益，信守企业与公众共同发展、平等互利的坚定信念。

如果企业在相互交往中损人利己，为满足自身的眼前利益而损害公众利益，不顾信誉，不顾形象，就违反了平等互利原则。

3. 整体一致原则

整体一致原则是指企业从社会全局、企业全局的角度，审视公共关系工作，评价其经济效益，明确自身的责任和义务，符合社会公众的长远利益和根本利益。

一个企业要保证自己的长远利益，求得自己的稳定发展，就必须顾及社会整体利益。只有取得社会公众和其他社会组织的支持与合作，才能取得利润、获得发展，并在竞争中取胜。注重社会整体利益，亦是公共关系职业道德的基本要求。这一原则对企业公共关系工作的指导集中体现在对公众负责、对社会负责上。

所谓对社会负责，就是企业不仅要考虑本身的经济效益，而且要站在全社会的高度考虑社会的整体利益。因为每个企业都是社会的一个成员，离开了社会就无法生存，所以企业应该担负起社会责任，履行社会义务。

4. 全员公关原则

全员公关原则是指企业的公共关系工作不仅依靠公关专门机构和专职人员的努力，还要依靠企业各部门的密切配合和全体员工的共同关心和参与。这就要求企业全体成员树立公关意识，共同关注和参与公共关系工作，并作出贡献，共同推动企业公共关系目标的实现。

树立企业形象不是哪一个企业员工的事，也不是单一部门能够完成的工作。企业形象是通过企业所有人员的集体行为表现出来的，是企业内个人形象的总和。每一位企业员工与外界交往时，都是企业形象的一个载体，他们的活动都体现企业的整体形象和风貌。因此，企业的每位成员在对外交往时，都必须注意自己的形象，从而维护企业的整体形象。

（四）主要的公关工具

1. 出版物

出版物包括年度报告、产品说明书、文章、视听材料、杂志、企业的商业信件、电影、幻灯、录像、录音等。企业在很大程度上依靠这些沟通材料去接触和影响目标市场。许多企业的年度报告就是一本推销小册子，它可以向其股东宣传公司的计划。在向目标顾客促销时，产品说明书可以帮助介绍企业的产品性能、如何使用、怎样组装等。有时为引起公众对企业及其产品的重视，企业的经理还撰写一些富有思想性的文章。企业的商业信件和杂志对树立企业形象、向目标市场传递重要的信息也起到了积极的作用。视听材料如电影、幻灯、录像、录音等，虽然成本高于印刷品，但给人的印象也相应加深，因此也越来越多地用于促销。另外，今天越来越多的企业也利用互联网设立网站、建立网页，向全球发布信息。

2. 事件

企业可以有意安排一些事件，如记者招待会、讨论会、郊游、展览会、竞赛和周年庆祝活动等，以此来吸引公众注意企业的新产品、树立企业形象。如很多企业赞助2008年北京奥运会。

3. 演讲

演讲可以提高企业的知名度。企业负责人经常会利用电视或广播等宣传工具回答公众的问题，或在行业协会和销售会议中进行成功的演说，这些都会对树立企业的形象有帮助。

4. 新闻

当企业缺乏有价值的新闻时，企业的公关人员就要发现或创造有关企业、产品以及人物的新闻。新闻要具有新鲜性、重要性、趣味性、与公众接近、为社会公众所关心等特点。公关人员要善于进行人际交往，争取宣传媒体录用宣传稿和参加记者招待会。企业的公关负责人必须尽量结识新闻编辑和记者，与新闻界的关系越好，企业获得新闻报道的机会就越多。

知识拓展

什么是好的公关稿？

选题有新意	内容不空泛，有观点
主角不突兀	时效性强
业界所关注	文章叙述逻辑清晰
结构明朗	细节中见大市场

资料来源：如何写好一篇公关稿．(2019－06－17)．http://www.woshipm.com/copy/2469725.html.

知识拓展

死给你看

某企业曾经生产了一种质量很好的灭蟑药笔，他们为这种产品做了不少推销活动，但销售效果并不理想，因为当时市场上各种杀虫产品竞争激烈，灭蟑药笔很不起眼。后来该厂设法在《羊城晚报》上发了一篇新闻报道，打开了销售市场。有一天，该厂派两位宣传人员跑到《羊城晚报》编辑部，他们先在地板上放了一个纸盒，声称要为记者、编辑们做一个现场表演，只见他们掏出一个粉笔头，在纸盒周围划上一个白圈，然后小心谨慎地打开那个纸盒一抖，只见从纸盒里爬出十几只蟑螂，很快爬到桌子底下、柜子底下去了。这一举动可把记者、编辑们气坏了，但这两个人不慌不忙地给他们解释："没有关系的，蟑螂向前爬时已经过他们用灭蟑药笔划的地方，沾上了药笔留下的粉末，肯定会死的。"他们给记者、编辑们留下了二三十盒带去的灭蟑药笔。第二天，记者、编辑们发现躲起来的那些蟑螂果然都爬出来死掉了。大家一看效果不错，就把厂家带去的灭蟑药笔分光了，用后都反映灭蟑效果很好。记者有感而发，写了一篇名为《死给你看》的新闻，新闻见报后，成千上万的订货单像雪片一样飞到厂家，为该产品打开了销售市场。该厂在巴黎、莫斯科举办的中国轻工产品展览会上也如法炮制，很快打开了国际市场。

企业确实生产出了好产品，但好产品是通过记者的笔传播出去的，而吸引记者写新闻的是该厂宣传人员的"表演"，这就是制造新闻。

资料来源：促销攻略之公关策划．(2016－08－25)．https://www.ltwh.com.cn/info/681.

5．公益活动

企业通过向某些公益事业捐赠以达到提高其在公众心目中的信誉的目的。

6．形象识别

在一个高度发达的社会里，企业要想获得公众的注意，必须设计一个公众能立刻认知的视觉识别标志，将此标志用在企业的商标、说明书、招牌、商业材料、建筑物、服装等有关的地方，如英特尔的标志。

企业可以将经营理念、精神文化通过整体识别系统，传达给社会公众，促使社会公众对企业产生一致的认同感。

（五）公共关系的活动方式和工作程序

公共关系在企业营销管理中占有重要地位。在企业内部，公关部门介于决策者与各职能部门之间，或介于职能部门与基层人员之间，负责沟通和协调决策者与职能部门之间、各职能部门之间以及职能部门与成员之间的相互关系；在企业外部，公关部门介于企业与公众之间，对内代表公众，对外代表企业，沟通、协调企业与公众之间的相互关系。公共关系部门，无论是独立的职能部门，还是隶属于某一职能部门，它都具有相同的活动方式和工作程序。

1. 公共关系的活动方式

公共关系的活动方式是指以一定的公关目标和任务为核心，将若干种公关媒介与方法有机地结合起来，形成一套具有特定公关职能的工作方法系统。按照公共关系的功能不同，公共关系有以下活动方式：

（1）宣传性公关。这是指运用报纸、杂志、广播、电视等各种传播媒介，采用撰写新闻稿、演讲稿、报告等的形式，向社会各界传播企业有关信息，以形成有利的社会舆论，创造良好气氛的活动。这种方式传播面广，推广企业形象效果较好。

（2）征询性公关。这种公关方式主要是通过开办各种咨询业务、制定调查问卷、进行民意测验、设立热线电话、聘请兼职信息人员、举办信息交流会等各种形式，连续不断地努力，逐步形成效果良好的信息网络，再将获取的信息进行分析研究，为经营管理决策提供依据，为社会公众服务。

（3）交际性公关。这种公关方式是指通过语言、文字的沟通，为企业广结良缘，巩固传播效果，可采用宴会、座谈会、招待会、谈判、专访、慰问、电话、信函等形式。交际性公关具有直接、灵活、亲密、富有人情味等特点，能深化交往层次。

（4）服务性公关。这种公关方式是指通过各种实惠性服务，以行动去获取公众的了解、信任和好评，以实现既有利于促销又有利于树立和维护企业形象与声誉的活动。企业可以以各种方式为公众提供服务，如消费指导、消费培训、免费修理等。事实上，只有把服务提到公关这一层面上来，才能真正做好服务工作，也才能真正把公关转化为企业全员的行为。

（5）社会性公关。这种公关方式是指通过赞助文化、教育、体育、卫生等事业，支持社区福利事业，提高企业的社会知名度和美誉度的活动。这种公关方式，公益性强，影响力大，但成本较高。

2. 公共关系的工作程序

（1）公共关系调查。公共关系调查是公共关系工作的一项重要内容，是开展公共关系工作的基础和起点。通过调查，能了解和掌握社会公众对企业决策与行为的依据，据此，可以基本确定企业的形象和地位，可以为企业监测环境提供判断条件，为企业制定合理决策提供科学依据等。公关调查内容广泛，主要包括企业基本状况、公众意见及社会环境三方面的内容。

（2）公共关系计划的制订。公共关系是一项长期性工作，合理的计划是公关工作持续高效的重要保证。制订公关计划，要以公关调查为前提，依据一定的原则，来确定公关工作的目标，并制定科学合理而可行的工作方案，如具体的公关项目、公关策略等。

（3）公共关系计划的实施。实施是整个公关活动的高潮。为确保公共关系实施的效果最佳，正确地选择公共关系媒介和确定公共关系的活动方式是十分必要的。公共关系媒介应该依据公共关系工作的目标、要求、对象和传播内容以及经济条件来选择；确定公共关系的活动方式，宜根据企业的自身特点、不同发展阶段、不同的公众对象和不同的公关任务来选择最适合、最有效的活动方式。

（4）公共关系的检测。公共关系的检测主要依据社会公众的评价进行检测。通过检测，企业能衡量和评估公关活动的效果，在肯定成绩的同时，发现新问题，为制定和不断调整企业的公关目标、公关策略提供重要依据，也为使企业的公共关系成为有计划的持续性工作提供必要的保证。

案例分析

通用汽车案例分析

项目训练

想一想

1. 什么是产品整体概念？如何理解产品整体概念反映了市场营销的本质特征？
2. 产品生命周期各阶段的主要特征是什么？各阶段可以相应采用哪些主要策略？
3. 企业为何要经常进行产品组合的调整？主要可以采取哪些做法？
4. 品牌的内涵包括哪些内容？企业应当如何运用好品牌策略？
5. 企业定价为什么要注重环境分析？应当注意哪些环境因素？
6. 竞争导向定价法的特点是什么？
7. 企业进行价格调整应该注意哪些问题？

8. 常见的消费价格心理有哪些？如何进行心理定价？

9. 企业如何进行分销渠道的设计？

10. 什么是渠道冲突？有哪些类型？如何化解？

11. 激励渠道成员的方式有哪些？

12. 影响企业制定促销策略的因素有哪些？

13. 人员推销方式有哪些优缺点？

14. 广告宣传的特点是什么？有哪些基本要求？

15. 营业推广形式有哪些？

☞ **做一做**

1. 选择一种产品，画出其整体产品图。

2. 为某企业设计分销渠道。

3. 帮助某产品设计营业推广方式。

☞ **测一测**

一、单项选择题

1. 市场营销组合的“4P”之外，还应该再加上两个“P”，即权力（Power）、公共关系（Public Relations），成为“6P”。这种新的战略思想称为（　　）。

A. 宏观市场营销　　B. 大市场营销　　C. 微观市场营销　　D. 整合市场营销

2. 企业生产经营各种不同类型产品之间质的组合和量的比例是（　　）。

A. 产品组合　　B. 产品线　　C. 产品项目　　D. 产品系列

3.（　　）是指在技术上和结构上密切相关、具有相同使用功能、规格不同而满足同类需求的一组产品。

A. 产品组合　　B. 产品线　　C. 产品项目　　D. 产品系列

4. 对于产品组合来说，产品组合深度越大说明（　　）。

A. 企业的产品线越多

B. 企业产品的规格、品种越多

C. 企业每条产品线内产品规格越多

D. 各产品线在最终用途、生产条件、分配渠道方面的密切相关程度越高

5. 某空调公司在市场上推出了一款只卖999元的经济型空调，而它的高档产品要卖20 000多元，从而在吸引顾客来看经济型空调时，尽力设法影响他们购买更高档的空调。该公司产品大类决策属于（　　）。

A. 扩大产品组合决策　　B. 产品线更新决策

C. 缩减产品组合决策　　D. 产品线号召决策

6. 需求弹性是指（　　）。

A. 因价格变动而引起需求相应变动的比率

B. 不同产品具有不同的需求弹性

C. 需求的可调节程度

D. 市场需求会按照与价格变动相反的方向变动

7. 分销渠道的起点是（　　）。

A. 生产者　　B. 批发商　　C. 代理商　　D. 中介机构

8. 企业分销渠道中的中间机构层次数目构成了（　　）。

A. 分销渠道系统　　B. 分销渠道长度

C. 分销渠道宽度　　D. 分销渠道深度

9. 在各种渠道模式中，（　　）具有较大的灵活性，可以随时、任意地淘汰或选择分销渠道。

A. 传统分销渠道模式　　B. 垂直分销渠道模式

C. 水平分销渠道模式　　D. 密集分销渠道模式

10. 可口可乐公司和雀巢咖啡公司合作，组建新的公司。雀巢公司以其专门的技术开发新的咖啡及茶饮料，然后交由熟悉饮料市场分销的可口可乐公司去销售。这种渠道类型叫作（　　）。

A. 传统分销渠道模式　　B. 垂直分销渠道模式

C. 水平分销渠道模式　　D. 多渠道分销渠道模式

11. 根据市场营销学原理，促销的实质是（　　）。

A. 推销　　B. 营销　　C. 沟通　　D. 销售

12. 分销渠道的（　　）是指厂商选择几条渠道进行某产品的分销活动，而非几个批发商或几个零售商的问题。

A. 长度　　B. 宽度　　C. 广度　　D. 深度

13. 产品在（　　）阶段，达到产品生命周期利润的最高点。

A. 投入期　　B. 成长期　　C. 成熟期　　D. 衰退期

14. 钢铁公司从自己拥有的铁矿山获得铁矿，这种战略叫作（　　）。

A. 多样化　　B. 后向一体化　　C. 水平一体化　　D. 前向一体化

15. 一家公司通过建立自己的销售分公司、办事处或通过实施产、供、销一体化及横向战略而形成的分销系统是指（　　）。

A. 管理式分销系统　　B. 公司式分销系统

C. 股权式分销系统　　D. 契约式分销系统

16. 以零售商为中心自愿合作组成的销售网络属于（　　）分销系统。

A. 管理式　　B. 分散式　　C. 公司式　　D. 契约式

17. 如果经销数量越多、金额越大，那么折扣越丰厚。该种价格折扣属于（　　）。

A. 数量折扣　　B. 等级折扣　　C. 现金折扣　　D. 季节折扣

18. 当库存量下降到预定的最低库存数量（订货点）时，按规定数量进行订货补充的一种库存管理方式，叫作（ ）。

A. 定量订货方式　　B. 多样化订货方式

C. 定期订货方式　　D. 定额订货方式

19. 下列属于定量订货方式的优点的是（ ）。

A. 降低订单处理成本　　B. 库存水平较高

C. 降低运输成本　　D. 库存保管维持成本增加

20. 下列属于定量订货方式的缺点的是（ ）。

A. 降低订单处理成本　　B. 库存水平较高

C. 降低运输成本　　D. 库存保管维持成本增加

21. 关于“同款陷阱”，下列说法正确的是（ ）。

A. 应该依赖实力强大的中间商

B. 出现欠款，业务员不但不积极追款，反而处处为其客户辩解，他可能吃客户的回扣了

C. 为了争取客户，可以对客户延期付款过于宽容

D. 厂家急于销货，在付款条件上做无条件的让步

22. 当客户过期（ ）天未付款，应发出第一封催讨函。

A. 5　　B. 10　　C. 15　　D. 20

23. 销售竞赛是利器，可以制胜也可以伤人，关键要看（ ）。

A. 受奖励的人的多少

B. 竞赛原则和方法与竞赛目标是否一致

C. 销售额有无增长

D. 公司形象有没有提高

24. 企业为吸引消费者而采取的只要消费者在购买某种特定商品的同时提供赠品的部分费用就可以获得赠品的销售促进方式是（ ）。

A. 赠送样品　　B. 包装促销　　C. 付费赠送　　D. 零售补贴

25. 很多罐头公司在消费者购买罐头时都附带赠送开启器，这种包装促销方式是（ ）。

A. 包装内赠送　　B. 包装上赠送

C. 可利用包装内赠送　　D. 可利用包装赠送

26. 厂商为零售商提供补贴，但是只有零售商一次进货达到20箱才能够得到此补贴，这种补贴属于（ ）。

A. 现金补贴　　B. 数量补贴　　C. 购买补贴　　D. 凭发票扣抵补贴

27. 有条件补贴具有多种多样的形式，其中搭配条件最为简单的是（ ）。

A. 现金折让　　B. 广告补贴　　C. 点存货补贴　　D. 大批展示补贴

28. 下列不属于公共关系的特征的是（ ）。

A. 公共关系是一定社会组织与其相关的社会公众之间的相互关系

B. 公共关系的目标是为企业广结良缘，在社会公众中创造良好的企业形象和社会声誉

C. 公共关系的活动以真诚合作、平等互利、共同发展为基本原则

D. 公共关系是一种短期活动

29. 1997 年在新奥尔良举办的超级保龄球赛，格林湾队即将获得冠军时，通川面食公司的公共关系人员将印有格林湾队照片的盒子分发给现场的电视新闻工作人员。这种做法属于公共关系工具中的（　　）。

A. 新产品宣传报道　　B. 产品发布

C. 消费者教育　　D. 赞助

30. 微软公司在全国主要城市的学校里赞助家庭技术夜校。这种做法属于公共关系工具中的（　　）。

A. 新产品宣传报道　　B. 产品发布

C. 消费者教育　　D. 赞助

31. （　　）是以信息传播为中心内容的宣传型活动项目。

A. 新产品新技术展览会　　B. 知名人士周末茶会

C. 招待会　　D. 座谈会

32. 组织或企业应处理好的一种最重要的外部关系是（　　）。

A. 媒介关系　　B. 消费者关系　　C. 政府关系　　D. 社区关系

二、多项选择题

1. 下列对市场营销组合特点的描述正确的是（　　）。

A. 市场营销组合要素对企业来说都是可控要素

B. 市场营销组合是一个复合结构

C. 市场营销组合是一个动态组合

D. 市场营销组合要受企业市场定位战略的制约

2. 下列关于产品组合的说法中，正确的是（　　）。

A. 产品组合的宽度越大，企业的产品线就越长

B. 产品组合的深度越大，企业产品的规格、品种就越多

C. 产品组合的深度越浅，宽度越窄，则产品组合的关联性越大

D. 增加产品线和扩大经营范围，可以使企业获得新的发展机会

3. 产品组合策略就是企业根据市场需求、竞争形势和企业自身能力对产品组合的（　　）方面做出的决策。

A. 宽度　　B. 长度　　C. 深度　　D. 关联性

4. 产品延伸策略的实现方式有（　　）。

A. 向上延伸　　B. 向下延伸　　C. 向左延伸　　D. 向右延伸

5. 企业的定价目标大致包括（　　）。

A. 企业形象最佳化　　B. 市场份额收缩

C. 降低产品成本　　D. 当期利润最大化

6. 影响市场营销渠道设计的因素主要有（　　）。

A. 顾客特性　　B. 产品特性　　C. 中间商特性　　D. 竞争特性

7. 下列关于促销实质的说法正确的是（　　）。

A. “促销”一词，来自拉丁语，原意为“前进”

B. 促销实质上是一种沟通活动

C. 销售促进和人员推销都只是促销的组成部分

D. 促销与其他市场营销活动有着不同的特点

8. 促销的基本方式包括（　　）。

A. 人员推销　　B. 广告宣传　　C. 营业推广　　D. 公共关系

9. 销售促进方式包括（　　）。

A. 以消费者或用户为对象的推广方式　　B. 以中间商为对象的推广方式

C. 以推销人员为对象的推广方式　　D. 以媒介为对象的推广方式

10. 确定促销组合需要考虑的因素有（　　）。

A. 产品类型　　B. 经济前景

C. 市场特点　　D. 产品生命周期阶段

11. 产品处于投入期的特征是（　　）。

A. 产品销量少　　B. 促销费用高

C. 制造成本高　　D. 销售利润很低甚至为负值

12. 产品处于成长期的特征有（　　）。

A. 顾客对产品已经熟悉　　B. 大量的新顾客开始购买

C. 市场逐步扩大　　D. 生产成本相对降低

13. 下列对经销商的激励方式中，属于间接激励的是（　　）。

A. 提供价格折扣　　B. 帮助零售商进行零售终端管理

C. 伙伴关系管理　　D. 输出经理人

14. 下列激励经销商的行为中属于间接激励的是（　　）。

A. 帮助经销商建立进销存报表，做安全库存数和先进先出库存管理

B. 帮助零售商进行零售终端管理

C. 伙伴关系管理

D. 提供返利

15. 价格折扣包括（　　）。

A. 现金折扣　　B. 数量折扣　　C. 功能折扣　　D. 季节折扣

16. 企业为了激励中间商而提供的补贴包括（　　）。

A. 现金补贴　　B. 协助力度补贴

C. 点存货补贴　　D. 恢复库存补贴

17. 企业为了激励中间商而提供的补贴包括（　　）。

A. 现金补贴　　B. 协助力度补贴

C. 销售促进补贴　　D. 库存补贴

18. 生产者应注意收集与销售有关的一切信息，加强与经销商、消费者及其他相关主体的信息沟通。下列属于需要沟通的信息的是（　　）。

A. 宏观信息　　B. 竞争对手信息

C. 客户信息　　D. 公司高层管理人员信息

19. 企业应掌握信息沟通的方式或途径，主要包括（　　）。

A. 内部报告制度　　B. 互联网络

C. 公司简报　　D. 客户数据库

20. 销售促进方式包括（　　）。

A. 以消费者或用户为对象的推广方式

B. 以中间商为对象的推广方式

C. 以推销人员为对象的推广方式

D. 以媒介为对象的推广方式

21. 下列促销方式中以消费者为对象的是（　　）。

A. 惠顾回报　　B. 免费试用　　C. 示范表演　　D. 商业展览

22. 抽奖最为流行的方式包括（　　）。

A. 兑奖式抽奖　　B. 直接式抽奖　　C. 计划性学习　　D. 差额式抽奖

23. 下述属于包装内或包装上赠送的优点的是（　　）。

A. 同类产品处于竞争激烈之时，可在零售店塑造产品差异化形象

B. 对于赠品的外形没有限制，赠品的选择相当有弹性

C. 凭赠品的附送可达到市场细分的目的

D. 选择与产品相应的赠品，能增加产品的使用频度

24. 在零售补贴类型中，无条件补贴包括（　　）。

A. 延期付款　　B. 凭发票扣抵补贴

C. 现金折让　　D. 免费附赠补贴

25. 下列属于有条件补贴的是（　　）。

A. 凭发票扣抵补贴　　B. 延期付款

C. 广告补贴　　D. 大批展示补贴

26. 公共关系的主要工具包括（　　）。

A. 新产品宣传报道　　B. 产品发布

C. 消费者教育　　D. 赞助

27. 假如企业在销售促进活动前占有6%的市场份额，活动期间上升至10%，活动结

束后又跌至5%，经过了一段时间又回升至7%，这说明（　　）。

A. 此次销售促进活动吸引了新的试用者

B. 该产品基本上处于销售衰退趋势

C. 销售促进结果比较理想

D. 此次销售促进活动刺激了原有消费者更多地购买

项目七　开展市场营销活动

能力点

- 能够描绘市场营销活动开展的流程
- 能够熟练进行市场营销活动的分析
- 能够制订实际的企业市场营销活动计划

知识点

- 认识市场营销活动开展的相关基础理论知识
- 了解实际市场营销活动实施的措施
- 掌握市场营销活动开展的相关流程和关键步骤

素质点

- 培养从事营销岗位的职业兴趣
- 提升综合职业道德
- 强化从事营销岗位的职业技能
- 塑造爱岗敬业的职业精神

中美市场营销经理助理考点

- 划分销售区域的好处、原则
- 销售组织设计的模式
- 销售区域作战方略
- 影响企业业绩和营销计划的因素
- 营销工作的目标和企业的目标
- 营销计划中所要使用的营销组合
- 营销组合所需要的具体活动、资源和程序
- 评估营销活动是否有效的标准和程序

案例导入

小天鹅飞腾市场营销计划方案

一、前言（企业概况）

无锡小天鹅股份有限公司（简称“小天鹅”）始建于1958年，从1978年中国第一台全自动洗衣机诞生到2015年品牌价值达200亿元，已发展成为世界上极少数能同时制造全自动波轮、滚筒、搅拌式全种类洗衣机的家电制造商。

小天鹅洗衣机连续多年全国销量领先，前瞻产业研究院数据表明，2018年海尔、小天鹅和西门子为最热销的三大品牌，小天鹅洗衣机以零售额15.9%的市场份额排名第二。对比整个洗衣机市场销售数据，近两年烘洗一体洗衣机销量增幅较大，烘洗一体被27.78%企业作为主要宣传卖点。为配合“小天鹅”夏季营销计划，做到淡季不淡，特企划本广告案，以使小天鹅烘洗一体洗衣机在淡季取得理想的营销业绩，故命名为“飞腾计划”。

二、背景分析

1. 市场概况

针对2019年度夏季的河南市场，洗衣机销售进入相对淡季。原因有：一是结婚者减少；二是夏季衣物单薄，洗涤量减少；三是受国内大商业市场疲软的影响。

国内洗衣机厂家在夏季促销攻势也相对减缓，歇兵待机，为9月份市场高涨积攒力量。这也是“飞腾计划”实行的有利时机。

2. 竞争状况

主要竞争对手有海尔、西门子、松下、卡萨帝等品牌洗衣机。

小天鹅烘洗一体洗衣机的独特性在于突破了行业除菌洗容易滋生细菌的瓶颈，采用活性银离子全时巡航主动除菌，经UV紫外线光照产生羧基自由基二次除菌并形成保护膜，实现48小时长效抑菌保护。

3. 消费分析及市场预测

在市场细分之后，销售目标宜确定为城镇新婚夫妇和收入中等以上的城市家庭。洗衣机现已成为现代家庭的必需品，特别是烘洗一体洗衣机已成为洗衣机市场的主要份额商品。

在洗衣机销售淡季，引导持币待购的消费者积极消费是提高淡季小天鹅销量的唯一办法。另外，在夏季，其他品牌洗衣机促销力度减弱，使竞争状况较为缓和。采取有效的销售战略，可使淡季不淡。

三、市场营销战略

在竞争激烈的洗衣机市场，各厂家从产品质量、售后服务、价格进行大量的宣传。小天鹅在以往的战略计划中，也未能免俗，并采用赠品销售的办法促销。而从消费者的反应可以看出；赠品销售已被人们所厌烦，不能足够刺激起消费者的购买欲，售后服务和质量的广告宣传较为到位，并有一定的独特个性。

2019年度淡季，在各方面公关战略广告和常规广告计划的配合下，销售方式建议加以改动，可采用季节性阶梯价格策略，从淡季的低谷期起，将销售价格下浮5%～10%，在淡季期逐步分期上浮，在9月中旬恢复正常，为期100天，按每日上浮2元人民币为距。

阶梯渐升价格销售是市场营销中价格策略的一种，主要针对销售淡季实施，以期扭转销售颓势。阶梯渐升价格策略本身促销力度较理想。与单纯的降价相比，这种策略不降低消费者对商品的信任度。因为是逐步提价，这也提示消费者从速购买，使淡季销售量提高。

四、广告战略战术

作为国内第一家生产全自动洗衣机的企业，小天鹅股份有限公司一直坚持发展名牌战略，注重“小天鹅”企业形象建设。为长期稳固占领市场，建议加强“企业形象力”的促销效果，利用公关广告的“在商不言商”的软性广告效应，提升商品广告的直接硬性广告的灌输力度。

在2019年6—9月销售淡季，广告战略以企业形象广告为主，为9月份之后大量的小天鹅商品促销广告打一个良好的广告受众基础。

1. 销售广告

广告主题：千里鹅毛百日情

广告文案标题：小天鹅百日大酬宾

文案：为感谢中原父老厚爱，隆重推出“千里鹅毛百日情”活动，从6月1日起，小天鹅洗衣机优惠200元/台，每日上升2元，到9月10日恢复原销售价。在这100天，小天鹅仍信守承诺，郑重推出质量信誉卡，整机免费保修5年。

“千里送鹅毛，礼轻情谊重”。小天鹅烘洗一体洗衣机以及其他滚筒洗衣机、波轮全自动系列举行百日大酬宾活动。早买1天，多赚2元！

2. 企业形象（系列）广告

(1) 小天鹅致力贡献中国家电现代化（小天鹅的定位战略）。

文案：无锡小天鹅股份有限公司一直为社会奉献高品质的产品。现代化的管理体系是高品质“小天鹅”的重要保证。

无锡小天鹅股份有限公司在研制、开发世界一流产品的同时，大力支持中国教育和社会公益事业。“为国贡献，团结拼搏，进取敬业，全心服务，文明礼貌”——小天鹅人在此企业精神的指导下，勤奋进取，全力拼搏，为推进中国民族工业的发展、提高人民现代化的生活质量而努力奋斗，把小天鹅的爱注满人间！

(2) 小天鹅向多元国际化集团公司发展（小天鹅的发展战略）。

文案：略。

(3) 立民族志气，创世界品牌（小天鹅的品牌战略）。

文案：略。

(4) 今天的质量，明天的市场（小天鹅的质量战略）。

文案：略。

(5) 您可能不会100%满意，但“小天鹅”的服务一定要让您100%的满意（小天鹅的服务战略）。

文案：略。

五、媒体计划及预算

《××晚报》1/4版（企业形象广告）5次（间隔10天）×25 000元=125 000元。

郑州车载移动电视8次（间隔7天）×5 000元=40 000元。

其他地市晚报及线上媒体费用共150 000元。

注：电视广告费用未计算在内。

六、结束语（广告效果预测）

广告刊播后不定期以问卷、座谈会等方式进行广告效果测定，以随时修正广告企划案。

(1) 报纸广告以一个月测定一次为宜。

(2) 每季度（三个月）做一次消费者座谈会。

2019年度6—9月广告计划应与全年营销计划相配合。注重承前启后，既有利于改变淡季疲软的营销状况，又能影响旺季到来后的产品销售计划和广告效果。

通过一系列企业形象广告，小天鹅股份有限公司在广告受众和消费者心目中树立了丰满的“小天鹅”形象，为长期稳固地占领目标市场打下了坚实的基础。

本企划案意图使小天鹅在河南市场的目标消费者群中知名度提高到100%，美誉度和信任度达到90%，指名购买率和市场占有率达到50%以上。

资料来源：选自 http://www.youshang.com/content/2010/08/04/34419.html，https://www.littleswan.com/introduction? curPath=introduction，有删减整理。

任务一 编制市场营销计划

一、认识市场营销计划

（一）市场营销计划概述

市场营销计划是指在研究行业潜力、市场营销状况，分析企业所面临的主要机会与威胁、优势与劣势以及存在问题的基础上，对企业市场营销活动制订的计划，是市场营销组织的基本任务。市场营销计划也叫品牌计划，是关于某个具体产品、品牌如何进行市场营销的安排和要求。它的重点是产品与市场，是在某个市场实现产品目标的市场营销战略的具体化。因此，市场营销计划是指导、协调市场营销活动的主要依据。

（二）市场营销计划的内容

市场营销计划包括几个部分。各部分的内容因具体要求不同，详细程度也有所不同。

1. 计划概要

概要是市场营销计划的开端。这里要对主要的市场营销目标和有关建议，简短地给出概述。概要是整个市场营销计划的精神所在。

通常，市场营销计划需要提交上级主管或有关人员审核。由于他们不一定有充足的时间阅读全文，因此可以通过概要，把计划的重心描述出来，便于他们迅速了解、掌握计划的要求。如果上级主管或有关人员需要仔细推敲计划，可查阅计划书中的有关部分。所以在形式上，最好在概要的后面，附列整个计划的目录；同时，在概要的有关内容中，用括号注明在计划书中的相应页码。

2. 市场现状及背景

这一部分提供与市场、产品、竞争、分销以及宏观环境有关的背景资料：

（1）市场形势。描述市场的基本情况，包括市场规模与增长量（以销量或销售额计算）、不同地区或细分市场的销售量；提供消费者或用户在需求、观念及购买行为方面的动态和趋势。

（2）产品情况。过去几年中有关产品的销售、价格、利润及差额方面的资料。

（3）竞争形势。指出主要竞争者，分析他们的规模、目标、市场占有率、产品质量、市场营销战略和策略、战术，以及任何有助于了解其意图、行为的资料。

（4）分销情况。指各条分销渠道的销售情况、各条渠道的相对重要性及其变化。不仅要说明各个经销商以及他们经营能力的变化，还要分析对他们进行激励所需的投入、费用和交易条件。

（5）宏观环境。阐述影响该产品（品牌）市场营销的宏观环境有关因素、它们的现状及未来变化的趋势。

3. 机会和风险分析

通过分析现状，围绕产品找出主要的机会与威胁、优势与劣势，以及面临的问题。

（1）通过机会与威胁分析，阐述来自外部的能够左右企业未来的因素，以便考虑可以采取的行动。对所有机会与威胁，要有时间顺序，并分出轻重缓急，使更重要、更紧迫的能受到应有的关注。

（2）通过优势与劣势分析，说明企业资源、能力方面的基本特征。优势是企业用于开发机会、对付威胁所具备的内部因素，劣势是企业因此必须改进、完善的某些内部条件。

（3）通过问题分析，将机会与威胁、优势与劣势分析的结果用来确定计划中必须强调、突出的主要方面。在这些方面进行的决策，对这些问题做出的决定，帮助企业形成有关市场营销的目标、战略和策略、战术。

4. 营销目标

明确问题之后，需要作出与目标有关的选择，用以制定战略和行动方案。目标包括两大方面，即财务目标和市场营销目标。例如，希望该产品获得30%的投资利润、若干纯利润或销售收入，因此，该产品的销售利润必须达到26%，市场占有率由13%提高到20%，销售量完成多少金额，以什么价格销售，扩大10%的销售网点，企业以及品牌的知名度由15%提高到30%，等等。

必须注意的是，目标不能只是概念化，应当尽量以数量表达，转化为便于衡量的指标。

5. 市场营销战略

目标可以通过多种途径实现。比如说，实现一定的利润目标，可以薄利多销，也可以厚利精销。通过深入分析、权衡利弊，企业不仅要为有关产品或品牌找出主要的市场营销战略，作出基本选择，还要对战略加以详细说明。

市场营销战略主要由三部分组成，可以文字表述，也可以列表说明：

（1）目标市场战略。阐明企业及其品牌、产品准备进入的细分市场。不同的细分市场在顾客偏好、对市场营销行为的反应、盈利潜力，以及企业能够或者愿意满足其需求的程度等方面各有特点，所以企业需要在精心选择的目标市场上，慎重地分配其市场营销资源和能力。

（2）市场营销组合战略。对选定的细分市场，分别制定包括产品、价格、渠道和促销等因素在内的一体化战略。通常，在针对目标市场发展市场营销组合时，会有多种不同的方案可供选择，因此要辨明主次，从中选优。

（3）市场营销预算。执行有关市场营销战略所需的、适量的费用，以及其用途和理由。

6. 市场行动方案

战略必须具体化，形成整套的战术或具体行动。也就是说，要进一步从做什么、何时做、花费多少成本以及达到什么要求等方面，全盘考虑市场营销战略实施过程中涉及的各个因素、每个环节以及所有内容。可以把具体的战术或行动用图表形式描述出来，标明日期、活动费用和责任人，使整个战术行动方案一目了然，便于执行和控制。

7. 营销活动损益预测

决定目标、战略和战术以后，可以编制一份类似损益报告的辅助预算。在预算书的收入栏，列出预计的单位销售数量、平均净价；在支出栏，列出分成细目的生产成本、储运成本以及各种市场营销费用。收入与支出的差额，就是预计的盈利。经上级主管同意之后，它将成为有关部门、有关环节安排和进行采购、生产、人力资源以及市场营销管理的依据。

8. 营销活动的控制

这是市场营销计划的最后一部分，主要说明如何对计划的执行过程、进度进行管理。常用的做法是把目标、预算按月或季度分开，便于上级主管及时了解各个阶段的销售实绩，掌握未能完成任务的部门、环节，分析原因，并要求限期作出解释和提出改进措施。

在有些市场营销计划的控制部分，还包括针对意外事件的应急计划。应急计划扼要地列举可能发生的各种不利情况、发生的概率和危害程度、应当采取的预防措施和必须准备的善后措施。制订和附列应急计划，目的是事先考虑可能出现的重大危机和可能产生的各种困难。

二、制订市场营销计划

在编制市场营销计划时，除了包括上一节所涉及的各个部分外，还应该包括其他一些内容。以下是一份完整的市场营销计划。

（一）标题页

市场营销计划标题页见表 7－1。

表 7－1　市场营销计划标题页格式

市场营销计划 题目：**公司**产品**地区市场营销计划 日期：2021 年 6 月

（二）目录页

目录页帮助找出市场营销计划中各个报告部分的位置，见表 7－2。

表 7-2 市场营销计划目录页格式

目 录

批准部门：	审核部门：	制作部门：
批准日期：	审核日期：	制作日期：

任务二 成立市场营销行动组织

一、识别市场营销部门的组织形式

“组织”就人而言，是指按一定的宗旨和系统建立的集体。市场营销组织是为了实现企业的目标，制订和实施市场营销计划的职能部门。在不同的企业，市场营销组织往往有不同的称谓；在许多企业，市场营销组织也常常不只是一个机构或科室。

现代企业的市场营销部门，是随着市场营销观念的发展长期演变而形成的产物。在市场经济发达的西方国家，企业的市场营销组织随着经营思想的发展和企业自身的成长，大体经历了五种典型形式。

1. 单纯的推销部门

20 世纪 30 年代以前，西方国家企业市场营销的指导思想基本上是生产观念，其内部的市场营销组织大都属于这种形式。一般来说，每个企业几乎都是从财务、生产、推销和会计四个基本职能部门发展起来的——财务部门管理资金筹措，生产部门管理产品制造，推销部门管理产品销售，会计部门管理来往账务、计算成本。此时，推销部门通常由一位副总经理负责管理推销人员，并兼管若干市场调研和广告促销工作。推销部门的任务是销售生产部门生产出来的产品，生产什么就销售什么，生产多少就销售多少。推销部门对产品的种类、规格、数量等问题，几乎没有发言权。

2. 具有辅助性职能的推销部门

30 年代以后，市场竞争日趋激烈。大多数企业开始以推销观念为指导思想，需要一些经常性的市场营销调研、广告和其他促销活动。这些工作逐渐演变成为推销部门的专门职能。当这些工作在量上达到一定程度时，许多企业开始设立市场营销主管的职位，全盘负责这些工作。

3. 独立的市场营销部门

随着企业规模和业务范围进一步扩大，原来作为辅助性职能的市场营销工作，诸如市场营销调研、新产品开发、促销和顾客服务等的重要性日益增强。市场营销成为一个相对独立的职能。作为市场营销主管的市场营销副总经理，同负责推销工作的副总经理一样，直接由总经理领导，推销和市场营销成为平行的职能。在具体的工作上，两个职能及其部门之间需要密切的配合。

4. 现代市场营销部门

虽然推销和市场营销两个职能及其机构之间，需要互相协调和默契配合，但是最终却容易形成一种敌对和互不信任的关系。一般来说，推销副总经理看重眼前销售量的大小，难免趋向于短期行为；市场营销副总经理着眼于长期效果，自然侧重于安排适当的计划和制定市场营销战略，以满足市场的长期需要。解决推销部门和市场营销部门之间矛盾和冲突的过程，形成了现代市场营销组织形式的基础。

市场营销组织的形式，开始发展到由市场营销副总经理全面负责，下辖所有市场营销职能机构和推销部门的阶段。

5. 现代市场营销企业

仅仅有了上述现代市场营销部门的企业，并不就是现代市场营销企业。现代市场营销企业取决于企业所有的管理人员，甚至每一位员工对待市场营销职能的态度。只有所有的管理人员和每一位员工都认识到，企业一切部门和每一个人的工作都是“为顾客服务”，“市场营销”不仅是一个职能、一个部门的称谓，而且是一个企业的经营哲学，这个企业才算成为一个“以顾客为中心”的现代市场营销企业。

二、建立不同的市场营销部门的组织形式

现代企业的市场营销部门有各种组织形式。不论采用何种形式，都必须体现“以顾客为中心”的指导思想，才能使其发挥应有的作用。

（一）职能型营销组织

职能型营销组织是最常见的市场营销组织形式，如图 7－1 所示。它在市场营销副总经理的领导下，集合各种市场营销专业人员，如广告和促销人员、推销人员、市场营销调研人员、新产品开发人员，以及顾客服务人员、市场营销策划人员、储运管理人员等组成。市场营销副总经理负责协调各个市场营销职能科室、人员之间的关系。

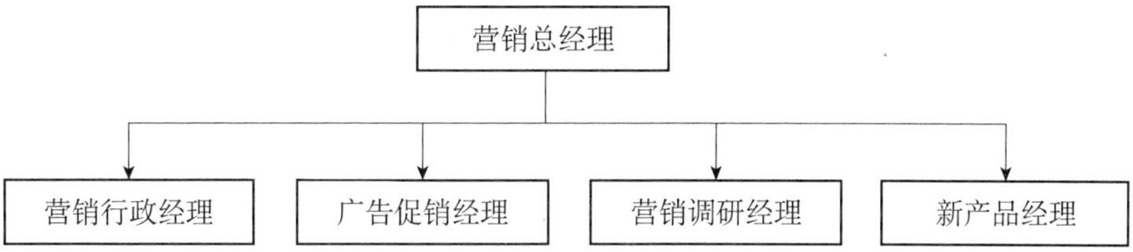

图 7－1 职能型营销组织

职能型营销组织的主要优点是行政管理简单、方便。但是，随着产品的增多和市场的扩大，这种组织形式会逐渐失去其有效性：

（1）在这种组织形式中，没有一个人对一种产品或者一个市场全盘负责，因而可能缺

少按产品或市场制订的完整计划，使得有些产品或市场被忽略；

（2）各个职能科室之间为了争取更多的预算，得到比其他部门更高的地位，相互之间进行竞争，市场营销副总经理可能经常处于调解纠纷的“漩涡”之中。

（二）地区型营销组织

业务涉及全国甚至更大范围的企业，可以按照地理区域组织、管理销售人员。比如在推销部门设有中国市场经理，下有华东、华南、华北、西北、西南、东北等大区市场经理。每个大区市场经理的下面，按省、市、自治区设置区域市场经理。再往下，还可以设置若干地区市场经理和销售代表。地区型营销组织如图 7－2 所示。

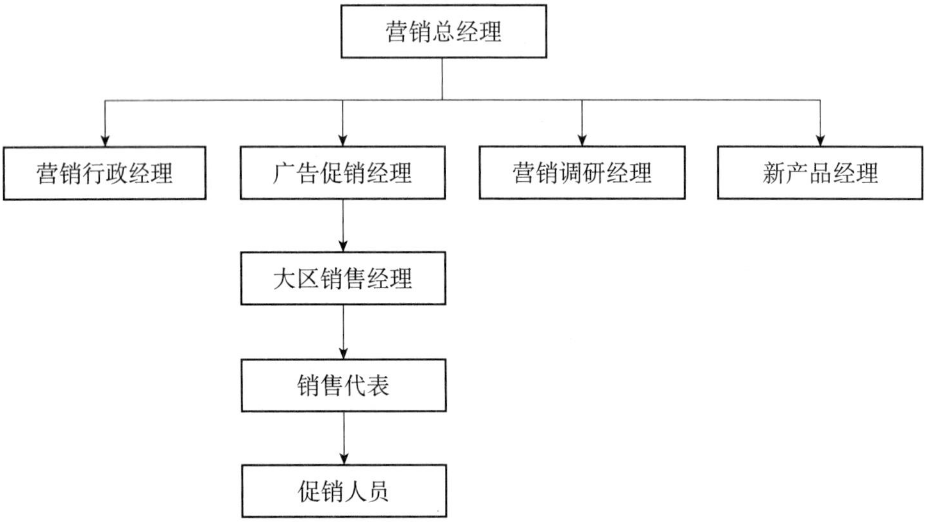

图 7－2　地区型营销组织

从全国市场经理依次到地区市场经理，所管辖下属人员的数目即“管理幅度”逐级增加。当然，如果销售任务艰巨、复杂，销售人员的工资成本太高，他们的工作成效又对利润影响重大，管理幅度就可以适当缩小。

（三）产品（品牌）管理型营销组织

生产多种产品或拥有多个品牌的企业，往往按产品或品牌建立市场营销组织。通常是在一名总产品（品牌）经理的领导下，按每类产品（品牌）分设一名经理，再按每种具体品种设一名经理，分层管理。在一个企业，如果经营的各种产品差别很大，产品的数量又很多，超过了职能型组织所能控制的范围，就适合于建立产品（品牌）管理型营销组织，如图 7－3 所示。

产品（品牌）管理型营销组织于 1927 年开始，为美国宝洁公司所采用。以后有许多厂商，尤其是食品、肥皂、化妆品和化学工业企业纷纷效法。例如，美国通用食品公司在

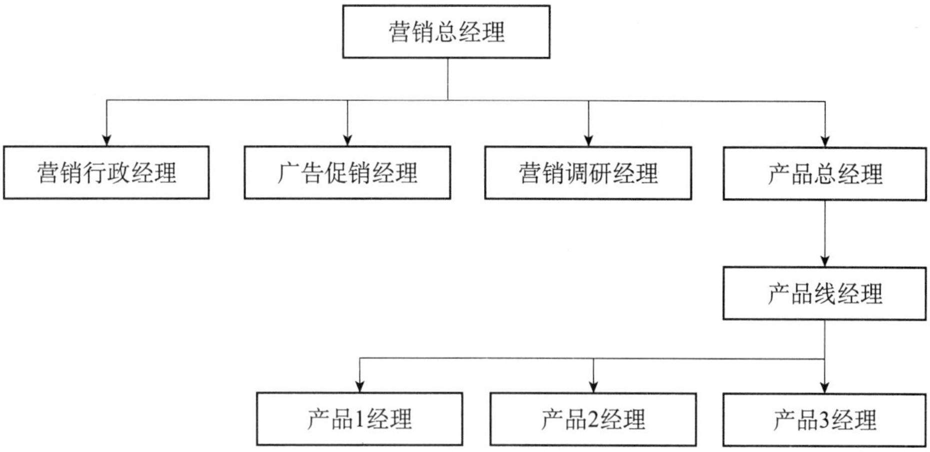

图 7-3　产品（品牌）管理型营销组织

其“邮寄部”就采取产品（品牌）管理型营销组织：设有若干独立的产品线经理，分别负责粮油食品、动物食品和饮料等；在粮油产品线，又分设若干品种经理，分别负责营养食品、儿童加糖食品、家庭食品和其他食品；在营养食品产品经理之下，又辖若干品牌经理。

产品（品牌）经理的作用，是制订产品（品牌）计划，监督计划实施，检查执行结果，并采取必要的调整措施，以及为自己负责的产品（品牌）制定长期的竞争战略和政策。

这种组织形式的优点是：

（1）便于统一协调产品（品牌）经理负责的特定产品（品牌）的市场营销组合战略；

（2）能够及时反映特定产品（品牌）在市场上发生的问题；

（3）产品（品牌）经理各自负责自己管辖的产品（品牌），可以保证每一产品（品牌）的管理效率；

（4）有助于培养人才，产品（品牌）管理涉及企业经营、市场营销的方方面面，是培养年轻管理人员的最佳场所。

这种组织形式的缺点是：

（1）可能造成了一些矛盾冲突。由于产品（品牌）经理权力有限，不得不依赖于同广告、推销、制造部门之间的合作，这些部门又可能把他们视为“低层管理者”而不予重视。

（2）产品（品牌）经理容易成为自己负责的特定产品（品牌）的专家，但是不一定熟悉其他方面如广告、促销等业务，因而可能在其他方面成为不了专家，影响其综合协调能力。

（3）建立和使用产品管理系统的成本，往往比预期的费用要高。产品管理人员的增加，导致人工成本增加；企业要继续增加促销、调研、信息系统和其他方面的专家，必然承担大量的间接管理费用。

（四）市场管理型营销组织

如果市场能够按照顾客特有的购买习惯和偏好细分，也可以建立市场管理型营销组织。它同产品（品牌）管理型营销组织相似，由一个总市场经理管辖若干细分市场经理。各个市场经理负责自己所辖市场的年度销售利润计划和长期销售利润计划。市场管理型营销组织如图 7－4 所示。

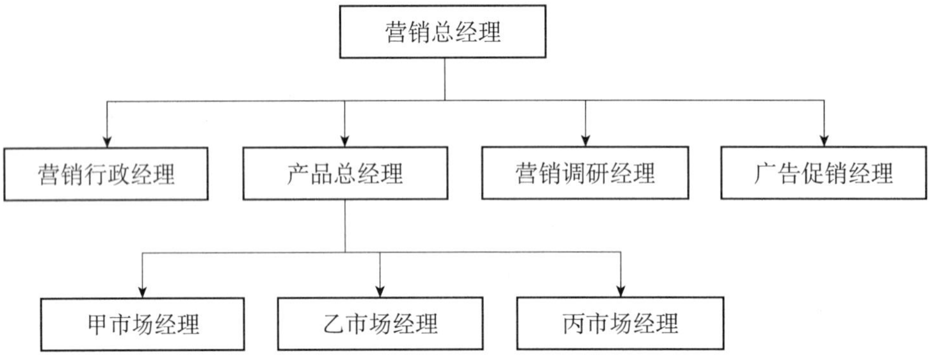

图 7－4　市场管理型营销组织

这种组织形式的主要优点是，企业可以围绕特定消费者或用户的需要，开展一体化的市场营销活动，而不是把重点放在彼此隔离的产品或地区上面。

在市场经济发达国家，许多企业都是按照市场型结构建立市场营销组织。有些学者甚至认为，以企业各个主要的目标市场为中心，建立相应的市场营销部门和分支机构，是确保实现“以顾客为中心”的现代市场营销观念的唯一办法。

（五）产品/市场管理型营销组织

面向不同市场、生产多种产品的企业，在确定市场营销组织结构时经常面临的两难抉择是，采用产品管理型，还是市场管理型；能否吸收两种组织形式的优点，摒弃它们的不足之处。因此，有的企业建立一种既有产品（品牌）经理又有市场经理的矩阵组织，以求解决这个难题，如图 7－5 所示。但是，矩阵组织的管理费用高，容易产生内部冲突。因此又产生了新的两难抉择：一是如何组织销售力量，究竟是按每种产品组织销售队伍，还是按各个市场组织推销队伍，或者销售力量不实行专业化；二是由谁负责定价，是产品（品牌）经理还是市场经理。

绝大多数大企业认为，只有相当重要的产品和市场，才需要同时设产品经理和市场经理。也有的企业认为，管理费用高和潜在矛盾并不可怕，这种组织形式能够带来的效益，远远超过需要为它付出的代价。

地区经理

产品经理		华东地区	华北地区	华南地区
	空调			
	冰箱			
	洗衣机			

图 7-5 产品/市场管理型营销组织

三、管理市场营销组织

（一）认识营销部门与其他部门之间的关系

企业的各个职能部门应当协调地紧密配合，以实现企业的总体目标。但实际上各部门之间的关系却常常会发生激烈的竞争和严重的误解。部门间的矛盾，有些是由于对什么是企业最大利益的问题持不同意见而引起的，有些是由于对部门利益与企业总体利益间权衡抉择所引起的，还有一些矛盾是由于部门间的分工和彼此的成见所造成的。在企业中，各部门都必须通过自己的活动和抉择来满足客户的需求，所有部门都需要“考虑客户”和为满足客户的需求和期望而工作。

作为企业内部直接面对外部市场及服务于市场客户的部门，企业的营销部门一般有两大任务：一是在对以客户需求为导向获得更深刻理解的基础上，协调整个公司的全部营销活动；二是与主管财务、生产等部门的主管们协调部门之间的活动和关系。表 7-3 表明了营销部门与企业其他部门之间对于各自工作的不同理解。认识这些工作关注重点的区别，有助于营销部门更好地协调与其他部门的关系。

表 7-3 营销部门与其他部门对工作关注重点的区别

部门	其他部门的关注重点	营销部门的关注重点
研发	● 基础研究 ● 内在质量 ● 功能性的特点	● 应用研究 ● 认知质量 ● 销售性的特点
工程技术	● 较长的设计前置时间 ● 产品型号较少 ● 多为标准件	● 较短的设计前置时间 ● 产品型号多 ● 定制件
采购	● 产品线窄 ● 标准件 ● 材料价格 ● 采购批量的经济性 ● 采购次数少	● 产品线宽 ● 非标准件 ● 材料质量 ● 大量采购以免断料 ● 未满足客户需求即时采购

续前表

部门	其他部门的关注重点	营销部门的关注重点
制造	● 较长的生产前置时间 ● 长期生产少数型号 ● 型号不变化 ● 标准订货 ● 容易装配 ● 一般质量控制	● 较短的生产前置时间 ● 短期生产许多型号 ● 型号经常变化 ● 定制订货 ● 造型美观 ● 严格控制质量
财务	● 按严格原则开支 ● 固定预算 ● 定价着眼于收回成本 ● 标准化的交易 ● 要客户全面公开财务状况 ● 低风险 ● 信用条件严格 ● 收款程序严格	● 按直观方法开支 ● 随市场需求变化灵活调整预算 ● 着眼于促进市场进一步扩大 ● 特殊交易条件和折扣 ● 对客户最低限度的信用调查 ● 风险适中 ● 信用条件宽厚 ● 收款程序简便

（二）建立市场营销导向的管理体制

从理论上说，企业各个职能部门应当密切配合，协调一致共同完成企业的整体经营目标。但是由于各个部门在企业经营活动中的地位和出发点不同，因此对于市场营销活动的工作性质和重要性认识上存在很大差异。图 7－6 列举了关于市场营销在企业中地位的几种不同认识。

按照现代市场营销的观点，企业应该把顾客放在整个企业运行过程的出发点位置，一切企业活动都应该从研究顾客需求、满足顾客需求出发。因此，营销部门应该负责从顾客和市场收集新产品信息，然后所有各职能部门应该参与新产品构思和研发中，找到最佳设计方案，在整个新产品开发过程中给研究和开发设计部门提供相关意见。在确定新产品开发项目后，采购部门负责原材料和设备的供应，生产部门负责制造产品，营销部门负责销售产品并时刻注意听取和收集顾客意见，及时反馈给有关部门，正确及时改进产品（如图 7－6 中的 e 图）。

站在这样的视角上，企业应该建立这样一个以市场为导向的经营管理体制，成为一个客户驱动型企业。要想实现这一目标，企业应该采取下列一些措施：

1. 确立以客户为中心的核心价值观

企业的高层管理者必须建立这样的观念：只有更加关注市场和以客户为中心才会成功。主要负责人必须经常向员工、供应商和经销商说明为客户提供质量和价值的重要性，必须以身作则地示范强烈的客户观点并对做出成绩者予以奖励。

2. 成立营销工作组

管理层应成立一个高层次的营销工作组，负责制订计划，将现代营销方法在企业中推

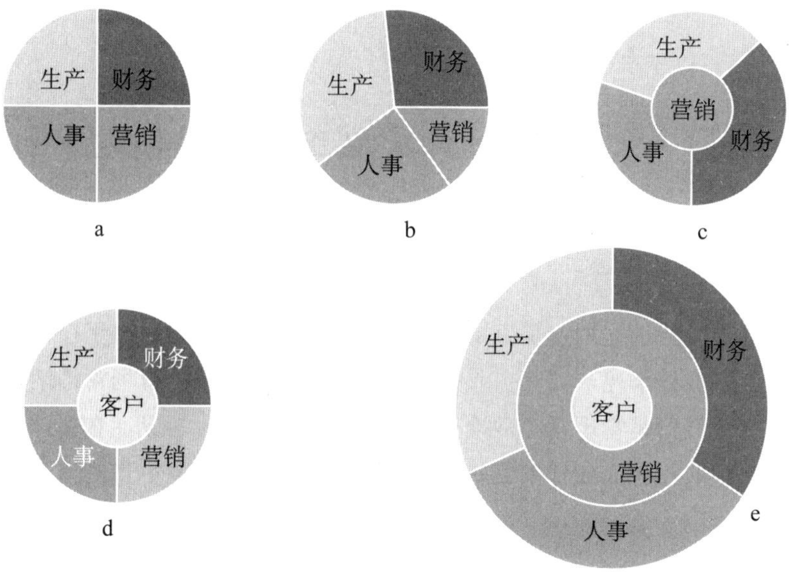

图 7－6　市场营销在不同企业中的地位

广应用。这个工作组的成员包括总经理以及销售、研发、采购、制造、财务和人事等部门的负责人，以及其他关键性人员。他们应当认真、仔细地研究对营销的需要程度，确立公司目标，预测应用营销观念后可能出现的问题，并制定出一整套营销战略。一些高层管理者应授权处理这些问题。该工作组还应定期举行会议，研究工作进展情况，并采取新的步骤与措施。

3. 制订强有力的内部营销训练计划

企业应当更加关注和培养内部管理人员的现代市场营销观念，为企业的高层管理者、各业务部经理、营销和销售人员、制造人员和研发人员等举办公司内部的营销培训班，转变他们对市场营销工作的了解、技术和态度。

4. 建立现代营销计划工作体系

培养人们经常考虑营销问题的最好方法是建立一个现代营销工作体系。计划工作的程序要求经理们首先考虑营销环境、营销机会、行业及竞争因素等问题，然后为特定的产品和目标市场准备营销策略以及进行销售与利润预测，并说明工作绩效。

5. 通过业务流程重组，从以部门为重点转向以过程和结果为重点

企业应确定其走向成功的基本业务流程，通过组建跨部门的营销小组，打破部门界限，建立对市场需求的快速反应机制，来提升企业的市场竞争力和持续经营的盈利能力。

6. 招聘能干的营销人才

公司应考虑从外部聘用经过良好训练的营销人才，特别是从领先的营销公司中聘用。公司需要一位能干的营销副总经理，他不仅能管理营销部门，还能得到尊重和影响其他部门。

任务三 执行和控制市场营销活动

执行和控制市场营销计划，是市场营销管理过程的重要步骤。由于在市场营销计划的执行中会出现许多意外情况，因此企业必须连续不断地控制各项市场营销活动。所谓市场营销控制，是指市场营销管理者经常检查市场营销计划的执行情况，看看计划与实绩是否一致，如果不一致或没有完成计划，就要找出原因所在，并采取适当措施和正确行动，以保证市场营销计划的完成。

一、执行市场营销活动

视频：
品牌联名

营销执行是指将营销计划转化成具体的行动和任务的过程，并保证这些行动的有效实施和任务的完成，以实现营销计划所制定的目标。

一个好的营销计划，如果执行不当，就会使整个计划受损。有效的营销执行要求建立一个有很强执行能力的组织，将资源分配给对营销计划起关键作用的活动上，制定出相关的营销政策，建立起完善的运作程序和有效的监控评估体系，使得计划执行过程中任何问题都能快速得以解决，任何偏离行为都能得以及时纠正和改善。

在计划执行过程中，对内要特别注意营销部门和其他部门之间的协调配合，对外要动员经销商、零售商、广告代理商等给予有力的配合和支持。

（一）了解市场营销执行过程构成

市场营销执行过程一般由四个主要步骤组成。

1. 制定行动方案

为了有效地实施市场营销战略，企业必须制定详细的行动方案。这个方案不仅要明确市场营销战略实施的关键性决策和任务，并将执行这些决策和任务的责任落实到个人或小组，还应包含具体的时间表，定出行动的确切时间。

2. 建立组织结构

企业的正式组织在市场营销执行过程中起着决定性的作用，组织将战略实施的任务分配给具体的部门和人员，明确规定职权界限和信息沟通渠道，协调企业内部的各项决策和行动。企业的战略不同，相应建立的组织结构也应有所不同。

3. 设计决策和报酬制度

决策和报酬制度直接关系到战略实施的成败。

4. 开发人力资源

市场营销战略最终是由企业内部的工作人员来执行的，所有人力资源的开发至关重要。这涉及人员的考核、选拔、安置、培训和激励等问题。在考核、选拔管理人员时，企业要注意将适当的工作分配给适当的人，做到人尽其才；为了激励员工的积极性，必须建立完善的工资、福利和奖惩制度。此外，企业还必须决定行政管理人员、业务管理人员和一线工人之间的比例。

应当指出的是，不同的战略要求具有不同性格和能力的管理者。“拓展型”战略需要具有创业和冒险精神的、有魄力的人员，“维持型”战略要求管理人员具备组织和管理方面的才能，而“紧缩型”战略则需要寻找精打细算的管理者。

为了有效地实施市场营销战略，企业的行动方案、组织结构、决策和报酬的几个要素必须协调一致，相互配合。

（二）认识和解决市场营销执行的问题

1. 市场营销执行过程中的问题

市场营销执行问题常常出现于企业的三个层次：

（1）市场营销职能。即基本的市场营销职能能否顺利实施，如企业怎样才能从某广告公司处获得更有创意的广告。

（2）市场营销方案。即把所有的市场营销职能协调地组合在一起，构成整体行动，这一个层次出现的问题常常发生在一项新产品引入一个新市场时。

（3）市场营销政策。例如，企业需要所有雇员对待所有的顾客都用最好的态度和最好的服务。

2. 执行市场营销活动的技能

为了有效地执行市场营销方案，企业的每一个层次（即职能、方案、政策）都必须善于运用下列四种技能：

（1）配置技能。配置技能是指市场营销经理在职能、政策和方案三个层次上配置时间、资金和人员的能力，如确定究竟花多少钱用于展销会等。

（2）调控技能。它包括建立和管理一个对市场营销活动效果进行追踪的控制系统。控制有四种类型：年度计划控制、利润控制、效率控制和战略控制。

（3）组织技能。组织技能常用于发展有效工作的组织中。理解正式和非正式的市场营销组织对于开展有效的市场营销执行活动是非常重要的。

（4）互动技能。互动技能是指管理人员影响他人把事情办好的能力。市场营销人员不仅必须有能力推动本企业的人员有效地执行理想的战略，还必须推动企业外的人或企业

（如市场调查公司、广告公司、经销商、批发商、代理商等）来实施理想的战略，即使他们的目标与本企业的目标有所不同。

二、控制市场营销活动

市场营销控制包括年度计划控制、盈利控制、效率控制和战略控制（见表7-4）。年度计划控制主要检查市场营销活动的结果是否达到了年度计划的要求，并在必要时采取调整和纠正措施；盈利控制是为了确认在各产品、地区、最终顾客群和分销渠道等方面的实际获利能力；效率控制的任务，是提高诸如人员推销、广告、促销、分销等工作的效率；战略控制则是审计企业的战略、计划是否有效地抓住了市场机会，是否同市场营销环境相适应。

表7-4 市场营销活动的主要控制类型

控制类型	主要负责人	控制目的	控制方法
年度计划控制	高层管理人员	检查计划目标是否实现	销售分析、市场占有率分析、市场营销-费用率分析、财务分析、顾客态度追踪
盈利控制	营销主管人员	检查企业在哪些地方盈利，哪些地方亏损	产品、地区、顾客群、分销渠道、订单规模等情况
效率控制	直线和职能管理人员	评价和提高经费开支效率以及营销开支的效果	销售队伍、广告、促销和分销效率

（一）年度计划控制

年度计划控制的内容是对销售额、市场占有率、费用率等进行控制，年度计划控制的目的是确保年度计划所规定的销售、利润和其他目标的实现。控制过程分为四个步骤：确定年度计划中的月份目标或季度目标；监督市场营销计划的实施情况；如果市场营销计划在执行过程中有较大的偏差，则要找出其中的原因；采取必要的补救或调整措施，缩小计划与实际之间的差距。

1. 销售分析

销售分析就是衡量并评估实际销售额与计划销售额之间的差距。具体有两种方法：销售差距分析、地区销售量分析。

2. 市场占有率分析

销售分析一般不反映企业在市场竞争中的地位，因此还要分析市场占有率，揭示企业同竞争者之间的相对关系。例如，一家企业销售额的增长，可能是因为它的市场营销绩效较竞争者有所提高，也可能是因为整个宏观经济环境改善，使得市场上所有企业都从中受益，而这家企业和对手之间的相对关系并无变化。企业需要密切注意市场占有率的变化情况。在正常情况下，市场占有率上升表示市场营销绩效提高，在市场竞争中处于优势；反之，说明在竞争中失利。

3. 市场营销费用率分析

年度计划控制要确保企业在达到销售计划指标时，市场营销费用没有超支。因此，企业需要对各项费用率加以分析，并控制在一定限度内。如果费用率变化不大，在安全范围内，可以不采取任何措施；如果变化幅度过大，上升速度过快，接近或超出上限，就必须采取有效措施。

通过上述分析，如果发现市场营销实绩与年度计划指标差距太大，就要采取相应的措施：或是调整市场营销计划指标，使之更切合实际；或是调整市场营销战略、策略和战术，以利于计划指标的实现。如果指标和战略、策略、战术都没有问题，就要在计划的实施过程中查找原因。

（二）盈利控制

除了年度计划控制外，企业还要从产品、地区、顾客群、分销渠道和订单规模等方面，分别衡量它们中的每一项的获利能力。获利能力的大小，对企业进行市场营销组合决策有重要和直接的影响。

另外，企业还要衡量每一项因素对企业盈利的影响，以便采取相应措施，排除或者削弱这些不利因素的影响。由于可供选择的调整措施很多，因此企业必须在全面考虑之后，作出定夺。

为了评估和控制市场营销活动，国外有的企业专门设置了“市场营销控制员”的岗位。他们一般都在财务管理和市场营销方面受过良好的专业训练，能够担负复杂的财务分析以及制定市场营销预算的工作。

（三）效率控制

1. 销售队伍的效率

包括每次推销访问平均所需的时间，平均收入、平均成本、费用以及订货单数量；每次推销能够发展的新客户数量，丧失的老客户的数量；销售队伍成本占总成本的百分比；等等。

2. 广告效率

比如，以每种媒体和工具触及 1 000 人次为标准，广告成本是多少；各种工具引起人们注意、联想和欣喜的程度；受到影响的人在整个受众中所占比重；顾客对广告内容、方法的意见，广告前后对品牌、产品的态度。

3. 促销效率

包括各种各样的激发顾客兴趣和试用的方式、方法及其效果，每次促销活动的成本，对整个市场营销活动的影响。

4. 分销效率

例如，分销网点的市场覆盖面，销售渠道中的各级各类成员——经销商、制造商代表、经纪人和代理商发挥的作用和潜力，分销系统的结构、布局以及改进方案，存货控制、仓库位置和运输方式的效果，等等。

三、审计市场营销活动

市场营销审计是进行市场营销控制的有效工具。其任务是对企业或战略经营单位的市场营销环境、目标、战略和市场营销活动等，独立、系统、综合地进行的定期审计，以发现市场机会、找出问题所在，并提出改进工作和计划的建议，供企业决策参考。因此，市场营销审计又被叫作“市场营销稽核”。

（一）市场营销战略审计

企业的市场营销战略，应当建立在对目标、市场、竞争者、资源有全面认识的基础上，使市场营销目标、市场营销环境和企业资源三者之间达到动态平衡。这是制定市场营销战略的基础，也是进行市场营销战略审计的主要内容。

1. 市场营销目标方面

（1）市场营销目标是否符合国家宏观经济状况，反映市场需求，与环境变化的趋势保持协调，能与内部资源、企业的应变能力保持平衡。

（2）市场营销目标能否全面反映市场营销各个环节的正常运转，足以防止市场脱销或库存积压。

（3）市场营销目标是否已经分别轻重缓急、确定优先次序，切实能够理顺各个目标之间的关系，合理确定各个目标实现的时间顺序，并能抓住有利时机，引导市场营销活动向预期状态发展。

2. 市场机会方面

（1）市场有什么需求，愿意付出多高的代价。

（2）企业在近中期能够获得的最低限度的利润是多少，远期能给企业发展提供的机会是什么。

（3）本企业的产品和相邻产品的关系会给本企业产品销售造成什么影响。

3. 竞争者与竞争方面

（1）竞争者的生产规模、地理位置、市场营销战略以及领导班子的素质、决策风格。

（2）竞争者的产品组合。包括：产品线的构成，产品的技术水平、功能、质量、成本、包装、价格、工艺以及生产效率等。

（3）竞争者的市场地位。包括目标市场、销售量及其增长率，市场占有率，市场覆盖面以及发展新产品、新技术、新工艺的力量。

（4）竞争者的销售系统。包括销售组织、人员构成、分销渠道的构成、销售网点的分布、各个分销环节的差别，以及各代理商的态度、销售服务项目、服务网点的分布等。

（5）竞争者的促销活动。包括他们的销售策略、推销方式、广告宣传等。

（6）竞争者的财务状况。包括其产品的成本、价格构成、企业资金来源和占用情况、主要经济指标完成情况，以及信贷能力和其他筹资能力。

（7）竞争者的技术素质和管理素质。

（8）竞争者的自然资源状况、能源供应状况、原料供应渠道、对于原料价格变动的承受能力。

（9）潜在竞争者的有关情况。

4. 内部资源方面

（1）产品评价。通过与竞争者的产品比较，评价本企业产品质量、技术、功能、价格、服务等方面的优缺点，以确定赶超目标；对照用户的要求，评价产品满足用户要求的程度，明确改进方向；评价产品对企业利润的贡献，弄清每个品种对企业利润贡献的大小和对企业总利润的影响程度；评价产品的前途和风险，即产品的市场需求有没有发展前途，产品在激烈的市场竞争中有没有生存能力，预测各种不利因素会给企业带来什么风险。

（2）员工素质及其评价。员工素质在很大程度上决定着企业兴衰。因此，必须全面检查、了解本企业的员工，特别是关键技术人员、管理人员和技术工人的情况，以使市场营销战略与企业人力资源能够更好地相互适应。

（3）内部物质条件评价。即对企业市场营销活动的物质基础进行审计。主要包括企业的生产能力、技术水平、原材料来源、信贷和筹款能力、信息灵敏程度等。通过审计，明确企业能在哪些方面做些什么。

5. 企业实力和弱点方面

进行企业实力和弱点的审计，目的在于认识企业的竞争优势，这是市场营销战略的核心所在。一般可分四个步骤进行审计：

（1）评价企业当前的市场位置，即在竞争中的位置；

（2）分析企业面临的外部环境，即主要的机会和威胁；

（3）分析企业拥有的主要资源；

（4）找出存在的差距，这里要特别注意怎样正确分析、判断优势或劣势。

（二）市场营销组织审计

（1）检查市场营销主管的权责范围及其适应程度，分析市场营销组织结构与目标是否适应，市场营销部门与其他职能部门的关系是否协调。

（2）检查市场营销人员的培训、激励、监督和评价的方式与方法。

（3）检查市场营销部门同制造、采购、人力资源管理、财务和会计等部门，是否保持着良好的沟通和合作。

（三）市场营销系统审计

1. 检查市场营销信息系统的有效性

即能否及时、正确地提供有关市场、顾客、经销商、竞争者、供应商以及社会舆论和各界公众对企业、产品、市场发展影响的信息。

2. 检查企业市场信息系统

即检查企业的市场营销系统能否以及是否有效地利用了信息系统提供的报告，以及运用何种方法进行市场预测和销售预测，效果如何。

3. 检查市场营销计划系统的有效性

看市场营销年度计划中的销售、市场占有率、市场营销费用、资金运用和顾客购买行为分析等方面的执行结果，特别是销售预测和市场潜量估计的正确程度；检查销售定额的制定是否体现了先进合理的原则，既积极又可靠，通过努力可以达到预期水平。

4. 检查市场营销控制系统的有效性

市场营销部门采取什么措施，收集、筛选计划实施中的有关信息；企业如何利用这些信息，对市场营销过程、市场营销活动进行监督、调整。

（四）市场营销年度计划审计

1. 检查销售计划的执行情况

通过销售差异分析和分别从产品、销售地区、渠道等方面的分析，找出超额完成或者未能完成预定销售额的原因。

2. 检查市场占有率

通过与竞争者的比较，找出上升或者下降的原因。有时出现下降情况并非不正常，而是企业放弃了某些无利可图的产品，以保持盈利水平。

3. 检查市场营销费用率

分别列出销售队伍、广告、促销、市场营销调研和管理等项目的费用，以及它们各占总销售额的百分比，通过分析比较，找出增减的原因。

4. 检查资金的运用状况

鉴别影响企业资产净值报酬率的各项因素，分析企业利润率与总资产比率的升降程度，分析资金结构，包括现金、应收账款、库存以及厂房设备等，研究企业能否和如何改善资产管理。

5. 检查企业对待顾客的反应和变化，分析有何追踪措施

比如，建立听取意见和建议的制度，组织顾客固定样本调查小组，定期通过随机抽样的方法给顾客寄送调查表等，评价企业措施的成效。

（五）市场营销盈利水平审计

（1）分析不同产品、市场、地区、分销渠道和企业下属的市场营销组织的盈利率，决定对有关细分市场是进入、扩大、收缩还是放弃，其短期和长期的利润将达到什么水平。

（2）检查分析成本利益：哪些市场营销活动花费过多，哪些费用开支过大；找出成本上升的原因，提出降低成本的措施。

案例分析

洗衣机厂家的营销决策案例分析

项目训练

想一想

1. 比较独立的市场营销部门、现代市场营销部门和现代行动市场营销企业的区别和共同点。

2. 市场营销组织的各种形式有哪些？

3. 举例说明设置市场营销组织的主要原则。

4. 市场营销控制的基本方法和途径是什么？

5. 市场营销审计的范围与主要内容是什么？

做一做

画出某企业市场营销组织图。

测一测

一、单项选择题

1. 销售区域划分的流程是（　　）。

①确定客户的位置；②选择控制单元；③分配销售区域；④调整初步设计；⑤合成销售区域

A. ②①④⑤③　　B. ②①⑤④③　　C. ①②③④⑤　　D. ①②④③⑤

2. 销售百分比是根据历史资料计算出来的，所以，用历史数据来指导未来实践可能会（　　）。

A. 有一些偏差　　B. 完全正确　　C. 完全不适合　　D. 无法使用

3. 确定人员推销规模的方法中，要求只有当其他因素相同，且各种可能的销售人员规模的销售潜力资料很容易获得时才适宜的方法是（　　）。

A. 销售百分比法　　B. 销售时间法

C. 工作量法　　D. 销售能力法

4. 下列关于销售组织结构的说法错误的是（　　）。

A. 在产品技术性强、生产工艺复杂的情况下，不同产品线的销售人员应有专门知识。相互关联的产品绝对应由同一销售人员同时销售，以便于顾客购买

B. 顾客式组织结构通常用于同类顾客比较集中时的产品销售

C. 规模大的公司往往需要大规模的销售人员，而不同职能之间经常不便于协调，因此，必须采用职能型结构

D. 综合型销售组织结构中，一个销售人员可能要同时对数个产品经理或几个部门负责

5. 关于正确处理目标顾客与现有客户的关系，下列说法不正确的是（　　）。

A. 现有客户较多而具有潜在销售业务可能的目标顾客较少的地区，可以考虑安排新客户开发能力较强的销售人员去负责

B. 在具有潜在销售业务可能的目标顾客较多的地区，应该安排经验丰富、新客户开发能力较强的销售人员去负责

C. 在工作时间安排上，亦需要考虑在现有客户和目标顾客之间分配工作时间的比例

D. 销售业务的开拓，除了应该着眼于新客户的开拓之外，也应该从现有客户身上着手，销售人员应该尽力想办法，作出努力，增加对现有客户的销售数量

二、多项选择题

1. 销售区域划分的流程包括（　　）。

A. 合成销售区域　　B. 选择控制单元

C. 确定客户的位置和潜力　　D. 调整初步设计方案

2. 确定销售队伍规模的方法主要有（　　）。

A. 销售百分比法　　B. 销售能力法

C. 工作量法　　D. 销售额法

3. 设计销售队伍规模的方法中，忽略了销售人员的数量和销售量之间内在联系的是（　　）。

A. 销售百分比法　　B. 分解法

C. 工作量法　　D. 竞争对等法

4. 影响销售组织设计的因素包括（　　）。

A. 管理跨度　　B. 内部分工

C. 客户性质和规模　　D. 高级管理人员素质

5. 一般市场区隔化应遵循以下区隔原则：（　　）。

A. 交易方法　　B. 交易主体　　C. 交易地点　　D. 交易客体

项目八　市场营销新方法

能力点

- 能够具备产品网络营销的能力
- 能够实施大数据营销
- 能够为产品实施新媒体营销
- 能运用绿色营销理念解决日常实际问题

知识点

- 掌握网络营销、大数据营销、新媒体营销、绿色营销的概念和特征
- 了解市场营销新发展的概念、观念
- 认识市场营销活动开展的相关基础理论知识

素质点

- 培养从事营销岗位的职业兴趣
- 提升综合职业道德
- 强化从事营销岗位的职业技能
- 塑造爱岗敬业的职业精神

中美市场营销经理助理考点

- 网络营销的类型和优点
- 外在绿色营销因素、内部影响因素

案例导入

另眼看 IC：电子元器件行业“起死回生”

近些年，中国 IC 产业取得了飞速发展。特别是以京津唐地区、沪宁杭地区、珠三角地区为代表的产业基地迅速发展壮大。但是 IC 行业起起伏伏，虽然产业逐渐庞大，但是对于厂商和代理分销商来说，确实越来越不好赚钱。

但据工信部数据显示，2012 年上半年，电子元器件销售产值分别增长 32.1%和 49.3%，特别是集成电路行业销售产值和出口交货值增长 49.4%，扭转了去年大幅下滑的局面。2011 年，电子元器件行业实现销售产值也创下了 13 735.04 亿元的纪录。虽然一些报道中写到华强北生意艰巨，柜台老板纷纷退租，但是其实我们并不能从单单的柜台租约去看行业前景。倒闭、退租、换行种种脱离电子元器件的行为包含着各种综合因素，正所谓优胜劣汰，留下的强者将会和新入行的继续分得这份大蛋糕。

其实从各方数据来看，电子元器件市场还是巨大的，市场份额也在不断扩大，参与 IC 交易的平台和渠道也越来越多。近年，IC 代购、IC 直销的模式更为活跃，众多网站都纷纷开展了 IC 直销的专区，一改传统格局，加快了 IC 采购买卖的步伐。年中是销售的淡季，但是各种 IC 线上活动也是举办得热火朝天，无论是阿里巴巴的精英商家专场，还是华强电子网的竞价补价上榜活动，都是围绕着电子元器件行业而展开的。

近年来，电子元器件行业也逐渐跻身电商行业，从线下采购演变成线上展示，线上、线下相结合交易方式，大大促进了行业的发展和革新，增加了企业的曝光率。网络专区受捧、IC 专区的开辟，定将会为电子元器件的前景带来新的春天。

资料来源：电子元器件业起死回生 IC 交易受捧．(2012－07－18). http://tech.hexun.com/2012－07－18/143721266.html.

任务一　网络营销

网络营销是企业市场营销的一部分，是为实现企业的经营目标所进行的，以互联网为主要手段，利用网络营销环境开展各种营销活动的一种营销方式。网络营销的核心是营造网上经营环境，建立一个以营销为主的网站并在网上对营销网站进行推广，扩大并增强本企业的营销网站与顾客、合作伙伴、供应商、销售商、网络服务商等的关系，以提高本企业品牌形象，增强网络影响力，拓展网络销售渠道并扩大网络销售能力。

根据网络营销的理论概念，我们需要对网络营销有清楚的认识。

第一，网络营销是营销的一种手段。网络营销具有明确的目的和手段，但网络营销本身不是目的，网络营销就是综合利用各种网络营销方法、工具、条件并协调其间的相互关系，从而更加有效地实现企业营销目的的手段。

第二，网络营销不仅仅是网上销售。网络营销本身并不等于网上销售。网络营销的目的并不仅仅是促进网上销售，很多情况下，网络营销活动不一定能实现网上直接销售的目的，但可更好地增加网上、网下销售。网络营销的效果表现在多个方面，例如提升企业品牌价值、加强与客户之间的沟通、拓展对外信息发布的渠道、改善对顾客的服务等；网站的推广手段通常不仅仅靠网络营销，往往还要采取许多传统的方式，如在传统媒体上做广告、召开新闻发布会、印发宣传册等。

第三，网络营销不可能脱离现实市场环境。网络营销是企业整体营销战略的一个组成部分，网络营销活动不可能脱离一般营销环境而独立存在。在很多情况下，网络营销理论是传统营销理论在互联网环境中的应用和发展。

第四，网络营销不等同于电子商务。网络营销是企业整体营销战略的一个组成部分，无论传统企业还是互联网企业都需要网络营销，但网络营销本身并不是一个完整的商业交易过程，而只是促进商业交易的一种手段。

第五，网络营销不是“虚拟营销”。网络营销不是独立于现实世界的“虚拟营销”，网络营销是传统营销的一种扩展，即向互联网上的延伸，所有的网络营销活动都是实实在在的。

这里所指的网络不仅包括互联网（Internet），还应该包括外联网（Extranet），以及内联网（Intranet），即应用互联网技术和标准建立的企业内部信息管理和交换平台。网络营销是指利用 Internet 技术，最大限度地满足顾客需求，来达到开拓市场、增加盈利的营销过程。网络营销是近年出现的一种新的营销模式。

一、网络营销的特点

网络营销这种新的营销模式与传统的营销模式有较大的不同，其特点主要表现在：

（一）网络营销能够及时、准确地获取顾客的需求信息

互联网的使用使原本由专门机构来完成的调查可以通过网络顺利解决，不仅如此，消费者通过网络向企业直接提出自己的要求，缩短了企业与消费者之间的时空距离，从而能使企业制定更加有效的营销策略，更好地满足顾客的需要。

（二）网络营销真正体现了目标市场营销的个性化需求

传统营销规模与个性的矛盾难以解决，而互联网的出现使工业经济时代采用大工业生

产方式与满足千差万别的消费者个性化需求的“定制”模式终于能够完美地结合在一起。通过网络营销，企业可以将产品中属于消费者共同需要的部分，采用机器大工业的方式批量生产，以求得生产成本的经济性，而产品中因人而异的部分采取可灵活调整的柔性化方式进行生产，企业可以用更低的成本与价格为消费者提供完全符合个性要求的定制产品。这种方式真正实现了完全从消费者需求出发的目标市场营销。

（三）网络营销使目标顾客的范畴发生了根本性的变化

在传统营销活动中，企业通过市场细分，选择目标顾客，通过中间商为其提供产品和服务。在网络营销中，消费者往往自主选择企业、产品，甚至要求厂家为其定制产品。消费者从被选择到主动选择，使自己的需求得到了更好的满足。

（四）网络营销使企业与顾客的地位发生了变化

Internet 技术的出现，促进了企业各成员与各部门之间的实时联系，同时也使顾客与企业建立起合作伙伴关系。所以，企业不仅要创造满足顾客需要的产品，更重要的是培养并保持顾客的满意度。传统经营模式中，企业以成本加利润的方式确定产品与服务的价格；而在网络营销时代，企业则要通过互联网对顾客进行调查，得到顾客可以接受的价格，然后以这个价格水平向顾客提供相应的产品和服务。企业可以通过互联网进行集体议价的方式销售产品，顾客可以联合起来向供应商讨价还价，顾客处于主导地位。

（五）网络营销使顾客以较低的价格获取产品

网络营销中，企业通过互联网与顾客交换信息，可以实现无店面销售，节约大量的渠道费用和人员开支；同时，企业按需生产、经营者按需进货，减少了库存和产品滞留在渠道中的成本，这些都使得顾客购买产品的价格更低。

（六）网络营销使顾客购物更理智

网络营销使顾客通过网络非常便捷地了解自己想知道的任何有关商品和企业的信息，不必耗时费力就可以方便地进行商品的比较，这样就使顾客避免了由于信息不对称而购买不合适商品的问题出现。

（七）网络营销需要信息技术做后盾

网络营销的出现，使计算机数据库、网页设计与开发等诸多先进技术被应用到营销中来，不仅使企业的顾客开发与管理得到了前所未有的发展，也使顾客在企业的网络营销中获得了传统领域无法实现的一些满足。在网络营销时代，以较大的投入，迅速建立以信息技术为支撑的管理平台，保持与顾客的良好而持久的关系，并随着竞争环境的变化，随时更新顾客信息，将是企业在市场竞争中继续得以生存的在重要因素。

二、网络营销策略

实施营销策略组合协同互联网的出现，实现了交流双方互动性的在线实时沟通。为此，对网络营销要赋予新的内容，实施完美的营销组合。

（一）产品策略

随着消费需求日益显现个性化的特点，企业不应急于制定产品策略，而应通过互联网实现顾客与厂商的直接对话，根据不同顾客的具体要求，进行产品生产和服务，开展定制营销。

（二）价格策略

网络营销中价格策略的制定，应当充分考虑每个消费者的价值观。传统营销定价主要考虑产品的生产成本和市场上同类产品的价格。但在网络上，消费者基本属于理智型，价格是否合适取决于其价值理念，因此企业要充分掌握消费者的购买信息，实现双方的充分沟通。

（三）渠道策略

网络营销使生产企业直接面对消费者，传统的渠道受到冲击，与之相适应的是负责送货的寄售或销售代理。渠道策略即解决物流的问题，这方面应加大社会两大企业的发展，其一是专门为电子商务提供配套服务的配送企业，其二是本身拥有电子商务体系的物流配送企业。

近期，特许经营又被结合进电子商务，即先用特许经营的方式在全国建立零售网络，解决物流问题，这也不失为一个渠道策略。

（四）促销策略

网络促销主要借助网络广告，将信息辐射到全球每个角落，可以与消费者建立一对一的联系。传统营销是一种强势营销，不考虑顾客需求与否；人员推销也是不经顾客允许而采取的一种主动形式。而网络营销是一种软营销，通过加强与顾客的沟通和交流来达到营销目的，从而开发出更多的顾客需求。

三、网络营销的方法

网络营销职能的实现需要通过一种或多种网络营销手段。常用的网络营销方法除了搜索引擎注册之外，还有关键词搜索、网络广告、TMTW 来电付费广告、交换链接、信息发布、整合营销、博客营销、邮件列表、许可式 E-mail 营销、个性化营销、会员制营销、病毒式营销、微博营销等。

网络营销公司要整合营销方法提供整体解决方案，下面简要介绍几种常用的网络营销方法。

（一）搜索引擎营销

SEM 是 Search Engine Marketing 的缩写，中文意思是搜索引擎营销。SEM 是一种新的网络营销形式。SEM 所做的就是全面而有效地利用搜索引擎来进行网络营销和推广。SEM 追求最高的性价比，以最小的投入，获得最大的来自搜索引擎的访问量，并产生商业价值。搜索引擎的应用方式包括以下几种：

1. 搜索引擎优化

在搜索引擎营销过程中，通过提高网站的设计质量以适应搜索引擎的计分法则和搜索法则等，利用一些提供搜索功能的网站如百度、谷歌等技术型搜索引擎进行推广，不需要自己登录搜索引擎，而让那些通过其他已经被搜索引擎登录网站的链接让搜索引擎自动发现自己的网站。

2. 免费登记分类目录

目前，大多数搜索引擎都是收费的，少数搜索引擎是可以免费登录的。

3. 收费登录分类目录

很多搜索引擎都是收费的，主要根据费用的多少提供固定排名服务。

4. 关键词广告及关键词竞价排名

这是收费搜索引擎营销的主要方式之一，不同的搜索引擎有不同的关键词广告显示。关键词竞价排名是按照付费的高低在搜索结果中进行排名。有时也按点击情况进行排名。

5. 网页内容定位广告

网页内容定位广告是关键词广告搜索引擎营销模式的延伸形式。广告载体不仅仅是搜索引擎搜索结果的网页，也延伸到这种服务的合作伙伴的网页。

（二）网络广告

几乎所有的网络营销活动都与品牌形象有关，在所有与品牌推广有关的网络营销手段中，网络广告的作用最为直接。标准标志广告（Banner）曾经是网上广告的主流（虽然不是唯一形式），进入 21 世纪后，网络广告领域发起了一场轰轰烈烈的创新运动，新的广告形式不断出现，新型广告由于克服了标准条幅广告条承载信息量有限、交互性差等弱点，因此获得了相对比较高的点击率。

1. 网络广告的特点

网络广告可实现企业或营销组织与顾客或公众的互动交流。通过互动交流，企业或营销组织可以更加直接、更高效地为顾客或公众提供信息咨询或解决实际问题，同时也能更便捷、更有效地收集市场信息，听取顾客或公众的意见。网络广告具有如下特点：

（1）广告信息数字化较强。网络广告都采用数字化的视频、音频、图片、动画等，这种数字化的广告表现形式灵活，信息量大，综合艺术性较强。

（2）广告成本较低。网络广告与传统媒体广告相比，成本费用相对较低，对企业或营销组织来讲性价比更高。

（3）可准确统计广告效果。网络广告可以精确统计访问量与用户查阅的时间分布与地域分布等，通过这些可以正确地评估广告效果，运用恰当的广告策略。

2. 网络广告的可用类型

（1）网上旗帜广告。网上旗帜广告，就是横幅广告，是当前网络中常见也是常用的有效广告形式。它通过丰富的媒体旗帜形式，赋予旗帜广告更强的表现力和交互内容。它一般以横向的方式全幅出现在网页的顶部或底部，也有纵向出现在网页的左右两侧。

（2）按钮广告。按钮广告也称为图标广告，这种广告形式在互联网主页中非常普遍，它可以出现在网页的任何位置。其内容可以是企业的标志，也可以是产品的广告内容等。

（3）电子邮件广告。电子邮件广告是一种广告形式，它具有较强的针对性，费用低廉，广告内容不受限制，可以根据广告目标群体的属性进行群发广告。

（4）插播广告。插播广告也就是我们常见的弹出式广告，往往弹出一个静态画面或一个动画等，主要是当一个网页被打开时所强制弹出的一个广告窗口。它具有一定的强制性，类似于电视广告，该广告可为顾客量身定做，具有较强的动静表现效果。

（5）漂浮式广告。漂浮式广告是一种会飞的广告，可以根据广告的要求结合网页本身的特性安排飞行的路线，以增强广告的传媒效果。

（6）互动式游戏广告。互动式游戏广告往往是预先设计在网上的互动式游戏中出现广告的图像、动画等，在娱乐中传播广告，可大大消除网民对广告的逆反心理。

（7）关键词广告。关键字广告也称为关联式广告，是一种通过文字进行链接，进入相关企业网站、广告页面等，从而达到广告的目的。其他关键词广告也是一种搜索引擎方式，当消费者利用某一关键词进行检索，在检索结果页面会出现与该关键词相关的广告内容。

（8）文本链接广告。文本链接广告是通过一般性的简短文字链接，直接链接到客户的广告内容页面上。这种广告简单明了，主题表达明确，对访问者具有较强的针对性和引导性。

（9）超级流媒体广告。超级流媒体广告画面优美、悦耳，设有画面播放按钮，用户可根据需要自行关闭、播放或重播等。它的特点是灵活新颖，趣味性强。

（三）博客营销

博客最初的名称是 Weblog，由 Web 和 Blog 两个单词组成，按字面意思就是网络日记，后来喜欢新名词的人把这个词的发音故意改了一下，读成 We Blog。由此，Blog 这个词被创造出来。

博客营销就是充分利用博客在互联网上开展网络营销的一种方式。常见的有个人博客营销与企业博客营销。

1. 博客营销的意义

（1）博客可以很好地开发潜在客户。当博客内容在互联网上发表后，有价值的博客就会吸引大量的潜在客户浏览，从而达到向潜在客户传递营销信息的目的，可以很好地开发潜在客户。

（2）博客营销能提升网站访问量。博客营销过程中，可以适当加入企业网站的信息等的链接，这也是推广网站的一种较好方式，降低了通过其他途径推广网站所用的费用，提升了网站的访问量。

（3）博客可增加搜索引擎获取信息的机会。博客可以增加消费者通过搜索引擎发现企业信息的机会。

（4）通过博客可对消费者行为进行研究。当博客内容比较受欢迎时，博客网站也成为企业与消费者进行交流的场所，消费者有什么问题可以在博客文章中提出，可以发表评论，从而企业可以了解消费者对博客内容的看法。当然，企业也可以在博客中设置在线调查表的链接，便于获取更多信息，从而对消费者的购买行为进行研究。

2. 博客营销的应用技巧

在博客营销中，也要注意制作博客的技巧，不能写得太生硬，变成干巴巴的博客，也不能把博客写成产品说明书类的文章。制作博客时要讲究艺术性和趣味性，做到有较大的吸引力，还要具有较强的可信性。

（1）要有吸引性和可信性。在写博客营销文章过程中要有故事性的情节以吸引读者，要有生动丰富的情节感人至深，也要有较强的可信性。

（2）要有热点。在博客营销中，博客内容要尽可能地抓住行业热点，这样才能引起消费者的关注，也才能通过比较显示出自己产品的优势。

（3）要尽可能简短。博客营销文章的内容要根据实际情况有明确的论点和论据，简洁明了。

3. 开展博客营销的常用方法

（1）在博客网站上发表相关文章来引导消费者，利用博客网站发布广告。

（2）在建立相关行业的圈子里，发送邀请，让更多的朋友加入该圈，以聚集圈内人气。把一些相关的热门的和浏览量多的博客加为好友，以增加被点击和浏览的机会。

（3）在一些相关热点博客的后面，可借助发表自己独到的评论等推广自己的博客。

（4）打造有影响力的博客团队。可组建专门的博客营销团队负责发布博客日记，来影响主流媒体的报道，引导消费者对企业及相关产品的购买态度等。

（5）利用博客加强与消费者进行交流。可与消费者就博客的内容等进行交流，以发现市场动态，了解消费者的需求趋势等，并能与他们进行交流，以起到一定的引导作用。

（四）会员制营销

会员制营销是通过利益关系将多个网站连接起来，将商家的分销渠道扩展到互联网的各个角落，同时为会员网站提供了一个简易的赚钱途径。也就是说，各个网站加入你的会员计划；浏览者访问你的会员的网站，然后点击你的广告并在你的网站购物；你付给会员销售佣金。

会员制营销已经被证实为电子商务网站的有效营销手段，国外许多网上零售型网站都实施了会员制计划，几乎已经覆盖所有行业，但国内的会员制营销还处在发展初期，不过已经看出电子商务企业对此表现出的浓厚兴趣和旺盛的发展势头。

1. 特征

（1）会员制。采用俱乐部营销的企业，一般来说都实行会员制的管理体制，其营销对象主要是加入本俱乐部的会员。

（2）资格限制。一般来说，各种各样的俱乐部都有自己独特的服务内容，其服务有一定的共性，往往对加入俱乐部的人员施加一定的限制条件。

（3）自愿性。是否加入俱乐部，完全建立在自愿的基础上，而非外界强迫。

（4）契约性。会员和俱乐部之间以及会员之间的关系，建立在一定的契约基础上。

（5）目的性。它有一定的共同目的，如社交、娱乐、科学、政治、社会活动等。

（6）结构性关系。俱乐部成员之间以及与俱乐部组织者之间往往存在着一种相互渗透、相互支持的结构性关系。他们之间不仅有交易关系，更有伙伴关系、心理关系、情感关系作为坚实的基础，而这种关系是竞争对手无法轻易染指的。

2. 步骤

（1）设计会员体系，选择最好的会员营销软件；

（2）发卡、记录消费记录；

（3）分析数据，对会员进行分类，开展有针对性的营销活动；

（4）分析活动投入产出比，提出改进意见。

目前国内做会员制营销比较好的企业零售行业有苏宁电器、大润发等，金融业比较好的有招商银行，服务行业比较好的有7天、西贝莜面村、比格比萨等。

能较好地提供软件系统的公司有SAP、IBM、Oracle、TongCard等。

随着IT技术的发展，尤其是互联网的普及，会员制营销正在成为企业的必然选择，谁先建立会员制营销体系，谁将在激烈的竞争中处于优势。

（五）网上商店

建立在第三方提供的电子商务平台上、由商家自行经营网上商店，如同在大型商场中租用场地开设商家的专卖店一样，是一种比较简单的电子商务形式。网上商店除了通过网络直接销售产品这一基本功能之外，还是一种有效的网络营销手段。

从企业整体营销策略和顾客的角度考虑，网上商店的作用主要表现在两个方面：一方面，网上商店为企业扩展网上销售渠道提供了便利的条件；另一方面，建立在知名电子商务平台上的网上商店增加了顾客的信任度。

从功能上来说，网上商店对不具备电子商务功能的企业网站也是一种有效的补充，对提升企业形象并直接增加销售具有良好的效果，尤其是将企业网站与网上商店相结合，效果更为明显。

（六）病毒式营销

病毒式营销（Viral Marketing），也可称为病毒性营销，利用用户口碑传播的原理，这种“口碑传播”在互联网上像病毒一样迅速蔓延，因此病毒式营销成为一种高效的信息传播方式。由于这种传播是用户之间自发进行的，因此几乎是不需要费用的网络营销手段。

1. 病毒式营销的特点

病毒式营销是通过利用网络公众的积极性，让营销信息像病毒一样传播和扩散，营销信息被快速复制传向数以万计、数以百万计的公众。它存在一些区别于其他营销方式的特点：

（1）无成本、有趣味性的“病”源体。病毒式营销可以说几乎是无成本的，主要因为是它利用了消费者的参与热情，目标消费者受商家的信息刺激自愿参与到后续的传播过程中，原本应由商家承担的传播任务转嫁到了消费者身上。在此种营销中，经过加工的、具有很大趣味性和吸引力的产品和品牌信息，突破了消费者的戒备心理，促使其完成从纯粹受众到积极传播者的变化。

（2）极快的传播速度。病毒式营销是自发的、扩张性的信息传播，是通过类似于人际传播和群体传播的渠道，其产品和品牌等信息被消费者传递给那些与他们有着某种联系的公众个体。例如：当目标受众看到一则有趣的动漫画片段，他的第一反应或许就是将这则动漫画片段转发给他好友、同事等，无数个参与的转发大军就构成了成几何倍数传播的主力。

（3）较高的接收效率。普通广告有一些难以克服的缺陷，接收环境复杂，受众戒备心理较强。而那些可爱的“病毒”，是有较大趣味性的，是受众从熟悉的人那里获得或是主动搜索而来的，在接受过程中自然会有积极的心态。这使得病毒式营销能有效地克服信息传播中的影响因素，具有较高的传播效果。

2. 病毒式营销的应用方法

（1）应用免费的服务开展病毒式营销。大型的网站或公司往往会提供免费的二级域名、免费空间、免费程序接口等，这些资源中可以直接或间接地加入公司的连接或者其他文本：
病毒营销的案例

产品的介绍，也可以是广告。这些服务由于大都是免费的，因此对用户有着极强的吸引力。另外，当用户自己在使用并对外宣传的时候，就也为提供该服务的公司做了免费宣传。

（2）应用便民服务开展病毒式营销。网站上常有提供日常生活中的一些查询，如公交查询、电话查询、天气查询等。企业可把这些实用的查询集中到一起，能给用户提供极大的便利，会得到用户很好的口碑，也就能很快地在网络中推广开来。

（3）应用节日祝福开展病毒式营销。每当到某些重大节日时，可以通过 QQ、E-mail 等工具向受众群体发送一些祝福的精美图片、电子贺卡等，大家都很高兴收到来自朋友的祝福，这样就形成具有较强传播性的病毒链，并会在网上迅速传播。

（4）通过“口头传递”开展病毒式营销。网络上也常使用最普遍的“口头传递”方式，即“告诉一个朋友”或“推荐给你的朋友”等。很多网站在网络广告、新闻信息、电子邮件后面使用类似的语句，常常也会应用一些竞赛和幸运抽奖等方式来促进这种传播。

（5）利用人际关系网络开展病毒式营销。网络营销人员需要充分应用实体社会和虚拟社会中的人际关系，通过病毒式营销把营销信息植入人们的各种关系网络之中，从而可迅速地把营销信息传播出去。

（6）通过“网络事件”开展病毒式营销。有实力的企业根据人们的好奇心等心理，在不违反法律和触碰道德底线的情况下，可策划运作一个局部（或行业范围、圈子范围）轰动的事件，引起人们热议，或者借用已形成的热点话题演变成二次传播，成为延伸热点事件，以此展开病毒式营销。

知识拓展

百事可乐公司利用病毒式营销

对市场营销人士来说，最困难的是如何深入了解消费者的思维并将自己的信息传达到他们的脑子里。通常的方式是尽量提高信息传递的声音，期望着嗓门越大，被听到的概率越高。但是病毒却有着更精明的方法：它们能够找到一个途径，利用一眼看去似乎全然不搭界的路径接近自己的载体，从而牢牢依附在载体身上。病毒式营销的先行者之一百事可乐公司在 Mountain Dew 饮料的营销计划中，给孩子们这样一个机会：孩子们只要收集齐 10 个饮料购买的凭证再加上 35 美元一并寄到百事可乐公司，就可以拿到一个摩托罗拉的传呼器。传呼器在孩子心中是很酷的玩意儿。当然，孩子们自己得负责购买传呼器的服务，而百事可乐公司则有权每周给这些孩子发出百事可乐饮料的传呼信息。

资料来源：http://abc.wm23.com/info/212005.html.

（七）论坛营销

其实人们早就开始利用论坛进行各种各样的企业营销活动了，当论坛那时成为新鲜媒体的论坛出现时就有企业在论坛里发布企业产品的一些信息了，其实这也是论坛营销的一种简单的方法。

在这里结合网络策划的实践经验简要地说一下什么是论坛营销。“论坛营销”就是企业利用论坛这种网络交流平台，通过文字、图片、视频等方式发布企业的产品和服务的信息，从而让目标客户更加深刻地了解企业的产品和服务，最终达到宣传企业的品牌、加深市场认知度的网络营销活动。

（八）工具营销

工具营销一般是指通过QQ、微信、阿里旺旺等即时通信软件来实现营销的目的，常用方法一般为群发消息、利用弹出窗口弹出信息，或者采用内嵌广告的形式。

使用工具营销是为了让企业能够在短时间内快速提高知名度。网络整合营销必须借助各类网络传播工具，才能够实现信息的快速发布、传递以及与用户的交互，并最终为企业营造一个良好的销售环境。

（九）电子邮件营销

电子邮件营销，也叫E-mail营销，是通过电子邮件的方式向目标用户传递营销信息的一种网络营销手段。有效的电子邮件营销有三个基本因素：用户许可、电子邮件传递信息、信息对用户有价值。

1. 电子邮件营销的特点

（1）营销范围广。随着互联网的迅猛发展，截至2020年5月31日，全球互联网用户数量达到46.48亿人，占世界人口的比重达到59.6%。面对如此巨大的用户群，只要你拥有足够多的E-mail地址，就可以在很短的时间内向很多目标客户发布广告信息。

（2）操作简单，效率高。使用邮件群发软件，可实现较快、较多的发信速度和发信量。

（3）营销成本低廉。电子邮件营销的主要费用支出就是上网费及人工费等，成本比传统广告形式要低很多。

（4）营销目标群体范围广。电子邮件广告的内容不受限制，适合各行各业，具有信息量大、保存期长等特点。

（5）营销针对性强，反馈率高。电子邮件本身具有很强的针对性，可以针对某一特定的人群发送特定的广告邮件，也可以根据需要按行业或地域等进行群发。

2. 电子邮件营销的主要形式

（1）文本标志。电子邮件营销最通常的方式是文本标志，文本标志是一些有特定意义的字符，大约占3～5行，一般放置在新闻邮件或经许可的E-mail中间。这些文本标志也可设置一个URL，链接到广告主公司主页或提供产品或服务的特定页面。

（2）标志广告。HTML 格式的 E-mail 和新闻邮件可以设置与一般网页上所显示的一样的标志广告，在特定目标受众的 HTML 格式的 E-mail 和新闻邮件中放置标志广告，这些目标受众最好是事先征得许可的。

（3）其他形式。随着 E-mail 营销的不断发展，现在出现了一些更有吸引力的其他方式，有时是由广告主和第三方撰写的 E-mail，其中的一些营销方案中设有奖励或奖金计划。

任务二　新媒体营销

新媒体是相对于传统媒体而言的，它是一个不断变化发展的概念，如无线移动网络，是国际互联网基础上新的延伸。新媒体（New Media）这一概念是 1967 年由美国哥伦比亚广播电视网（CBS）技术研究所所长戈尔德马克（P. Goldmark）率先提出的。联合国教科文组织对新媒体的定义为：以数字技术为基础，以网络为载体进行信息传播的媒介。

因此，新媒体一般是指基于数字网络出现之后的媒体形态。凡是利用数字技术、网络技术，通过互联网、宽带局域网、无线通信网等渠道，以及计算机、手机、数字电视机等数字或智能终端，向用户提供信息和服务的传播形态，都可以看作新媒体。新媒体是一个兼具技术性和社会性的概念，在发展演化的过程中，各种形态层出不穷。从 Web 1.0 时期的门户网站、分类搜索、即时通信到 Web 2.0 时期的博客、播客、维客，再至移动互联网支持下的手机电视、手机游戏及至微博、微信、微网站、视频网站等，每一次形态的飞跃都离不开技术的革新、应用的需要、政治的压力和经济的竞争，多种力量的博弈推动着新媒体形态不断变化发展。新媒体营销则是指利用新媒体平台进行营销的方式。

一、新媒体的类型

当前的新媒体主要分为三大类型：

（1）微信公众号和微博平台；这两类平台是目前各大企业都需要关注和运用的新媒体平台。

（2）直播平台、视频平台、音频平台。娱乐化和多媒体化是营销推广的趋势，这几种新媒体平台是企业需要抢占和强化的区域。

（3）除了“双微”（微信、微博）之外的自媒体平台、问答平台、百科平台和论坛平台。这些平台目前也是新媒体平台的主要发展趋势之一。

二、新媒体的特点

相较于传统的报纸、广播、电视媒体，新媒体普遍拥有如下优势，来满足人们特别是年轻人对信息时效性、真实性、快速反馈性等方面的需求。

（一）新的信息组织者

门户网站、微博、微信、网络游戏公司的出现，使得组织传播信息的人群不再只是记者和编辑，而是增加了网站主编、博客写手、微博博主、微信等许多新鲜血液，这使传播的信息多角化，更易被广大传播者接受。

（二）新的传播内容和形式

彩铃、可供点播或下载的视频和音频、及时的个人评论、软文等这些都是依赖于新媒体才得以传播的，信息内容更真实，形式生动活泼，从而迎合年轻一族的需要。

（三）新的传播行为

新媒体所带来的新的传播行为主要是传播的交互性、收发信息的异步性和接收信息的主动性。由于可以通过网络留言、交谈、在线网络调查、手机短信等多种方式与信息组织者及时沟通，信息接收者可以将个人意见立刻反馈给信息源，甚至可以马上参与到信息源的信息加工中。

（四）新的传播效力

今天的媒体既能提供视频、音频、文字，甚至触觉和嗅觉等五官感受齐全的信息，又可及时参与信息反馈并影响信息源的内容加工，还能实现远距离、高信息量和高储存力的传播。

（五）新的传播状态

由传统媒体的一点对多点变为新媒体的多点对多点。新媒体依托互联网、微博、微信等方式，任何人都可以经济而便捷地以众多形式向他人传播信息。

三、主要新媒体平台

（一）微网站

随着智能手机的普及、移动互联网的时代到来，人们更多地喜欢在移动终端获取信息，因为很多门户为了适应手机阅读，有针对性设计了手机门户，由此也出现了微网站的概念。微网站是指源于 WebApp 和网站的融合创新，兼容 iOS、android、WP 等各大操作系统，可以方便地与微信、微博等应用链接，适应移动客户端浏览市场对浏览体验与交互性能要求的新一代网站。微网站页面如图 8－1 所示：

图 8－1　微网站页面

门户网站和微网站在阅读方式上的区别见表 8－1。

表 8－1　门户网站和微网站在阅读方式上的区别

异同类型	门户网站	微网站
展现终端	计算机、平板电脑	智能手机
展示风格	繁复、令人眩晕	简洁、大气
展示形式	强制弹窗、顶部 Banner、Banner 图文链、正文关键词超链接广告	顶部 Banner、文章底部广告、软文导流
交互方式	评论、点赞、导购	点赞、导购
传播方式	截屏或复制链接到 QQ 群、微信群	转发分享
适合类型	品牌广告、活动导流	产品导购

（二）微信

微信是腾讯公司推出的，提供免费即时通信服务的免费聊天软件。用户可以通过手机、平板、网页快速发送语音、视频、图片和文字。微信提供公众平台、朋友圈、消息推送等功能，用户可以通过摇一摇、搜索号码、附近的人、扫二维码方式添加好友和关注公众平台，同时微信能将内容分享给好友以及将用户看到的精彩内容分享到微信朋友圈。图 8－2 为微信。

微信是适应移动互联网时代的 IM 工具。手机里的微信没有“在线”这个概念，其永

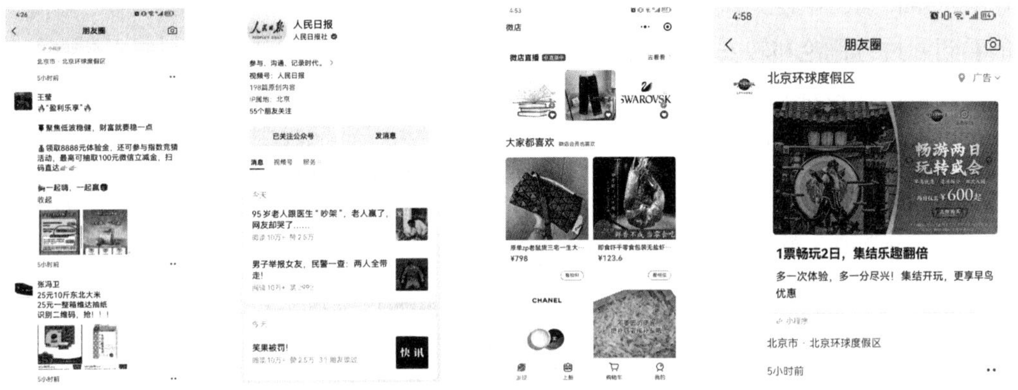

（1）微信朋友圈营销　（2）微信公众号模式　（3）微店模式　（4）微信广告模式

图 8-2　微信

远都在线，朋友圈分享的内容主要是碎片化的场景内容。微信的朋友圈基于更为私密的关系链，其隐私权限限制更为严格，微信朋友圈只能看到互为好友产生的评论回复。

1. 微信的特点

（1）圈子化传播。所谓朋友圈，就是由微信通讯录上的朋友组成的私密小群体，封闭式的朋友关系使得微信朋友圈的好友的关系也十分稳定，这也是微信不同于微博等新媒体的关键之处。每个人的朋友圈不是相互独立的，而是相互交错纵横的，形成一种由点到面的传播。

（2）精准化传播。微信公众号推送模式为强制性推送，并且后台可以将不同的用户分组推送和按地域推送，从微信公众平台发出的信息到达的都是主动关注了此微信公众号的用户，使信息实现了更加精准的传播。微信信息传播的到达率高，几乎接近 100%。

（3）信息传播的便捷性、私密性和有选择性。微信借助于智能手机移动终端，使其在信息传播中具有优势。微信主打语音聊天，操作简单，它的用户群体更加多元化，下至小学、初中的学生，上至中老年人，都可以利用语音功能实现聊天，迎合了大部分人对于信息交流的要求。微信与腾讯 QQ、微博相比较可以看出，信息交流的双方关系更为亲密，也就是大部分学者所认为的微信是“强关系链接网”。在微信中分享的信息，需要相互关注后才能看到。在微博中，关注同一事件的个人是可以互相看到评论的，而在微信中须互为好友才可以看到互相的评论，这使得人与人之间传播的信息隐私化了。

（4）信息窄化、片面化传播。一方面，微信用户可以通过关注微信公众号的方式关注自己感兴趣的内容，用户有了更大的选择权的自由度；另一方面，对微信传播来说，每个人的密友也就几个，大多数属于不常联系的人，这就使得信息茧房映射到交际领域形成定向化的人际交往，从而增加了信息传播的局限性。另外，微信传播固有的私密性又会加深这种定向化，使得个人越来越习惯于蜷缩在自己的小圈子里。

（5）偏人际化传播。微信好友是经过双方同意后进行交流的，具有圈子性传播特点。

同样属于微传播的微博和微信是不同的，当发送一条信息时，不管是否是好友，微博用户都能看到并进行评论和转发。微博用户可以不互相认识，它构建的是一个弱关系网络，只要关注就可以看到对方发送的信息。

2. 微信营销的方式

微信营销是网络经济时代企业或个人营销模式的一种，是伴随着微信的火热而兴起的一种网络营销方式。微信不存在距离的限制，用户注册微信后，可与周围同样注册的“朋友”形成一种联系。用户订阅自己所需的信息，商家通过提供用户需要的信息，推广自己的产品，从而实现点对点的营销。微信营销主要体现在以安卓系统、苹果系统的手机或者平板电脑中的移动客户端进行的区域定位营销，商家通过微信公众平台，结合转介率，微信会员管理系统展示商家微官网、微会员、微推送、微支付、微活动，已经形成一种主流的线上线下微信互动营销方式。

3. 微信营销的特点

（1）点对点精准营销。微信拥有庞大的用户群，借助移动终端、天然的社交和位置定位等优势，每个信息都是可以推送的，能够让每个个体都有机会接收到这个信息，继而帮助商家实现点对点精准化营销。

（2）形式灵活多样。包括：

漂流瓶：用户可以发布语音或者文字然后投入大海中，如果有其他用户“捞”到则可以展开对话，如招商银行的“爱心漂流瓶”用户互动活动就是个典型案例。

位置签名：商家可以利用“用户签名档”这个免费的广告位为自己做宣传，附近的微信用户就能看到商家的信息，如饿的神、K5 便利店等就采用了微信签名档的营销方式。

二维码：用户可以通过扫描识别二维码身份来添加朋友、关注企业账号；企业则可以设定自己品牌的二维码，用折扣和优惠来吸引用户关注，开拓 O2O 的营销模式。

开放平台：通过微信开放平台，应用开发者可以接入第三方应用，还可以将应用的 Logo 放入微信附件栏，使用户可以方便地在会话中调用第三方应用进行内容选择与分享。例如，美丽说的用户可以将自己在美丽说中的内容分享到微信中，可以使一件美丽说的商品得到不断的传播，进而实现口碑营销。

公众平台：在微信公众平台上，每个人都可以用一个 QQ 号码打造自己的微信公众账号，并在微信平台上实现和特定群体的文字、图片、语音的全方位沟通和互动。

（3）强关系的机遇。微信的点对点产品形态注定了其能够通过互动的形式将普通关系发展成强关系，从而产生更大的价值。

（三）微博

微博是指一种基于用户关系信息分享、传播以及获取的通过关注机制分享简短实时信息的广播式的社交媒体、网络平台，允许用户通过 Web、WAP、Mail、App、IM、SMS

以及通过 PC、手机等多种移动终端接入，以文字、图片、视频等多媒体形式，实现信息的即时分享、传播互动。

微博是由博客逐渐发展起来的，但是逐步取代博客的影响力，除了更适应移动终端之外，还有如下原因：

文本：
小米的微博营销

（1）入门简便。微博主要是基于移动互联网（手机端）开发的社交媒体软件，因此注册使用比博客更加便利。

（2）碎片时间。用户可以通过互联网客户端、无线应用协议（WAP）等多种手段，发布信息和接收信息。

（3）互动性强。作为新一代的社交媒体工具，微博用户之间的互动性强，用户既是信息的接受者，又是信息的传播者。

（4）社交传播。微博的用户基于弱连接关系形成，具有较强的社交传播性。

1. 微博传播的特点

第一，微博是高度社会化的传播平台，它集中了我们熟悉的三种沟通方式——电子邮件、即时通信工具和媒体的优点，又分别赋予了它们社会化的特征。

第二，微博降低了内容的门槛，与以往所有媒体不同的是，微博大幅度降低了内容创建和信息发布的门槛。在微博上，人人都是信息发布者，人人都是播音员。

第三，微博使媒体平民化、大众化，人人都是新媒体。

第四，微博通过定制让信息阅读更加个性化。

2. 微博营销方式

微博营销是指通过微博平台为商家、个人等创造价值而执行的一种营销方式，也是指商家或个人通过微博平台发现并满足用户的各类需求的商业行为方式。微博营销以微博作为营销平台，每一个听众（粉丝）都是潜在的营销对象，企业利用更新自己的微型博客向网友传播企业信息、产品信息，树立良好的企业形象和产品形象。企业每天更新内容就可以跟大家交流互动，或者发布大家感兴趣的话题，这样来达到营销的目的。这样的方式就是互联网新推出的微博营销。

该营销方式注重价值的传递、内容的互动、系统的布局、准确的定位，微博的火热发展也使得其营销效果尤为显著。微博营销涉及的范围包括认证、有效粉丝、朋友、话题、名博、开放平台、整体运营等。自 2012 年 12 月后，新浪微博推出企业服务商平台，为企业在微博上进行营销提供了一定的帮助。

（1）成本上——发布门槛低，成本远小于广告，效果却不差，对于同样效果的广告则更加经济。与传统的大众媒体（报纸、流媒体、电视等）相比，受众同样广泛，前期一次投入，后期维护成本低廉。

（2）覆盖上——传播效果好，速度快，覆盖广。微博信息支持各种平台，包括手机，电脑与其他传统媒体。同时传播的方式有多样性，转发非常方便。利用名人效应能够使事件的传播量呈几何级放大。

(3) 效果上——针对性强，成本低，见效快。微博营销是投资少、见效快的一种新型的网络营销模式，其营销方式和模式可以在短期内获得最大的收益。

(4) 手段使用上——多样化，人性化。从技术上，微博营销可以同时方便地利用文字、图片、视频等多种展现形式。从人性化角度上，企业品牌的微博本身就可以将自己拟人化，更具亲和力。

(5) 开放性。微博几乎是什么话题都可以进行探讨，而且是没有什么拘束的，微博就是要最大化地开放给客户。

(6) 传播速度快。微博最显著的特征之一就是其传播迅速。一条微博在触发微博引爆点后短时间内互动性转发就可以抵达微博世界的每一个角落，达到短时间内最多的目击人数。

(7) 高技术性，浏览页面佳。微博营销可以借助许多先进的多媒体技术手段，从多维角度等展现形式对产品进行描述，从而使潜在消费者更形象、直接地接收信息。

(8) 互动性强。能与粉丝即时沟通，及时获得用户反馈。

(四) 视频网站

视频网站是指在完善的技术平台支持下，让互联网用户在线流畅发布、浏览和分享视频作品的网络媒体。除了传统的对视频网站的理解外，近年来，无论是 P2P 直播网站、BT 下载站，还是本地视频播放软件，都将向影视点播扩展作为自己的一块战略要地。网络视频服务商提供的、以流媒体为播放格式的、可以在线直播或点播的声像文件，在网络上以 wmv、rm、rmvb、flv 以及 mov 等视频文件格式为主，包括各类影视节目、新闻、广告、动画、自拍 DV、聊天视频、游戏视频、监控视频等。视频网站与秒拍的区别见表 8-2。

表 8-2　视频网站与秒拍

类型 角度	视频网站	秒拍
操作难易程度	操作流程烦琐	随手拍随手传，简单方便
上传模式	需要上传到视频网站	微博、微信朋友圈分享
内容形式	长视频为主	60 秒内短视频为主
拍摄工具	专业设备或手机	手机 App
功能特点	视频需要后期处理	即拍即处理
传播渠道	网站自己导流	通过社交媒体传播

1. 视频的类型

(1) 创意短片视频：顾名思义，是有创意、想法，以无厘头、搞笑、新奇等方式制作的视频内容，成本低，只要有创意，易制作。

（2）企业CG：为企业拍摄专业、大气、正式的宣传片，体现企业的恢宏大气、发展状况、主营业务等信息，其成本高，不易制作，前期策划、剧本、摄像、剪辑、特效、合成等内容烦琐，需要专业公司团队来做。

视频：李子柒的视频营销

（3）微信小视频：拍摄简单，需要设备少，像素高的手机即可，最好有单反相机、一个三脚架，经后期包装剪辑即可发布朋友圈，不过时间较短，基本在一分钟左右。

（4）纪录片：纪录片要求自身有独立的、严谨的结构和个性化的风格样式，表现人文内容应有一定的结构力，有起始、发展、高潮、结果等。创作者还要把握叙事的技巧，注意节奏和韵律，并根据不同的内容、不同的叙述方式，形成不同的风格样式。

（5）专题片：拍摄要求较高，程序烦琐，需要专业公司团队来做，但优势明显。

（6）微电影：是指专门运用在各种新媒体平台上播放的、适合在移动状态和短时休闲状态下观看的、具有完整策划和系统制作体系支持、具有完整故事情节的“微时”（30～300秒）放映、“微周期制作”和“微成本投入”的视频短片。

2. 视频营销策略

视频营销是指主要基于视频网站的网络平台，以内容为核心、创意为导向，利用精心策划的视频内容实现产品营销与品牌传播的目的；是“视频”和“互联网”的结合，具备两者的优点；具有电视短片的优点，如感染力强、形式内容多样、创意新颖等，又有互联网营销的优势，如互动性、主动传播性、传播速度快、成本低廉等；既有由专业团队制作的精美“微电影”，又有中小企业的独立制作、小型外包甚至众包。

（1）网民自创策略。中国网民的创造性是无穷的，而且在视频网站，网民们不再被动接收各类信息，而是能自制短片，喜欢上传并和别人分享。除浏览和上传之外，网民还可以通过回帖就某个视频发表已见，并给它评分。因此，企业完全可以把广告片以及一些有关品牌的元素、新产品信息等放到视频平台上来吸引网民的参与，例如向网友征集视频广告短片，对一些新产品进行评价等，这样不仅可以让网友有收入的机会，也是非常好的宣传机会。

（2）病毒式营销策略。网民看到一些经典的、有趣的、轻松的视频总是愿意主动去传播，通过受众主动自发地传播企业品牌信息，视频就会带着企业的信息像病毒一样在互联网上扩散。病毒式营销的关键在于企业需要有好的、有价值的视频内容，然后寻找到一些易感人群或者意见领袖帮助传播。

（3）事件营销策略。事件营销一直是线下活动的热点，国内很多品牌都依靠事件营销取得了成功。其实，策划有影响力的事件，编制一个有意思的故事，将这个事件拍摄成视频，也是一种非常好的方式，而且，有事件内容的视频更容易被网民传播，将事件营销思路放到视频营销上将会开辟出新的营销价值。

（4）整合传播策略。每一个用户的媒介和互联网接触行为习惯不同，这使得单一的视频传播很难有好的效果。因此，视频营销首先需要在公司的网站上开辟专区，吸引目标客户的关注；其次，也应该跟主流的门户、视频网站合作，提升视频的影响力；最后，对于互联网的用户来说，线下活动和线下参与也是重要的一部分，因此通过互联网上的视频营销，整合线下的活动、线下的媒体等进行品牌传播，将会更加有效。

四、新媒体下的企业营销战略

（一）搭建完善的企业内外信息交流系统

新媒体信息交流的双向性、消息发布的及时性，以及信息来源的无时空限制，使得企业作为信息的接收者，可以在第一时间获得关于最新政策、行业市场变动、竞争者最新动向、顾客信息、员工工作反馈等对企业营销决策起重要作用的信息。同时，企业作为信息发布者，可告知企业内部相关各部门，及时对各项决策作出相应的调整修改，制定出最优方案。

如微博、微信，通过双微，企业可以深入洞察并分析当下消费者的喜好和关心的问题，收集到消费者对产品服务建议的第一手资料，并据此完善自身，更好地引导消费者新的偏好，培养新的用户。通过使用双微，企业完全可以让消费者进一步了解他们的品牌和他们的企业文化。

（二）新的产品宣传渠道

新媒体的出现为企业产品宣传开启了一个新的时代。传统媒体虽然也能起到一定的新产品发布和推广的作用，但是其高额的广告费用一直是企业沉重的经济负担。新媒体可以很好地克服这一点，企业可以利用收费较低、受众面广的新媒体起到良好的宣传作用。企业也可以借助互联网这个平台，建立自己的官网，或者在QQ、论坛、微博、微信等聚集人气的社交网络中播放企业宣传片、产品广告，第一时间发布产品的最新促销信息，并开发出一些提供消费者体验的功能，那么消费者在接受这些信息的同时，会以留言等方式给予相应的反馈信息，从而弥补传统媒体单向传播的不足，与消费者进行更直接、更深入的交流。

另外，通过微信、IM等其他新媒体，将企业活动、产品信息等发送到企业会员、VIP的手机上，或者开通手机平台提供消费者下载电子打折礼券等，这些都是企业在新媒体环境下对营销战略的市场推广所作的很好的改进措施。实际操作中，企业可将多种宣传手段相结合，充分发挥出新媒体的优势，以最小的成本为新产品的推出和原有产品的销售造势。

（三）手机营销

手机媒体作为互联网延伸的客户端，在企业营销特别是无线商务领域发挥着巨大的作用。手机媒体服务主要分为四大类：

1. 基于消息的服务

典型代表是手机短信，这类似于互联网上的电子邮件，是门槛最低、应用最多的移动信息化应用。

2. 基于手机互联网的电子商务、营销管理服务

包括五个主要解决方案：移动客户关系管理、移动办公管理、移动销售管理、移动供应链管理和移动电子商务。

3. 基于企业集团E网的移动服务

集团E网业务是利用无线传输网络，为集团客户提供端到端无线接入的解决方案，使集团客户在任何地方都能更方便、安全地接入集团内部网和信息系统，进行实时资料查询、数据录入、品种分类查询和进销业务，实现无线办公、移动商务。

4. 建立企业WAP网站

建立企业自己的手机WAP网站，构建企业的移动网络营销模式，宣传品牌推广产品，受到中小企业的欢迎。其主要内容有：

（1）建立一个企业移动网站（即手机微网站）。网站要适应手机等微型终端的浏览，网站内容要针对手机访问者的特点进行设计，网站本身要进行登记、标注以及广告投放等推广宣传活动，以吸引更多无线互联网用户访问。

（2）加强手机网站内容建设，提供具有行业特色或企业自身特色的信息。如市场行情播报、最新促销播报、新产品目录等，提升手机网站的特色，增加被关注的概率。

（3）在传统企业网站中，对手机网站进行宣传介绍。引导传统用户在转变成为无线互联网用户时，也能通过手机网站与企业进行联系和沟通，使网络营销具有延续性，如会员登录、会员评价、查看/处理交易信息等。

（4）结合无线互联网独特的技术应用特点，设计企业的网络营销应用。如提供企业自制铃声/主题下载、开设手机网站在线客服座席、手机网站语音服务等。

（5）对于B2C的客户，企业可在移动网络营销的基础上，打通移动电子商务的流程，让无线互联网用户也能方便地开展移动购物流程，并可随时进行订单查询和管理，促进更多的交易。

知识拓展

星巴克《自然醒》模式：互动式推送微信

星巴克首次借用微信平台进行的“冰摇沁爽”活动是其运用社交平台打造创意的一个案例。秋天对于星巴克来说并不是旺季，为了刺激销售，2012年星巴克推出了新饮品冰摇沁爽。为了通过虚拟社交平台来传达情绪从而引起消费者共鸣，星巴克决定运用“通

感”。星巴克将26种情绪表情设置为关键字，当用户添加“星巴克”为好友后，用微信表情表达心情，星巴克就会根据用户发送的心情，用《自然醒》专辑中的音乐回应用户。如果你发送“犯困”的表情，那么星巴克就会送上一首激情昂扬的歌曲。如果你的情绪符号显示你现在很紧张，那么星巴克就会发送一首放松神经的歌曲。在活动结束的时候，星巴克的微信账号获得了19.3万名好友，一共有超过32.3万个心情被分享。同时，微博的粉丝数也增加了15%，相关微博产生了共计2.6万次的评论和4.5万次的转发。按照业内计算，通过微博产生的媒体价值相当于93.1万元人民币。

资料来源：星巴克微信营销案例．（2020－10－29）. https://max.book118.com/html/2020/1028/6203002115003013.shtm，有删减。

任务三 大数据营销

大数据营销是指基于多平台的大量数据，依托大数据技术，应用于互联网广告行业的营销方式。大数据营销衍生于互联网行业，又作用于互联网行业。依托多平台的大数据采集，以及大数据技术的分析与预测能力，广告能够更加精准有效，给品牌企业带来更高的投资回报率。大数据营销的核心在于让网络广告在合适的时间，通过合适的载体，以合适的方式，投给合适的人。大数据的主要来源包括两类：

第一类是自有类。企业目前利用的大数据的种类之一是自有类数据，即企业基于自身网络平台开发和挖掘的一类数据。这些基于不同存在形式的企业自有类数据平台在数据收集领域上一致地扮演着信息提供者的角色，但在数据的用途上它们却在不同层面为企业的大数据营销作出各自应有的贡献。

第二类是第三方平台类。除了自建的大数据收集平台，企业现在获取数据更主要的渠道就是通过与如门户网站、电商网站、搜索引擎、社交网站、移动支付等第三方平台合作来取得的。在这个移动互联的社交网络时代，海量的用户资源中蕴含的大数据则为大数据精准营销提供了可能。

一、大数据营销的特点

（一）多平台化数据采集

大数据的数据来源通常是多样化的，多平台化数据采集能使对网民行为的刻画更加全面而准确。多平台采集可包含互联网、移动互联网、广电网、智能电视，未来还有户外智能屏等数据。

（二）强调时效性

在网络时代，网民的消费行为和购买方式极易在短的时间内发生变化，在网民需求点最高时及时地进行营销非常重要。全球领先的大数据营销企业 AdTime 对此提出了时间营销策略，它可通过技术手段充分了解网民的需求，并及时响应每一个网民当前的需求，让其在决定购买的“黄金时间”内及时接收到商品广告。

（三）个性化营销

在网络时代，广告主的营销理念已从“媒体导向”向“受众导向”转变。以往的营销活动须以媒体为导向，选择知名度高、浏览量大的媒体进行投放。如今，广告主完全以受众为导向进行广告营销，因为大数据技术可让他们知晓目标受众身处何方，关注着什么位置的什么屏幕。大数据技术可以做到当不同用户关注同一媒体的相同界面时，广告内容有所不同，大数据营销实现了对网民的个性化营销。

（四）性价比高

和传统广告“一半的广告费被浪费掉”相比，大数据营销在最大程度上，让广告主的投放做到有的放矢，并可根据实时性的效果反馈，及时对投放策略进行调整。

（五）关联性

大数据营销的一个重要特点在于网民关注的广告与广告之间的关联性。由于大数据在采集过程中可快速得知目标受众关注的内容，以及可知晓网民身在何处，因此这些有价信息可让广告的投放过程产生前所未有的关联性，即网民所看到的上一条广告可与下一条广告进行深度互动。

二、大数据营销范式

大数据营销随着大数据概念的提出已成为近三年内业界热议的焦点，但其在企业中的实际应用可追溯到 20 世纪末的美国。目前，随着媒体形式的丰富和信息技术的完善，大数据营销也随之变革。在其发展过程中，企业营销的基本价值观共体现出以下两种转变：

（一）从媒体导向到用户导向

21 世纪初是基于眼球经济的大众媒体营销时代，企业作为品牌推广的实施者和受益者，为了使其宣传活动接触到更多的消费者，就需要在受关注程度较高的网站、电视台或纸媒上投放广告以达到提高营销效率的目的。然而，这种基于大众媒体的营销推广方式虽然到达率高、辐射面广，却无法切实掌握受众的动向并控制对其后续的影响。

因此，企业从媒体导向到用户导向的营销模式转型迫在眉睫。基于客户端的定制化跟进式营销方式逐渐代替了传统的统一化一次性媒体投放，成为大数据营销基础和前身。

（二）从用户主观信息数据库到用户客观行为数据库

传统的数据营销是一种基于市场调研中的人口统计数据和其他用户主观信息（包括生活方式、价值取向等）来推测消费者的需求、购买的可能性和相应的购买力，从而帮助企业细分消费者、确立目标市场并进一步定位产品的营销模式。然而由于消费者主观判断的局限性，据此得出的企业各项调研指标和信息数据可能会误导相关营销人员作出偏离甚至错误的决策。因此，用户的主观信息数据已不再能满足企业营销的需要。相反，企业通过实际观测，能够全方位、多角度、精准、真实地反映用户需求及其他消费数据的用户客观行为数据。随着信息挖掘技术的日趋完善，用户客观行为数据库已成为企业营销的一项重要调研依据。

三、大数据营销的主要用途

（一）基于用户的需求定制改善产品

消费者在有意或无意中留下的信息数据作为其潜在需求的体现是企业定制改善产品的一项有力根据。ZARA 公司内部的全球资讯网络会定期把从各分店收集到的顾客意见和建议汇总并传递给总部的设计人员，然后由总部作出决策后再立刻将新的设计传送到生产线，直到最终实现“数据造衣”的全过程。利用这一点，ZARA 作为一个标准化与本土化战略并行的公司，还分析出了各地的区域流行色并在保持其服饰整体欧美风格不变的大前提下作出了最靠近客户需求的市场区隔。同样，在 ZARA 的网络商店内，消费者意见也作为一项市场调研大数据参与企业产品的研发和生产，且由此映射出的前沿观点和时尚潮流还让“快速时尚”成为 ZARA 的品牌代名词。

（二）开展精准的推广活动

基于数据的精准推广活动可以大致分为三类：

首先，企业作为其产品的经营者可以通过大数据的分析定位到有特定潜在需求的受众人群并针对这一群体进行有效的定向推广以达到刺激消费的目的。红米手机在 QQ 空间上的首发就是一个成功的“大数据找人”精准营销案例。通过对海量用户的行为（包括点赞、关注相关主页等）和他们的身份信息（包括年龄、教育程度、社交圈等）进行筛选后，公司从 6 亿微信、QQ 用户中选出了 5 000 万可能对红米手机感兴趣的用户作为此次定向投放广告和推送红米活动的目标群体并最终预售成功。

其次，针对既有的消费者，企业可以通过用户的行为数据分析他们各自的购物习惯并按照其特定的购物偏好、独特的购买倾向加以一对一的定制化商品推送。沃尔玛的建议购买清单、亚马逊的产品推荐页无一不是个性化产品推荐为企业带来可预测销售额的体现。

最后，企业可以依据既有消费者各自不同的人物特征将受众按照“标签”细分（如“网购达人”），再用不同的侧重方式和定制化的活动向这些类群进行定向的精准营销。对于价格敏感者，企业需要适当地推送性价比相对较高的产品并加送一些电子优惠券以刺激消费；而针对喜欢干脆购物的人，商家则要少些干扰并帮助其尽快地完成购物。

（三）维系客户关系

召回购物车放弃者和挽留流失的老客户也是一种大数据在商业中的应用。例如，中国移动通过客服电话向流失到联通的移动老客户介绍最新的优惠资讯，餐厅通过会员留下的通信信息向其推送打折优惠券来提醒久不光顾的老客户消费。大数据帮助企业识别各类用户，而针对忠诚度各异的消费者实行“差别对待”和“量体裁衣”是企业客户管理中一项重要的理念基础。

四、大数据营销的要点

（一）用户行为与特征分析

只有积累足够的用户数据，才能分析出用户的喜好与购买习惯，甚至做到“比用户更了解用户自己”，这一点是许多大数据营销的前提与出发点。

（二）精准营销信息推送支撑

精准营销总在被提及，但是真正做到的少之又少，反而是垃圾信息泛滥。究其原因，主要就是过去名义上的精准营销并不怎么精准，因为其缺少用户特征数据支撑及详细准确的分析。

（三）引导产品及营销活动投用户所好

如果能在产品生产之前了解潜在用户的主要特征，以及他们对产品的期待，那么你的产品生产即可投其所好。

（四）竞争对手监测与品牌传播

竞争对手在干什么是许多企业想了解的，即使对方不会告诉你，但你却可以通过大数据监测分析得知。品牌传播的有效性亦可通过大数据分析找准方向。例如，企业可以进行传播趋势分析、内容特征分析、互动用户分析、正负情绪分析、口碑品类分析、产品属性分析等，可以通过监测掌握竞争对手的传播态势，并可以参考行业标杆用户策划，根据用户声音策划内容，甚至可以评估微博矩阵运营效果。

（五）品牌危机监测及管理支持

新媒体时代，品牌危机使许多企业谈虎色变，然而大数据可以让企业提前有所洞悉。在危机爆发过程中，最需要的是跟踪危机传播趋势，识别重要参与人员，方便快速应对。大数据可以采集负面定义内容，及时启动危机跟踪和报警，按照人群社会属性分析，聚类事件过程中的观点，识别关键人物及传播路径，进而可以保护企业、产品的声誉，抓住源头和关键节点，快速、有效地处理危机。

（六）企业重点客户筛选

许多企业家纠结的是：在企业的用户、好友与粉丝中，哪些是最有价值的用户？有了大数据，或许这一切都可以更加有事实支撑。从用户访问的各种网站可判断其最近关心的东西是否与你的企业相关；从用户在社会化媒体上所发布的各类内容及与他人互动的内容中，可以找出千丝万缕的信息，利用某种规则关联及综合起来，就可以帮助企业筛选重点的目标用户。

（七）大数据用于改善用户体验

要改善用户体验，关键在于真正了解用户及他们所使用的你的产品的状况，做最适时的提醒。例如，在大数据时代，或许你正驾驶的汽车可提前救你一命。只要通过遍布全车的传感器收集车辆运行信息，在你的汽车关键部件发生问题之前，就会提前向你或 4S 店预警。这绝不仅仅是节省金钱，而且对保护生命大有裨益。

（八）社会化客户关系管理（SCRM）中的客户分级管理支持

面对日新月异的新媒体，许多企业通过对粉丝的公开内容和互动记录分析，将粉丝转化为潜在用户，激活社会化资产价值，并对潜在用户进行多个维度的描画。大数据可以分析活跃粉丝的互动内容，设定消费者画像各种规则，关联潜在用户与会员数据，关联潜在用户与客服数据，筛选目标群体做精准营销，进而可以使传统客户关系管理结合社会化数据，丰富用户不同维度的标签，并可动态更新消费者生命周期数据，保持信息新鲜有效。

（九）发现新市场与新趋势的预测与决策

基于大数据的分析与预测，对于企业家提供洞察新市场与把握经济走向都是极大的支持。

（十）市场预测与决策分析支持

对于数据对市场预测及决策分析的支持，过去早就在数据分析与数据挖掘盛行的年代被提出过。沃尔玛著名的“啤酒与尿布”案例便是那时的杰作。只是由于大数据时代对数据分析与数据挖掘提出了新要求，因此更全面、更及时的大数据，必然对市场预测及决策分析进一步提升提供了更好的支撑。

知识拓展

2020中国互联网消费生态大数据报告

2020年12月16日，由第一财经、第一财经商业数据中心（CBNData）主办的2020第一财经数据盛典在上海举行。盛典现场，CBNData发布了《新消费引领下的“风”与“变”——2020中国互联网消费生态大数据报告》（以下简称CBNData《报告》）。

1. 消费分化凸显，理性消费回归

理性消费观下的需求风向发生迭代，部分弹性消费受挤出，同时“新刚需”品类被疫情催生。CBNData《报告》显示，2020年健康消费的需求被空前放大，医药健康、滋补保健在消费者购物篮中的比重持续提升；同时，居家隔离、在家办公让“家场景”下的百货、宠物消费得到持续强化。

理性消费并不意味着消费降级，疫情催生了更有规划性的消费理财观念。超七成消费者表示疫情后会减少不必要支出，并在投资理财风险上追求稳健收益。与此同时，“黑天鹅事件”也为国民上了一堂风险管理的启蒙教育，健康保险向更多元的人群渗透，在年轻人群、下沉市场和蓝领群体中加速普及。

2. 健康消费多维延伸，医疗场景向日常渗透

疫情暴发期，健康类资讯一度成为爆款，在丁香医生数据研究院的《后疫情时代国民健康趋势洞察》报告中，根据新榜的数据显示，健康类文章微信阅读热度攀升，10万+阅读数的文章篇数同比上升了299%。全民健康观念的升级，让健康需求加速向日常消费场景渗透，也让问诊等低频医疗场景向日常健康管理场景延伸。

食品领域迎来了健康需求的集中爆发，“加减法”饮食观进入大众视野，其中“低卡/低脂”实现较高的市场渗透，“添加膳食纤维、维生素”等概念消费增速突出。从品类上来看，饮料增速最高，且被赋予功能性期待。以助眠饮料为例，以可口可乐为代表的饮料品牌相继推出添加助眠成分的饮品，通过轻量化方式使消费者获得“疗愈”。

滋补保健品市场也涌入了更多消费者，其中“90后”“95后”消费增速最为亮眼，在滋补养生上更偏好燕窝、阿胶和茶饮类。兼具轻便和营养特质的健康零食正成为“随手养生”场景的明星产品。以东阿阿胶为例，品牌结合市场需求推出的桃花姬阿胶糕，对传统阿胶品类做了零食化改造，吸引了更多年轻消费者购买。

高涨的健康需求不仅贯穿于日常消费，也体现在积极寻求专业医疗服务的过程中。CBNData《报告》显示，截至2020年上半年，已有约18%的网民使用过网上挂号和问诊服务。围绕着问诊场景的线上化，一部分就诊后的治疗场景也借助线上渠道实现服务贯通，送药到家广泛普及，健康器械的线上化消费也在快速增加。伴随着这些医疗场景的打通，消费者全链路的健康医疗需求逐步实现更深层的数字化重塑。

3. 家的重要性被重申，人与环境的关系被重塑

居家隔离、在家办公使得“人与家”的关系更加紧密，也激发了国民对居住空间的升级需求。当家的概念向外延伸，“人与环境”的关系也在被反思，环保和可持续理念因为疫情而加速渗透。

在国人对家的想象中，“房”是家的雏形。根据链家数据显示，今年的购房高峰期对比往年有所延迟，但呈现稳步复苏态势。消费者线上看房和购房的习惯加速养成，在VR技术的助力下大大提升了看房效率，截至11月上海链家成交的房源中85%来自VR房源。

另外，宅居生活使得潜在的家装需求被激发，主要体现在以下两方面：一是年轻人对家装品质、颜值及风格更为关注；二是家居的智能化升级成为新趋势，诸如创米小白推出的智慧门、智能摄像机、智能看护灯等产品正在进入入户空间、卧室等更多元的家居场景。

作为居家陪伴的宠物，也在疫情下迎来更多铲屎官的关爱。CBNData《报告》显示，宠物消费以线上整体增速的1.5倍蓬勃发展，其中饮食升级、关注健康趋势凸显。宠物食品的功效趋于细分，增肥发腮、低敏化毛等需求增长快速。营养品作为细分垂类也持续增长，从销售领军品牌卫仕的表现上看，化毛、调理肠胃、维生素补充仍是消费者的主要诉求。

疫情的暴发加速了国民环保观念的形成，有利于健康和环境保护的植物基食品加速普及。燕麦奶、核桃奶等植物奶的细分品类快速成长，植物肉品牌不断推陈出新，以新素食旗下的蛋白小喵为例，“肉干”“肉酱”等形式产品还原了食肉口感，自上线以来迎来快速增长。

无论企业还是消费者，也都在践行“可持续”社会责任上迈出了更大的步调：饿了么平台上外卖选择“无需餐具”的订单比例今年提升明显；越来越多的企业践行“回收再生”，今年“双11”期间，菜鸟联合500多个品牌使用无胶带纸箱发货，减少的胶带长度超过8 600万米。

4. 焦虑情绪亟待释放，“充电”需求全面爆发

在疫情较为严峻的一季度，网络小说用户黏性显著增加，成为打发时间、疏解焦虑的渠道之一。以“赘婿反转”为典型的爽感题材开始走红，且大有出圈之势。从起初的网络小说，到短小精悍、爽点十足的广告，再到B站多题材的二次创作，一度成为现象级的内容形式。

疫情也给国民带来了前所未有的职场焦虑，大众的“求知欲”大幅提升。CBNData

《报告》显示，围绕着职场技能的提升，“80前”“95后”消费者快速涌入市场，“80前”偏好心理咨询培训和职业发展类课程，“95后”则偏好设计/动画以及IT类。泛知识类内容也在全面升温，硬核的半佛仙人、毕导等B站UP主作品兼具娱乐性和科普性，成为年轻人偏爱的知识获取渠道。

5. “云端化”从阶段性刚需成为企业数字化新基建

在“停工停课不停学”的口号下，线上教育快速普及。CBNData《报告》显示，今年在线教育用户规模在一季度经历爆炸性增长，至6月增长60%，用户使用习惯得到了延续。“云办公”也对数亿国人生活进行了改造。以钉钉为代表的在线办公平台成为企业“生存刚需”，直至9月，“云办公”用户规模仍然保持在3亿水平。远程办公带来的效率提升也让企业主加速布局数字化新基建，从智能化协同办公到全渠道数字化生产系统的搭建。

线下的文娱需求在疫情暴发后被限制，云旅游、云演唱会等线上形态的出现填补了消费者缺失的线下文娱生活。线上不只是简单的线下场景替代，通过3D全景、AR、VR、MR、直播等技术的助力，形成了更好的互动体验，成为线下场景的有力补充甚至升级。

6. 到家经济重回风口，寻找新增量的战役打响

在众多行业受疫情影响面临巨大压力时，生鲜电商、社区团购却频传爆单，增长惊人。在到家经济这场巨头同席的游戏中，声势浩大的热潮背后也暗藏着重重考验。

“宅家过春节”和疫情的到来为生鲜电商行业迎来需求侧红利，以盒马为例，疫情期间线上订单占比由50%增长到80%。从新增用户群体来看，学生群体、银发族占比突出；从品类来看，购买行为集中在蔬菜、肉禽蛋等民生产品，同时带动了半成品菜及方便菜的大量增长。

疫情下旺盛的线上买菜需求也让社区团购再度翻红。CBNData《报告》显示，社区团购用户群体中约有1/4是疫情期间新增用户，预计到2021年，社区团购的市场规模将超过1 200亿元。在互联网巨头、传统零售商蜂拥而至的同时，社区团购的下半场考验的是如何通过挖掘增量场景盘活流量，建立更加健康完善的商品供应链体系。

7. 新消费重塑“品牌力”，传统企业守业艰辛

在市场风变与行业竞争的夹击下，诸多耳熟能详的“优等生”品牌在今年经历了关店潮。

新生代消费者需求多变，但对品牌的忠诚度降低，这让需求捕捉与市场反应速度成为关键。如何借力优势、主动增添年轻基因成为成熟品牌们将面临的长期课题。

以“90后”“Z世代”为主的新生代消费者正在成为消费的主力选手，他们有着全新的品牌心智——易被种草、乐于尝新；同时更关注品质与体验，而非品牌Logo带来的身份溢价。CBNData《报告》显示，在同一品类消费时，年轻消费者更愿意多加尝试不同的品牌，而不是对单个品牌多次复购，这对大品牌维护熟客增加了难度。

面临消费者代际更迭，大品牌们需要敏锐地洞察市场需求风向变化，借力自身的资源及流量优势，响应市场需求。国际品牌如可口可乐，不断开发助睡眠、0糖、轻酒精饮料等迎合消费者新需求的产品；国货品牌如太平鸟，在联名商品的设计和营销上结合年轻人群的潮流偏好，深入细分圈层与消费者沟通，和飞跃在8月推出的联名西装在天猫西装品类中销量位列第一名。

8. “本土化”认同加剧，新国货势不可当

今年“双11”，开卖第一天就有357个新品牌成交额登上细分类目第一位。国货消费品牌崛起的迹象近年来越发明晰。

根据CBNData《报告》，消费者对中国品牌的关注度在十年间从38%提升到70%。一方面，疫情进一步培养了消费者对本土品牌的认知与需求；另一方面，内循环的政策导向、生产资源的倾斜也为国货崛起提供了历史性机遇。

今年消费品类的热点与疫情息息相关，快速放大的健康和宅家需求促使食品保健、家居家装品牌较往年更受资本追捧，诸多新国货品牌也精准地把握住了风口，实现逆势增长。以自嗨锅为例，以自热火锅和“95后”人群为锚点，向更多元的速食品类、更广泛的客群拓展，并向线下餐饮进军，以丰富消费场景和增长的可能性。同时，近年来热点频出的美妆赛道势能仍在延续。长远来看，本土品牌在食品、美妆、家居日用以及服装品类方面天然拥有更多机会。

新生代消费者具有更佳的审美，追求小众个性，不盲从大牌。国货品牌可以结合这些特征对成熟品类进行本土化的改造，通过更贴合审美以及性价比高的产品来俘获他们的“芳心”。尤其在美妆赛道上，这类新锐品牌不断涌现。以美瞳品类为例，国产新锐品牌瞄准了“Z世代”对更自然、个性化的佩戴效果的追求，以小直径、短抛期美瞳切入市场，迅速圈粉新人类。

9. 直播重构消费链路，爆发后迎来“冷静期”

“买它买它！”“不够划算就砍一刀！”……疫情给线下业态按下暂停键的同时，也给直播按下了快进键。电商直播成为近几年“野蛮”生长的“新货架”，不断重构消费者从种草到消费的体验，也助力品牌逆势增长。CBNData《报告》显示，2020年直播电商市场规模预计将破万亿元，直播电商用户在网购用户中的渗透率至今年6月已达41%。

直播的导购式购买形式能够实现瞬时、高效的转化效率，相较传统电商和社交电商，在消费者需求的激发、满足、传播上都具差异性。随着明星、CEO等人群进入直播间，流量带货成绩屡屡刷新。带货的品类边界也在不断延伸——从日用快消品到火箭等稀有物种、房产类大额商品、投资理财等具专业门槛的商品服务纷纷走上直播间。从目的上来看，带货不再是唯一的目标，直播间成为品牌建设、宣传和教育市场的场所。

从下半年开始，直播行业迈入“冷静期”。退货率高、流量虚假等问题不断涌现，主打“低价战”的生长模式也让品牌发展受限。在未来，更专业化、差异化的直播内容将成为厮杀中的出路，结算模式的升级、监管部门的介入也将带动直播生态从“借助流量红利粗放生长”的1.0时代，向着“商业生态升级与整合”的2.0时代进发。

10. 内容营销映射“转化焦虑”，同质化竞争中寻求出路

受疫情影响，内容营销经历着转化焦虑，但同时仍有内容爆款实现了流量口碑与商业目标的双丰收。新消费时代，顺应风口、调性匹配、形式创新成为内容营销的要诀。

疫情之下，广告主营销预算缩减，投放心态更加谨慎。CBNData《报告》显示，互联网广告市场规模在一季度同比下降近20%后，从二季度开始逐渐复苏。但长期来看，疫情对市场催生了更多的“转化焦虑”，广告主们对“确定性”的营销结果需求更甚，直播电商即这一变化下的典型产物，在短视频、图文等其他内容载体上也更追求实效。

内容超载的当下，消费者的兴奋点逐步拔高。以短视频为例，仅不到10%的用户认同自己总能看到差异化的内容。因此，用户对新颖、有趣内容的需求提升明显，使得反差感营销屡屡带来爆款。

同时，互联网去中心化的结构以及反馈机制使产品本身成为最好的内容载体。根据CBNData《报告》，2020年消费者在各品类搜索“高颜值”的渗透率是去年同期的2.76倍。善于讲述品牌故事，或者通过颜值上的感官刺激直达消费者，成为品牌出奇制胜的法则。

新消费的本质离不开人货场。在疫情这一最大变量之下，新消费经历了内涵的快速迭代。在未来，消费者日益复杂、分化的需求值得品牌和企业进一步深耕，数字化、智能化还将持续驱动供给侧全方位品效提升，以5G为代表的新技术也在“场”的想象空间无限放大，或将带来更多场景的联结可能。

资料来源：CBNData发布《2020中国互联网消费生态大数据报告》.（2020-12-18）. https://baijiahao.baidu.com/s?id=1686384859759441633’qq-pf-to=pcqq.c2c.

五、大数据营销的业务类型

（一）实效营销

实效营销强调充分考虑消费者的特性与需求，并且运用各种方式来吸引并留住顾客。营销组合要有效地到达客户群，准确地传播沟通产品和服务信息，激发客户与品牌的共鸣。实效营销的结果直接体现在销量的上升和投入的下降上。腾讯、阿里巴巴、百度的大数据营销主要应用于消费者的个性化广告，各大电商的各种个性化搜索和展示广告基本上都是实效营销。

（二）品牌营销

品牌营销是指企业通过利用消费者对产品的需求，然后用产品的质量、文化以及独特性的宣传来创造一个品牌在用户心中的价值认可，最终形成品牌效益的营销策略和过程。这是通过市场营销，运用各种营销策略使目标客户形成对企业品牌和产品、服务的认知—认识—认可的一个过程。品牌营销从高层次上把企业的形象、知名度、良好的信誉等展示给消费者，从而在消费者的心目中形成企业的产品或服务品牌形象。

品牌营销的关键点在于为品牌找到一个具有差异化个性、能够深刻感染消费者内心的品牌核心价值，它让消费者明确、清晰地识别并记住品牌的利益点与个性，是驱动消费者认同、喜欢乃至爱上一个品牌的主要力量。

树立品牌的步骤：

第一步：分析行业环境，寻找区隔概念。企业需要从市场上的竞争者开始，弄清他们在消费者心中的大概位置，以及他们的优势和弱点。企业要寻找一个概念，使自己与竞争者区别开来。

第二步：卓越的品质支持。企业必须以质量为根本树立形象。这里所指的质量，是一个综合性品质的概念。

第三步：整合、持续的传播与应用。企业要靠传播才能将品牌植入消费者心里，并在应用中建立自己的品牌形象。企业要在每一方面的传播活动中，都尽力体现出品牌的概念。

任务四 绿色营销

绿色营销是指企业在生产经营过程中，将企业自身利益、消费者利益和环境保护利益三者统一起来，以此为中心，对产品和服务进行构思、设计、制造和销售。绿色营销是指企业以环境保护为经营指导思想，以绿色文化为价值观念，以消费者的绿色消费为中心和出发点的营销观念、营销方式和营销策略。它要求企业在经营中贯彻自身利益、消费者利益和环境利益相结合的原则。

绿色营销只是适应21世纪的消费需求而产生的一种新型营销理念，也就是说，绿色营销还不可能脱离原有的营销理论基础。因此，绿色营销模式的制定和方案的选择及相关资源的整合还无法也不能脱离原有的营销理论基础。可以说，绿色营销是在人们追求健康（Health）、安全（Safe）、环保（Enviroment）的意识形态下所发展起来的新的营销方式和方法。

一、绿色营销管理

（一）树立绿色营销观念

绿色营销观念是在绿色营销环境条件下企业生产经营的指导思想。传统营销观念认为，企业在市场经济条件下生产经营，应当时刻关注与研究的中心问题是消费者需求、企业自身条件和竞争者状况三个方面，并且认为满足消费需求、改善企业条件、创造比竞争者更有利的优势，便能取得市场营销的成效。而绿色营销观念却在传统营销观念的基础上增添了新的思想内容。

企业生产经营研究的首要问题不是在传统营销因素条件下，通过协调三方面关系使自身取得利益，而是与绿色营销环境的关系。企业营销决策的制定必须首先建立在有利于节约能源、资源和保护自然环境的基点上，促使企业市场营销的立足点发生新的转移。

对市场消费者需求的研究，是在传统需求理论基础上，着眼于绿色需求的研究，并且认为这种绿色需求不仅要考虑现实需求，更要放眼于潜在需求。

企业与同行竞争的焦点，不在于传统营销要素的较量，争夺传统目标市场的份额，而在于最佳保护生态环境的营销措施，并且认为这些措施的不断建立和完善，是企业实现长远经营目标的需要。绿色营销能形成和创造新的目标市场，是竞争制胜的法宝。

与传统的社会营销观念相比，绿色营销观念注重的社会利益更明确定位于节能与环保，立足于可持续发展，放眼于社会经济的长远利益与全球利益。

（二）设计绿色产品

产品策略是市场营销的首要策略，企业实施绿色营销必须以绿色产品为载体，为社会和消费者提供满足绿色需求的绿色产品。所谓绿色产品，是指对社会、对环境改善有利的产品，或称无公害产品。这种绿色产品与传统同类产品相比，至少具有下列特征：

（1）产品的核心功能既要能满足消费者的传统需要，符合相应的技术和质量标准，更要能满足对社会、自然环境和人类身心健康有利的绿色需求，符合有关环保和安全卫生标准。

（2）产品的实体部分应减少资源的消耗，尽可能利用再生资源。产品实体中不应添加有害环境和人体健康的原料、辅料。在产品制造过程中应消除或减少“三废”对环境的污染。

（3）产品的包装应减少对资源的消耗，包装的废弃物和产品报废后的残物应尽可能成为新的资源。

（4）产品生产和销售的着眼点，不在于引导消费者大量消费而大量生产，而是指导消费者正确消费而适量生产，建立全新的生产美学观念。

（三）制定绿色产品的价格

价格是市场的敏感因素，定价是市场营销的重要策略，实施绿色营销不能不研究绿色产品价格的制定。一般来说，绿色产品在市场的投入期，生产成本会高于同类传统产品，因为绿色产品成本中应计入产品环保的成本，主要包括以下几方面：

（1）在产品开发中，因增加或改善环保功能而支付的研制经费。

（2）在产品制造中，因研制对环境和人体无污染、无伤害的产品而增加的工艺成本。

（3）使用新的绿色原料、辅料而可能增加的资源成本。

（4）由于实施绿色营销而可能增加的管理成本、销售费用。

但是，产品价格的上升是暂时的，随着科学技术的发展和各种环保措施的完善，绿色产品的制造成本会逐步下降，趋向稳定。企业制定绿色产品价格，一方面当然应考虑上述因素，另一方面应注意到，随着人们环保意识的增强和消费者经济收入的增加，消费者对商品可接受的价格观念会逐步与消费观念相协调。因此，企业营销绿色产品不仅能使企业盈利，更能在同行竞争中取得优势。

（四）设计绿色营销的渠道策略

绿色营销渠道是绿色产品从生产者转移到消费者所经过的通道。企业实施绿色营销必须建立稳定的绿色营销渠道，策略上可从以下几方面努力：

（1）启发和引导中间商的绿色意识，建立与中间商恰当的利益关系，不断发现和选择热心的营销伙伴，逐步建立稳定的营销网络。

（2）注重营销渠道有关环节的工作。为了真正实施绿色营销，从绿色交通工具的选择、绿色仓库的建立，到绿色装卸、运输、贮存、管理办法的制定与实施，认真做好绿色营销渠道的一系列基础工作。

（3）尽可能建立短渠道、宽渠道，减少渠道资源消耗，降低渠道费用。

（五）做好绿色营销的促销活动

绿色促销是通过绿色促销媒体，传递绿色信息，指导绿色消费，启发引导消费者的绿色需求，最终促成购买行为。绿色促销的主要手段有以下几方面：

（1）绿色广告。通过广告对产品的绿色功能定位，引导消费者理解并接受广告诉求。在绿色产品的市场投入期和成长期，通过量大、面广的绿色广告，营造市场营销的绿色氛围，激发消费者的购买欲望。

（2）绿色推广。通过绿色营销人员的绿色推销和营业推广，从销售现场到推销实地，直接向消费者宣传、推广产品绿色信息，讲解、示范产品的绿色功能，回答消费者绿色咨询，宣讲绿色营销的各种环境现状和发展趋势，激励消费者的消费欲望。同时，通过试用、馈赠、竞赛、优惠等策略，引导消费兴趣，促成购买行为。

（3）绿色公关。通过企业的公关人员参与一系列公关活动，诸如发表文章、演讲、影视资料的播放，社交联谊、环保公益活动的参与、赞助等，广泛与社会公众进行接触，增强公众的绿色意识，树立企业的绿色形象，为绿色营销建立广泛的社会基础，促进绿色营销业的发展。

二、绿色营销组合策略

（一）绿色营销计划

实施绿色营销战略是与企业的长期发展规划和战略分不开的。企业对于绿色营销的实施和开展必须有充足的准备，以便为绿色营销提供必要的条件。这些都要求企业在深入地进行目标市场调研的基础之上，将企业产品和品牌进行合理的市场定位，分析潜在市场容量和潜在顾客购买能力，对绿色营销资源有效整合，发挥绿色营销独特的作用，扬长避短，实现绿色营销的综合效益最大化。

针对绿色营销的战略意义，要求企业有一个明确的绿色发展计划，以作为绿色营销计划的实施基础。其中应该详细表述产品绿色发展周期、绿色品牌实施计划、绿色产品研发计划、绿色营销推广计划、绿色营销服务通道计划、绿色商流物流价值流计划、绿色营销管理方案等绿色计划。

另外，企业在实施绿色营销前，要对企业实行绿色营销的过程管理、人力资源管理、资金流和价值流的管理进行系统的计划，确保营销过程中各种资源适时地进行有效整合，推动整个绿色营销进程的实施，为最终实现各种利益体的共赢打下坚实的基础。

（二）绿色产品和品牌策略

营销理论的发展已经给大家一个共识：营销从采购开始。绿色营销的开端更是要从源头抓起。只有这样，才能保证绿色产品供应链的有效运转，最终实现绿色消费，达到保护生态环境并减少污染的目的。

首先，绿色产品设计成为重中之重。这要求采取绿色营销的企业从材料的选购、产品结构、功能性能、设计理念、制造过程开始层层把关，加强生态、环保、节能、资源利用等方面的控制与遴选，确保绿色消费的达成。除此之外，企业在产品的包装、运输、储存及使用、废弃物的处理等方面都要考虑各种有可能受到影响的绿色因素。

其次，绿色产品讲究综合成果。也就是说，绿色产品要能够体现健康、安全、环保，体现对社会的一种责任意识，将原本属于社会职能的内容考虑进企业的经营管理当中，并认真负责地承担起解决这些社会问题的义务。

最后，企业只有对外树立起良好而健康的企业形象，才能够真正实现打造绿色品牌的任务。企业在进行品牌战略时，要切实抓住绿色产品这一载体，赋予绿色品牌更多的内涵，体现绿色经营管理文化，灌输绿色经营管理观念，丰富品牌承载量，扩展品牌深度，从而实现品牌价值最优化、最大化。绿色品牌策略包括如下内容：一是具有高度责任意识的绿色品牌定位，二是精细而健康的绿色品牌维护，三是科学而系统的绿色品牌经营管理，四是长期不懈地进行绿色品牌修正。

（三）绿色产品的价格策略及市场定位

首先，绿色产品具有较高的附加值，拥有优良的品质，在健康、安全、环保等诸多方面具有普通产品无法比拟的优势。因此，企业在其市场定位上应该着眼于较高的消费需求。企业可以根据市场环境因素，对不同市场进行不同的产品定位。研究表明，在欧美发达国家，即使普通的消费也都倾向于绿色消费，所以绿色产品在那里，已经非常普通，其市场定位当然也较为普通；但在发展中国家，绿色产品的消耗量还很小，对于普通消费者来说还是奢侈品，因此其必须在一个较高基点上进行市场定位。

其次，在价格策略上，绿色产品由于支付了相当昂贵的环保成本，在产品选材及设计上的独特性和高要求，使其具有普通产品无法比拟的高附加值，因此其价格比一般普通产品高是极其正常的。消费者也很愿意接受这样一种价格。因此，企业在为绿色产品进行定价时，要充分地将环保成本、研发设计成本，以及其他诸如绿色包装、绿色材料、绿色渠道、绿色服务等的成本考虑在内，从而制定出对于企业和消费大众都是比较合理的市场价格，逐步在消费者心目中灌输一种“污染者付费”“环境有偿使用”的现代观念。

最后，企业在对绿色产品进行定价时，应该遵循一般产品定价策略。企业应该将市场需求、竞争情况、市场潜力、生产能力和成本、仿制的难易程度等因素综合考虑，切不可盲目完全采取撇脂定价策略，亦不宜完全应用渗透定价策略。注重市场信息收集和分析、分析消费者的绿色消费心理、制定合理可行的绿色价格方案是完全必要的。

（四）绿色渠道策略

企业开展绿色营销，其绿色营销渠道的畅通是关键。企业只有充分保障绿色产品物流、商流、价值流、信息流在渠道中畅通无阻，才能最终实现绿色消费。在绿色渠道建设中，企业要结合产品特点，充分发挥产品的绿色特质，实现渠道绿化。

第一，建设属于绿色营销的专用渠道。我们知道，企业在进行绿色营销过程中，不可能完全排斥非绿色产品。通常一个企业的主导产品是非绿色产品，而绿色产品仅仅是企业的一部分。这种情况下，企业可能为了节省成本和渠道费用，将绿色产品放入普通渠道进行销售。这样做，表面上看可以节约许多成本费用，但从长远考虑，会使企业的绿色产品价值降低，消耗企业绿色品牌美誉度和品牌价值，部分绿色品牌或产品因此而退出绿色营销领域。显然，将绿色营销和普通营销的渠道混为一谈的做法是不明智的，也是不可取的。缘于此，我们建议企业要进行绿色营销，就要单独建设纯绿色渠道。

第二，绿色代表着健康向上，绿色经销商或中间商也要具有良好的绿色本质和气质。首先，绿色经销商或中间商要具有良好的绿色信誉，能够并愿意为绿色事业作出贡献；其次，绿色经销商或中间商能够接受并秉承绿色营销理念，在日常的经营过程中已经注意绿色环保的重要性，并通过其绿色经营已从中获取相当可观的绿色收益；最后，绿色经销商或中间商在日常经营过程中愿意接受企业相关的绿色指导，采取正当可行的绿色竞争手段，实施可持续发展的绿色健康竞争秩序。

第三，作为辅助，企业可以开设一些绿色专营店，确保专营店“纯绿色经营”。这对于建立产品良好的绿色信誉、确保消费者对绿色产品的认知，都将发挥较大作用。

（五）绿色促销策略

绿色促销就是围绕绿色产品而开展的各项促销活动的总称。其核心是通过相关活动，达到树立企业绿色健康形象、丰富企业绿色营销内涵、促进绿色产品推广和消费的目的。这样，企业可以巩固其绿色产品市场地位，开拓绿色市场容量。

企业开展绿色促销要严格与传统促销活动区分开来。绿色促销要重点开展具体的营销和推广活动，将企业的绿色行动付诸实施。企业可以通过一些媒体宣传自己在绿色领域的所作所为，积极参与各种公益及环保活动，大力提倡绿色环保产品的推广和使用，并带头推动一些有意义的环保事业。

另外，绿色营销本身就是一项具有高度责任感的事业。企业必须时刻以对自然、对他人、对未来、对竞争对手负责的态度，来奉献自己的绿色爱心，提高公众的绿色意识，引导绿色消费需求。

因此，制定绿色促销策略，不但要突出爱心、责任、奉献等人文因素，而且要具有长期的战略眼光，将企业的长期利益与企业的短期目标结合起来，要有重点、有秩序地层层推进，切不可虚张声势、不讲实际。

（六）绿色服务

随着经济的不断发展，服务已经由原来的营销辅助功能转为创造营销价值的主要营销功能。而针对绿色营销而开展的绿色服务更是必不可少，它将为绿色营销最终价值的实现发挥极其重要的作用。随着近些年企业服务意识的加强，普通产品营销企业在服务上已经开通了具有划时代意义的绿色服务通道，极大地方便了消费者与产品供应者之间的沟通，不但解决了顾客的后顾之忧，也为企业信息的收集和传输建立了渠道。而绿色营销更应该建立绿色服务通道。这一通道的建立将执行如下几项功能：一是传播绿色消费观念，减少绿色消费误区；二是真正从专业化的角度解决消费者在绿色消费中出现的问题，指导消费者进行纯绿色消费；三是实现绿色产品价值再造，通过绿色服务，减少资源浪费、节约物质消耗、减少环保成本、实施资源综合利用，实现绿色产品在绿色服务中价值最大化。

（七）绿色管理

企业在对外推行绿色观念的过程中，也要将绿色观念融入企业的生产经营管理活动中。目前，国际比较通行的做法是“5R”原则：研究（Research），就是把环保纳入企业的管理决策中来，重视对环保的研究及相关的环境对策；减消（Reduce），通过采用新技术、新工艺、新材料，减少或消除有害废弃物的排放；再开发（Rediscover），积极进行科研活动，变普通产品为绿色产品，积极创造绿色品牌；循环（Recycle），对废旧产品进行回收处理，循环利用；保护（Reserve），积极参与环境整治活动，培养员工环保意识，树立企业绿色形象。

企业通过绿色管理原则，建立绿色发展战略，实施绿色经营管理策略，制定绿色营销方案，才能加快绿色企业文化的形成，推动企业绿色技术、绿色生产，生产出满足公众绿色需求的产品，实现社会和企业经济的可持续发展。

绿色营销观要求企业家有全局、长远的发展意识。企业在制定企业发展规划和进行生产、营销的决策和管理时，必须时刻注意绿色意识的渗透，从“末端治理”这种被动的、高代价的对付环境问题的途径转向积极的、主动的、精细的环境治理。在可持续发展目标下，企业调整自身行为，从单纯追求短期最优化目标转向追求长期持续最优化目标，将可持续性目标作为企业的基本目标。

案例分析

黑袜子网店的案例分析

项目训练

想一想

1. 市场营销的新方法有哪些？各有什么样的特点？
2. 网络营销的主要方法有哪些？

做一做

设计一个产品的新媒体营销方案。

测一测

一、单项选择题

1. 大数据营销的要点是（　　）。

A. 用户价值大　　B. 用户规模大　　C. 用户数据多　　D. 用户类型多

2. （　　）几乎是不需要费用的网络营销手段。

A. 搜索引擎营销　　B. 病毒式营销　　C. 关系营销　　D. 整合营销

3. （　　）广告成本较低。

A. 电视　　B. 网络　　C. 广播　　D. 报纸

4. 绿色营销必须以（　　）为载体。

A. 绿色产品　　B. 绿色价格　　C. 绿色渠道　　D. 绿色服务

二、多项选择题

1. 绿色营销是在人们追求（　　）的意识形态下所发展起来的新的营销方式和方法。

A. 健康　　B. 安全　　C. 环保　　D. 可持续发展

2. 常用的网络营销方法有（　　）。

A. 搜索引擎营销　　B. 病毒式营销

C. 关系营销　　D. 整合营销

3. 微博是高度社会化的传播平台，它集中了我们熟悉的（　　）的优点。

A. 电子邮件　　B. QQ　　C. 即时通信工具　　D. 媒体

参考文献

［1］崔平．市场营销［M］．南京：江苏教育出版社，2013.
［2］肖润松．现代市场营销［M］．3 版．北京：高等教育出版社，2020.
［3］束军意，汤宇军．市场营销——理论、方法与实训［M］．3 版．北京：机械工业出版社，2019.
［4］夏凤，胡德华．市场营销理论与实务［M］．3 版．北京：电子工业出版社，2019.
［5］郭国庆．市场营销学通论［M］．8 版．北京：中国人民大学出版社，2020.
［6］熊国钺．市场营销学［M］．北京：清华大学出版社，2017.
［7］加里·阿姆斯特朗，菲利普·科特勒，王永贵．市场营销学［M］．12 版．王永贵，郑孝莹，等，译．北京：中国人民大学出版社，2017.
［8］季先如．市场营销战略［M］．北京：经济管理出版社，1998.
［9］卢泰宏．营销在中国（2002—2003）［M］．北京：企业管理出版社，2003.
［10］崔平．消费心理学［M］．北京：高等教育出版社，2016.
［11］崔平．推销技巧与商务谈判［M］．北京：中国人民大学出版社，2015.
［12］孙晓燕．市场营销［M］．北京：高等教育出版社，2015.
［13］菲利普·科特勒，加里·阿姆斯特朗．市场营销原理［M］．14 版．北京：清华大学出版社，2011.
［14］王汉生．数据思维：从数据分析到商业价值［M］．北京：中国人民大学出版社，2017.
［15］杰弗里·D. 坎姆，等．商业数据分析［M］．耿修林，宋哲，译．北京：机械工业出版社，2017.
［16］菲利普·科特勒，等．营销革命 4.0：从传统到数字［M］．王赛，译．北京：机械工业出版社，2018.
［17］付珍鸿．网络营销［M］．北京：电子工业出版社，2017.
［18］方玲玉．网络营销实务——“学·用·做”一体化教程［M］．3 版．北京：电子工业出版社，2016.
［19］冯英健．网络营销基础与实践［M］．5 版．北京：清华大学出版社，2016.
［20］林海．新媒体营销［M］．北京：高等教育出版社，2019.
［21］霍瑞红．公共关系实务［M］．3 版．北京：中国人民大学出版社，2020.
［22］邢伟，徐盈群．公共关系［M］．2 版．北京：高等教育出版社，2020.

图书在版编目（CIP）数据

市场营销 / 崔平主编．--北京：中国人民大学出版社，2021.10
新编 21 世纪高等职业教育精品教材．市场营销系列
ISBN 978-7-300-29938-9

Ⅰ.①市… Ⅱ.①崔… Ⅲ.①市场营销学-高等职业教育-教材 Ⅳ.①F713.50

中国版本图书馆 CIP 数据核字（2021）第 199526 号

新编 21 世纪高等职业教育精品教材・市场营销系列
“十三五”江苏省高等学校重点教材
市场营销
主　编　崔　平
副主编　冯　臻　郁小芳　陈　律
主　审　徐汉文
Shichang Yingxiao

出版发行	中国人民大学出版社		
社　　址	北京中关村大街 31 号	**邮政编码**	100080
电　　话	010－62511242（总编室）		010－62511770（质管部）
	010－82501766（邮购部）		010－62514148（门市部）
	010－62515195（发行公司）		010－62515275（盗版举报）
网　　址	http://www.crup.com.cn		
经　　销	新华书店		
印　　刷	北京溢漾印刷有限公司		
开　　本	787 mm×1092 mm　1/16	**版　　次**	2021 年 10 月第 1 版
印　　张	20.5 插页 1	**印　　次**	2023 年 5 月第 3 次印刷
字　　数	438 000	**定　　价**	45.00 元